2024年
国家统一法律职业资格考试

图表口诀好记通

法律考试中心/组编

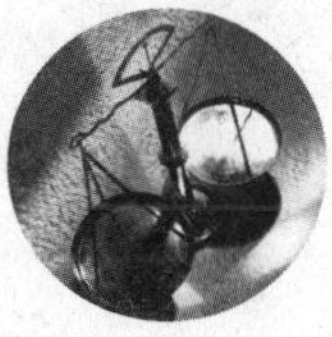

法律出版社
—— 北京 ——

图书在版编目(CIP)数据

2024年国家统一法律职业资格考试图表口诀好记通/法律考试中心组编. -- 北京:法律出版社, 2023
ISBN 978-7-5197-8443-0

Ⅰ. ①2… Ⅱ. ①法… Ⅲ. ①法律-中国-资格考试-自学参考资料 Ⅳ. ①D920.4

中国国家版本馆CIP数据核字(2023)第197381号

2024年国家统一法律职业资格考试
图表口诀好记通
2024 NIAN GUOJIA TONGYI FALÜ ZHIYE ZIGE KAOSHI
TUBIAO KOUJUE HAOJITONG

法律考试中心 组编

策划编辑 陈 睿
责任编辑 陈 睿
装帧设计 汪奇峰

出版发行 法律出版社
编辑统筹 法律考试·职业教育出版分社
责任校对 晁明慧
责任印制 胡晓雅
经　　销 新华书店

开本 787毫米×1092毫米 1/16
印张 21.25 **字数** 632千
版本 2023年11月第1版
印次 2023年11月第1次印刷
印刷 永清县金鑫印刷有限公司

地址:北京市丰台区莲花池西里7号(100073)
网址:www.lawpress.com.cn
投稿邮箱:info@lawpress.com.cn
举报盗版邮箱:jbwq@lawpress.com.cn

销售电话:010-83938349
客服电话:010-83938350
咨询电话:010-63939796

书号:ISBN 978-7-5197-8443-0
定价:58.00元

凡购买本社图书,如有印装错误,我社负责退换。电话:010-83938349

目　　录

习近平法治思想

1. 习近平法治思想的鲜明特色

鲜明特色	内　容
原创性	习近平总书记以马克思主义政治家、思想家、战略家的深刻洞察力、敏锐判断力和战略定力,在理论上不断拓展新视野、提出新命题、作出新论断、形成新概括,为发展马克思主义法治理论作出了重大原创性贡献
系统性	习近平总书记强调全面依法治国是一个系统工程,注重用整体联系、统筹协调、辩证统一的科学方法谋划和推进法治中国建设,科学指出当前和今后一个时期推进全面依法治国十一个重要方面的要求,构成了系统完备、逻辑严密、内在统一的科学思想体系
时代性	习近平总书记立足中国特色社会主义进入新时代的历史方位,立时代之潮头,发思想之先声,科学回答了新时代我国法治建设向哪里走、走什么路、实现什么目标等根本性问题,在新时代治国理政实践中开启了法治中国新篇章
人民性	习近平总书记强调法治建设要为了人民、依靠人民、造福人民、保护人民,推动把体现人民利益、反映人民愿望、维护人民权益、增进人民福祉落实到全面依法治国各领域全过程,不断增强人民群众获得感、幸福感、安全感
实践性	习近平总书记明确提出全面依法治国并将其纳入"四个全面"战略布局,以破解法治实践难题为着力点,作出一系列重大决策部署,解决了许多长期想解决而没有解决的难题,办成了许多过去想办而没有办成的大事,社会主义法治国家建设取得历史性成就、发生历史性变革

2. 习近平法治思想的重大意义

重大意义	内　容
习近平法治思想是马克思主义法治理论同中国法治建设具体实际相结合、同中华优秀传统法律文化相结合的最新成果	习近平法治思想是马克思主义法治理论中国化的最新成果。习近平法治思想坚持马克思主义立场观点方法,坚持科学社会主义基本原则,植根于中华优秀传统法律文化,借鉴人类法治文明有益成果,在理论上有许多重大突破、重大创新、重大发展,同我们党长期形成的法治理论既一脉相承又与时俱进,为发展马克思主义法治理论作出了重大原创性、集成性贡献
习近平法治思想是对党领导法治建设丰富实践和宝贵经验的科学总结	习近平法治思想以新的高度、新的视野、新的认识赋予中国特色社会主义法治建设事业以新的时代内涵,深刻回答了事关新时代我国社会主义法治建设的一系列重大问题,实现了中国特色社会主义法治理论的历史性飞跃;既是提炼升华党领导法治建设丰富实践和宝贵经验的重大理论创新成果,更是引领新时代全面依法治国不断从胜利走向新的胜利的光辉思想旗帜
习近平法治思想是在法治轨道上全面建设社会主义现代化国家的根本遵循	习近平法治思想,贯穿经济、政治、文化、社会、生态文明建设各个领域,涵盖改革发展稳定、内政外交国防、治党治国治军各个方面,为深刻认识全面依法治国在治国理政中的重要地位提供了科学指引,为推进国家治理体系和治理能力现代化、建设更高水平的法治中国提供了根本遵循
习近平法治思想是引领法治中国建设实现高质量发展的思想旗帜	习近平法治思想从全面建设社会主义现代化国家的目标要求出发,立足新发展阶段、贯彻新发展理念、构建新发展格局的实际需要,提出了当前和今后一个时期全面依法治国的目标任务,为实现新时代法治中国建设高质量发展提供了强有力的思想武器。要毫不动摇地坚持习近平法治思想在全面依法治国工作中的指导地位,把习近平法治思想贯彻落实到全面依法治国全过程和各方面,转化为做好全面依法治国各项工作的强大动力,转化为推进法治中国建设的思路举措,转化为建设社会主义法治国家的生动实践,不断开创法治中国建设新局面。要坚持以习近平法治思想为指引,深化依法治国实践,准确把握全面依法治国工作布局,全面推进国家各方面工作法治化,认真贯彻“一规划两纲要”各项部署要求,奋力推进新时代法治中国建设高质量发展

3. 习近平法治思想的核心要义

核心要义	内　容
坚持党对全面依法治国的领导	(1)党的领导是中国特色社会主义法治之魂； (2)全面依法治国是要加强和改善党的领导； (3)坚持党的领导、人民当家作主、依法治国有机统一； (4)坚持党领导立法、保证执法、支持司法、带头守法； (5)健全党领导全面依法治国的制度和工作机制
坚持以人民为中心	(1)以人民为中心是中国特色社会主义法治的根本立场； (2)坚持人民主体地位； (3)牢牢把握社会公平正义的价值追求； (4)推进全面依法治国的根本目的是依法保障人民权益
坚持中国特色社会主义法治道路	(1)中国特色社会主义法治道路是建设中国特色社会主义法治体系建设社会主义法治国家的唯一正确道路； (2)中国特色社会主义法治道路的核心要义： ①坚持党的领导：坚定不移走中国特色社会主义法治道路，最根本的是坚持中国共产党的领导； ②坚持中国特色社会主义制度：中国特色社会主义制度是中国特色社会主义法治体系的根本制度基础，是全面推进依法治国的根本制度保障； ③贯彻中国特色社会主义法治理论：中国特色社会主义法治理论是中国特色社会主义法治体系的理论指导和学理支撑，是全面推进依法治国的行动指南
坚持依宪治国、依宪执政	(1)坚持依法治国首先要坚持依宪治国，坚持依法执政首先要坚持依宪执政： ①这是宪法的地位和作用决定的； ②坚持依宪治国，是推进全面依法治国、建设社会主义法治国家的基础性工作，科学回答了宪法如何更好促进全面建设社会主义现代化国家的关键性问题； ③坚持依宪执政，体现了中国共产党作为执政党的执政理念，体现了我们党对执政规律和执政方式的科学把握； (2)宪法是国家的根本法，是治国理政的总章程：宪法是国家的根本法，是治国理政的总章程，是党和人民意志的集中体现，具有最高的法律地位、法律权威、法律效力； (3)全面贯彻实施宪法：是建设社会主义法治国家的首要任务和基础性工作； (4)推进合宪性审查工作：完善宪法监督制度，必须积极稳妥推进合宪性审查工作，加强备案审查制度和能力建设，依法撤销和纠正违宪违法的规范性文件，维护宪法权威，必须加强宪法解释工作，积极回应涉及宪法有关问题的关切，努力实现宪法稳定性和适应性的统一； (5)深入开展宪法宣传教育

续表

核心要义	内　容
坚持在法治轨道上推进国家治理体系和治理能力现代化	(1)全面依法治国是国家治理的一场深刻革命； (2)法治是国家治理体系和治理能力的重要依托； (3)更好发挥法治固根本、稳预期、利长远的保障作用； (4)坚持依法治军、从严治军； (5)坚持依法保障"一国两制"实践与推进祖国统一； (6)坚持依法治网
坚持建设中国特色社会主义法治体系	(1)推进全面依法治国的总目标和总抓手； (2)建设完备的法律规范体系； (3)建设高效的法治实施体系； (4)建设严密的法治监督体系； (5)建设有力的法治保障体系； (6)建设完善的党内法规体系
坚持依法治国、依法执政、依法行政共同推进，法治国家、法治政府、法治社会一体建设	(1)全面依法治国是一个系统工程： 要坚持系统观念，准确把握全面依法治国工作布局，坚持依法治国、依法执政、依法行政共同推进，法治国家、法治政府、法治社会一体建设。依法治国、依法执政、依法行政是一个有机整体，关键在于党要坚持依法执政、各级政府要坚持依法行政。法治国家、法治政府、法治社会三者各有侧重、相辅相成，法治国家是法治建设的目标，法治政府是建设法治国家的主体，法治社会是构筑法治国家的基础； (2)法治国家是法治建设的目标； (3)法治政府是建设法治国家的主体； (4)法治社会是构筑法治国家的基础
坚持全面推进科学立法、严格执法、公正司法、全民守法	(1)科学立法、严格执法、公正司法、全民守法是推进全面依法治国的重要环节； (2)推进科学立法； (3)推进严格执法； (4)推进公正司法； (5)推进全民守法
坚持统筹推进国内法治和涉外法治	(1)统筹推进国内法治和涉外法治是全面依法治国的迫切任务； (2)加快涉外法治工作战略布局； (3)加强对外法治交流合作； (4)为构建人类命运共同体提供法治保障

续表

核心要义	内　容
坚持建设德才兼备的高素质法治工作队伍	(1)建设一支德才兼备的高素质法治工作队伍至关重要； (2)加强法治专门队伍建设； (3)加强法律服务队伍建设； (4)加强法治人才培养
坚持抓住领导干部这个“关键少数”	(1)领导干部是全面依法治国的关键； (2)领导干部要做尊法学法守法用法的模范； (3)领导干部要提高法治思维和法治方式的能力； (4)党政主要负责人要履行推进法治建设第一责任人职责

4. 习近平法治思想的实践要求

项　目	内　容
充分发挥法治对经济社会发展的保障作用	(1)以法治保障经济发展； (2)以法治保障政治稳定； (3)以法治保障文化繁荣； (4)以法治保障社会和谐； (5)以法治保障生态良好
正确认识和处理全面依法治国一系列重大关系	(1)政治和法治； (2)改革和法治； (3)依法治国和以德治国； (4)依法治国和依规治党

法 理 学

一、法 的 本 体

1. 马克思主义法学关于法的本质学说

项　目	内　容
法的正式性（官方性、国家性）	(1)法的正式性总是依靠正式的权力机制保证实现； (2)法的正式性总是借助于正式的表现形式予以公布； (3)法的正式性表明法律是国家意志的体现 **注意**:法律未经公布,不得生效
法的阶级性（法的国家意志性和阶级意志性）	(1)法体现统治阶级意志,有整体性,排除“全民”意志,“共同”意志； (2)法体现统治阶级意志,而不体现被统治阶级意志,法律有关于公共事务的规定,它体现的也只是被统治阶级的愿望
法的社会性（法的物质制约性）	(1)社会物质生活条件主要指统治阶级赖以建立其政治统治的经济基础； (2)从根本上说,法决定于一定经济关系(经济基础)； (3)法不是统治阶级任性、专横的表现,它不能违背客观规律； (4)法的社会性是法的本质的最终体现

2. 法的价值

法的价值	含　义	名人名言
秩序（基本价值）	(1)秩序是法的基本价值,是法的其他价值的基础； (2)法律根本而首要的任务就是确保统治秩序的建立； (3)秩序受自由、正义等价值的规制	法律就是秩序,有好的法律才有好的秩序。——亚里士多德
自由	证成法限制人的自由的原则有以下几个： (1)伤害原则； (2)家长主义原则； (3)道德主义原则	自由确实是人的本质。——马克思

续表

法的价值	含　义	名人名言
人权	(1)人权也是一种权利； (2)人权来自“人自身”； (3)人权的具体内容	一切人，或至少是一个国家的一切公民，或一个社会的一切成员，都应当有平等的政治地位和社会地位。——恩格斯
正义	(1)正义是内在于法律中的某种东西； (2)法与正义之间形成了鲜明对比； (3)正义是检测法律的一种尺度或标准	法律不能使人人平等，但在法律面前人人是平等的。——勃洛克
价值冲突解决原则：(1)个案比例原则：在具体个案中，为保护某种较为优越的法价值须侵害另一法益时，不得逾越此目的所必要的程度；(2)价值位阶原则：在不考虑具体个案情景下，法的各个价值之间的优先性关系		

3. 法的要素

法的要素	特　点	分　类
法律规则	(1)具有严格的逻辑结构(假定条件、行为模式、法律后果)； (2)规定明确具体，关注共性； (3)只适用于某一类型的行为； (4)以“全有或全无的方式”应用于个案	(1)授权性规则和义务性规则(包括命令和禁止两类)； (2)确定性规则、委任性规则和准用性规则； (3)强行性规则和任意性规则
法律原则	(1)规定笼统模糊，没有假定条件和法律后果； (2)具有较大的适用范围； (3)多个法律原则可以同时并存于一部法律或个案中，为强度原则	(1)公理性原则和政策性原则； (2)基本原则和具体原则； (3)实体性原则和程序性原则
法律概念	法律人在将现行有效的法律规范适用于特定案件事实获得法律决定或判断的过程中，在许多情况下，先需要对法律概念的意义进行确证和具体化	(1)确定性概念与不确定性概念； (2)分类概念与类型概念； (3)描述性概念、评价性概念与论断性概念
权利和义务	(1)在结构上紧密联系、不可分割； (2)在数量上总量相等； (3)在产生和发展上都经历了从浑然一体到分裂对立再到相对一致的过程； (4)在价值上分别代表了不同法律精神，在不同法律体系中地位不同，古代为“义务本位”，当代为“权利本位”	(1)基本权利义务和普通权利义务； (2)绝对权利义务和相对权利义务； (3)积极权利义务和消极权利义务

口诀巧记 **法律规则和法律原则**

法律规则三方面，假定行为和后果；法律原则分类多，公政基具和实程。

要点解说

考试通常考查法律规则和法律原则的分类，考查方式有三：一则“张冠李戴”；二则与其他知识尤其是法的规范作用相并列、相混淆；三则通过具体案例进行考查。

4. 法律规则的分类

<table>
<tr><th>分类标准</th><th colspan="2">类　别</th><th>举　例</th></tr>
<tr><td rowspan="3">规则的内容规定（主要是行为模式）不同</td><td>授权性</td><td>权利性规则</td><td>有权……享有……的权利可以……</td></tr>
<tr><td rowspan="2">义务性</td><td>命令性规则</td><td>有……义务应……必须……</td></tr>
<tr><td>禁止性规则</td><td>禁止……不得……</td></tr>
<tr><td rowspan="3">规则内容的确定性程度不同</td><td colspan="2">确定性规则</td><td>无须援引或参照其他规则</td></tr>
<tr><td colspan="2">委任性规则</td><td>由机关制定规则</td></tr>
<tr><td colspan="2">准用性规则</td><td>未规定行为模式，而需援引或参照其他规则</td></tr>
<tr><td rowspan="2">限定的范围或程度不同</td><td colspan="2">强行性规则</td><td>内容具有强制性，不容许更改</td></tr>
<tr><td colspan="2">任意性规则</td><td>允许自行选择、协商确定行为的模式</td></tr>
</table>

5. 法的渊源

<table>
<tr><th>分类依据</th><th>具体划分</th><th>具体含义</th></tr>
<tr><td rowspan="2">法的渊源的载体形式</td><td>不成文法渊源</td><td>不表现为条文形式的法律渊源，如习惯法、判例法</td></tr>
<tr><td>成文法渊源</td><td>表现为条文形式的法律渊源，如制定法</td></tr>
<tr><td rowspan="2">法的渊源与法规范关系</td><td>直接渊源</td><td>制定法等与法规范、法条文直接相关的渊源</td></tr>
<tr><td>间接渊源</td><td>学说等与法规范、法条文间接相关的渊源</td></tr>
<tr><td rowspan="2">是否表现为国家制定的法律文件中的明确条文形式</td><td>正式渊源</td><td>可以从体现于国家制定的规范性法律文件中的明确条文形式中得到的渊源，如宪法、法律、法规等，具有普遍约束力</td></tr>
<tr><td>非正式渊源</td><td>具有法律意义的准则和观念，这些准则和观念尚未在正式法律中得到权威性的明文体现，只有法律说服力，如正义标准、理性原则、社会思潮、习惯等</td></tr>
</table>

续表

分类依据	具体划分	具体含义
当代中国法的正式渊源	宪法、法律、行政法规、地方性法规、自治条例和单行条例、规章、特别行政区法律法规、国际条约与国际惯例等	
当代中国法的非正式渊源	习惯、政策、判例等	

口诀巧记 法的渊源

正式渊源记七类，宪法两行地特国；非正渊源记三类，判例政策与习惯。

6. 法律部门与法律体系

项　目	内　容
法律部门	(1)按调整对象和调整方法调整同一类社会关系的法律规范的总称； (2)一个规范性法律文件中的法律规范可能属于多个法律部门，一个法律部门可能包含多个规范性法律文件
法律体系	(1)全部现行国内法律规范按照一定标准和原则划分为不同法律部门而形成内部和谐一致，有机联系的整体； (2)不包括完整意义的国际法，即国际公法，不包括历史上废止的已经不再有效的法律，一般也不包括尚待制定还没有生效的法律
当代中国法律体系	宪法、行政法、刑法、民商法、诉讼及非诉讼程序法、经济法和社会法

7. 法的效力

效力类型	含　义	一般做法	中国的规定
对人效力	法律对谁有效力，适用于哪些人	(1)属人主义：只适用于本国公民，无论其身在国内还是国外； (2)属地主义：适用于该国管辖地区所有人，无论是不是本国公民； (3)保护主义：以维护本国利益作为是否适用本国法律的依据； (4)以属地主义为主，与属人主义、保护主义相结合：近代以来多数国家所采用的原则	(1)对中国人：在中国境内一律适用中国法律，在境外也应遵守中国法律并受其保护； (2)对外国人和无国籍人： ①在中国境内，除法律有特别规定外，适用中国法律； ②在中国境外对中国国家或公民犯罪，按照中国刑法最低刑为3年以上有期徒刑的，可以适用中国刑法，但按照犯罪地的法律不受处罚的除外

续表

效力类型	含　义	一般做法	中国的规定
空间效力	法律在哪些地域有效，适用于哪些地区	法律效力及于领土、领水、领空、本国驻外使馆、在外船舶和飞行器	同国际做法一致
时间效力	法律何时生效、何时终止效力及对其生效以前的行为有无溯及力	(1)生效时间： ①自公布之日生效； ②由该法律规定具体生效时间； ③规定法律公布后符合一定条件时生效。 (2)失效时间： ①明示废止； ②默示废止：新法优于旧法、后法优于前法。 (3)在法的溯及力问题上，一般以“法不溯及既往”为原则	(1)有关侵权、违约及刑事法律：一般为法不溯及既往原则、特殊为从旧兼从轻原则； (2)在某些有关民事权利的法律中，法律具有溯及力，如《著作权法》第66条第1款

8. 法律关系

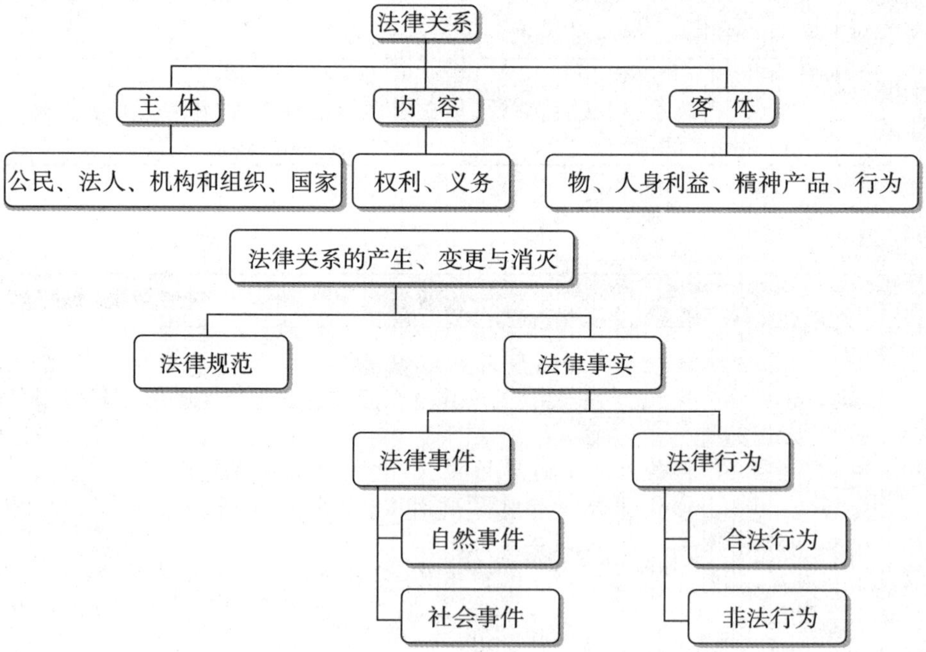

分类标准	种 类	含 义	举 例
产生的依据、执行的职能和实现规范的内容	调整性法律关系	(1)基于人们合法行为而产生的、执行法的调整职能； (2)不需要适用法律制裁，法律主体之间即能够依法行使权利、履行义务	民事法律关系
	保护性法律关系	(1)基于违法行为而产生的、旨在恢复被破坏的权利和秩序，执行法的保护规则，是法实现的非正常形式； (2)其典型特征是一方主体(国家)适用法律制裁，另一方主体(违法者)必须接受制裁	刑事法律关系
法律主体在法律关系中的地位	隶属性法律关系(纵向)	(1)不平等法律主体之间所建立的权力服从关系； (2)主体之间的权利义务具有强制性，不能随意转让，也不能随意放弃	行政管理法律关系
	平权性法律关系(横向)	(1)平权法律主体之间的权利义务关系； (2)权利义务的内容具有一定的任意性	民事财产关系
法律主体的多少及其权利义务是否一致	单向法律关系	权利人仅享有权利，义务人仅履行义务	不附条件的赠与关系
	双向法律关系	特定的双方法律主体之间	买卖关系
	多向法律关系	三个或三个以上相关法律关系的复合体	行政人事调动关系
相关法律关系的作用和地位	第一性法律关系(主法律关系)	不依赖其他法律关系而独立存在或在多向法律关系中居于支配地位的法律关系	实体法律关系
	第二性法律关系(从法律关系)	由第一性法律关系而产生的、居于从属地位的法律关系	程序法律关系

9. 法律责任

项 目	内 容
归责原则	(1)责任法定原则； (2)公正原则； (3)效益原则； (4)合理性原则

续表

项　目	内　容
免责事由	(1)时效； (2)自诉案件的不诉免责； (3)协议免责(主要适用于民事责任)； (4)自首、立功免责； (5)履行不能免责(主要适用于财产责任)
法律责任竞合	(1)特征：同一主体、一个行为、符合数个法律责任构成要件、数个法律责任之间相互冲突； (2)处理：一般按重者处之，我国《民法典》赋予了在发生违约责任和侵权责任竞合时，当事人的选择请求权，可从定金与违约金中选择其一

二、法的运行

10. 法的运行的内容

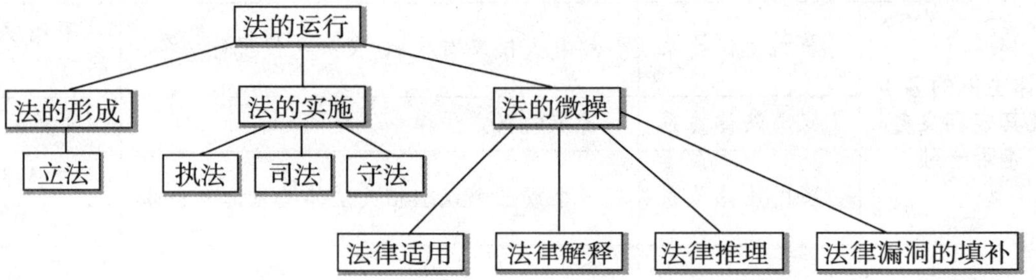

11. 执法与司法的区别

项　目	执　法	司　法
主　体	行政机关及其公职人员	司法机关及其公职人员
内　容	以国家名义对社会进行全面管理，内容比司法广泛	裁决涉及法律问题的纠纷和争议及对有关案件进行处理
程序性	程序没有司法严格和细致	严格的程序性
主动性	较强的主动性，主动出击	被动性，不告不理

12. 法律证成

法律适用过程(实线框内)=法律证成过程=外部证成(虚线框内)+内部证成

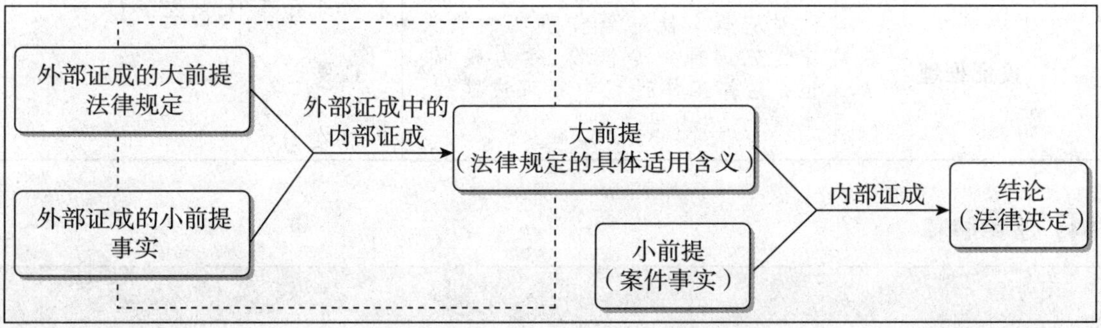

证　成	含　义	作　用
内部证成	按照一定的推理规则,从相关前提中逻辑地推导出法律决定的过程	明确要得出该法律决定所需要的各项前提条件
外部证成	对法律决定所依赖的前提的证成	对各项前提条件进行支持

由图表可以清楚地看出,内部证成不仅是通常所谓的法律规范、案件事实与法律决定之间的推理规则,而且也包括了确立前提本身所要遵循的推理规则。

13. 法律推理

种　类	含　义	具体方法
演绎推理(从一般到个别)	三段论	大前提+小前提→结论
归纳推理(从个别到一般)	可靠性程度依赖于事例的数量及其分布范围	汇集个案→比较概括→形成普遍性判断
类比推理(从个别到个别)	根据两个/类事物在某些属性上的相似性,推导出它们在其他属性上的相似性,最关键的是确认哪些是重要的相关属性	A 事物具有 a、b、c 等属性 + B 事物也具有 a、b 属性 ↓ B 事物也具有 c 属性
反向推理	从法律规范赋予某种事实情形以某个法律后果推出,这一后果不适用于法律规范未规定的其他事实情形	对两类规范的适用会较多运用反向推理: (1)高度重视法律安定性或确定性价值的法律规范; (2)例外条款
当然推理	由某个更广泛的法律规范的效力推导出某个不那么广泛的法律规范的效力	举轻以明重 举重以明轻

续表

种　类	含　义	具体方法
设证推理	对从所有能够解释事实的假设中优先选择一个假设,效力较弱,但是法律工作过程中不可或缺的,本质上是“由果溯因”	如果存在H,则发生C + C发生了 ↓ 存在H

14. 法律解释

项　目	内　容
特点	(1)对象是法律规定及其附随情况; (2)与具体案件密切相关; (3)具有一定的价值取向性,是一个价值判断、价值选择的过程; (4)受“解释学循环”的制约
分类	(1)正式解释:也称法定解释/有权解释,由特定的国家机关、官员或其他有解释权的人对法律作出的具有法律上约束力的解释,又可以分为立法、司法和行政三种解释; (2)非正式解释:也称学理解释,由学者或其他个人及组织对法律规定所作的不具有法律约束力的解释
方法	(1)文义解释:也称语法解释、文法解释、文理解释,从语言文字解释法律条文; (2)立法者的目的解释:也称主观目的解释,根据参与立法的人的意志或立法资料揭示法律规定的含义; (3)历史解释:依据正在讨论的法律问题的历史事实对法律规定进行解释; (4)比较解释:根据外国的立法例和判例学说对法律规定进行解释; (5)体系解释:也称逻辑解释、系统解释,将被解释的法律条文放在整部法律中乃至整个法律体系中,联系此法条与其他法条的相互关系来解释; (6)客观目的解释:根据“理性的目的”和法的客观目的对法律规定进行解释
解释方法的位阶	文义解释→体系解释→立法者意图或目的解释→历史解释→比较解释→客观目的解释

注:上述位阶关系不是固定的,只有在存在更强的理由的情况下,法律人才可推翻这种优先性关系。

三、法 的 演 进

15. 法的继承与移植

项　目	含　义	理由或必要性	内容或类型
法的继承	(1)时间性概念; (2)不同历史类型的法律制度之间的延续和继受	(1)社会生活的历史延续性所决定; (2)法的相对独立性所决定; (3)法作为人类文明成果所决定; (4)法的发展历史验证了法的继承	(1)法律术语、技术、形式; (2)有关社会公共事务的法律规定; (3)反映市场经济规律的法律原则和规范; (4)法的一般价值原则

续表

项　目	含　义	理由或必要性	内容或类型
法的移植	(1)空间性和时间性并存概念; (2)当代的不同国家或地区法律制度的借鉴和吸收	(1)社会和法律发展的不平衡所决定; (2)市场经济的客观规律和根本特征所决定; (3)法制现代化的必然需求; (4)对外开放的应有内容	(1)相同发展阶段国家相互吸收; (2)落后或发展中国家直接采纳先进国家法律; (3)区域性法律统一运动或法律全球化

16. 法的现代化

比较项	内发型法的现代化	外源型法的现代化
现代化的动力	本国经济和社会的发展推动了法的现代化	战争、殖民等外来因素和压力推动了法律的现代化
现代化的过程	自下而上,即社会发展在先,法律变革在后	自上而下,即国家为了解决政治困境,被迫推动法律变革
现代化的障碍	法的现代化是自发的,一般不存在太大的内部阻力	法的现代化是被迫的,常采用法律移植的方式,因此会存在外来法律制度与本土法律文化之间的不适应甚至冲突
代表性国家	欧洲国家,如英国、德国等	亚洲和非洲等曾为列强殖民的国家

17. 大陆法系与英美法系

比较项	大陆法系	英美法系
法的渊源	正式渊源主要指立法机关制定的成文法,司法机关的判例一般没有强制约束力	正式渊源除了立法机关的成文法,还包括高级法院发布的判例法
法的分类	分为公法和私法,公法主要包括宪法、行政法、刑法等,私法主要包括民法、商法等	分为普通法与衡平法,两者都是判例法,但出自不同法院,普通法处理一般案件,衡平法处理特殊案件
诉讼程序	"纠问式审判",法官在审判中处于主导地位,作用非常突出	"对抗式审判",法官是中立的裁判者,律师的作用较突出
法典编纂	比较重视大而全的法典,尤其是民法、刑法等核心部门,一般都会编纂综合性的法典	单行法较多,不倾向进行系统的法典编纂,较少有民法典

续表

比较项	大陆法系	英美法系
法律思维	法官一般采用演绎型思维,即从法律条文(大前提)出发,涵摄案件事实(小前提),推理出判决结果(结论)	法官常用归纳式思维,注重类比推理,即对以往的判例进行归纳,总结出一般性规则,对旧判例和待决案件进行比较,在总结其差异和共性的基础上进行裁判

四、法与社会

18. 法与政策、道德的关系

项　目	法与政策	法与道德
共性/联系	(1)阶级本质; (2)经济基础; (3)指导思想; (4)基本原则; (5)社会目标	(1)本质上的联系:自然法学派认为法与道德在本质上有必然联系,法律必须符合道德,"恶法非法",分析实证主义法学派否认法与道德在本质上的必然联系,坚持"恶法亦法"; (2)内容上的联系:近现代以来,"法律是最低限度的道德"; (3)功能上的联系:各具优势,功能互补,在现代社会,法律调整应该是处于主导地位
区别	(1)意志属性不同:国家意志与全党意志; (2)规范形式不同:明确具体与纲领原则; (3)实施方式不同:国家强制与纪律保障; (4)调整范围不尽相同; (5)稳定性、程序化程度不同 **注意**:党纪党规严于法律	(1)生成方式上的建构性与非建构性; (2)行为标准上的确定性和模糊性; (3)存在形态上的一元性和多元性; (4)调整方式上的外在侧重和内在关注; (5)运行机制上的程序性和非程序性; (6)强制方式上的外在强制和内在约束; (7)解决方式上的可诉性和不可诉性

【小贴士】一张图掌握法与社会的关系

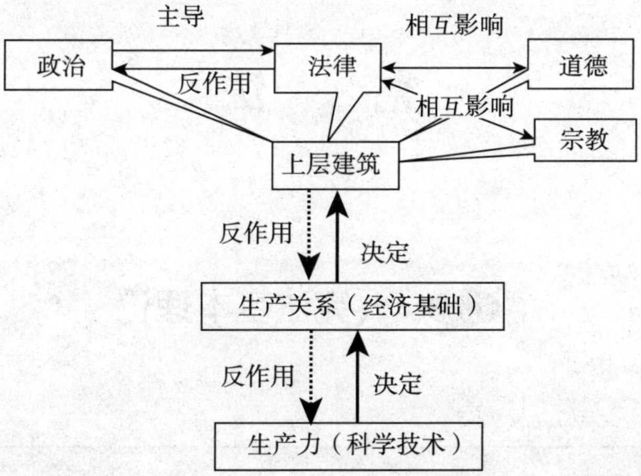

宪　法

一、宪法基本理论

1. 宪法理论

<table>
<tr><th colspan="2">项　目</th><th>内　容</th></tr>
<tr><td rowspan="3">宪法的基本特征（一种特殊的法律）</td><td>宪法是国家的根本法</td><td>（1）在内容上，宪法规定一个国家最根本、最核心的问题。
（2）在法律效力上，宪法具有最高法律效力：
①宪法是法律的制定依据，法律是宪法的具体化，宪法是国家一切法律法规的总依据、总源头；
②任何法律都不得与宪法的内容、原则和精神相违背，为了保证法律与宪法的一致性，各国普遍实行违宪审查制度，宣布违宪的法律无效；
③宪法是一切国家机关、社会团体和全体公民的最高行为准则。
（3）在制定和修改的程序上，宪法比法律更加严格：
①制定和修改宪法的机关往往是特别成立的机关而非普通立法机关；
②通过或批准宪法或者宪法修正案的程序往往严于法律，我国《宪法》第 64 条第 1 款规定：“宪法的修改，由全国人民代表大会常务委员会或者五分之一以上的全国人民代表大会代表提议，并由全国人民代表大会以全体代表的三分之二以上的多数通过”</td></tr>
<tr><td>宪法是公民权利的保障书</td><td>（1）从宪法与国家的关系来看，宪法最重要、最核心的价值是保障公民的基本权利；
（2）从宪法的基本内容来看，宪法的规定涉及国家生活的主要方面，即对国家权力的限制和对公民权利的保障</td></tr>
<tr><td>宪法是民主事实法律化的基本形式</td><td>（1）社会主义宪法是社会主义民主的法律化；
（2）我国宪法对民主制度的规定主要表现为：
①以根本法的形式确认人民当家作主的宪法地位；
②规定人民代表大会制度的基本原则和组织形式；
③通过选举制度、基层群众自治制度等形式，不断扩大社会主义民主的基础；
④随着社会主义民主制度的发展，宪法在内容和形式上不断完善</td></tr>
</table>

续表

项　目		内　容
宪法分类	成文和不成文	(1)成文宪法:有统一的法典形式,制定和修改程序比其他法律更严格,具有最高的法律效力,如1789年美国宪法和1791年法国宪法; (2)不成文宪法:英国
	刚性和柔性	以有无严格制定、修改机关和程序为标准,成文宪法往往也是刚性宪法
	钦定、民定、协定	(1)钦定宪法:君主制定的宪法,如1889年日本宪法; (2)民定宪法:人民代表机关制定; (3)协定宪法:君主和人民协商制定的,如1215年英国《自由大宪章》
宪法的基本原则	人民主权原则	(1)宪法规定了我国的国家性质和国家权力的归属; (2)宪法规定了人民主权的具体实现形式与途径; (3)宪法对公民基本权利和义务的规定是人民主权原则的具体体现; (4)为体现人民主权原则,宪法规定了选举制度的基本原则与制度
	基本人权原则	(1)我国历部宪法都规定公民的基本权利和义务,特别是2004年将"国家尊重和保障人权"写入《宪法》后,基本人权原则成为国家的基本价值观; (2)《宪法》还规定了公民参与国家政治生活的权利和自由、人身自由和宗教信仰自由、社会经济文化方面的权利等具体的基本权利
	法治原则	我国实行依法治国,建设社会主义法治国家: (1)在我国宪法文本中,"法治国家"是政治共同体依照法律治理国家生活的原则、规则与未来指向性的价值体系,其实质要素包括人的尊严、自由和平等,形式要素包括法律至上、人权保障、程序正当与权力制约等方面; (2)从宪法文本的规范内涵来看,"法治国家"包含法治政府,也包含法治社会。法治国家、法治政府、法治社会相辅相成,法治国家是法治建设的目标,法治政府是建设法治国家的重点,法治社会是构筑法治国家的基础
	权力制约原则	(1)宪法规定了人民对国家权力活动进行监督的制度; (2)宪法规定了公民对国家机关及其工作人员的监督权; (3)宪法规定了不同国家机关之间、国家机关内部不同的监督形式

续表

项　目	内　容
宪法渊源	(1)宪法典:包括宪法修正案; (2)宪法性法律:我国选举法、国旗法、港澳基本法、国籍法等都是宪法性法律; **注意**:英国是不成文宪法,没有根本意义上的宪法,只有部门法意义上的宪法。 (3)宪法惯例; (4)宪法判例:司法机关在审判实践中形成并有宪法效力的判例,我国没有; (5)国际条约:是否成为宪法的渊源,取决于国家的参与和认可

2. 我国宪法的修改

修改时间	修改内容
1988 年第一次修改	(1)删去不得出租土地的规定,增加规定"土地使用权可以依照法律的规定转让"; (2)增加规定"国家允许私营经济在法律规定的范围内存在和发展。私营经济是社会主义公有制经济的补充"
1993 年第二次修改	(1)把家庭联产承包责任制作为农村集体经济组织的基本形式确定下来; (2)将社会主义市场经济确定为国家的基本经济体制; (3)明确把"我国正处于社会主义初级阶段""建设有中国特色社会主义""坚持改革开放"写进宪法; (4)把县级人民代表大会的任期由 3 年改为 5 年; (5)增加了"中国共产党领导的多党合作和政治协商制度"将长期存在和发展
1999 年第三次修改	(1)明确"中华人民共和国实行依法治国、建设社会主义法制国家"; (2)明确"我国将长期处于社会主义初级阶段""沿着建设有中国特色社会主义的道路""邓小平理论指导下""发展社会主义市场经济"; (3)将镇压"反革命活动"修改为镇压"危害国家安全的犯罪活动"; (4)修改"个体经济、私营经济等非公有制经济,是社会主义市场经济的重要组成部分"引导、监督和管理; (5)规定"农村集体经济组织实行家庭承包经营为基础、统分结合的双层经营体制"; (6)规定"国家在社会主义初级阶段,坚持公有制为主体、多种所有制经济共同发展的经济制度,坚持按劳分配为主体、多种分配方式并存的分配制度"

续表

修改时间	修改内容
2004 年第四次修改	(1)在宪法序言中增加"三个代表""推动物质文明、政治文明和精神文明协调发展"; (2)将乡镇人民代表大会的任期 3 年改为 5 年; (3)对非公有制经济的政策为鼓励、支持、引导,对其依法实行监督和管理; (4)增加:国家尊重和保障人权; (5)修改:公民的合法私有财产不受侵犯,国家依照法律规定保护公民的私有财产权和继承权; (6)全国人大常委会、国务院决定戒严改为决定紧急状态,国家主席对戒严的宣布权改为对紧急状态的宣布权; (7)修改:国家为了公共利益的需要,可以依照法律规定对土地实行征收或者征用并给予补偿; (8)增加:爱国统一战线组成结构中的"社会主义事业的建设者"; (9)增加:国家建立健全同经济发展水平相适应的社会保障制度; (10)在宪法中增加关于国歌的规定; (11)修改:全国人大代表由省、自治区、直辖市、特别行政区和军队选出代表组成,各少数民族应有适当代表名额
2018 年第五次修改	(1)宪法序言修改: ①增加指引思想:"科学发展观、习近平新时代中国特色社会主义思想"; ②"健全社会主义法制"修改为"健全社会主义法治"; ③增加写入"贯彻新发展理念"和"社会文明、生态文明",写入"把我国建设成为富强民主文明和谐美丽的社会主义现代化强国,实现中华民族伟大复兴"; ④"在长期的革命和建设过程中"修改为"在长期的革命、建设、改革过程中"; ⑤在爱国统一战线的组成中增加"致力于中华民族伟大复兴的爱国者"; ⑥有关社会主义民族关系增加"和谐",各民族关系也增加"和谐"; ⑦"中国革命和建设"修改为"中国革命、建设、改革"; ⑧在对外政策中增加"坚持和平发展道路,坚持互利共赢开放战略""推动构建人类命运共同体"; (2)第 1 条增加规定"中国共产党领导是中国特色社会主义最本质的特征"; (3)第 24 条增加规定"国家倡导社会主义核心价值观"; (4)第 27 条增加规定"国家工作人员就职时应当依照法律规定公开进行宪法宣誓"; (5)第 79 条国家主席、副主席任期删去"连续任职不得超过两届"; (6)第 100 条增加规定"设区的市的人民代表大会和它们的常务委员会,在不同宪法、法律、行政法规和本省、自治区的地方性法规相抵触的前提下,可以依照法律规定制定地方性法规,报本省、自治区人民代表大会常务委员会批准后施行";

续表

修改时间	修改内容
	(7)在第三章国家机构中增加"监察委员会"作为第七节,并对第3、62、63、65、67、89、101、103、104、107条相应修改,各级监察委员会是国家的监察机关,依照法律规定独立行使监察权,监察机关由人大产生、对它负责、受它监督,各级人大常委会组成人员不得担任监察机关的职务; (8)将第70条规定的全国人大专门委员会"法律委员会"改为"宪法和法律委员会"

3. 宪法效力

项　目	内　容
宪法效力的最高性	(1)宪法制定权的正当性; (2)宪法内容的科学性; (3)宪法程序的合理性
宪法效力的特点	最高性、直接性与强制性
宪法对人的适用	适用于所有中国公民,无论中国公民生活在国内还是国外
宪法对领土的效力	(1)任何一个主权国家的宪法的空间效力都及于国土的所有领域,这是主权的唯一性和不可分割性所决定的,也是宪法的根本法地位所决定的; (2)由于宪法本身的复杂性和价值多元性,宪法在不同领域的适用上当然是有所差异的
宪法与条约	我国无具体规定,但《宪法》序言表明的基本原则为:以和平共处五项原则为基础,坚持和平发展道路,坚持互利共赢开放战略,发展同各国的外交关系和经济、文化的交流,推动构建人类命运共同体

二、国家的基本制度

4. 民族区域自治制度

项　目	内　容
自治机关	(1)民族自治地方包括自治区、自治州和自治县,民族乡不是自治地方; (2)自治机关包括自治地方的人大和人民政府,检察院和法院不是自治机关; (3)自治地方的人大常委会中应当有实行区域自治的民族的公民担任主任或者副主任; (4)自治地方的主席、州长和县长由实行区域自治民族的公民担任; (5)民族自治地方的人民政府分别实行主席、州长和县长负责制

续表

项目		内容
自治权	立法权	(1)自治区的自治条例和单行条例报全国人大常委会批准生效; (2)自治州、自治县的自治条例和单行条例,报省、自治区、直辖市的人大常委会批准生效,并报全国人大常委会和国务院备案
	组织公安部队权	自治机关经过国务院批准,可以组织维护社会治安的公安部队
	变通、停止执行权	上级国家机关的决议、决定、命令和指示,如有不适合民族自治地方实际情况的,自治机关可以报经该上级国家机关批准,变通执行或者停止执行;该上级国家机关应当在收到报告之日起60日内给予答复
	自主管理地方财政权	(1)民族自治地方的自治机关对本地方的各项开支标准、定员、定额,根据国家规定的原则,结合本地方的实际情况,可以指定补充规定的和具体办法,自治区制定的补充规定和具体办法,报国务院备案; (2)自治州、自治县制定的补充规定和具体办法,报省、自治区、直辖市人民政府批准,自治州、自治县决定减税或者免税,须报省、自治区、直辖市人民政府批准
	自主管理地方经济建设权	(1)民族自治地方依照国家规定可以开展对外经济贸易活动,经国务院批准,可以开辟对外贸易口岸; (2)与外国接壤的民族自治地方经国务院批准,开展边境贸易
	文化建设权	自治区、自治州的自治机关依照国家规定,可以和国外进行教育、科学技术、文化艺术、卫生、体育等方面的交流
	使用本民族的语言文字权	自治机关在执行职务时,使用当地通用的一种或几种语言文字;必要时,可以本区域民族的预言文字为主

5. 基本选举制度

项目	直接选举	间接选举
基本含义	选民直接投票选举	下一级人大投票选举,由代表进行投票
适用范围	不设区的市、市辖区、县、自治县、乡、民族乡、镇	全国、省、自治区、直辖市、设区的市、自治州
主持选举机构	选举委员会	本级人大常委会,投票时为下一级人大主席团
提出代表候选人	(1)各政党、各人民团体和选民10人以上联名推荐; (2)应在选举日的7日以前公布正式候选人名单	各政党、各人民团体和选民10人以上联名推荐

续表

项　目	直接选举	间接选举
差额选举的比例	多于应选代表名额的1/3至1倍	多于应选代表名额的1/5～1/2
投票选举	全体选民过半数参加投票选举有效,获得参加投票的选民的过半数选票始得当选(两个过半数)	获得全体代表过半数选票始得当选(全体过半数)
代表资格审查	(1)代表资格审查委员会依法对当选代表是否符合宪法、法律规定的代表的基本条件,选举是否符合法律规定的程序,以及是否存在破坏选举和其他当选无效的违法行为进行审查,提出代表当选是否有效的意见,向本级人民代表大会常务委员会或者乡、民族乡、镇的人民代表大会主席团报告; (2)上述机关根据报告,确认代表的资格或者确定代表的当选无效,在每届人民代表大会第一次会议前公布代表名单	
提出罢免的机关	(1)县级代表,原选区选民50人以上联名可罢免; (2)乡级代表,原选区选民30人以上联名可罢免	主席团、1/10以上代表联名、常委会主任会议、常委会1/5以上组成人员联名,可罢免由其选举的上一级人大代表
罢免的法定人数	原选区过半数选民通过(全体过半数)	原选举单位过半数代表通过或者该级人大常委会组成人员过半数通过(全体过半数)

6.《香港特别行政区基本法》与《澳门特别行政区基本法》的比较

项　目	《香港特别行政区基本法》	《澳门特别行政区基本法》
行政长官的任职	(1)行政长官是特区首长,代表特别行政区,对中央政府和特别行政区负责; (2)产生:行政长官由当地通过选举或协商产生,由中央人民政府任命; (3)任期:任期5年,可连任一次; (4)年满40周岁	
	在香港特别行政区通常居住连续满20年并在外国无居留权的香港特别行政区永久性居民中的中国公民	澳门特别行政区行政长官在任期内不得具有外国居留权
行政长官的辞职	(1)因严重疾病或其他原因无力履行职务; (2)因两次拒绝签署立法会通过的法案而解散立法会,重选的立法会仍以全体议员2/3多数通过所争议的原案,而行政长官仍拒绝签署; (3)因立法会拒绝通过财政预算案或其他重要法案而解散立法会,重选的立法会继续拒绝通过所争议的原案	
行政机关(特区政府)	性质和地位:特别行政区政府是特别行政区的行政机关	
	主要行政官员必须是在当地连续居住15年并在外国无居留权的永久性居民中的中国公民担任	没有"无外国居留权"限制

续表

项　目	《香港特别行政区基本法》	《澳门特别行政区基本法》
立法机关（立法会）	议员一般是由永久性的居民担任(可以是非中国籍;可以在外国有居留权)	
	(1)非中国籍的和在外国有居留权的永久性居民在立法会的比例不得超过20%; (2)年满40周岁、在特区通常居住连续满20年,并在外国无居留权的特区永久性居民中的中国公民担任主席	(1)议员组成没有比例限制; (2)立法会主席、副主席在澳门特别行政区通常居住连续满15年,没有年龄要求
司法机关	法官根据法官、律师和知名人士组成的独立委员会的推荐,由行政长官任命	
	(1)设置:终审法院、高等法院、区域法院、裁判署法庭和其他专门法庭; (2)终审法院和高等法院的首席法官应由在外国无居留权的永久性居民中的中国居民担任,终审法院法官和高等法院首席法官的任免由行政长官征得立法会同意,报全国人大常委会备案; (3)律政司主管刑事检察工作	(1)终审法院、中级法院、初级法院和行政法院; (2)澳门终审法院法官任免报全国人大常委会备案,终审法院院长、检察长须是永久性居民中的中国居民; (3)设有检察院
公职人员就职宣誓	《香港特别行政区基本法》第104条和《澳门特别行政区基本法》第102条规定了公职人员在就职时必须依法宣誓拥护中华人民共和国基本法,效忠中华人民共和国特别行政区	
中央与特别行政区的关系:一个主权国家内中央与地方的关系	中央对特别行政区行使的权力(全面管治权)主要有: (1)中央人民政府负责管理与特别行政区有关的外交事务; (2)中央人民政府负责管理特别行政区的防务; (3)中央人民政府任命特别行政区行政长官和行政机关的主要官员; (4)全国人大常委会有权决定特别行政区进入紧急状态; (5)全国人大常委会享有对特别行政区基本法的解释权; (6)全国人大对特别行政区基本法享有修改权等	

口诀巧记 国家宪法日与宣誓制度

12月4日宪法日，　从政就职要宣誓。

要点解说

党的十八届三中全会提出,要进一步健全宪法实施监督机制和程序,把实施宪法要求提高到一个新水平。将每年12月4日定为国家宪法日。建立宪法宣誓制度,凡经人大及其常委会选举或者决定任命的国家工作人员正式就职时公开向宪法宣誓。

特别行政区公职人员就职宣誓是公职人员就职的法定条件和必经程序,未进行合法有效宣誓或者拒绝宣誓,不得就任相应公职,不得行使相应职权和享受相应待遇。宣誓必须符合法定的形式和内容要求,宣誓人必须真诚、庄重地进行宣誓,必须准确、完整、庄重地宣读包括“拥护中华人民共和国香港特别行政区基本法,效忠中华人民共和国香港特别行政区”内容的法定誓言。

7. 村民委员会组织法

项　目		内　容
村民委员会		(1)设立、撤销、调整:乡政府提出,村民会议讨论,县政府批准; (2)组成:3人至7人组成,有妇女,有少数民族,任期5年,连选连任,可以设人民调解、治安保卫、公共卫生和计划生育委员会; (3)选举:村民选举委员会主持选举: ①选委会应将下列人员列入选举名单:年满18周岁,有选举权,本村户籍;或非本村户籍公民居住1年以上,村民会议或村民代表会议同意; ②选委会20日前公布名单,异议者公布之日5日内申诉,3日内决定; ③村民提名候选人,差额选举,村民过半数参加,选举有效,获得过半数选票当选,超出名额再次选举,不足名额另行选举; (4)罢免:1/5以上有选举权或1/3以上村民代表提议,登记参加选举选民过半数投票,投票村民过半数通过,丧失行为能力或被判处刑罚,自行终止
村民会议		(1)提议召开:1/10以上村民或1/3以上村民代表; (2)召开:村委会召集,18周岁以上村民过半数,或2/3以上户代表参加; (3)决定:参加者过半数同意; (4)职权:撤销或变更村委会、村民代表会议不适当的决定,村民会议制定和修改村民自治章程、村规民约,报乡政府备案; (5)必须提请村民会议讨论事项:误工人员及补贴标准、集体收益使用、公益事业兴办方案、土地承包经营方案、村集体经济项目方案、宅基地、征地补偿款、处分集体财产、村民会议认为应当的事项
民主管理和监督	**村务公开**	(1)一般事项至少每季度公布一次; (2)集体财务往来较多的,财务收支情况应当每月公布一次; (3)涉及村民利益的重大事项应当随时公布
	村务监督	(1)成员由村民会议或者村民代表会议在村民中推选产生,向其负责; (2)村民委员会成员及其近亲属不得担任村务监督机构成员; (3)成员可列席村委会会议
	民主评议	(1)村委会成员、村民或者村集体承担误工补贴的聘用人员,应当接受村民会议或村民代表会议对其履行职责情况的民主评议; (2)民主评议每年至少进行一次,由村务监督机构主持; (3)村委会成员连续2次被评议不称职的,其职务终止

三、公民的基本权利与义务

8. 公民的基本权利

权利类别	权利内容
平等权	(1)人人平等地享有权利承担义务; (2)人人平等地受到保护,违法行为一律追究; (3)法律面前不允许特权
政治权利和自由	(1)选举权和被选举权; (2)政治自由:言论自由、出版自由、结社自由、集会游行示威自由
宗教信仰自由	(1)信教和不信教的自由、选择教派的自由; (2)邪教与宗教不同,坚决清除邪教; (3)宗教团体和宗教事务不受外国势力支配
人身自由	(1)人身自由:公民肉体和精神不受非法侵犯; (2)人格尊严不受侵犯:生命权、姓名权、肖像权、名誉权、荣誉权、隐私权; (3)住宅不受侵犯; (4)通信自由和通信秘密受法律保护
社会经济权利	(1)财产权:国家征收、征用应予补偿; (2)劳动权:既是权利,也是义务; (3)休息权; (4)获得物质帮助权:老年人、疾病公民、丧失劳动能力的公民
文化教育权利	(1)受教育权:既是权利,也是义务; (2)进行科学研究、文学艺术创作和其他文化活动的自由
监督权和获得赔偿权	(1)监督权:批评、建议、申诉、控告、检举的权利; (2)获得国家赔偿权

四、国家机构

9. 中央国家机关职权比较

职　权	全国人大	全国人大常委会	国务院	国家主席
组成	—	委员长、副委员长、秘书长、委员	总理、副总理、国务委员、各部部长、各委员会主任、审计长、秘书长	主席、副主席
立法权	(1)修改宪法; (2)制定和修改基本法律	(1)解释宪法; (2)解释法律; (3)部分性补充和修改基本法; (4)制定和修改其他非基本法; (5)撤销违法的行政法规和省级地方性法规	(1)行政法规制定权、决定和命令发布权; (2)改变或撤销各部委不适当的规章	根据全国人大及其常委会决定,公布法律
人事任免权	(1)选举:国家主席、副主席、军委主席、最高人民法院院长、最高人民检察院检察长、国家监察委员会主任; (2)决定:总理、副总理、国务委员、部长、主任、审计长、秘书长、军委组成人员的人选	(1)决定:国务院各部委部长、主任、审计长、秘书长、军委组成人员的人选,决定驻外全权代表的任免; (2)任免:最高人民法院副院长、审判员、审委会委员和军事法院院长,最高人民检察院副检察长、检察员、检委会委员和军事检察院检察长;国家监察委员会副主任、委员; (3)批准:省、自治区、直辖市检察长任免	—	根据全国人大及其常委会决定,任免总理、副总理、国务委员、部长、主任、审计长、秘书长
经济权	审查和批准发展计划、国家预算及其执行情况	预算管理权,审查和批准发展计划、国家预算的**部分调整**方案	(1)编制和**执行**发展计划和国家预算; (2)领导和管理经济工作和城乡建设、生态文明建设	—

续表

职 权	全国人大	全国人大常委会	国务院	国家主席
区域建置权	(1)批准省、自治区、直辖市的建置； (2)决定特别行政区的设立及制度	—	(1)批准省、自治区、直辖市的区域划分； (2)批准自治州、县、自治县、市的建置和区域划分	—
外交、国事权	决定战争与和平问题	(1)决定同外国缔结的条约和协定的批准与废除； (2)决定战争状态的宣布	同外国缔结条约和协定	(1)代表国家进行国事活动； (2)根据全国人大常委会决定，接受外国使节，派遣和召回驻外全权代表； (3)根据全国人大常委会决定，批准和废除对外缔约
其他职权	—	(1)监督国务院、中央军委、国家监察委、最高人民法院和最高人民检察院的工作； (2)规定和决定国家勋章和荣誉称号； (3)**决定**特赦； (4)**决定**全国总动员或局部动员； (5)**决定**全国或个别省、自治区、直辖市进入紧急状态； (6)决定法律在一定期限、部分地方的暂停调整、暂停适用	决定省、自治区、直辖市的范围内部分地区进入紧急状态	(1)根据全国人大及其常委会决定，授予国家勋章和荣誉称号； (2)**发布**特赦令，**宣布**进入紧急状态； (3)**宣布**战争状态； (4)**发布**动员令

10. 质询案、罢免案、撤职和辞职

<table>
<tr><th>项 目</th><th>级 别</th><th colspan="2">提案主体</th><th>质询对象</th></tr>
<tr><td rowspan="7">质询案</td><td rowspan="2">中央</td><td>人大</td><td>一个代表团或30名以上代表联名</td><td rowspan="6">本级人民政府及其部门、人民法院、人民检察院</td></tr>
<tr><td>人大常委会</td><td>组成人员10人以上</td></tr>
<tr><td rowspan="2">地级</td><td>人大</td><td>代表10人以上</td></tr>
<tr><td>人大常委会</td><td>组成人员5人以上</td></tr>
<tr><td rowspan="2">县级</td><td>人大</td><td>代表10人以上</td></tr>
<tr><td>人大常委会</td><td>组成人员3人以上</td></tr>
<tr><td>乡级</td><td>人大</td><td>代表10人以上</td><td>乡级:本级人民政府</td></tr>
<tr><td rowspan="3">罢免案</td><td colspan="2">中央</td><td colspan="2">(1)罢免对象:国家主席、副主席、全国人大常委会成员、国务院成员、中央军委成员、最高人民法院院长、最高人民检察院检察长、国家监察委员会主任;
(2)罢免提出主体:全国人大主席团或1/10以上代表或3个以上代表团</td></tr>
<tr><td colspan="2">县级以上地方</td><td colspan="2">(1)罢免对象:人大常委会成员、本级政府成员、本级法院院长、本级检察院检察长、本级监察委员会主任;
(2)罢免提出主体:人大主席团或常委会或1/10以上代表</td></tr>
<tr><td colspan="2">乡级</td><td colspan="2">(1)罢免对象:乡长及副乡长、镇长及副镇长、人大主席及副主席;
(2)罢免提出主体:人大主席团或1/5以上代表</td></tr>
<tr><td>撤职</td><td colspan="4">(1)县级以上地方各级人民政府、人民法院和人民检察院,县级以上人民代表大会常务委员会主任会议,可以向常务委员会提出对政府正职领导、两院正职(不含直辖市中院、分院正职)以外的国家工作工作人员的撤职案;
(2)县级以上各级人民代表大会常务委员会1/5以上的组成人员书面联名,但由人大常委会主任会议决定是否提请常委会会议审议</td></tr>
<tr><td>辞职</td><td colspan="4">政府正副领导,两院正职可以向本级人大或常委会提出辞职</td></tr>
</table>

11. 提案制度

<table>
<tr><th>提案类型</th><th>受案主体</th><th>提出主体</th></tr>
<tr><td rowspan="2">法律案</td><td>全国人大</td><td>(1)全国人大主席团;(2)全国人大常委会;(3)国务院;(4)中央军委;(5)最高人民法院;(6)最高人民检察院;(7)各专门委员会;(8)1个代表团;(9)30名以上代表联名(主席团决定是否提交)
注意:"两央"+"两高"+"两团"+"两委"+30名代表</td></tr>
<tr><td>全国人大常委会</td><td>(1)委员长会议;(2)国务院;(3)中央军委;(4)最高人民法院;(5)最高人民检察院;(6)各专门委员会;(7)人大常委会组成人员10人以上联名(委员长会议决定是否提交)
注意:"两央"+"两高"+"两委"+10名常委</td></tr>
</table>

续表

提案类型	受案主体	提出主体
地方议案	地方各级人大	(1)主席团;(2)地方各级人大常委会;(3)各专门委员会;(4)本级人民政府;(5)县级以上人大代表10人以上联名;乡级人大代表5人以上联名(主席团决定是否提交) **注意:“一府”+“一团”+“两委”+10名/5名代表**
	地方各级人大常委会	(1)县级以上地方各级人民政府;(2)各专门委员会;(3)地级常委5人或者县级常委3人以上联名 **注意:“一府”+“一委”+5名/3名代表**
解释法律的要求	全国人大常委会	(1)国务院;(2)中央军委;(3)最高人民法院;(4)最高人民检察院;(5)各专门委员会;(6)省级人大常委会 **注意:“两央”+“两高”+“两委”**
审查法规、司法解释	全国人大常委会	(1)国务院;(2)中央军委;(3)最高人民法院;(4)最高人民检察院;(5)省级人大常委会 **注意:“两央”+“两高”+“一委”**

12. 监察委员会

项　目	内　容
性质和地位	(1)行使国家监察职能的专责机关,其他任何机关、团体和个人都无权行使监察权; (2)依法对所有行使公权力的公职人员进行监察,调查职务违法和职务犯罪,开展廉政建设和反腐败工作,维护宪法和法律的尊严
组成和任期	(1)国家监察委员会由全国人大产生,负责全国监察工作; (2)地方各级监察委员会由本级人大产生,负责本行政区域内的监察工作; (3)监察委员会主任每届任期同本级人大任期相同,连续任职不得超过两届
与审判机关、检察机关、执法部门的关系	(1)监察委员会依法独立行使监察权是前提; (2)各机关间的互相配合是各机关在各司其职的基础上,通力合作、密切配合,依法办理职务违法犯罪案件; (3)各机关间的互相制约是监督原则的体现,也是监督权依法行使的制度保障
对监察委员会的监督	(1)监察委员会应当接受本级人大及其常委会的监督; (2)监察委员会应当依法公开监察工作信息,接受民主监督、社会监督、舆论监督; (3)监察委员会设立内部专门的监督机构,法律赋予了被调查人及其近亲属向内设监督机构的申诉权,这是对监察委员会进行监督的重要方式

New 五、立　法　法

13. 我国正式的立法文件

名　称	制定/修改机关	内容、特点
宪法	(1)全国人大修改； (2)全国人大常委会解释	最根本的法渊源、最高的法律地位和效力
法律	(1)基本法律:全国人大制定； (2)非基本法律:全国人大常委会制定	下列事项只能制定法律： (1)国家主权的事项； (2)各级人民代表大会、人民政府、监察委员会、人民法院和人民检察院的产生、组织和职权； (3)民族区域自治制度、特别行政区制度、基层群众自治制度； (4)犯罪和刑罚； (5)对公民政治权利的剥夺、限制人身自由的强制措施和处罚； (6)税种的设立、税率的确定和税收征收管理等税收基本制度； (7)对非国有财产的征收、征用； (8)民事基本制度； (9)基本经济制度以及财政、海关、金融和外贸的基本制度； (10)诉讼制度和仲裁基本制度； (11)必须由全国人民代表大会及其常务委员会制定法律的其他事项
行政法规	国务院制定,总理签署国务院令公布	(1)《立法法》第11条规定的事项尚未制定法律的,全国人民代表大会及其常务委员会有权作出决定,授权国务院可以根据实际需要,对其中的部分事项先制定行政法规;但法律绝对保留事项——有关犯罪和刑罚、对公民政治权利的剥夺和限制人身自由的强制措施和处罚、司法制度等事项除外； (2)应当明确授权的目的、事项、范围、期限以及被授权机关实施授权决定应当遵循的原则等,授权的期限不得超过5年,但是授权决定另有规定的除外(反对“一揽子授权”和“无期限授权”)

续表

<table>
<tr><th colspan="2">名称</th><th>制定/修改机关</th><th>内容、特点</th></tr>
<tr><td rowspan="3">地方法规</td><td>地方性法规</td><td>省、自治区、直辖市人大及其常委会和设区的市(含省级政府所在地的市、经济特区所在地的市和经国务院批准的较大的市,共282个设区的市)、自治州的人大及其常委会</td><td>(1)对城乡建设与管理、生态文明建设、历史文化保护、基层治理等方面的事项制定地方性法规;
(2)设区的市的地方性法规须报省、自治区的人民代表大会常务委员会批准后施行;
(3)省、自治区的人民代表大会常务委员会对报请批准的地方性法规,应当对其合法性进行审查,应当在4个月内予以批准</td></tr>
<tr><td>民族自治法规</td><td>自治条例是综合性法规;单行条例是有关某一方面事务的规范性文件</td><td>(1)自治区民族法规报全国人大常委会批准;自治州、自治县的民族法规须报省级人大常委会批准,且报全国人大常委会和国务院备案;
(2)可以作变通性规定和说明</td></tr>
<tr><td>经济特区法规</td><td>全国人大授权广东、福建、海南三省及上海市、深圳市人大及其常委会制定</td><td>经济特区法规根据授权可对上位法作变通规定,并可优先适用</td></tr>
<tr><td colspan="2">特别行政区法律</td><td colspan="2">《香港特别行政区基本法》和《澳门特别行政区基本法》</td></tr>
<tr><td rowspan="2">规章</td><td>部门规章</td><td>国务院各部、委员会、中国人民银行、审计署和具有行政管理职能的直属机构以及法律规定的机构</td><td>不得设定减损公民、法人和其他组织权利或者增加其义务的规范,不得增加本部门的权力或者减少本部门的法定职责</td></tr>
<tr><td>地方政府规章</td><td>省级政府;设区的市、自治州政府</td><td>规章实施满2年需要继续实施规章所规定的行政措施的,应当提请本级人民代表大会或者其常务委员会制定地方性法规</td></tr>
</table>

14. 我国的立法程序

<table>
<tr><th colspan="2">程序</th><th>理解要点</th></tr>
<tr><td rowspan="2">提出法律议案与征求意见</td><td>向全国人大</td><td>(1)“两团”:全国人大主席团+全国人大一个代表团或者30名以上代表;
(2)“两委”:全国人大常委会+全国人大各专门委员会;
(3)“两央”:国务院+中央军事委员会;
(4)“一监两高”:国家监察委员会+最高人民法院+最高人民检察院
注意:常委会提出的法律案,应当在会议举行的1个月前发给代表</td></tr>
<tr><td>向全国人大常委会</td><td>(1)“两委”:委员长会议+专门委员会;
(2)人大常委会组成人员10人以上;
(3)“两央”:国务院+中央军事委员会;
(4)“一监两高”:国家监察委员会+最高人民法院+最高人民检察院
注意:除特殊情况外,应该在会议举行的7日前发给常委会成员</td></tr>
</table>

续表

<table>
<tr><th colspan="2">程　序</th><th colspan="2">理解要点</th></tr>
<tr><td></td><td>可行性评估和征求意见</td><td colspan="2">(1)法律案有关问题专业性较强,需要进行可行性评价的,应当召开论证会,听取有关专家、部门和全国人民代表大会代表等方面的意见,论证情况应当向常务委员会报告;
(2)法律案有关问题存在重大意见分歧或者涉及利益关系重大调整,需要进行听证的,应当召开听证会,听取有关基层和群体代表、部门、人民团体、专家、全国人民代表大会代表和社会有关方面的意见;
(3)列入常务委员会会议议程的法律案,应当在常务委员会会议后将法律草案及其起草、修改的说明等向社会公布,征求意见,但是经委员长会议决定不公布的除外,向社会公布征求意见的时间一般不少于30日,征求意见的情况应当向社会通报</td></tr>
<tr><td rowspan="6">审议法律议案</td><td rowspan="2">全国人大的审议</td><td>审议程序</td><td>(1)各代表团审议;
(2)有关的专门委员会审议;
(3)各代表团团长会议讨论;
(4)代表团推选的有关代表讨论;
(5)宪法和法律委员会进行统一审议
注意:不采用全体会议的形式对法律案进行审议</td></tr>
<tr><td>审议结果</td><td>(1)因撤回而终止审议;
(2)授权常委会处理;
(3)交付表决:由主席团提请大会全体会议表决</td></tr>
<tr><td rowspan="4">全国人大常委会的审议</td><td>审议程序</td><td>(1)分组会议审议;
(2)联组会议审议;
(3)全体会议审议;
(4)有关的专门委员会审议;
(5)宪法和法律委员会进行统一审议</td></tr>
<tr><td>"三读"</td><td>(1)列入常委会会议议程的法律案,一般应当经三次常委会会议审议后再交付表决;
(2)例外:列入常委会会议议程的法律案,各方面意见比较一致的,可以经两次常委会会议审议后交付表决;
(3)修改的法律案,各方面的意见比较一致或者遇有紧急情形的,也可以经一次常委会会议审议即交付表决</td></tr>
<tr><td>审议结果</td><td>(1)撤回而终止审议;
(2)暂不付表决:交宪法和法律委员会及有关的专门委员会进一步审议;
(3)因搁置审议或暂不交付表决经过2年而终止审议:由委员长会议向常委会报告,该法律案终止审议;必要时,委员长会议也可以决定延期审议;
(4)交付表决:由委员长会议提请常委会全体会议表决</td></tr>
<tr><td>其他(列席会议)</td><td>(1)常务委员会会议审议法律案时,应当邀请有关的全国人民代表大会代表列席会议;
(2)宪法和法律委员会审议法律案时,应当邀请有关的专门委员会的成员列席会议,发表意见</td></tr>
</table>

续表

程序	理解要点
表决和通过法律	(1)法律案由全国人大全体代表或者全国人大常委会全体组成人员的过半数通过； (2)法律草案表决稿交付常务委员会会议表决前，委员长会议根据常务委员会会议审议的情况，可以决定将个别意见分歧较大的重要条款提请常务委员会会议单独表决
公布法律	(1)法律由国家主席签署主席令予以公布(含法律废止)； (2)法律签署公布后，法律文本以及法律草案的说明、审议结果报告等，应当及时在全国人民代表大会常务委员会公报和中国人大网以及在全国范围内发行的报纸上刊载； (3)宪法修正案(全国人大主席团)；法律(主席)，法律解释(全国人大常委会)、行政法规签署公布后，应及时在国务院公报和中国政府法制信息网以及在全国范围内发行的报纸上刊载

15. 法的效力原则

项目	内容	
不同位阶的法之间的效力	(1)宪法 > 法律 > 行政法规 > 地方性法规； (2)宪法 > 法律 > 行政法规 > 部门规章； (3)本级地方性法规 > 本级地方政府规章； (4)省级地方性法规 > 设区的市的地方性法规； (5)省级地方政府规章 > 设区的市的地方政府规章	
同一位阶的法之间的效力	授权立法和法律	由全国人大常委会裁决
	部门规章 vs. 地方性法规	地方法规和部门规章冲突，交由国务院提出意见，如果国务院认为应当适用地方性法规的，适用地方性法规；认为应适用部门规章的，提请全国人大常委会裁决
	部门规章 vs. 地方政府规章	部门规章之间、部门规章和地方政府规章之间冲突，由国务院裁决
	设区的市的地方性法规 vs. 省级地方政府规章	设区的市的地方性法规同省级政府规章冲突时，省级人大常委会应作出处理决定
特殊规定	(1)民族自治法规和经济特区法规依法对法律、行政法规、地方性法规作变通规定的，在本区域内按照变通规定执行； (2)同一机关制定的法，特别法优于一般法，新法优于旧法，同一机关制定新的一般规定与旧的特别规定不一致，由制定机关裁决(法律是全国人大常委会，而行政法规是国务院)； (3)授权机关有权撤销被授权机关制定的超越授权范围或者违背授权目的的法规，必要时可以撤销授权	

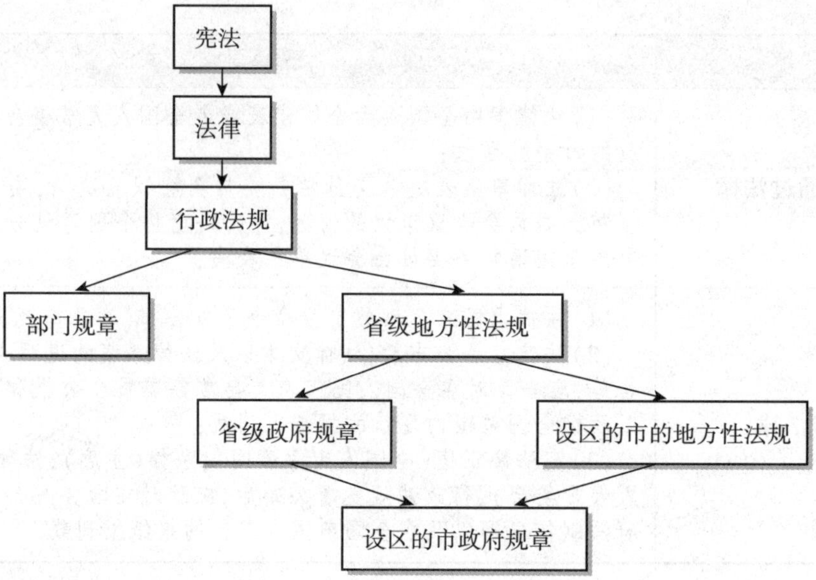

16. 规范性文件的备案

规范性文件	制定机关	接受备案机关	其他要求
行政法规	国务院	全国人大常委会	—
监察法规	国家监察委员会	全国人大常委会	—
地方性法规	省、自治区、直辖市人大及其常委会	全国人大常委会、国务院	—
	设区的市、自治州人大及其常委会	全国人大常委会、国务院	由省、自治区人大常委会报备
自治条例和单行条例	自治州、自治县人大	全国人大常委会、国务院	由省、自治区、直辖市人大常委会报备，报备时应说明对法律、行政法规、地方性法规的变通情况
部门规章	国务院部门	国务院	—
地方政府规章	省、自治区、直辖市政府	国务院、本级人大常委会	—
	设区的市、自治州政府	国务院，省、自治区人大常委会和政府，本级人大常委会	—
根据授权制定的法规	被授权机关	授权决定规定的机关	经济特区法规、浦东新区法规、海南自由贸易港法规报备时，应说明变通的情况
具体应用法律的解释（司法解释）	最高人民法院、最高人民检察院	全国人大常委会	—

17. 规范性文件的审查请求

审查对象	请求主体	请求方式	处理方式
行政法规、地方性法规、自治条例和单行条例	国务院、中央军委、国家监察委员会、最高人民法院、最高人民检察院和各省、自治区、直辖市人大常委会	向全国人大常委会书面提出审查要求	全国人大有关的专门委员会和常委会工作机构进行审查、提出意见
	其他国家机关和社会团体、企业事业组织以及公民	向全国人大常委会书面提出审查建议	常委会工作机构进行审查,必要时送有关专门委员会进行审查、提出意见,审查情况向建议者反馈并可向社会公开

18. 规范性文件的改变和撤销

有权机关	处理对象	处理方式	审查标准
全国人大	其常委会制定的法律	改变或者撤销	不适当
	其常委会的决定	改变或者撤销	不适当
	其常委会批准的自治条例和单行条例	撤销	违背《宪法》和《立法法》
全国人大常委会	行政法规、国务院决定和命令	撤销	同宪法和法律相抵触
	监察法规	撤销	同宪法和法律相抵触
	地方性法规	撤销	同宪法、法律和行政法规相抵触
	省、自治区、直辖市人大及其常委会的决议	撤销	同宪法、法律和行政法规相抵触
	省、自治区、直辖市人大常委会批准的自治条例和单行条例	撤销	违背《宪法》和《立法法》
国务院	部门规章	改变或者撤销	不适当
	地方政府规章	改变或者撤销	不适当
	各部委发布的命令、指示	改变或者撤销	不适当
	地方各级国家行政机关的决定、命令	改变或者撤销	不适当
县级以上地方各级人大	本级人大常委会的决定	改变或者撤销	不适当
省、自治区、直辖市人大	其常委会制定和批准的地方性法规	改变或者撤销	不适当

续表

有权机关	处理对象	处理方式	审查标准
地方人大常委会	本级地方政府规章	撤销	不适当
	本级政府的决定、命令	撤销	不适当
	下一级人大的决议	撤销	不适当
县级以上地方各级政府	所属工作部门的决定	改变或者撤销	不适当
	下级政府的决定	改变或者撤销	不适当
省、自治区政府	下一级地方政府规章	改变或者撤销	不适当
授权机关	被授权机关制定的法规	撤销	超越授权范围或者违背授权目的
	必要时可以撤销授权		

中国法律史

1. 中国法律史重要事件列表

事　件	具体内容
第一次公布成文法	公元前536年,郑国执政子产将郑国的法律条文铸在象征诸侯权位的金属鼎上,向全社会公布,史称"铸刑书"
第二次公布成文法	公元前513年,晋国赵鞅把前任执政范宣子所编刑书正式铸于鼎上,公之于众
第一部系统的成文法典	战国时期魏国李悝在总结春秋以来各国公布成文法经验的基础上制定的《法经》
第一次改法为律	公元前359年,法家著名代表人物商鞅在秦国实施变法改革,此次变法在中国法律发展史上写下重要的一笔,史称"商鞅变法"
第一次废除肉刑	西汉时,文帝开始刑罚改革直接起因于"缇萦上书"请求将自己没官为奴,替父赎罪,并指出肉刑制度断绝犯人自新之路的严重问题。文帝为之所动,下令废除肉刑
第一次"八议"入律	魏明帝在制定《魏律》时,以《周礼》"八辟"为依据,正式规定了"八议"制度。"八议"制度是对封建特权人物犯罪实行减免处罚的法律规定
第一次"官当"入律	"官当"是封建社会允许官吏以官职爵位折抵徒罪的特权制度。它正式出现在《北魏律》与《陈律》中
第一次规定"重罪十条"	《北齐律》中首次规定"重罪十条",是对危害统治阶级根本利益的十种重罪的总称。把"重罪十条"置于律首,作为严厉打击的对象,增加了法律的威慑力量
第一次废除宫刑	南北朝时期,刑罚制度改革内容如下:一是规定绞、斩等死刑制度。二是规定流刑。三是规定鞭刑与杖刑。四是废除宫刑制度
第一次规定"准五服以制罪"	《晋律》与《北齐律》中相继确立"准五服制罪"的制度。服制是中国封建社会以丧服为标志,区分亲属的范围和等级的制度
第一次死刑复奏	北魏太武帝时正式确立死刑复奏制度,为唐代的死刑三复奏与五复奏打下了基础,这一制度的建立既加强了皇帝对司法审判的控制,又体现了皇帝对民众的体恤
第一次设立大理寺	北齐时期正式设置大理寺。大理寺的建立增强了中央司法机关的审判职能,也为后世王朝健全这一机构奠定了重要基础

续表

事　件	具体内容
第一次规定“十恶”	隋《开皇律》
第一部刊印颁行的法典	宋太祖建隆四年修订宋朝新的法典《宋建隆详定刑统》是历史上第一部刊印颁行的法典，简称《宋刑统》。《宋刑统》是一部具有统括性和综合性的法典
第一次以六部体例定律	明太祖朱元璋在建国初年开始编修并颁行天下的《大明律》一改传统刑律体例，更为名例、吏、户、礼、兵、刑、工七篇格局，其律文简于唐律，精神严于宋律，终明之世通行不改
最后一部封建成文法典	《大清律例》是中国历史上最后一部封建成文法典，中国传统封建法典的集大成者。汉唐以来确立的封建法律的基本精神、主要制度，在此都得到充分体现
中国近代史上第一个宪法性文件	《钦定宪法大纲》，宪政编查馆编订，以法律的形式确认君主的绝对权力，维护专制统治
第一部近代意义上的刑法典	《大清新刑律》抛弃了旧律诸法合体的编纂形式，以罪名和刑罚等专属刑法范畴的条文作为法典的唯一内容，在体例上抛弃了旧律的结构形式，将法典分为总则和分则；确立了新刑罚制度，规定刑罚分主刑、从刑；采用了一些近代西方资产阶级的刑法原则和刑法制度，如罪刑法定原则和缓刑制度等。但该法并未真正施行
第一部商律	《钦定大清商律》，1904 年 1 月颁行

口诀巧记　八议制度

议亲议故议贤能，议功议勤议贵宾；北魏南陈有官当，官职抵罪律中明。

2. 中国法律史法典的变化

法典名称	形式变化
《法经》	(1)《盗法》和《贼法》列于法典之首，是关于主要犯罪与刑罚的规定； (2)《网法》和《捕法》是关于诉讼的规定； (3)《杂法》“六禁”是其他犯罪与刑罚的规定； (4)《具法》是定罪量刑的原则，属于总则规定，列末尾
《魏律》	将《法经》中的“具律”改为“刑名”，置于律首
《晋律》(又称《泰始律》)	在刑名律后增加法例律
《北齐律》	将刑名与法例合为名例律一篇，充实了总则

口诀巧记 《法经》

魏国李悝作法经，封建法典第一成；盗贼网捕杂与具，六篇法律在其中。

3. 中国法律史宪法的变化

宪法名称	制定时间	主要内容	历史地位
《钦定宪法大纲》	1908 年	皇帝专权，人民无权	第一部宪法性文件
《宪法重大信条十九条》	1911 年	减少皇权，加大总理与国会权力	
《中华民国临时约法》	1912 年	(1)资产阶级民主共和制度； (2)政治体制和组织原则； (3)民主自由原则； (4)私有财产保护	第一部资产阶级共和国性质的宪法性文件
天坛宪草	1913 年	“三权分立”、民主共和	北洋政府时期第一部宪法草案
袁记约法	1914 年	总统独裁	军阀专制全面确立的标志
贿选宪法	1923 年	对“地方制度”进行规定	第一部正式颁行的宪法
《中华民国宪法》	1947 年	人民无权，独夫集权	

4. 中国法律史司法制度的变化

历史时期	司法机关	司法制度
西周秦汉	(1)大小司寇(西周)； (2)廷尉(秦)； (3)御史大夫和监察御史(秦)； (4)天子、皇帝； (5)郡守、县令(秦)	(1)五听：判断当事人陈述真伪的方式(西周)； (2)三刺：疑难案件审理的三个环节(西周)； (3)春秋决狱：援引儒家经典审判案件(汉)； (4)秋冬行刑：秋冬执行死刑(汉)； (5)上请(汉)
唐	(1)大理寺：审理中央百官京师徒刑以上案件； (2)刑部：参审重大案件审理、复核申诉； (3)御史台：下设台、殿、察三院，中央监察机构	三司推事：重大案件由刑部侍郎、御史中丞、大理寺卿组成临时最高法庭审理

续表

历史时期	司法机关	司法制度
宋元	设审刑院以加强对中央司法机关的控制	(1)翻异别勘制度与证据勘验制度； (2)世界最早法医学著作《洗冤集录》出现
明	(1)刑部增设十三清吏司分管各省刑民案件； (2)大理寺掌复核驳正； (3)都察院负责纠察百官； (4)厂卫等特务司法机关出现	(1)九卿会审(圆审)：六部长官和三法司长官一起审理案件； (2)朝审：每年霜降后三法司会同公侯伯爵审理重案囚犯； (3)大审：太监参与三法司审理案件，每五年一次； (4)廷杖：锦衣卫在朝堂上杖责大臣制度
清	同明代	(1)秋审：秋天举行的地方上报死刑复核制度； (2)朝审：刑部审理的重案以及京师重要案件的复审； (3)热审：京师笞杖刑案件的重审
清末民国	(1)改刑部为法部，掌司法行政； (2)改大理寺为大理院，为最高审判机关	(1)领事裁判权：外国人在华作为被告不受中国法律约束被告主义原则； (2)会审公廨：外国领事在租界参加案件审理

5. 中国法律史重要数字表

相关数字	具体内容
西周婚姻三大原则	一夫一妻制、同姓不婚、父母之命
西周婚姻“七出”“三不去”	“七出”：不顺父母(逆德)、无子(绝嗣不孝)、淫(乱家)、妒(乱族)、恶疾(不能共祭祖先)、多言(离间亲属)、盗窃(反义)； “三不去”：有所娶而无所归，不去；与更三年丧，不去；前贫贱后富贵，不去
西周“三刺”制度	西周时凡遇重大疑难案件应先交群臣讨论；群臣不能决断的，再交官吏们讨论；官吏还不能决断的，交给所有国人商讨决定
“五听”	“五听”制度指判案时通过：辞听(当事人的言语表达)、色听(面部表情)、气听(呼吸)、耳听(听觉)、目听(眼睛与视觉)五种方式来确定其陈述真假

续表

相关数字	具体内容
西周婚姻“六礼”	(1)纳采,男家请媒人向女方提亲; (2)问名,女方答应议婚后男方请媒人问女子姓名、生辰等并卜于祖庙以定吉凶; (3)纳吉,卜得吉兆后即与女家订婚; (4)纳征,男方送聘礼至女家,又称纳币; (5)请期,男方携礼至女家商定婚期; (6)亲迎,婚期之日男方迎娶女子至家
魏晋南北朝“八议”	议亲、议故、议贤、议能、议功、议贵、议勤、议宾
唐代“三司推事”与明清“三司会审”	(1)唐代的中央或地方发生重大案件时,由刑部侍郎、御史中丞、大理寺卿组成临时最高法庭审理,称为“三司推事”; (2)明清时期的中央司法机构为刑部、大理寺、都察院,中央上述三大司法机关统称“三法司”,对重大疑难案件由三法司共同会审,称“三司会审”
《唐律》“六杀”	谋杀、故杀、斗杀、误杀、过失杀、戏杀
《唐律》“六赃”	(1)“受财枉法”指官吏收受财物,导致枉法裁判的行为; (2)“受财不枉法”指官吏收受财物,但是未枉法裁判的行为; (3)“受所监临”指官吏利用职权非法收受所辖范围内百姓或下属财物的行为; (4)“强盗”指暴力获取公私财物的行为; (5)“窃盗”指以隐蔽的手段将公私财物据为己有的行为; (6)“坐赃”指官吏或常人非因职权之便非法收受财物的行为
“十恶”	隋唐以后历代法律中规定“十恶”起源于北齐律的“重罪十条”,“十恶”具体内容: (1)谋反:指谋害皇帝危害国家的行为; (2)谋大逆:指图谋破坏国家宗庙、皇帝陵寝以及宫殿的行为; (3)谋叛:指背叛本朝、投奔敌国的行为; (4)恶逆:指殴打或谋杀祖父母、父母等尊亲属的行为; (5)不道:指杀一家非死罪三人及肢解人的行为; (6)大不敬:指盗窃皇帝祭祀物品或皇帝御用物、伪造或盗窃皇帝印玺以及指斥皇帝、无人臣之礼等损害皇帝尊严的行为; (7)不孝:指控告祖父母、父母,未经祖父母、父母同意私立门户、分异财产,对祖父母、父母供养缺,为父母尊长服丧不如礼等不孝行为; (8)不睦:指谋杀或卖五服以内亲属,殴打或者控告丈夫、大功以上尊长等行为; (9)不义:指杀本府长官与授业老师的行为; (10)内乱:指奸小功以上亲属等乱伦行为

口诀巧记 **宋代的继承制度**

家无男子称户绝，户绝也需继承人；夫亡妻在是立继，夫妻俱亡命继称；
继子地位不如女，若有女儿未出嫁；四分财产占其三，独留一份给继子；
若有女儿已嫁男，女子官府三三三。

要点解说

（1）宋代除沿袭以往的兄弟均分制外，允许在室女享受部分财产继承权，同时承认遗腹子与亲生子享有同样的继承权。

（2）户绝财产继承办法：①户绝指家无男子承继。②户绝立继承人有两种方式：凡"夫亡而妻在"，立继从妻，称"立继"；凡"夫妻俱亡"，立继从其尊长亲属，称为"命继"。③继子与户绝之女均享有继承权，但 a. 只有在室女的（未嫁女），在室女享有 3/4 的财产继承权，继子享有 1/4 的财产继承权（3/4 + 1/4）。b. 只有出嫁女的（已婚女），出嫁女享有 1/3 的财产继承权，继子享有 1/3，另外的 1/3 收为官府所有（1/3 + 1/3 + 1/3）。

6. 新民主主义时期中国共产党民主政权宪法性文件

名　称	主要内容	意　义
《中华苏维埃共和国宪法大纲》	（1）苏维埃国家性质是"工人和农民的民主专政国家"； （2）苏维埃国家政治制度是工农兵苏维埃代表大会制度； （3）苏维埃国家公民的权利和义务，包括政治、经济、文化等各方面； （4）苏维埃国家外交政策	（1）第一部由劳动人民制定，确保人民民主制度的根本大法，是共产党领导人民反帝反封建的工农民主专政的伟大纲领； （2）同民国政府制定的约法、宪法有本质的区别； （3）肯定革命胜利成果，提出斗争方向，尽管受到"左"的影响，但仍是划时代的宪法性文件； （4）调动了苏区人民的积极性，为以后制定民主宪法提供了宝贵经验
《陕甘宁边区施政纲领》	（1）保障抗战的规定； （2）加强团结的规定； （3）健全民主制度的规定； （4）发展经济的规定； （5）普及文化教育的规定	（1）以反对日本帝国主义，保护抗日人民，调节各抗日阶级利益，改善工农生活，镇压汉奸反动派为基本出发点； （2）全面系统反映了抗日民族统一战线的要求和抗战时期的宪政主张，是实践经验的科学概括与总结

续表

名　称	主要内容	意　义
《陕甘宁边区宪法原则》	(1)确立边区、县、乡人民代表会议为管理政权机关，各级权力机关开始由抗日时的参议会过渡为人民代表会议制度； (2)规定人民政治上行使的各项自由权利，受政府指导与物质帮助； (3)规定除司法机关、公安机关依法执行职务外，任何机关、团体不得有逮捕审讯行为； (4)应保障耕者有其田的原则； (5)普及提高人民文化水准	—

国　际　法

一、国际法的基本理论

1. 国际法的渊源

项　目	内　容
国际条约	条约是现代国际法主要的法律渊源，是当代国际法规则的主要表现形式
国际习惯	(1)在国际交往中由各国前后一致地不断重复所形成，并被广泛接受为有法律拘束力的行为规则或制度。 (2)国际习惯是不成文的，它是国际法最古老、最原始的渊源。 (3)在一项规则出现被逐渐习惯化的过程中，若一国自始并持续一贯地明确反对该规则(成为“持续的反对者”)，可以排除该规则对该反对国的拘束力，即使这项规则未来被多数国家接受为习惯法规则；但是，一般国际强行法规则不受此模式影响
一般法律原则	各国法律体系中所共有的一些原则，填补法院审理案件时可能出现的由于没有相关的条约和习惯可以适用而产生的法律空白
确立国际法原则的辅助方法	(1)包括国际组织通过的或在政府间会议上通过的决议、司法判例、国际法学说； (2)本身不是国际法的渊源，而是在辨认证明国际法规则时的辅助方法

New 2. 国际法的基本原则

项　目	内　容
国家主权平等原则	(1)主权是国家的根本属性，是指国家独立自主地处理其内外事务的统治权力，主权不是国际法赋予国家的，而是国家固有的。 (2)主权体现在：第一，对内最高权；第二，对外独立权；第三，自保权。 (3)国家主权原则，是指任何国家都拥有主权，各国都有义务相互尊重主权。在国际社会和国际关系中，各国都有平等的国际人格，在国际法面前地位平等。国家主权原则是首要的国际法基本原则，构成国际法基本原则的核心和基础，是当代国际法体系的基石

续表

项　目	内　容
不干涉内政原则	(1)内政的实质是国家基于其管辖的领土而行使主权的表现。 (2)2021 年 6 月颁布的《中华人民共和国反外国制裁法》,是从国内法层面,对不干涉内政原则的具体实施: ①授权国务院有关部门决定采取反制裁措施,且作出的决定为最终决定。 ②反措施的实施对象:首先是被列入清单的直接或者间接参与制定、决定、实施本法第三条规定的歧视性限制措施的个人或组织;其次是与上述个人或组织的相关联者。 ③反制裁措施:不予签发签证、不准入境、注销签证或者驱逐出境;查封、扣押、冻结在我国境内的动产、不动产和其他各类财产;禁止或者限制我国境内的组织、个人与其进行有关交易、合作等活动;以及其他必要措施
不使用武力威胁或武力原则	(1)首先禁止侵略行为; (2)不仅包括禁止非法进行武装攻击,还包括禁止从事武力威胁和进行侵略战争的宣传; (3)并不是禁止一切武力的使用,凡是符合《联合国宪章》和国际法规则的武力使用是被允许的,包括国家对侵略行为进行的自卫行动和联合国集体安全制度下的武力使用
和平解决国际争端原则	2023 年 2 月,中国发表《全球安全倡议概念文件》,强调坚持通过对话协商以和平方式解决国家间的分歧和争端
民族自决原则	(1)民族自决原则中殖民地民族的独立权的范围,只严格适用于殖民地民族的独立; (2)对于一国国内民族的分离活动,民族自决原则没有为其提供任何国际法根据,这个是一国的内部事务,是一国国内法的事项,应该尊重国家主权及该国全体人民的选择和该国法律制度的规定
善意地履行国际义务原则	国家对于公认的国际法原则和规则产生的义务,既包括对于其作为缔约国参加的条约而产生的义务,也包括对于习惯国际法产生的义务

二、国际法主体

3. 国际法上的继承

项　目	一般原则	新独立国家
条约	“人身条约”不继承,“非人身条约”要继承	“白板规则”——新独立国家有权决定继承还是拒绝继承原宗主国所签条约
国家财产	有协议按协议,无协议则位于所涉领土内的被继承国的国家不动产,以及与被继承国对国家继承所涉领土的活动有关的国家**动产**均转属继承国	不以协议为前提,以“各国人民对其财富和自然资源享有永久主权”为原则,即使部分领土不属于国家继承所涉领土,只要为其创造做出贡献,即应按比例转属继承国

续表

项　目	一般原则	新独立国家
国家档案	有协议按协议，无协议，则与继承所涉领土的行政管理有关的及其他完全或主要与该领土有关的档案应转属继承国；或者复制	(1)与继承所涉领土的行政管理有关的及其他完全或主要与该领土有关的档案应转属继承国，或者复制； (2)与所涉领土无直接关系的档案则通过协议解决
国家债务	有协议按协议，无协议按公平比例转属继承国 **注意**：地方债务不继承	对被继承国的任何债务都不应继承，包括恶债，有协议除外

4. 国际法上的承认

项　目	内　容		
承认的主体	现存国家、现存的政府间国际组织		
承认的形式	明示形式	以明白的语言文字直接表达	
	默认形式	包括	(1)建立外交关系； (2)缔结政治性条约； (3)正式接受领事； (4)正式投票支持参加政府间国际组织
		不包括	(1)共同参加多边国际会议或国际条约； (2)建立非官方或非完全外交性质机构； (3)某些级别和范围的官员接触
承认的对象	对新国家的承认	产生原因	独立、合并、分离和分立
		法律效果	(1)为建立正式外交及领事关系奠定基本； (2)双方可以缔结各方面条约或协定； (3)承认尊重新国家作为国家法主体的一切权利
	对新政府的承认	产生原因	社会革命或者政变
		法律效果权利	(1)对旧政府承认的撤销； (2)尊重新政府拥有的作为国家代表的一切资格和权利

5. 联合国大会与安理会

项　目	联合国大会	安理会
机构性质	大会不是一个立法机关,而主要是一个审议和建议机关	(1)联合国在维持国际和平与安全方面负主要责任的机关; (2)联合国中唯一有权采取行动的机关
表决制度	(1)重要问题决议采取2/3多数通过; (2)重要问题包括:①与维持国际和平与安全相关的建议;②安理会、经社理事会和托管理事会中需经选举的理事国的选举;③新会员国接纳;④会员国权利中止或开除会员国;⑤实施托管的问题;⑥联合国预算及会员国应缴费用的分摊等	(1)包括5个常任理事国在内的15个理事国一国一票; (2)程序性事项,9票同意即可通过; (3)非程序性事项,要求包括全体常任理事国在内的9个同意票,此称为"大国一致原则",即任何一个常任理事国都享有否决权,弃权、缺席不是否决权; (4)否决权制度是安理会表决制度的核心
特殊制度		常任理事国享有双重否决权: (1)非程序性事项上的否决权; (2)在判断一事项是否为程序性事项上的否决权

注:(1)秘书长选举不是大会的重要事项,不适用2/3多数通过。

(2)非程序性事项包括:①向大会推荐接纳新会员国或秘书长人选;②建议中止会员国权利;③建议开除会员国等。

6. 国际法律责任

责任构成要件	具体内容
可归因于国家	(1)国家机关的行为:包括立法机关、国家行政机关、司法机关的不法行为; (2)经授权行使政府权力的其他实体机关的不法行为; (3)实际上代表国家行事的人的不法行为; (4)别国或国际组织交由一国支配的机关的行为; (5)对于某些特定人员,如国家元首、政府首脑、外交部长及外交使节,由于其在对外交往中的特殊地位及享有的在外国的特权与豁免,对于他们在国外私人身份的不法行为,除非特别说明,国家一般也承担相关的责任; (6)私人不当行为,一般国家不直接承担国际责任,但是该行为如果由于国家的失职造成或国家对该行为进行纵容,则可能引起国家对本身失职或放纵行为的责任,这也称为间接责任; (7)叛乱运动机关的行为
违背国际义务	(1)违背一般性义务构成国际不法行为; (2)违背为保护国际社会根本利益而设定的至关紧要的义务构成了国际犯罪行为
排除不法性的情况	(1)同意; (2)对抗与自卫; (3)不可抗力和偶然事故; (4)危难或紧急状态

7. 国际赔偿责任

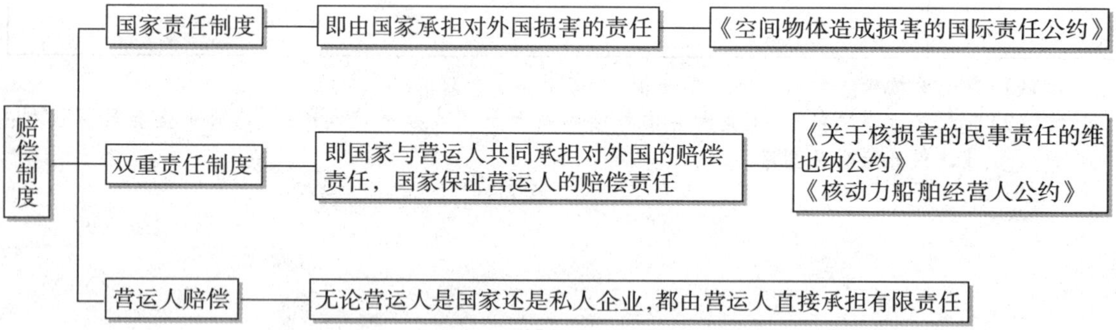

8. 领土制度

项 目	内 容
边界的划分	(1)以山脉为界时,依主分水岭; (2)以可航行河流为界时,依主航道中心线; (3)以不可航行河流为界时,依河流中心线

续表

项　目	内　容	
边境制度	界标的维护	界标被移动、损坏或灭失时，应当在双方代表在场的情况下，修复或重建
	边境土地的使用	不得在靠近边界的地区设立靶场或者进行任何可能危及对方居民及财产安全的武器试验或者演习
	界水的利用	(1)渔民一般只能在界水的本国一侧捕鱼； (2)除遇难或有其他特殊情况外，一方船舶未经允许不得在对方靠岸停泊

三、海　洋　法

9. 海洋法上的空间划分

类　型	含　义	法律地位
内海	一国领海基线以内的海域，包括内陆海、内海湾、内海峡和其他位于海岸与领海基线之间的海域	内海是一国领土的组成部分，沿海国对其行使完全的排他的主权。国家对于内海及其资源拥有完全的支配管辖权利。所有外国船舶非经许可不得驶入内海，而且不享有无害通过权
领海	一国领海基线以外毗邻一国领陆或内水的一定宽度的海水带。根据1982年《联合国海洋法公约》的规定，领海的宽度不得大于12海里	(1)国家主权不仅及于领海，也及于领海的上空、海床和底土，国家在不违背国际法的情况下，对领海行使一切主权； (2)对外之民用船舶根据相关法律享有无害通过权
毗连区	沿海国可以在领海以外毗邻领海划定一定宽度的海水带，在此区域中，沿海国对海关、财政、移民和卫生等特定事项行使某种管制权，这个区域称为毗连区。按照《海洋法公约》规定，毗连区的宽度从领海基线量起不得超过24海里	(1)毗连区不是国家领土，国家对毗连区不享有主权，只是对海关、财政、移民和卫生等特定事项行使某种管制，而且国家对于毗连区的管制不包括其上空； (2)毗连区的其他性质取决于其所依附的海域，或为专属经济区或为公海，在国家设立专属经济区后，毗连区首先是专属经济区的一部分，但由于国家可以在毗连区实施上述方面的管制权，毗连区又是就此有别于专属经济区其他部分的特殊区域

续表

类型	含义	法律地位
专属经济区	领海以外毗邻领海的一定宽度的水域，根据《海洋法公约》的规定，它从领海基线量起不得超过200海里	(1)它的法律地位既不是领海也不是公海； (2)沿海国对于专属经济区只享有公约规定的某些主权权利，主要体现在对该区域内以开发自然资源为目的的活动拥有排他性的主权权利和与此相关的某些管辖权，由此对其他国家在该区域的活动构成一定的限制； (3)专属经济区不是本身自然存在权利，需要国家以某种形式宣布建立并说明其宽度； (4)专属经济区的制度不影响其上空和底土本身的法律地位
大陆架	其领海以外依其陆地领土的全部自然延伸，扩展到大陆边外缘的海底区域的海床和底土。如果从领海基线量起到大陆边外缘的距离不足200海里，则扩展至200海里；如果超过200海里，则不得超出从领海基线量起350海里，或不超出2500米等深线100海里	大陆架不是沿海国领土，但是国家在此享有某些排他性的主权权利。这种权利包括： (1)开发自然资源，专属性，未经同意，不得勘探和开发； (2)授权和管理为一切目的在该区域进行钻探活动的专属权利； (3)有授权和管理建造、操作和使用人工岛，设施和结构并对这些有专属管辖权 **注意**：沿海国对于大陆架的权利不取决于有效或象征性的占领或任何明文公告
群岛水域	群岛国的群岛基线所包围的内水之外的海域	(1)群岛国的主权及于群岛基线所包围的水域及其上空、海床和底土，群岛国应尊重其他国家所铺设的通过其水域而不靠岸的现有电缆； (2)所有国家享有无害通过权及群岛海道通过权
国际航行海峡	两端都是公海或专属经济区，而又用于国际航行的海峡	(1)海峡沿岸国对这种水域及其上空、海床和底土行使其主权或管辖权； (2)沿岸国的主权或管辖权的行使受海洋法和其他国际法规则的限制； (3)非沿岸过境通过权不影响沿岸国对用于国际航行海峡的主权和管辖权； (4)通过制度不应在其他方面影响构成这种海峡的水域的法律地位

续表

类　型	含　义	法律地位
公海	专属经济区、领海、内海、群岛水域以外的全部海域	(1)公海对所有国家开放,供所有国家平等地共同使用; (2)公海不属于任何国家领土的组成部分,不得有效地声称将公海的任何部分置于其主权之下; (3)任何国家在公海上都享有公海自由的各项权利; (4)公海上的管辖权:船旗国管辖和普通管辖(如海盗、非法广播等); (5)临检权和紧追权 **注意**:六大自由,航行自由,捕鱼、飞越自由,管道铺设等
国际海底区域	国家管辖范围以外的海床、洋底及其底土,即国家领土、专属经济区及大陆架以外的海底及其底土。"区域"不影响其上覆水域及其水域上空的法律地位	任何国家不应对区域的任何部分或其资源主张或行使主权权利,或据为己有;区域内资源的一切权利属于全人类,由**国际海底管理局**代表全人类行使 **注意**:"平行开发制"

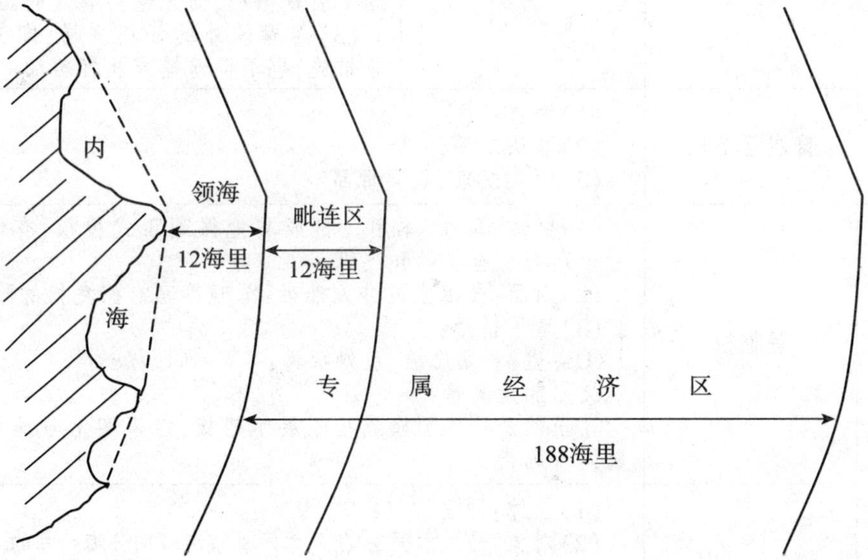

图1　海洋法上的空间划分(1)

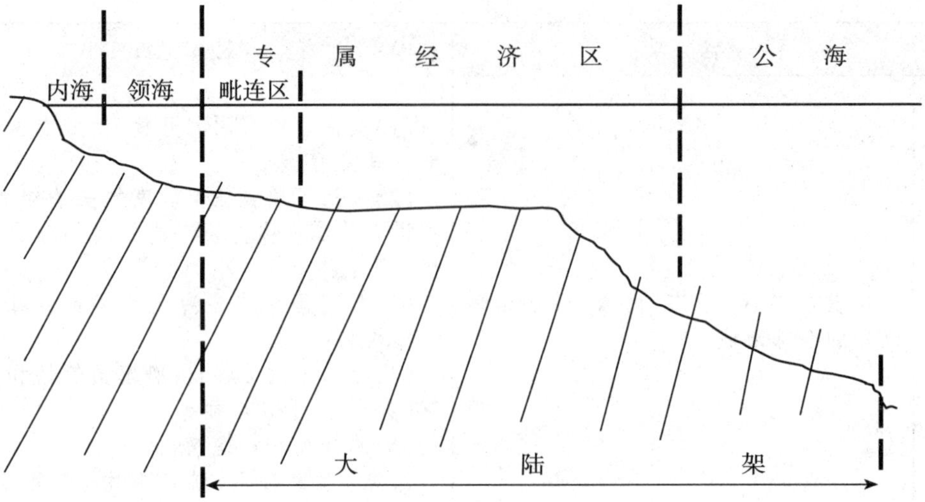

图2 海洋法上的空间划分(2)

10. 公海上的管辖

项 目		内 容	
公海上的管辖权	船旗国管辖权	船舶内部事务	一般应遵行船旗国国内法
		涉及两国以上的航行事故	(1)涉及船长或船员的责任时,对其的刑事诉讼或纪律程序,只可向船旗国或人员国籍国提出; (2)船长证书或驾驶执照,只有其颁发国家有权撤销,而无论持有人的国籍; (3)船旗国外的任何当局,即使作为调查措施,也不得逮捕或扣押船舶
	普遍管辖权	(1)海盗; (2)非法广播; (3)贩卖奴隶、贩卖毒品	
管辖措施	登临权	(1)主体:军舰、军用飞机或其他得到正式授权、有清楚标志可识别的政府船舶和飞机; (2)对象:公海上的外国船舶;军舰等享有豁免权的除外; (3)适用情形: ①海盗、非法广播、贩奴贩毒; ②船舶无国籍; ③虽然悬挂外国旗或拒不展示船旗,但事实上与该登临军舰属同一国籍	
	紧追权	(1)主体:同登临权; (2)对象:违反本国法规,从本国管辖海域向公海行驶的外国船舶; (3)限制: ①始于:本国内水、领海、毗连区或专属经济区; ②先警告,再紧追; ③可追入公海,但必须连续不断地进行; ④止于:他国领海	

11. 领海的无害通过制度

项　目		内　容
概念		(1)外国船舶在不损害沿海国和平安宁和正常秩序的条件下,拥有无须事先通知或征得沿海国许可而连续不断地通过其领海的权利; (2)两种情形:①为驶入或驶出内水而通过领海;②仅穿越领海而不驶入内水
规则	通过	(1)船舶必须连续不停地迅速通过,除非发生不可抗力、遇难和救助,不得停船或下锚,潜水艇通过时要浮出水面并展示船旗; (2)无害通过不得损害沿海国和平、安宁和良好秩序; (3)无害通过无须事先通知或征得沿海国许可; (4)该制度只适用于船舶,不适用于飞机; (5)沿海国可制定有关无害通过的法规,指定海道或分道航行,为国家安全可在特定水域暂停实行无害通过
	无害	通过必须是无害的,有下列行为即为有害: (1)武力威胁或使用武力、军事演习、搜集情报、进行危害国防安全的宣传; (2)在船上起落飞机或任何军事装置; (3)违反沿海国有关法律规章以及上下任何商品、货币或人员; (4)故意和严重的污染行为; (5)捕鱼、研究或测量、干扰沿海国通讯系统; (6)与通过没有关系的其他任何活动
管辖	刑事管辖	沿海国对下列外国船舶上人员在船舶无害通过期间船上所犯行为行使管辖权: (1)罪行的后果及于沿海国; (2)罪行属于扰乱当地安宁或沿海国良好秩序的性质; (3)经船长或船旗国外交代表或领事官员请求当地政府予以协助; (4)取缔违法贩运麻醉品或精神调理物质所必要。 上述各种情况下,如经船长请求,沿海国在采取任何步骤前应通知船旗国的外交代表或领事官员。对于来自外国港口,仅通过领海而不进入内水的外国船舶,沿海国不得在该船上对驶入领海前所犯罪行有关的任何人进行逮捕或进行有关的调查
	民事管辖	(1)沿海国不应为对外国船舶上的人行使管辖权而停止该船航行或改变其航向; (2)不得为民事诉讼目的对船舶从事执行或加以逮捕,除非涉及船舶本身在通过领海的航行中,或为该航向的目的而承担的义务或负担的债务; (3)上述规定不妨碍沿海国按照其法律,为任何民事诉讼的目的而对在其领海内停泊或驶离内水后通过领海的外国船舶实施执行或逮捕的权利

四、外层空间法

12. 外层空间法

<table>
<tr><th>项　目</th><th colspan="2">内　容</th></tr>
<tr><td>登记制度</td><td colspan="2">(1)发射国发射空间物体,应向联合国秘书长报告;两国联合发射的,由其中一国登记;
(2)所登记物体已不复存在,也应尽快通知联合国秘书长</td></tr>
<tr><td>营救制度</td><td colspan="2">(1)通知:各国在获悉或发现航天器上的人员发生意外、遇难或紧急降落时,应立即通知其发射国及联合国秘书长;
(2)援助:对获悉或发现在一国领土内的宇航员,领土国应立即采取一切可能的措施,营救宇航员并给予必要帮助;
(3)送回:对于发现的宇航员,应立即安全地交还发射国;对于发生意外的空间物体应送还其发射国</td></tr>
<tr><td>责任制度</td><td>责任原则</td><td>国家责任:无论外空活动是其政府还是非政府从事,都由国家担责:
(1)绝对责任:空间物体对地球表现或飞行中的飞机造成的损害;
(2)过错责任:空间物权对地球表现以外的其他空间物体,或所载人员财产造成的损害</td></tr>
</table>

五、国际法上的个人

13. 国籍制度

<table>
<tr><th colspan="2">项　目</th><th colspan="2">内　容</th></tr>
<tr><td rowspan="3">国籍取得</td><td rowspan="3">出生取得</td><td>血统主义</td><td>(1)一个人出生时获得国籍取决于其父母的国籍,而不问其出生在何地;
(2)可分为仅以父亲国籍决定的单系血统主义和双亲任一方国籍决定的双系血统主义</td></tr>
<tr><td>出生地主义</td><td>一个人出生时获得的国籍仅取决于其出生地,而不管其父母国籍情况如何</td></tr>
<tr><td>混合制原则</td><td>由出生获得国籍时,兼采血统主义和出生地主义</td></tr>
</table>

续表

项目		内容	
国籍取得	加入取得	申请入籍	自愿申请并经过入籍国的相关程序的审查批准
		法定事实引起	由于法定事实引起获得国籍，包括因跨国婚姻、收养、取得住所、领土转移等各种情况
国籍丧失	自愿丧失	基于个人意愿作出申请或选择而放弃其拥有的国籍	
	非自愿丧失	退籍和选择放弃以外的某种法律事实的出现，导致当事人根据有关国家立法的规定丧失其原有国籍	

14. 国籍的取得和丧失——中国的规定

项目		内容
取得	出生取得	(1)父母双方或一方为中国公民，本人出生在中国，具有中国国籍； (2)父母双方或一方为中国公民，本人出生在外国，具有中国国籍，但父母双方或一方为中国公民并定居在外国，本人出生时即具有外国国籍的，不具有中国国籍； (3)父母无国籍或国籍不明，定居在中国，本人出生在中国，具有中国国籍
	加入取得	有下列条件之一的，可以经申请批准加入中国国籍： (1)中国人的近亲属； (2)定居在中国的； (3)有其他政治理由
丧失	自动丧失	定居外国的中国公民，自愿加入或取得外国国籍的，即自动丧失中国国籍
	申请退出	中国公民有下列条件之一的，可以经申请批准退出中国国籍： (1)外国人的近亲属； (2)定居在外国的； (3)有其他正当理由
	不得退出	国家工作人员和现役军人，不得退出中国国籍

15. 引渡制度

项　目	内　容
主体	(1)引渡的主体是国家; (2)国家没有一般的引渡义务; (3)需要根据有关的引渡条约进行
对象	请求国指控为犯罪或被其判刑的人,“本国人不引渡”
原则	(1)“双重犯罪原则”:被请求引渡人行为必须是请求国与被请求国的法律都认定的犯罪; (2)“政治犯不引渡原则”; (3)一些不应视为政治犯的行为:①战争罪、反和平罪和反人类罪;②种族灭绝或种族隔离罪行;③非法劫持航空器;④侵害包括外交代表在内的受国际保护的人员罪行等
程序	一般根据引渡条约及有关国家的国内法进行
效果	(1)“罪名特定原则”,请求国只能就其请求引渡的特定犯罪行为对该引渡人进行审判或处罚; (2)如果以其他罪名进行审判或将被引渡人转引给第三国,则一般应经原引渡国同意

六、外交关系法

16. 外交特权豁免与领事特权豁免

项　目		外交特权豁免	领事特权豁免
馆舍	相同	(1)馆舍不得侵犯; (2)财产及档案不得侵犯,无论何时何处; (3)通讯自由; (4)免纳捐税; (5)行动自由	
	不同	(1)使用派遣国的国家标志; (2)使馆范围内全部馆舍不受侵犯; (3)接受国人员非经使馆馆长许可,不得进入使馆	(1)与派遣国国民通讯及联络的权利; (2)仅限于领馆馆舍中专供工作之用的部分; (3)遇火灾或其他灾害须迅速采取保护行动时,可以推定使馆馆长已同意进入

续表

<table>
<tr><th colspan="2">项　目</th><th>外交特权豁免</th><th>领事特权豁免</th></tr>
<tr><td rowspan="2">人员</td><td>相同</td><td colspan="2">(1)人身不可侵犯;
(2)管辖豁免;
(3)某些方面免税和免验</td></tr>
<tr><td>不同</td><td>(1)寓所、财产和文书信件不可侵犯;
(2)完全的刑事管辖豁免;
(3)民事和行政管辖豁免;
(4)免除作证义务:不仅没有被迫在法律程序中作为证人出庭作证的义务,而且没有提供证词的义务</td><td>(1)犯有严重罪行或司法机关已裁判执行的领事不享有刑事豁免权;
(2)对其执行职务所涉及的事项没有作证义务;
(3)除此之外领事官员不得拒绝作证。但是即使领事拒绝作证也不能对其采取强制措施</td></tr>
<tr><td colspan="2">我国在外交特权与豁免方面的特殊规定</td><td colspan="2">(1)增加“持我国外交签证或与中国互免签证的国家的外交护照的人,也享有相应的外交特权和豁免”;
(2)扩大“未经允许不得进入的领馆范围”为整个领馆,而不限于公约规定的工作区域;
(3)增加“领事官员的寓所、文书和信件以及财产有不受侵犯的特权”;
(4)规定“领事官员执行职务以外的行为的管辖豁免,按照中国与外国签订的双边条约、协定或根据对等原则办理”;
(5)明确限定享有特权与豁免人员的家属为“共同生活的配偶及未成年子女”;
(6)使领馆和其成员携带自用枪支、子弹出入境,必须经中国政府批准</td></tr>
</table>

注:(1)民事和行政管辖豁免的例外:①外交人员在接受国境内私有不动产物权的诉讼;②外交人员以私人身份并不代表派遣国而作为遗嘱执行人、遗产管理人、继承人或受赠人之继承事项的诉讼;③外交人员在接受国内在公务范围以外所从事的专业和商务活动的诉讼;④外交人员主动起诉而引起的与该诉讼直接有关的反诉。

(2)外交人员的特权和管辖豁免的放弃:这种放弃只能由派遣国明示作出,外交人员本身没有作出这种放弃的权利。并且,对诉讼程序上管辖豁免的放弃,不得视为对判决执行豁免的默示放弃,后项放弃须由派遣国单独明确作出。

七、条 约 法

17. 条约的效力

<table>
<tr><th>项 目</th><th colspan="2">内 容</th></tr>
<tr><td>条约必须遵守原则</td><td colspan="2">(1)凡有效的条约对其各当事国有拘束力,必须善意履行;
(2)不得援引其国内法规定为由而不履行条约</td></tr>
<tr><td>条约的适用范围</td><td colspan="2">(1)原则上,条约没有追溯力;
(2)条约一般应适用于各该当事国的全部领土</td></tr>
<tr><td rowspan="3">条约的冲突
(一国就同一事项先后参加的两个或几个条约的规定相互冲突)</td><td>当事国完全相同</td><td>一般适用后约取代前约原则</td></tr>
<tr><td>当事国部分相同,部分不同</td><td>(1)在同为两条约当事国之间,适用后约优于先约;
(2)在同为两条约当事国与仅为其中一条约的当事国间,适用两国均为当事国的条约</td></tr>
<tr><td>条约有规定</td><td>适用条约本身关于解决条约冲突的规定</td></tr>
<tr><td rowspan="2">条约对第三国的效力</td><td>创设权利</td><td>(1)原则上仍应得到第三国同意;
(2)第三国没有相反的意思表示,应推断其同意接受这项权利,而不必以书面形式明确表示接受</td></tr>
<tr><td>使第三国负担义务</td><td>该项义务一般必须经条约各当事国与该第三国的同意方能取消和变更</td></tr>
</table>

18. 条约的保留

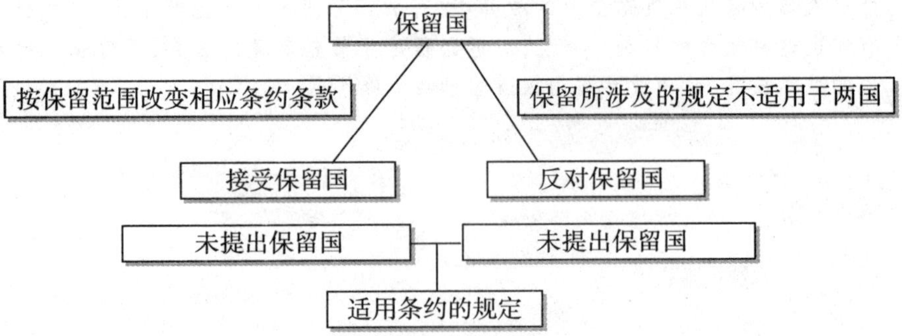

八、国际争端的解决

19. 国际争端的和平解决方式

<table>
<tr><th colspan="2" rowspan="2">强制方法</th><th colspan="4">非强制方法</th></tr>
<tr><th colspan="2">政治方法</th><th colspan="2">法律方法</th></tr>
<tr><th>类别</th><th>基本内容</th><th>类别</th><th>基本内容</th><th>类别</th><th>基本内容</th></tr>
<tr><td>战争</td><td>使用战争或武力解决争端是被禁止的</td><td rowspan="2">谈判与协商</td><td rowspan="2">一般是两个或两个以上国家为有关问题获致谅解或求得解决而进行国际交涉的一种方式，也是解决国际争端最正常和最主要的方法</td><td rowspan="5">仲裁</td><td rowspan="5">(1)当事国可事先就仲裁所必须适用的法律达成协议，如果没有协议，可适用国际法院适用的法律，如经当事国同意，仲裁法庭也可本着“允及善良”原则进行；
(2)关于审理的范围，限于“关于法律性质问题，特别是关于国际公约的解决和适用问题”，以及用外交手段未能解决的争端</td></tr>
<tr><td rowspan="2">平时封锁</td><td rowspan="2">平时封锁只能作为由安理会决定的，维持或恢复国际和平与安全所必要时采取的一种措施，而不能是一种国家解决争端采用的合法方式</td></tr>
<tr><td rowspan="3">斡旋与调停</td><td rowspan="3">这是在争端当事国未能谈判与协商解决争端的情况下由第三方进行干预促使当事国进行谈判并协助其解决争端的一种方法。斡旋与调停可由第三方进行，也可按当事国的请求进行。第三方的建议只有劝告性质，对当事国没有拘束力，劝告不成，也不承担任何法律责任，也不能视为不友好行为</td></tr>
<tr><td>干涉</td><td>这种方式在现代国际法中，也不能被认为是合法的</td></tr>
<tr><td rowspan="2">反报</td><td rowspan="2">指一国对于他国的不礼貌、不友好但不违法的行为，采取相同或相似的不礼貌、不友好但不违法的行为予以回报</td></tr>
<tr><td rowspan="2">调查与和解</td><td rowspan="2">该方法是由争议双方通过协议成立国际调查委员会和和解委员会进行的。和解是比调查更进一步的解决方法。它是将争端提交一个由若干人组成的委员会，委员会在查明了事实之后提出解决争端的建议</td><td rowspan="2">法院方式</td><td rowspan="2">(1)目前，国家之间已建立了一些国际司法机构，旨在解决国家间争端的国际性司法机关，目前主要是国际法院和联合国海洋法法庭；
(2)国际法院有诉讼管辖和咨询管辖两项职权</td></tr>
<tr><td>报复</td><td>一国对于他国的国际不法行为，采取与之相应的措施作为回应，“比例原则”</td></tr>
</table>

20. 国际法院的管辖权

<table>
<tr><th colspan="3">分　类</th><th>内　容</th><th>注意事项</th></tr>
<tr><td rowspan="4">诉讼管辖权</td><td colspan="2">对人管辖</td><td>主体有三类：
(1)联合国会员国；
(2)非联合国会员国但是《国际法院规约》的当事国；
(3)非前两者，但是预先明确表示愿意接受国际法院管辖并保证执行判决的国家</td><td>此三类国家的地位是相同的。国际组织、法人和个人都不能成为国际法院的诉讼当事国</td></tr>
<tr><td rowspan="3">对事管辖</td><td>自愿管辖</td><td colspan="2">争端发生后，达成协议将争端提交国际法院</td></tr>
<tr><td>协定管辖</td><td colspan="2">条约或协定中约定将有关争端提交国际法院解决</td></tr>
<tr><td>任择强制性管辖</td><td colspan="2">《国际法院规约》当事国发表声明就相应争端对于接受同样义务的其他当事国，接受法院的管辖具有强制性</td></tr>
<tr><td colspan="3">法律咨询管辖权</td><td>联合国大会及大会临时委员会、各理事会、联合国专门机构可就执行其职务中的任何法律问题请求国际法院发表咨询意见</td><td>(1)其他任何国家、团体、个人包括联合国秘书长，都无权请求法院提供咨询意见；
(2)法院的咨询意见没有法律约束力，但有重要影响力</td></tr>
</table>

司法制度和法律职业道德

一、中国特色社会主义司法制度

1. 司法公正、司法效率和独立行使审判权与独立行使检察权

项　目	内　容	
司法公正（灵魂与核心）	实体公正	案件事实真相的发现和对实体法的正确适用
	程序公正	司法程序具有正当性和合理性，当事人在司法过程中受到公平的对待
	（1）司法活动的合法性、司法人员的中立性、当事人地位的平等性（控辩双方法律地位完全平等）、司法过程的参与性、司法活动的公开性、司法结果的正确性、司法人员的廉洁性； （2）全面推进审判流程公开、裁判文书公开、执行信息公开三大平台建设，裁判书在互联网公开，但有涉及国家秘密、个人隐私，涉及未成年人违法犯罪，以调解方式结案或者其他不宜在互联网公布的裁判文书除外； （3）恪守司法廉洁，是司法公正与司法公信的基石和防线，依法规范司法人员与当事人、律师、特殊关系人、中介组织的接触、交往行为	
司法效率	（1）实行立审分离，繁简分流，改进简易程序； （2）强化合议庭和独任审判员的作用，完善独立审判制度，提高审判的质量和效率； （3）强化审限意识，严格禁止超审限审理案件； （4）加强对诉讼调解工作的指导，提高诉讼调解水平； （5）加强审判管理，提高司法效率	
司法公正与司法效率的关系	二者是相辅相成的，但又存在内在的紧张关系，我国的司法现状决定了我们应当“公正优先，兼顾效率”	
独立行使审判权与独立行使检察权	（1）国家的审判权和检察权只能分别由人民法院和人民检察院依法统一行使，其他机关、团体或个人无权行使这项权力； （2）司法机关依照法律独立行使职权，不受行政机关、社会团体和个人的干涉，行政机关等不得使用任何权力干涉司法程序； （3）司法机关在司法活动中必须依照法律规定，正确地适用法律	

2. 审判制度的基本原则

基本原则	内　容
司法公正原则	人民法院坚持司法公正，以事实为根据，以法律为准绳，遵守法定程序，依法保护个人和组织的诉讼权利和其他合法权益
独立行使审判权原则	人民法院依照法律规定独立行使审判权，不受行政机关、社会团体和个人的干涉
不告不理原则	未经控诉一方提起控诉，法院不得自行主动对案件进行裁判；法院审理案件的范围（诉讼内容与标的）由当事人确定，法院无权变更、撤销当事人的诉讼请求；案件在审理中，法院只能按照当事人提出的诉讼事实和主张进行审理，对超过当事人诉讼主张的部分不得主动审理
直接言词原则	在我国诉讼制度中，审理形式一般采取直接言词原则，直接言词原则可分为直接原则和言词原则，均以发现真实为主要目的，反映了我国审判活动的亲历性： （1）直接原则要求参加审判的法官必须亲自参加证据审查、亲自聆听法庭辩论，这一原则强调审理法官与判决法官的一体化； （2）言词原则是要求当事人等在法庭上须用言词形式开展质证辩论的原则，这一原则是公开原则、辩论原则和直接原则实施的必要条件
及时审判原则	及时审判原则具有保障人权、促进诉讼进行、提高诉讼效率的重要价值。我国法律要求人民法院及时审理案件，提高办案效率

3. 审判组织

类　型	组　成	审理案件的范围
独任庭	由**法官**一人审判案件的组织形式	（1）第一审的刑事自诉案件和其他轻微的刑事案件； （2）第一审的简单民事案件和行政诉讼简易程序案件； （3）适用特别程序审理的案件，除选民资格案件或者其他重大疑难案件由审判员组成合议庭审判外，其他案件由审判员一人独任审判

续表

类　型	组　成	审理案件的范围
合议庭	(1)由**审判人员**(法官或法官和人民陪审员)3人以上(单数)集体审判案件的组织形式; (2)由院长或者庭长指定一名法官担任审判长,院长或庭长参加审判案件的时候,自己担任审判长; (3)审判长主持庭审、组织评议案件,评议时与其他成员权利平等; (4)合议庭评议实行少数服从多数原则; (5)法官/独任法官审理案件,对事实认定和法律适用负责	(1)人民法院审判第一审案件除简单的民事案件、轻微的刑事案件和法律另有规定的案件由审判员一人独任进行外,其余的都由合议庭进行; (2)人民法院审判上诉、抗诉的案件和再审案件以及复核死刑案件,均由审判员组成合议庭进行
审判委员会	(1)审判委员会由院长、副院长和若干资深法官组成,成员应当为单数,审判委员会会议分为全体会议和专业委员会会议,审判委员会实行民主集中制; (2)审判委员会举行会议时,同级人民检察院检察长或者检察长委托的副检察长可以列席; (3)合议庭认为案件需要提交审判委员会讨论决定的,由审判长提出申请,院长批准; (4)审判委员会讨论案件,合议庭对其汇报的事实负责,审判委员会委员对本人发表的意见和表决负责,审判委员会的决定,合议庭应当执行; (5)审判委员会讨论案件的决定及其理由应当在裁判文书中公开,法律规定不公开的除外	(1)总结审判工作经验; (2)讨论决定重大、疑难、复杂案件的法律适用; (3)讨论决定本院已经发生法律效力的判决、裁定、调解书是否应当再审; (4)讨论决定其他有关审判工作的重大问题

4. 审判工作的主要制度

项　目	内　容
两审终审制	一个案件经过两级法院的审判即宣告终结的制度: (1)最高人民法院所作出的一审判决、裁定,为终审裁判,当事人不得上诉; (2)适用特别程序、督促程序、公示催告程序审理的案件,实行一审终审; (3)死刑案件要经过死刑复核

续表

项　目	内　容
审判公开制度	人民法院审理案件,除法律规定的特别情况外,一律公开进行,根据我国三大诉讼法的规定,下列不公开审理: (1)涉及国家秘密的案件; (2)涉及个人隐私的案件; (3)未成年人犯罪的案件; (4)经当事人依法申请,人民法院决定不公开审理的民事案件
人民陪审员制度	我国法律规定的由审判员和人民陪审员组成合议庭对案件共同进行审判的一项制度: (1)要求年满23周岁; (2)人大常委会的组成人员,人民法院、检察院、公安机关、国家安全机关、司法行政机关的工作人员和执业律师等人员,不得担任人民陪审员; (3)因犯罪受过刑事处罚的和被开除公职的也不得担任
审判监督制度	人民法院对已经发生法律效力的裁判依法重新审判的一种特殊审判制度,它只是纠正生效和裁判错误的法律程序,不是案件审理的必经程序,也不是案件的必经审级

5. 人民检察院的设置与职权

级　别	内　容
最高人民检察院	(1)最高人民检察院对最高人民法院的死刑复核活动实行监督;对报请核准追诉的案件进行审查,决定是否追诉; (2)最高人民检察院可以对属于检察工作中具体应用法律的问题进行解释,可以发布指导性案例; (3)上级人民检察院对下级人民检察院行使下列职权: ①认为下级人民检察院的决定错误的,指令下级人民检察院纠正,或者依法撤销、变更; ②可以对下级人民检察院管辖的案件指定管辖; ③可以办理下级人民检察院管辖的案件; ④可以统一调用辖区的检察人员办理案件
地方各级人民检察院	(1)省级人民检察院; (2)设区的市级人民检察院; (3)基层人民检察院
军事检察院	对现役军人的军职犯罪和其他刑事案件依法行使检察权

6. 律师权利的体系

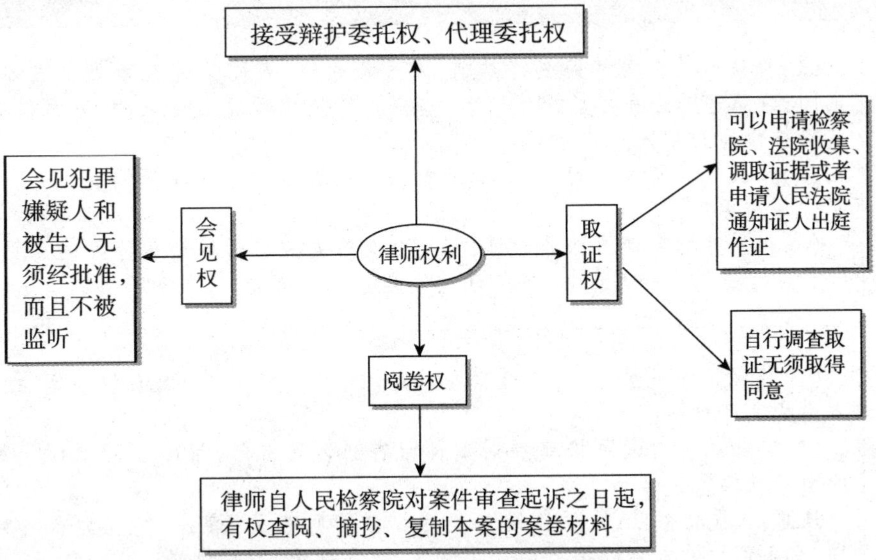

项　目		内　容
接受辩护委托权	委托时间	(1)犯罪嫌疑人自**被侦查机关第一次讯问**或者采取**强制措施之日**起,有权**委托辩护人**(在侦查期间,**只能委托律师作为辩护人**); (2)被告人有权随时委托辩护人
	公检法的告知义务	(1)侦查机关在第一次讯问犯罪嫌疑人或者对犯罪嫌疑人采取强制措施的时候,**应当告知**犯罪嫌疑人有权委托辩护人; (2)人民检察院自收到移送审查起诉的案件材料之日起**3日以内**,应当告知犯罪嫌疑人有权委托辩护人; (3)人民法院自受理案件之日起**3日以内**,应当告知被告人有权委托辩护人
	委托程序	(1)犯罪嫌疑人、被告人在押期间要求委托辩护人的,人民法院、人民检察院和公安机关应当及时转达其要求,犯罪嫌疑人、被告人在押的,也可以由其监护人、近亲属代为委托辩护人; (2)辩护人接受犯罪嫌疑人、被告人委托后,应当及时告知办理案件的机关
知情权		(1)辩护律师接受委托后,可以依法向办案机关了解犯罪嫌疑人、被告人涉嫌或者被指控的罪名及当时已查明的该罪的主要事实; (2)犯罪嫌疑人、被告人被采取、变更、解除强制措施的情况,侦查机关延长侦查羁押期限等情况,办案机关应当依法及时告知辩护律师; (3)办案机关作出移送审查起诉、退回补充侦查、提起公诉、延期审理、二审不开庭审理、宣告判决等**重大程序性决定**的,以及人民检察院将直接受理立案侦查案件报请上一级人民检察院审查决定逮捕的,应当依法及时告知辩护律师

续表

项目	内容
反映意见	(1)侦查机关在案件侦查终结前,人民检察院、人民法院在审查批准、决定逮捕期间,最高人民法院在复核死刑案件期间,辩护律师提出要求的,办案机关应当听取辩护律师的意见; (2)人民检察院审查起诉、第二审人民法院决定不开庭审理的,应当充分听取辩护律师的意见; (3)辩护律师申请排除非法证据的,办案机关应当听取辩护律师的意见,按照法定程序审查核实相关证据,并依法决定是否予以排除
查阅案卷权	(1)律师担任辩护人的,自检察院对案件审查起诉之日起,有权查阅、摘抄、复制本案的案件材料; (2)辩护律师自人民检察院对案件审查起诉之日起,可以查阅、摘抄、复制本案的案卷材料 **注意**:人民检察院、人民法院应当为辩护律师查阅、摘抄、复制案卷材料提供便利,有条件的地方可以推行电子化阅卷,允许刻录、下载材料
同犯罪嫌疑人、被告人会见和通信权	(1)辩护律师可以同在押的犯罪嫌疑人、被告人会见和通信(其他辩护人需经人民法院、人民检察院许可); (2)辩护律师持律师执业证书、律师事务所证明和委托书或者法律援助公函要求会见在押的犯罪嫌疑人、被告人的,看守所应当及时安排会见,至迟不得超过48小时,危害国家安全犯罪、恐怖活动犯罪案件,在侦查期间辩护律师会见在押的犯罪嫌疑人,应当经侦查机关许可; (3)辩护律师会见在押的犯罪嫌疑人、被告人,可以了解案件有关情况,提供法律咨询等,自案件移送审查起诉之日起,可以向犯罪嫌疑人、被告人核实有关证据; (4)辩护律师会见犯罪嫌疑人、被告人时不被监听,办案机关不得派员在场 **注意**:能当时安排的,应当当时安排;不能当时安排的,看守所应当向辩护律师说明情况,并保证辩护律师在48小时以内会见到在押的犯罪嫌疑人、被告人。对特别重大贿赂案件在侦查终结前,侦查机关应当许可辩护律师至少会见1次犯罪嫌疑人
调查取证权	(1)受委托的律师根据案情的需要,可以申请人民检察院、人民法院收集、调取证据或者申请人民法院通知证人出庭作证; (2)律师自行调查取证的,凭律师执业证书和律师事务所证明,可以向有关单位或者个人调查与承办法律事务有关的情况; (3)辩护律师申请向被害人或者其近亲属、被害人提供的证人收集与本案有关的材料的,人民检察院、人民法院应当在7日以内作出是否许可的决定,并通知辩护律师

续表

项　目	内　容
拒绝辩护或代理权	(1)律师接受委托后,无正当理由的,不得拒绝辩护或者代理,但委托事项违法、委托人利用律师提供的服务从事违法活动或者委托人隐瞒重要事实的,律师有权拒绝辩护或者代理; (2)律师拒绝辩护或者代理的,须经律师事务所主任批准,因为委托人与律师事务所有委托合同关系,属人民法院指定的辩护人拒绝辩护的,须经人民法院同意
依法执行职务受法律保障	(1)律师在执业活动中的人身权利不受侵犯; (2)律师在法庭上发表的代理、辩护意见不受法律追究,但是,发表危害国家安全、恶意诽谤他人、严重扰乱法庭秩序的言论除外; (3)侦查机关依法对诉讼活动中涉嫌犯罪的律师采取强制措施后,应当在48小时以内通知其所在的律师事务所或者所属的律师协会

7. 律师事务所

项　目	内　容
设立条件	(1)有自己的名称、住所和章程; (2)有符合法律规定的律师; (3)设立人应当是具有一定的执业经历,且3年内未受过停止执业处罚的律师; (4)有符合国务院司法行政部门规定数额的资产
设立形式	普通合伙或者特殊的普通合伙:合伙律师事务所的合伙人按照合伙形式对该律师事务所的债务依法承担责任
设立分所	(1)成立3年以上并具有20名以上执业律师的合伙律师事务所,可以设立分所; (2)设立分所,须经拟设立分所所在地的省、自治区、直辖市人民政府司法行政部门审核; (3)合伙律师事务所对其分所的债务承担连带责任
律所变更	(1)律师事务所变更名称、负责人、章程、合伙协议的,应当报原审核部门批准; (2)律师事务所变更住所、合伙人的,应当自变更之日起15日内报原审核部门备案
律所终止	(1)不能保持法定设立条件,经限期整改仍不符合条件的; (2)律师事务所执业证书被依法吊销的; (3)自行决定解散的; (4)法律、行政法规规定应当终止的其他情形
收费制度	禁止适用风险代理收费: (1)婚姻、继承案件; (2)请求给予社会保险待遇或者最低生活保障待遇的; (3)请求给付赡养费、抚养费、扶养费、抚恤金、救济金、工伤赔偿的; (4)请求支付劳动报酬的等 【关联考点】禁止刑事诉讼案件、行政诉讼案件、国家赔偿案件以及群体性诉讼案件实行风险代理收费。最高收费金额不得高于标的额的30%

8. 法律援助制度

项　目	内　容
概念	国家建立的为经济困难公民和符合法定条件的其他当事人无偿提供法律咨询、代理、刑事辩护等法律服务的制度，是公共法律服务体系的组成部分
形式	(1)法律咨询； (2)代拟法律文书； (3)刑事辩护与代理； (4)民事案件、行政案件、国家赔偿案件的诉讼代理及非诉讼代理； (5)值班律师法律帮助； (6)劳动争议调解与仲裁代理； (7)其他形式
刑事案件中应当通知法律援助机构指派律师担任辩护人的情形	(1)未成年人； (2)视力、听力、言语残疾人； (3)不能完全辨认自己行为的成年人； (4)可能被判处无期徒刑、死刑的人(应当指派具有3年以上相关执业经历的律师担任辩护人)； (5)申请法律援助的死刑复核案件被告人； (6)缺席审判案件的被告人； (7)其他人员
法律援助人员的义务	(1)法律援助人员接受指派后，无正当理由不得拒绝、拖延或者终止提供法律援助服务； (2)法律援助人员应当按照规定向受援人通报法律援助事项办理情况，不得损害受援人合法权益
应当终止的情形	(1)受援人以欺骗或者其他不正当手段获得法律援助； (2)受援人故意隐瞒与案件有关的重要事实或者提供虚假证据； (3)受援人利用法律援助从事违法活动； (4)受援人的经济状况发生变化，不再符合法律援助条件； (5)案件终止审理或者已经被撤销； (6)受援人自行委托律师或者其他代理人； (7)受援人有正当理由要求终止法律援助； (8)其他

9. 主要公证制度

项　目		主要内容
概念	主体	公证人和当事人
	客体（公证对象）	(1)民事法律行为：如合同、委托、赠与、遗嘱、收养、继承、财产分割等； (2)有法律意义的事实：如出生、死亡、健康状况等； (3)有法律意义的文书：如毕业证、结婚证等
	内容	公证人证明公证客体的**真实性**与**合法性**
特殊性		(1)公证主体的特定性——由国家专门设立的公证机构按照法定程序进行； (2)公证对象和内容的特定性； (3)公证效力的特殊性： ①证据效力； ②强制执行效力； ③法律行为成立要件效力； (4)公证程序的法定性
非诉讼司法活动	与民事诉讼的区别	(1)性质不同：公证——事前的预防，民事诉讼——事后的救济； (2)适用程序不同； (3)效力不同：公证不能产生、变更或消灭民事法律关系
	与行政行为的区别	(1)组织不同：各公证机关之间没有隶属关系； (2)活动程序不同； (3)法律关系不同

二、法官职业道德

10. 法官职业道德

项　目	内　容
忠诚司法事业	(1)树立社会主义法治理念，忠于**党**、忠于**国家**、忠于**人民**、忠于**法律**，做中国特色社会主义事业建设者和捍卫者； (2)不从事或参与有损国家利益和司法权威的活动，不发表有损国家利益和司法权威的言论
保证司法公正	(1)依法独立行使审判权，不受权势、人情等因素的影响，避免主观臆断、超越职权、滥用职权，坚持实体公正与程序公正并重，自觉接受法律监督和社会监督，同时避免司法审判受到外界的不当影响； (2)不偏袒或歧视任何一方当事人，**不私自单独会见**当事人及其代理人、辩护人； (3)除履行工作职责或者通过正当程序外，**不过问**、**不干预**、**不评论**其他法官正在审理的案件

续表

项目	内容
确保司法廉洁	(1)坚持自重、自省、自警、自励,杜绝以权谋私、贪赃枉法行为。不接受案件当事人及相关人员的请客送礼,不利用职务便利或法官身份谋取不正当利益,不违反规定与当事人或者其他诉讼参与人进行不正当交往,不在执法办案中徇私舞弊; (2)不从事或者参与营利性的经营活动,不在企业及其他营利性组织中兼任法律顾问等职务,不就未决案件或者再审案件给当事人及其他诉讼参与人提供咨询意见; (3)按规定如实报告个人有关事项,教育督促家庭成员不利用法官的职权、地位谋取不正当利益
坚持司法为民	(1)树立以人为本、司法为民的理念,发挥司法的能动作用,积极寻求有利于案结事了的纠纷解决办法,努力实现法律效果与社会效果的统一; (2)司法便民,避免盛气凌人、"冷硬横推"等不良作风
维护司法形象	(1)坚持文明司法,遵守司法礼仪,在履行职责过程中行为规范、着装得体、语言文明、态度平和,保持良好的职业修养和司法作风,杜绝与法官职业形象不相称、与法官职业道德相违背的不良嗜好和行为,遵守社会公德和家庭美德,维护良好的个人声誉; (2)法官退休后不利用自己的原有身份和便利条件过问、干预执法办案,避免因个人不当言行对法官职业形象造成不良影响

三、检察官职业道德

11. 检察官职业道德

检察官职业道德	内容	具体规定
忠诚	坚持忠诚品格,永葆政治本色	(1)忠于党、忠于国家; (2)忠于人民; (3)忠于宪法和法律; (4)忠于检察事业
为民	坚持为民宗旨,保障人民权益	(1)坚持以人民利益为重的理念; (2)坚持严格、规范、公正、文明执法; (3)坚持融入群众、倾听群众呼声、解决群众诉求、接受群众监督
担当	坚持担当精神,强化法律监督	(1)敢于担当,就是要坚决打击发生在群众身边损害群众利益的各类犯罪,增强群众安全感和满意度; (2)敢于担当,就是要坚守良知、公正执法、执法公开,自觉接受人民群众和社会的监督,以公开促公正; (3)敢于担当,就是要直面矛盾,正视问题

续表

检察官职业道德	内　容	具体规定
公正	坚持公正理念，维护法制统一	(1)独立履职； (2)理性履职； (3)履职回避； (4)重视证据； (5)遵循程序； (6)保障人权； (7)尊重律师和法官； (8)遵守纪律； (9)提高效率
廉洁	坚持廉洁操守，自觉接受监督	(1)坚持廉洁操守； (2)避免不当影响； (3)妥善处理个人事务

四、律师职业道德

12. 律师职业道德概述

项　目	主要内容	常考内容
委托代理	(1)律师承办业务，由**律师事务所**统一接受委托，与委托人签订书面委托合同，按国家规定向当事人统一收取费用并如实入账； (2)**禁止虚假承诺**； (3)律师接受委托时必须与委托人明确规定包括程序法和实体法两方面的委托权限，律师只能在**授权范围内**从事代理	转委托： (1)未经委托人同意，律师不得将委托人委托的法律事务转委托他人办理； (2)律师在接受委托后出现突患疾病、工作调动等情况，需要更换律师的，应当及时告知委托人
保密义务	(1)律师应当保守在执业活动中知悉的国家秘密和当事人的商业秘密，不得泄露当事人的隐私； (2)律师事务所、律师及其辅助人员不得泄露委托人的商业秘密、隐私，以及通过办理委托人的法律事务所了解的委托人其他信息	律师保密义务的例外： (1)公共利益例外：委托人或其他人准备或正在实施的危害国家安全、公共安全及其他严重危害他人人身安全的犯罪事实和信息除外； (2)自我保护的例外； (3)授权披露的例外
律师收费	(1)律师不得私自收案、收费； (2)不能附条件收费的情况	律师和律师事务所不得以任何理由和方式向赡养费、扶养费、抚养费以及刑事案件中的委托人提出采用根据诉讼结果协议收费，但当事人提出的除外

续表

项　目	主要内容	常考内容
利益冲突	同一案件,双方代理,自我代理	律师在同一案件中为双方当事人担任代理人,或代理与本人或者其近亲属有利益冲突的法律事务的 **注意**:律师接受犯罪嫌疑人、被告人委托后,不得接受同一案件或者未同案处理但实施的犯罪存在关联的其他犯罪嫌疑人、被告人的委托担任辩护人
	近亲属在对面,同事近亲属除外	(1)律师办理诉讼或者非诉讼业务,其近亲属是对方当事人的法定代表人或者代理人的; (2)例外:接受民事诉讼、仲裁案件一方当事人的委托,而同所的其他律师是该案件中**对方当事人**的**近亲属**的,担任刑事案件犯罪嫌疑人、被告人的辩护人,而同所的其他律师是该案件**被害人的近亲属**的
	之前旧案	曾经亲自处理或者审理过某一事项或者案件的行政机关工作人员、审判人员、检察人员、仲裁员,成为律师后又办理该事项或者案件的
	同所律师对垒,刑事唯一同意	(1)同一律师事务所的不同律师同时担任同一刑事案件的被害人的代理人和犯罪嫌疑人、被告人的辩护人,但在该县区域内**只有一家**律师事务所且事先征得当事人**同意**的除外; (2)同意例外:同一律师事务所接受正在代理的诉讼案件或者非诉讼业务当事人的对方当事人所委托的其他法律业务的
	前后代理	(1)在委托关系终止后,同一律师事务所或同一律师在同一案件后续审理或者处理中又接受对方当事人委托的; (2)同意例外:在委托关系终止后1年**内**,律师又就同一法律事务接受与原委托人有利害关系的对方当事人的委托的

续表

项　目	主要内容	常考内容
利益冲突	"你不仁,我不义"	(1)其他可能利益冲突的情形; (2)同意例外:律师事务所与委托人存在法律服务关系,在某一诉讼或仲裁案件中该委托人未要求该律师事务所律师担任其代理人,而该律师事务所律师担任该委托人对方当事人的代理人的
执业推广	(1)不得提供虚假信息或者夸大自己的专业能力; (2)不得明示或者暗示与司法、行政等机关的特殊关系; (3)不得以提供或者承诺提供回扣等方式承揽业务; (4)不得以明显低于同行业的收费水平竞争某项法律业务	(1)不得利用广告对律师个人、律师事务所作出容易引人误解或虚假宣传; (2)律师和律师事务所发布的律师广告不得贬低其他律师或律师事务所及其服务; (3)不能采用一般商业广告的**艺术夸张**手段制作广告; (4)律师和律师事务所不能自我声明或暗示其被公认或证明为某一专业领域的专家; (5)律师和律师事务所不能进行律师之间或律师事务所之间的比较宣传
同行之间的行为规范	(1)律师或律师事务所不得阻挠或者拒绝委托人再委托其他律师和律师事务所参与同一事由的法律服务; (2)就同一事由提供法律服务的律师之间应明确分工,相互协作,意见不一致时应当及时通报委托人决定	不得在公众场合及传媒上发表贬低、诋毁、损害同行声誉的言论

五、公证员及其他法律职业人员职业道德

13. 法律职业道德综述

类　型	内　容
法官职业道德	忠诚司法事业、保证司法公正、确保司法廉洁、坚持司法为民、维护司法形象
检察官职业道德	忠诚、为民、担当、公正、廉洁

续表

类　型	内　容
律师职业道德	忠诚、为民、法治、正义、诚信、敬业
公证员职业道德	忠于法律、尽职履责,爱岗敬业、规范服务,加强修养、提高素质,廉洁自律、尊重同行
法律顾问职业道德	忠诚法律、保持独立、保守秘密
仲裁员职业道德	独立公正、诚实信用、勤勉高效、保守秘密、尊重同行
行政机关中从事行政处罚决定法制审核、行政复议、行政裁决的公务员职业道德	坚定信念、忠于宪法、忠于国家、忠于人民、忠于职守、保守秘密、清正廉洁、诚实守信

刑　　法

一、刑法总则

1. 刑法的基本原则

项　目	罪刑法定原则	罪刑相适应原则
概念表述	法无明文规定不为罪,法无明文规定不处罚	重罪重罚,轻罪轻罚,罪刑相称,罚当其罪
理论基点	被告人的自由权与国家的刑罚权之间的关系	刑罚的合理性根据和目的
理论基础	启蒙时期的自由主义思想、费尔巴哈的心理强制论、现代的民主主义和人权思想等	(1)刑罚的报应主义理论; (2)刑罚的功利主义理论
基本内容	(1)禁止类推解释,只能严格解释; (2)排斥习惯法,实行成文法主义; (3)排斥绝对不定期刑; (4)禁止不利于被告人的事后法; (5)刑法规范的明确性原则; (6)刑法规范的合理性原则	综合考虑犯罪行为的危害程度和行为人的主观恶性与**人身危险性**各因素来确定相应的刑罚处罚
主要功能	(1)限制国家刑罚权的滥用; (2)保障人权	(1)实现刑罚的报应目的; (2)实现刑罚的功利目的

2. 刑法的溯及力

项　目	刑　法	刑法的司法解释
理论基础	(1)罪刑法定原则:禁止事后法; (2)保障被告人的人权	(1)法律解释的性质; (2)保障被告人的人权
基本原则	从旧兼**从轻**	从轻

续表

项目	刑法	刑法的司法解释
基本内容	(1)原则:适用行为时的法律,即新法没有溯及力; (2)例外:如果新法不认为是犯罪或者处罚较轻,则适用新法,此时新法有溯及力	(1)司法解释的效力适用于法律的施行期间; (2)行为时没有相关司法解释,依后来施行的司法解释办理,行为时已有相关司法解释,按照行为时的解释办理,但适用新的司法解释对被告人**有利**的,适用新的解释

3. 刑法的空间效力

项目	适用依据	适用条件	备注
属地管辖	犯罪发生地: (行为地+结果地) (1)行为地包括实行地+预备地; (2)共同犯罪中部分人的犯罪行为发生在国内,对该共同犯罪都可适用我国刑法; (3)在未遂犯的场合,行为地与行为人**希望**结果发生地、可能发生结果地,均为犯罪地	犯罪发生在我国领域内: (1)领域的范围:领土、领水和领空; (2)领域的自然延伸:悬挂我国国旗(旗国主义)的**航空器**或者**船舶**	适用的例外: (1)享有外交特权和豁免权的外国人的刑事责任,通过外交途径解决; (2)港澳地区; (3)民族自治地方的特别规定
属人管辖	犯罪人的国籍	中国人在中国领域外犯罪	(1)可以不予追究的情形: ①罪行较轻:法定最高刑在3年有期徒刑以下; ②可以不追究,而不是不能追究(司法机关享有是否追究的决定权); (2)**国家工作人员**和**军人**在国外犯罪的,适用中国刑法
保护管辖	犯罪侵害的利益	(1)外国人在域外犯罪侵害中国国家或公民利益; (2)罪行严重:法定最低刑为3年以上有期徒刑; (3)按照犯罪地法也要受到刑法处罚(双重处罚原则)	凡在中国领域外犯罪(无论国籍),虽经外国审判仍适用我国刑法,但已经受罚的可以免除或者减轻处罚: (1)原则性:我国刑法的效力不受外国判决的限制; (2)灵活性:适当考虑犯罪人已经受过处罚的情状,尽量避免或者减轻双重处罚
普遍管辖	国际社会的整体利益	海盗罪、毒品罪、恐怖主义犯罪、战争罪、灭绝种族罪等	(1)处理:或引渡或起诉; (2)地位:对属地、属人、保护管辖的补充

4. 自然人主体的年龄和刑事责任能力

<table>
<tr><th>项目</th><th>类 型</th><th>处 理</th><th>备 注</th></tr>
<tr><td rowspan="4">刑事责任年龄</td><td>绝对无刑事责任时期
（不满12周岁）</td><td>任何行为都不构成犯罪</td><td rowspan="4">（1）“已满”，以周岁生日第二天开始计算；
（2）以行为时的实际年龄来认定；
（3）跨刑事年龄时期犯罪的认定，应当根据具体情况，区别不同的年龄时期，分别予以认定；
（4）对于没有充分证据证明被告人实施被指控的犯罪时已经达到法定刑事责任年龄且确实无法查明的，应当推定其没有达到相应法定刑事责任年龄；
（5）已满14周岁不满16周岁的人实施《刑法》第17条第2款规定（8种行为）以外的行为，如果同时触犯了《刑法》第17条第2款规定的，应当依照《刑法》第17条第2款的规定确定罪名，定罪处罚，如在绑架人质后杀害被绑架人，拐卖妇女、儿童而故意造成被拐卖妇女、儿童重伤或死亡的行为，依据刑法应当追究其刑事责任</td></tr>
<tr><td>相对有刑事责任时期
（已满12周岁不满16周岁）</td><td>（1）已满12周岁不满14周岁的人：犯故意杀人、故意伤害罪，致人死亡或者以特别残忍手段致人重伤造成严重残疾，情节恶劣，经最高人民检察院核准追诉的，应当负刑事责任；
（2）已满14周岁不满16周岁的人：仅对8种严重故意犯罪承担刑事责任：故意杀人、故意伤害致人重伤或者死亡、强奸、抢劫、贩卖毒品、放火、爆炸、投放危险物质罪；
（3）上述具体列举的犯罪指的是犯罪行为而非具体的罪名</td></tr>
<tr><td>完全负刑事责任时期
（已满16周岁）</td><td>对任何犯罪都应承担刑事责任</td></tr>
<tr><td>从宽刑事责任时期
（已满12周岁不满18周岁）</td><td>（1）应当从轻或者减轻处罚；
（2）不适用死刑（包括死缓）</td></tr>
<tr><td rowspan="6">刑事责任能力</td><td rowspan="3">精神病人
（医学、法学双重标准）</td><td>不能辨认或者不能控制自己行为时造成危害结果，经法定程序鉴定确认的，不负刑事责任</td><td rowspan="3">（1）以行为时的精神状态为判断标准；
（2）不适用死刑（包括死缓）；
（3）保安处分：精神病人因无刑事责任能力而不负刑事责任的，应当责令其家属或者监护人严加看管和医疗；在必要的时候，由政府强制治疗</td></tr>
<tr><td>尚未完全丧失辨认或者控制自己行为能力时造成危害结果，应当负刑事责任，但可以从轻或者减轻处罚</td></tr>
<tr><td>间歇性精神病人在精神正常时犯罪的，应当负刑事责任</td></tr>
<tr><td>醉酒的人</td><td>应当负刑事责任</td><td>理论依据：原因上自由行为</td></tr>
<tr><td>又聋又哑的人或盲人</td><td>可以从轻、减轻或者免除处罚</td><td></td></tr>
<tr><td>已满75周岁的人</td><td>故意犯罪的，可以从轻或减轻处罚；
过失犯罪的，应当从轻或减轻处罚</td><td></td></tr>
</table>

5. 单位犯罪

项　目		单位犯罪
特　征	主　体	(1)合法性:单位本身资格的合法; (2)广泛性:包括公司、企业、事业单位、机关、团体,不仅限于法人
	客观要件	(1)以单位的名义实施; (2)行为与其经营管理活动具有相关性
	目的与动机	(1)集体意志性:单位决策机构**集体决定行为**的实施; (2)目的性:为本单位谋取利益
	法定性	必须由刑法**明文规定**,不构成单位犯罪的,可以对自然人定罪
典型的非单位犯罪		(1)**个人**为进行违法犯罪活动而设立的公司、企业、事业单位实施犯罪; (2)公司、企业、事业单位设立后**主要从事犯罪活动**; (3)**盗用**单位名义实施犯罪,违法所得由实施犯罪的个人**私分**的
责　任		(1)整体性:单位整体的责任,不是单位内部各成员的责任; (2)双重性: ①原则:既处罚单位,也处罚直接责任人员; ②例外:仅处罚直接责任人员(如《刑法》第137条规定的工程重大责任事故罪); (3)局限性: ①单位不能成为一切犯罪的主体; ②对单位只能适用罚金一种刑罚方法 **注意**:公司、企业、事业单位、机关、团体等单位实施刑法规定的危害社会的行为,刑法分则和其他法律未规定追究单位的刑事责任的,对组织、策划、实施该危害社会行为的人依法追究刑事责任

6. 犯罪主观要件

类　型	认　识	意　志	刑事责任
直接故意	明知结果可能或必然发生	积极追求结果发生	负刑事责任
间接故意	只能认识到结果**可能**发生	放任结果的发生	
疏忽大意的过失	没有认识到危害结果可能发生,应当预见而没有预见	反对结果的发生	刑法分则有明文规定的,才负刑事责任
过于自信的过失	认识到结果有可能发生	认为存在避免结果发生的根据或采取了**避免措施**	

7. 不作为犯

项 目	真正不作为犯	不真正不作为犯
概念	刑法明文规定只能由不履行义务构成的犯罪，如遗弃罪等	刑法条文没有明文将不作为表述为构成要件要素的情况，即通常预想由作为予以实现的构成要件，由不作为来实现的犯罪 **注意**：不作为犯可以通过积极的方式（作为方式）或者消极的方式（不作为方式）来实施。但其本质是不履行义务
成立条件	（1）当为；（2）能为；（3）不为；（4）有结果回避的可能性	
义务来源	（1）法律（刑法）明文规定的义务； （2）职务、业务要求的义务； （3）法律行为引起的义务（行为人通过合同行为为自己设立一个积极作为的义务，即使该合同是无效的或是超过期限的，也不影响）； （4）先行行为（危险行为）引起的义务； **注意**：正当防卫行为造成法益处于危险状态后不救助的，不成为不作为的义务来源。 （5）自愿救助所产生的义务； （6）紧密的共同体关系所产生的义务； （7）对危险物、危险行为的监管义务；特殊情况：即使没有制造风险，但如果在你监控的区域，同时你是唯一可以求助的人，也认为有救助义务	

口诀巧记 不作为犯的含义及分类

（1）不作为犯的含义：应为→能为→不为→产生等价性。

（2）不作为犯的分类 { 纯正的不作为犯：6“不”+1“弃”。 / 不纯正的不作为犯：“不作为”实现了“作为”。 }

要点解说

（1）真正的（纯正的）不作为犯：指刑法明文规定只能由不作为构成的犯罪。

【常考总结】6“不”+1“弃”。

①丢失枪支不报罪。

②不报安全事故罪。

③拒不支付劳动报酬罪。

④拒不执行判决、裁定罪。

⑤拒不履行信息网络安全管理义务罪。

⑥巨额财产来源不明罪。

⑦遗弃罪。

当题目中出现以上7种罪名的描述时，只有表述为真正的不作为犯罪才正确。如果将其描述为作为与不作为的相结合或者相竞合等，都是错误结论。

(2)不真正的(不纯正的)不作为犯:行为人以不作为方式实施了通常由作为方式实施的犯罪。

8. 正当防卫

要　件	主观要件	起因要件	对象要件	时间要件	限度要件
内容	具有防卫意图	现实的不法侵害,具有社会危害性和侵害紧迫性	不法侵害人	不法侵害**正在进行**	不能明显超过**必要限度**,造成重大损害
若欠缺	(1)防卫挑拨; (2)相互侵害; (3)为保护**非法利益**等	假想防卫(认识错误)	(1)假想防卫; (2)紧急避险或者故意犯罪; (3)防卫第三人	防卫不适时(事前、事后)	防卫过当
处理	以构成的相应故意犯罪处罚	(1)过失犯罪; (2)意外事件	(1)故意犯罪; (2)过失犯罪; (3)意外事件	(1)故意犯罪; (2)过失犯罪; (3)意外事件	(1)过失犯罪; (2)间接故意; (3)**应当**减轻或免除处罚
特殊正当防卫	对正在进行的行凶、杀人、抢劫、强奸、绑架以及其他**严重危及人身安全的暴力犯罪**,采取防卫行为,造成不法侵害人伤亡的,不属防卫过当,不负刑事责任				

9. 紧急避险

要　件	主观要件	起因要件	对象要件	时间要件	限度要件	可行性要件
内容	具有避险意图	面临**现实危险**	第三者合法权益	危险正在发生,"迫在眉睫"	造成损害必须**小于**所避损害	不得已而为之 不适用有特定责任的人
若欠缺	故意侵害或为保护非法利益	假想避险	针对侵害人或无主物	避险不适时	避险过当	应负相应责任
处理	故意犯罪	(1)过失犯罪; (2)意外事件	(1)正当防卫(为不法侵害人); (2)正当行为	(1)故意犯罪; (2)过失犯罪; (3)意外事件	(1)过失犯罪; (2)间接故意; (3)应当减轻或免除处罚	(1)故意犯罪; (2)过失犯罪; (3)意外事件

10. 犯罪预备、犯罪中止与犯罪未遂

项　目	犯罪预备	犯罪中止	犯罪未遂
出现阶段	犯罪准备阶段,未进入实行阶段,即未着手	既可以在犯罪预备阶段,也可以在犯罪实行阶段	只能在**着手**实施犯罪阶段
犯罪行为	准备工具,创造条件	预备行为或实行行为	只能是**实行行为**
停止原因	出于犯罪人意志外的原因	出于**犯罪人意愿**而**自动**中止	出于犯罪人意愿之**外**的原因
行为后果	未进入实行阶段,区别犯罪表示	(1)未进入实行阶段; (2)实行行为未完成; (3)法定结果未发生(有效性)	(1)实行行为未完成; (2)未出现法定危害结果,即犯罪未得逞
判断公式	欲达目的而不能	能达目的而不欲	欲达目的而不能
处罚原则	**可以**比照既遂犯从轻、减轻或免除处罚	(1)没有造成损害的,**应当**免除处罚; (2)造成损害的,**应当**减轻处罚 "造成损害",是指造成一定的法益侵害结果,但没有造成行为人原本希望或者放任的犯罪结果	**可以**比照既遂犯从轻或减轻处罚

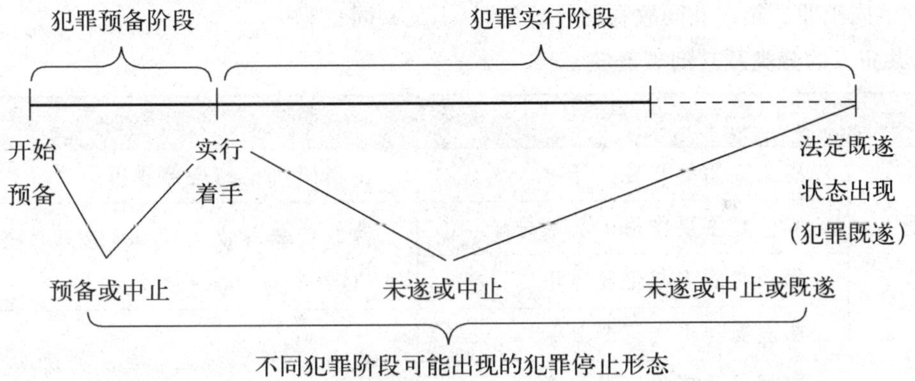

图3　犯罪阶段

11. 共同犯罪的要件与分类

含　义	解　析	分　类
二人以上	(1)必须具有刑事责任能力,否则为"间接正犯"; (2)可以是自然人,也可以是单位或者自然人和单位的结合,但直接负责的主管人员及其他直接责任人员,与单位本身不成立共同犯罪	(1)任意共同犯罪:可以由一人实施,也可以由两人以上实施的犯罪; (2)必要共同犯罪:只能由两人以上实施的犯罪,如"聚众持械劫狱罪" (1)一般共同犯罪:没有组织,包括聚众共同犯罪; (2)特殊共同犯罪:三人以上**有组织**地实施犯罪,如"犯罪集团"

续表

含　义	解　析	分　类
共同故意	(1)行为人都明知共同行为的犯罪性质和危害结果,并且希望或放任结果的发生; (2)行为人之间有**意思联络**,也可以是“片面帮助犯”	(1)事前通谋的共同犯罪; (2)事前无通谋的共同犯罪;在着手后形成共同故意,否则为同时犯,不为共同犯罪
共同行为	(1)可以是共同作为,可以是共同不作为,也可以是作为和不作为的结合; (2)犯罪行为可以分为四类:实行行为、组织行为、教唆行为、帮助行为	(1)简单共同犯罪:行为人都是实行犯,按照“**部分实行全部责任**”的原则; (2)复杂共同犯罪:行为存在实行、组织、教唆、帮助等分工

口诀巧记　共同犯罪的构成

二人以上有故意,　共同过失不算数;　超出故意未通谋,　共同犯罪不成立。

要点解说

共同犯罪的主体必须是“二人以上”,即二人共同故意犯罪时便可成立共同犯罪。共同过失犯不成立共同犯罪。超出共同故意之外的犯罪,不是共同犯罪。

(1)共犯人的分类及其刑事责任

分　类	类　型	处罚原则
主犯	犯罪集团的**首要分子**	按集团所犯的**全部罪行**处罚
	其他起**主要作用**的犯罪分子	按其所**参与**或者组织、指挥的全部罪行处罚
	聚众犯罪中起主要作用	
从犯	起**次要**作用的犯罪分子	**应当**从轻、减轻或者免除处罚
	起**辅助**作用的犯罪分子	
教唆犯	故意唆使他人实行犯罪	按其在共同犯罪中的地位处罚
	教唆不满18周岁的人犯罪	**应当**从重处罚
	被教唆人未犯被教唆的罪	**可以**从轻或者减轻处罚
胁从犯	被胁迫参加犯罪	**应当**按照其犯罪情节减轻处罚或者免除处罚

（2）聚众犯罪的刑事责任

- 所有参加的人均构成犯罪
  - 组织越狱罪
  - 暴动越狱罪
  - 聚众持械劫狱罪
- 只有首要分子与积极参加者构成犯罪，而一般参与者不构成犯罪
  - 聚众哄抢罪
  - 聚众斗殴罪
  - 聚众扰乱社会秩序罪
  - 聚众冲击国家机关罪
- 首要分子与多次参加者构成犯罪
  - 聚众淫乱罪
- 只有首要分子才构成犯罪，而其他参加者不构成犯罪
  - 聚众扰乱公共场所秩序、交通秩序罪
  - 聚众阻碍解救被拐卖的妇女、儿童罪（此时，其他参与者使用暴力、威胁方法的，如构成犯罪，以**妨害公务罪**定罪）

口诀巧记　共同犯罪的分工及刑事责任

共同犯罪有分工，　老大组织小弟干；　有人教唆有人帮，　定罪量刑各不同；
首要分子与主犯，　定性不要画等号；　组织指挥都担当，　小弟胡来不负责；
从犯应当从减免，　胁从应当减免刑；　教唆处罚看作用，　腐蚀少年应从重。

12. 主刑

刑种	性质	刑　期	羁押折抵刑期比例	主要内容	执行机关
管　制	限制自由	3个月至2年最高不超过3年	1:2	（1）执行社会化（不予关押）； （2）同工同酬； （3）遵守会客、迁居、言论自由限制等法定义务； （4）有期徒刑、拘役执行完毕后，管制仍需执行	社区矫正部门
拘　役	剥夺自由	1个月至6个月最高不超过1年	1:1	（1）**就近关押执行**； （2）酌量劳动报酬； （3）每月可回家一两天； （4）有有期徒刑和拘役的，执行有期徒刑	**公安机关**
有期徒刑	剥夺自由	6个月至15年 数罪并罚： （1）总和<35年，最高不超过20年； （2）总和≥35年，最高不超过25年	1:1	（1）强制劳动改造； （2）适用最广泛	监狱 **注意**：在被交付执行前，剩余刑期在3个月以下的，由看守所代为执行

续表

刑种	性质	刑　期	羁押折抵刑期比例	主要内容	执行机关
无期徒刑	剥夺自由	无	无	(1)强制劳动改造; (2)终身监禁与有期变通(通过减刑、假释)	监狱
死　刑	剥夺生命	无	无	(1)死刑政策:严格限制; (2)适用对象的例外:**审判时怀孕**者、**犯罪时**不满18周岁者、**审判时**已满75周岁者(手段残忍致人死亡的除外); (3)执行方式:立即执行与缓期执行	法院(立即执行)与监狱(缓期执行)

13. 没收财产与罚金

项　目	没收财产	罚　金
对象限制	犯罪分子个人的**合法财产**	不要求是犯罪分子个人的合法财产
数额限制	仅限于犯罪分子个人的合法财产	有最低额的限制,不得低于1000元,未成年人犯罪不得低于500元
时间限制	一般在判决确定之后执行	无限制,可随时追缴
其他限制	(1)没收全部财产时,应保留犯罪分子及其家属必要的生活费用; (2)犯罪之前所负的**合法债务**,需要用没收的财产偿还的,经债权人申请,应当偿还	
同时判处的区分	(1)没收部分财产的,二者应采取并科原则; (2)没收全部财产的,仅执行没收财产刑	

注:(1)法院在任何时候只要发现被执行人有可以执行的财产就应随时追缴,其对象形式也不仅限于现金,只要是**可供执行的财产**即可。

(2)由于遭遇不能抗拒的灾祸等原因缴纳确有困难的,经法院裁定,可以延期缴纳、酌情减少或免除。

14. 剥夺政治权利的适用

项　目	剥夺政治权利
内容	(1)选举权和被选举权; (2)言论、出版、集会、结社、游行、示威自由; (3)担任国家机关职务的权利; (4)担任国有公司、企业、事业单位和人民团体领导职务的权利

续表

项　目		剥夺政治权利
适用对象	应当附加	危害国家安全、被判处死刑、无期徒刑的犯罪分子
	可以附加	故意杀人、强奸、放火、爆炸、投放危险物质、抢劫等严重破坏社会秩序的犯罪分子
适用刑期	**单独适用**或主刑为拘役和有期徒刑	(1)1年以上5年以下； (2)起算点为有期徒刑或拘役**执行完毕之日**
	主刑为管制	(1)期限和管制的刑期是一致的,3个月以上2年以下； (2)数罪并罚时最长可达3年； (3)起算点为管制执行之日,同时执行
	主刑为无期徒刑或死刑	(1)终身； (2)无期或死缓减为有期徒刑时,附加剥夺政治权利的期限也相应地减为3年以上10年以下； (3)判决发生法律效力之日起计算

口诀巧记　刑罚的体系

管制不押有期限，　社区矫正三二三；　限制自由有五项，　同工同酬有保障；
拘役就近一六一，　公安机关来执行；　有期六月十五载，　并罚不超二十五；
无期夺权必终身，　慎用死刑有例外；　犯罪不满十八岁，　审判怀孕不死刑；
年满七五不死刑，　残忍杀人仍死刑；　死缓二年减无期，　重大立功变有期；
故意犯罪又恶劣，　报经执行法不容；　故意死刑未执行，　死缓期间重新计；
累犯以及暴力犯，　判处死缓限减刑；　不是必须判死刑，　自首立功不严重；
激愤犯罪易改造，　令人怜悯有余地；　夺权总共有四项，　具体期限各不同；
死刑无期剥终身，　死缓减期三到十；　独立剥夺一到五，　管制期限同主刑；
管制计算同时算，　其他执行完毕起。

15. 非刑罚处罚措施

项　目	内　容	具体内容
适用前提	对罪犯免予刑事处罚	犯罪情节轻微不需要判处刑罚的行为作有罪宣告,但对行为人不给予刑罚处罚
种类	教育措施	训诫、具结悔过、赔礼道歉
	民事处罚措施	责令赔偿损失:被害人没有提起民事诉讼的,法院也可以根据案件的具体情况,责令犯罪人赔偿损失
	行政处罚措施	行政处罚和行政处分
	从业禁止	因利用职业便利实施犯罪,或者实施违背职业要求的特定义务的犯罪被判处刑罚的,人民法院可以根据犯罪情况和预防再犯罪的需要,禁止其自刑罚执行完毕之日或者假释之日起从事相关职业,期限为3年至5年

口诀巧记 **非刑罚处罚措施**

职业便利触刑律， 三至五年禁从业。

16. 罪数

项　目		内　容	例　子
行为单数	继续犯	也称持续犯，犯罪行为与不法状态在一定时间内一直处于继续状态的犯罪	非法拘禁罪
	结果加重犯	(1)行为人实施了基本犯罪行为，出现了加重结果，基本犯罪行为与加重结果之间存在(直接性)因果关系； (2)行为人对加重结果至少有过失； (3)刑法就发生的加重结果特别地规定了加重的法定刑	故意伤害致人死亡
	复合行为罪名	根据法条评价，将两个行为整体规定为一个犯罪类型	抢劫罪由暴力强制行为和取财行为组成，由此构成一个新的行为即抢劫行为
	法条竞合	两个法条规定的内容有重合，造成对某一个行为都能适用的情形，但只能选择一个法条适用	诈骗罪与合同诈骗罪
	想象竞合犯	一个行为同时符合多个罪名规定，但因为只有一个行为，只能定一罪	盗窃电缆，同时触犯盗窃罪和破坏电力设备罪
行为复数	结合犯	数个原本独立的犯罪，根据法律规定结合成一个犯罪	拐卖妇女过程中强奸妇女的，刑法规定只定拐卖妇女罪
	集合犯	将数个同种行为类型化后规定为一罪，包括职业犯和营业犯	非法行医罪
	连续犯	基于同一或概括的犯意，连续实施性质相同的数个行为，触犯同一罪名，只定一罪	基于泄愤，连续杀害一家数人
	吸收犯	事实上有数个行为，一个行为吸收了其他行为，仅成立吸收行为的罪名	盗窃枪支后非法持有，定盗窃枪支罪
	牵连犯	犯罪的手段行为和目的行为触犯不同罪名，原因行为与结果行为触犯不同罪名	私刻公章，诈骗钱财
	不可罚的事后行为	某个犯罪已经既遂，又实施了另一个犯罪，但是不处罚事后行为	盗窃后销赃

口诀巧记 **吸收犯**

绑架抢劫吸杀伤，拐卖妇儿吸淫强；走私贩卖毒品罪，包含暴抗与武装；
组织运送偷越境，莫管暴胁来抵抗；组织卖淫全吸收，介绍容留与奸强。

要点解说

吸收犯，是指事实上存在数个不同的行为，其一行为吸收其他行为，仅成立吸收行为一个罪名的犯罪。

在绑架过程中，如果造成了被绑架人的死亡，无论死亡的结果是由于行为人的故意还是过失引起的，都只定绑架罪一罪，而不认定为数罪。

抢劫致人重伤、死亡的属于抢劫罪的加重情节，不另定故意伤害罪或者故意杀人罪。

武装掩护走私、贩卖、运输、制造毒品或者走私、贩卖、运输、制造毒品时以暴力抗拒检查、拘留、逮捕，情节严重的，作为走私、贩卖、运输、制造毒品罪的加重情节，不另行定罪。

在运送他人偷越国（边）境中，造成被运送人重伤、死亡，或者以暴力、威胁方法抗拒检查的，作为运送他人偷越国（边）境罪的加重情节，不另行定罪。另外，犯运送他人偷越国（边）境罪，对被运送人有杀害、伤害、强奸、拐卖等犯罪行为的，或者对检查人员有杀害、伤害等犯罪行为的，依照数罪并罚的规定处罚。

在组织卖淫的犯罪活动中，同时对被组织卖淫的人有强迫、引诱、容留、介绍卖淫行为的，应当作为组织卖淫罪的量刑情节考虑，不按照数罪并罚处理。

17. 累犯

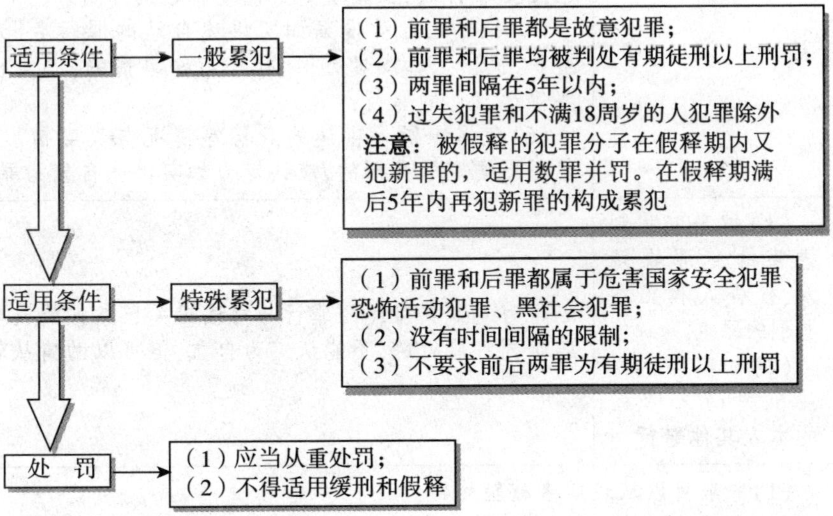

18. 自首

项 目	条 件	备 注
一般自首	自动投案	(1)向所在单位、城乡基层组织或者有关负责人投案的； (2)因病、伤或者减轻犯罪后果委托他人先代为投案的，或先以信电投案； (3)罪行尚未被司法机关发觉，仅因形迹可疑被有关组织查询或者司法机关盘问教育后**主动**交代自己的罪行；但有关部门在身上、交通工具处发现犯罪物品的除外； (4)经查实犯罪嫌疑人确已准备投案或者在投案途中被司法机关逮捕的； (5)犯罪后逃跑，在**通缉**、**追捕**过程中主动投案的； (6)经亲友规劝、陪同投案的，公安机关通知犯罪嫌疑人的亲友，或亲友主动报案后，将犯罪嫌疑人送去投案的 **注意**：犯罪嫌疑人被亲友采用捆绑等手段送到司法机关，或者在亲友带领侦查人员前来抓捕时无拒捕行为，并如实供认犯罪事实的，虽不认定为自动投案，但可参照法律对自首的有关规定酌情从轻处罚
一般自首	如实供述自己的罪行	(1)犯有数罪的嫌疑人仅如实供述部分犯罪的，只对如实供述部分，认定为自首； (2)在共同犯罪中，犯罪人还必须交代自己所知的**共案犯**的罪行； (3)犯罪嫌疑人自动投案如实供述自己罪行后又翻供的，不能认定为自首，但在**一审判决前**又如实供述的，应认定为自首； (4)由于客观原因，不能交代所有犯罪事实，但如实供述自己**主要罪行**的，应属于如实供述自己的罪行； (5)犯罪人自动投案如实供述自己的罪行后，为自己进行辩护，提出上诉或者更正、补充某些事情的，不能视为没有如实供述自己的罪行； (6)犯罪嫌疑人供述的身份等情况与真实情况虽有差别，但不影响定罪量刑的，应认定为如实供述自己的罪行
特别自首	(1)被采取强制措施的犯罪嫌疑人、被告人和正在服刑的罪犯； (2)如实供述司法机关尚未掌握的本人**其他罪行**	行为人如实供述的罪行与司法机关已掌握的或者判决确定属于同种罪行的，不能认定为自首，但可以酌情从轻处罚
处罚	(1)一般**可以**从轻或者减轻处罚； (2)犯罪较轻的，可以免除处罚； (3)虽不属自首，但如实供述罪行的，可以从轻处罚，因此避免特别严重后果的，可以减轻处罚	

19. 数罪并罚的原则

名　称	主要内容	在我国的适用情形
吸收原则	将数罪分别定罪量刑，然后选择最重的一种刑罚作为执行的刑罚，其余较轻的刑罚都被最重的刑罚吸收	死刑和无期徒刑
并科原则	将数罪分别定罪量刑后，然后将各罪所处的刑罚相加在一起全部执行	有期徒刑
限制加重原则	以数罪中的最高刑罚为基础，再加重一定的刑罚作为执行的刑罚，或者在数刑的合并刑期以下，依法酌情决定执行的刑罚	(1)数罪中有判处附加刑的，附加刑仍需执行； (2)附加刑种类相同的，合并执行；不同的，分别执行
注意	(1)数罪中有判处有期徒刑和拘役的，仅执行有期徒刑，立法上采用的也是吸收原则； (2)数罪中有判处有期徒刑和管制，或者拘役和管制的，有期徒刑、拘役执行完毕后，管制仍须执行，这也是对并科原则的运用	

口诀巧记 **数罪并罚**

数罪有期和拘役，执行有期免拘役；数罪监禁和管制，管制不免后执行。

20. 数罪并罚的适用

主要情形	并罚原则	主要内容	注意事项
判决宣告**前**一人犯数罪的	直接并罚	(1)除判处死刑和无期徒刑的以外，应当在总和刑期以下、数刑中最高刑期以上，酌情决定执行的刑期； (2)但管制不得超过3年，拘役不得超过1年，有期徒刑总和满35年的，不得超过20年，总和在35年以上的，不得超过25年	此种情形下的数罪应为不同种罪，**同种数罪**一般不并罚，而以**一罪论处**
判决宣告后，刑罚执行完毕**前**发现判决前还有漏罪的	先并后减	先对新发现的漏罪作出判决，把以前的判决和后来对漏罪的判决，数罪并罚，在决定执行的**新刑期**中**减去**以前的判决中已执行的刑期	漏罪中可以有与以前判决中同种的罪，即漏罪属同种罪也必须并罚
判决宣告后，刑罚执行完毕前**又犯新罪**的	先减后并	对新犯的罪作出判决，把前判决没有执行的刑罚和新罪所判处的刑罚，数罪并罚	所犯新罪中可以有与以前判决中同种的罪
犯罪人在刑罚执行期间又犯新罪，并且发现其在原判决宣告以前还有漏罪的	先并后减+直接并罚	将漏罪的刑罚与原判决"先并后减"进行并罚，再将新罪的刑罚与前一并罚后的刑罚还没有执行的刑期(前面已减过)进行并罚	—

21. 假释、缓刑与死缓

项目		假释	缓刑	死缓
条件	前提条件	被判处有期徒刑或无期徒刑的犯罪人	(1)被判处3年以下有期徒刑或者拘役的犯罪人，可以宣告缓刑； (2)不满18周岁的人、怀孕的妇女和已满75周岁的人，**应当**宣告缓刑	应当判处死刑但不是必须立即执行死刑的犯罪人
	刑期条件	(1)被判处有期徒刑的，须已执行原判刑期1/2以上； (2)被判处无期徒刑的，须已实际执行**13年**以上	可同时宣告禁止犯罪分子从事特定活动，进入特定区域、场所，接触特定的人	—
	实质条件	认真遵守监规，接受劳动改造，确有悔改表现，没有再犯罪危险	(1)犯罪情节较轻； (2)有悔罪表现； (3)没有再犯罪的危险； (4)宣告缓刑对所居住社区没有重大不良影响	—
	不适用条件	(1)累犯； (2)因故意杀人、强奸、抢劫、绑架、放火、爆炸、投放危险物质或者有组织的暴力性犯罪被判处10年以上有期徒刑或者无期徒刑； (3)对于被判处10年以上有期徒刑、无期徒刑的暴力性犯罪人，即使减刑后其刑期低于10年有期徒刑的，也不得假释	累犯和犯罪集团的**首要分子**	—
考验期限	起算点	假释之日	判决确定之日	死缓判决确定之日
	有期徒刑	没有执行完的刑期	原判刑期以上5年以下，但不得少于1年	2年
	无期徒刑/拘役	10年	原判刑期以上1年以下，但不得少于2个月	

续表

项目		假释	缓刑	死缓
法律后果	**积极后果**	原刑罚视为执行完毕	(1)原刑罚**不再执行**; (2)附加刑仍需执行	(1)没有故意犯罪,2年期满后,减为无期徒刑; (2)如果确有重大立功表现,2年期满后,减为25年有期徒刑; (3)如果故意犯罪,情节恶劣的,报最高人民法院核准后执行死刑;对于故意犯罪未执行死刑的,死刑缓期执行的期间重新计算,并报最高人民法院备案 **注意**:对被判处死刑缓期执行的累犯以及因故意杀人、强奸、抢劫、绑架、放火、爆炸、投放危险物质或者有组织的暴力性犯罪被判处死刑缓期执行的犯罪分子,人民法院根据犯罪情节等情况,可以同时决定对其限制减刑。即最低服刑时间,如缓期执行期满后被依法减为无期徒刑的,将不能少于25年;如缓期执行期满后被依法减为25年有期徒刑的,将不能少于20年
	消极后果	(1)收监继续执行余刑; (2)或数罪并罚	(1)缓刑被撤销,执行原刑罚; (2)或数罪并罚	执行死刑

续表

项目	假释	缓刑	死缓
撤销原因	(1)考验期内再犯新罪的,数罪并罚(先减后并); (2)考验期内发现漏罪的,数罪并罚(先并后减); (3)考验期内违反法律、行政法规或者有关假释的监督管理规定的行为(没有数罪并罚)	同左,但第3项要求"情节严重"	在缓刑期内故意再犯新罪

口诀巧记 **假释**

假释分子有无期，　刑期不短二分一；　无期执行十三上，　特殊情况高院批；
暴力犯罪十年上，　累犯一律不假释；　遵守律规要报告，　会客离居报批准。

口诀巧记 **"应当"与"可以"**

应当从轻或减轻，　老人过失小孩定；　可以从轻或减轻，　自首立功坦白行；
教唆犯罪都未遂，　半疯半癫不免刑；　应当减免防避胁，　自首大功不一定；
犯罪中止视后果，　无损免除损减轻；　可以减免大功扛，　行贿介贿快声张；
应当从减或免除，　只有从犯享此"福"；可以从减或免除，　聋哑盲人预备犯。

要点解说

(1)应当、可以从轻或减轻处罚的情形:

①已满12周岁不满18周岁的人犯罪,应当从轻或者减轻处罚。已满75周岁的人过失犯罪的,应当从轻或减轻处罚(已满75周岁的人故意犯罪的,可以从轻或减轻处罚)。

②犯罪以后自动投案,如实供述自己的罪行的,是自首。对于自首的犯罪分子,可以从轻或者减轻处罚。犯罪分子有揭发他人犯罪行为,查证属实的,或者提供重要线索,从而得以侦破其他案件等立功表现的,可以从轻或者减轻处罚。犯罪嫌疑人虽不具有自首情节,但是如实供述自己罪行的,可以从轻处罚;因其如实供述自己罪行,避免特别严重后果发生的,可以减轻处罚。

③如果被教唆的人没有犯被教唆的罪,对于教唆犯,可以从轻或者减轻处罚。对于未遂犯,可以比照既遂犯从轻或者减轻处罚。尚未完全丧失辨认能力或控制能力的精神病人犯罪可以从轻或减轻处罚,但不免除。

(2)应当减轻或免除处罚的情形:

①防卫过当、避险过当和胁从犯三种情况没有主观恶性或主观恶性较小,所以应当减轻或者免除处罚。

②对于中止犯,没有造成损害的,应当免除处罚;造成损害的,应当减轻处罚。

(3)可以减轻或免除处罚的情形:

犯罪分子有重大立功表现的,可以减轻或者免除处罚(可以减免大功扛)。行贿或者介绍贿赂在被追诉前主动交代其犯罪行为的,可以减轻或者免除处罚。

(4)应当、可以从轻、减轻或免除的情形：

①对于从犯，应当从轻、减轻处罚或者免除处罚。

②又聋又哑的人或者盲人犯罪，可以从轻、减轻或者免除处罚。对于预备犯，可以比照既遂犯从轻、减轻处罚或者免除处罚。

二、刑法分则

22. 交通肇事罪

- 构成要件
  - 主体 → （1）一般主体，既包括从事交通运输的人员，也包括非交通运输人员；（2）单位主管人员、机动车辆所有人、承包人或者乘车人**指使**肇事人逃逸致使被害人死亡的，是交通肇事罪的共犯
  - 客观方面 → 违反交通管理法规，以致发生重大交通事故
  - 结果 → 致人重伤、死亡或者使公私财物遭受重大损失
  - 主观方面 → （1）对于危害结果的发生是**过失**心理；（2）对于违反交通运输规范，往往是故意心理

- 罪与非罪
  - 构成犯罪 → （1）在肇事者负完全责任或主要责任下，导致死亡1人或重伤3人或造成公私直接损失30万元以上并无力赔偿的；（2）在肇事者负同等责任下，导致死亡3人以上；（3）在肇事者负完全责任或主要责任下，导致重伤1人以上并有特殊情形的
  - 不构成犯罪 → （1）肇事者对于交通事故不负责任；（2）肇事者对于交通事故负次要责任

口诀巧记 交通肇事罪中的几种特殊情况

交通肇事过失犯， 领导司机共同犯； 逃逸死人加重犯， 隐匿遗弃转化犯。

要点解说

交通肇事后，单位主管人员、机动车辆所有人或者机动车辆承包人指使肇事人逃逸的，致使被害人因得不到救助而死亡的，以交通肇事罪的共犯论处。但是要注意，单位主管人员、机动车辆所有人或者机动车辆承包人指使、强令他人违章驾驶造成重大交通事故的，以交通肇事罪定罪处罚，不构成共犯。

因逃逸致人死亡的，行为人仅有逃逸行为，仍按交通肇事罪定罪，处7年以上有期徒刑；如果行为人在交通肇事后为逃避追究，将被害人带离现场后隐匿或者遗弃，致使被害人无法得到救助而死亡或严重残疾的，应以故意杀人罪或故意伤害罪定罪处罚。

23. 危险驾驶罪

- 构成要件
  - 主体 → （1）一般主体；（2）机动车所有人、管理人对下述第3项、第4项行为负有直接责任的，依本罪处罚
  - 主观方面 → 故意
  - 客观方面 → 在道路上驾驶机动车，有下列情形之一的，处拘役，并处罚金：
    （1）追逐竞驶，情节恶劣的；
    （2）醉酒驾驶机动车的；
    （3）从事校车业务或者旅客运输，严重超过额定乘员载客，或者严重超过规定时速行驶的；
    （4）违反危险化学品安全管理规定运输危险化学品，危及公共安全的

- 罪数
  - 择一重处罚 → 危险驾驶行为同时构成交通肇事罪或者以危险方法危害公共安全罪等犯罪的，依照处罚较重的规定定罪处罚
  - 数罪并罚 → 醉酒驾驶机动车，以暴力、威胁方法阻碍公安机关依法检查，又构成妨害公务罪等其他犯罪的

注：**(1)道路：**只要有人的道路即可。

(2)追逐竞驶：飙车可能一人或二人以上(构成共犯)。

口诀巧记 **危险驾驶罪**

危险驾驶具体化， 追醉校车运生化， 车主雇主难逃责， 构成他罪择重罚。

24. 生产、销售伪劣商品罪

<table>
<tr><th colspan="2">项 目</th><th>罪 名</th><th>要件标准</th><th>备 注</th></tr>
<tr><td colspan="2">广义上的产品犯罪</td><td>生产、销售伪劣产品罪</td><td>销售金额在5万元以上</td><td rowspan="7">(1)生产销售伪劣商品罪，主体可以是个人，也可以是单位(实行双罚制)；
(2)生产销售具体产品，不构成具体的产品犯罪，但是销售金额在5万元以上，构成生产销售伪劣产品罪；
(3)生产销售具体产品，构成具体的产品犯罪，同时销售金额又在5万元以上，构成生产销售伪劣产品罪的，依照处罚较重的规定定罪处罚；
(4)手段是“掺杂”“掺假”“以假充真”“以次充好”“冒充合格产品”等</td></tr>
<tr><td rowspan="6">具体的产品犯罪</td><td rowspan="4">危险犯</td><td>生产、销售假药罪</td><td>只要实施即构成本罪，如果有严重后果，是法定的升格刑</td></tr>
<tr><td>生产、销售不符合安全标准的食品罪</td><td>不以危害结果为要件，足以危害人体健康即可</td></tr>
<tr><td>生产、销售有毒、有害食品罪</td><td>不以危害结果为要件，只要求实施即构成本罪</td></tr>
<tr><td>生产、销售不符合标准的医用器材罪</td><td>不以危害结果为要件，足以危害人体健康即可</td></tr>
<tr><td rowspan="2">实害犯</td><td>生产、销售劣药罪</td><td>以对人体健康造成严重危害为要件</td></tr>
<tr><td>生产、销售不符合安全标准的产品罪</td><td>以造成严重后果为要件</td></tr>
</table>

25. 信用卡诈骗罪

构成要件

- 主 体 → 一般主体，不包括单位
- 客观方面 →
  (1)利用伪造的信用卡；
  (2)使用作废的信用卡；
  (3)冒用他人的信用卡；
  (4)使用以虚假身份证明骗领的信用卡；
  (5)恶意透支：指持卡人以非法占有为目的，超过规定的限额与期限透支，经发卡机构2次有效催收后超过3个月仍不归还的行为
- 主观方面 → 故意，并且具有非法占有他人资金的目的

此罪与彼罪		
	伪造金融票证罪	（1）行为内容不同：伪造金融票证罪包括伪造信用卡后又使用的：①行为犯，无数额较大的要求；②单位和个人均可构成；（2）伪造信用卡后又使用，且数额较大的，依此罪与信用卡诈骗罪处罚较重的处断
	妨害信用卡管理罪	在不能证明具体行为性质，但非法持有、运输、出售、购买伪造的信用卡及骗领信用卡的，可依此罪论处
	盗 窃 罪	**盗窃信用卡并使用**而骗取财物的，构成此罪，并以实际取得的数额确定盗窃罪的构成类型

注意:《最高人民检察院关于拾得他人信用卡并在自动柜员机(ATM)上使用的行为如何定性问题的批复》明确规定,**拾得**他人信用卡并在自动柜员机(ATM)上使用的行为,属于《刑法》第196条第1款第3项规定的"冒用他人信用卡"的情形,构成犯罪的,以**信用卡诈骗罪**追究刑事责任。

26. 故意杀人罪

项 目		故意杀人罪
构成要件	主体	一般主体(包括已满12周岁的未成年人); **2021年3月1日《刑法修正案(十一)》施行后**,已满12周岁不满14周岁的人,犯故意杀人、故意伤害罪,致人死亡或以特别残忍手段致人重伤造成严重残疾,情节恶劣,经最高人民检察院核准追诉的,应当担刑事责任
	客观方面	(1)非法剥夺**他人**生命的行为; (2)帮助自杀行为:构成故意杀人罪; (3)相约自杀行为:以相约自杀为名、诱骗他人自杀的,构成故意杀人罪; (4)逼迫自杀行为:构成故意杀人罪; (5)教唆自杀行为:如教唆的对象是不具有刑事责任能力的人,或其行为使被害者产生错误认识,构成故意杀人罪; (6)积极的安乐死也构成故意杀人罪 司法解释:组织和利用邪教组织制造、散布迷信邪说,指使、胁迫其成员或者其他人实施自杀行为的,邪教组织成员组织、策划、煽动、教唆、帮助邪教组织人员自杀的,应以故意杀人罪论处
	客体	对象是他人,侵犯的客体是他人的生命权,胎儿不能成为对象
	结果	(1)杀人行为导致他人死亡; (2)如果已死亡,即为杀人既遂,反之为未遂
	主观方面	故意

续表

<table>
<tr><th>项　目</th><th colspan="2">故意杀人罪</th></tr>
<tr><td rowspan="2">此罪与彼罪</td><td>放火、决水等危害公共安全罪</td><td>是否足以危害到不特定多数人的生命、健康:如没有危害到公共安全,则构成故意杀人罪</td></tr>
<tr><td>故意伤害致人死亡罪</td><td>行为人故意责任的内容以及对死亡结果的态度:仅有伤害的故意并对死亡结果持否定态度的,构成故意伤害致人死亡罪</td></tr>
<tr><td rowspan="4">罪数</td><td rowspan="3">一罪处断</td><td>按有关犯罪的结果加重犯处理:(1)抢劫罪;(2)强奸罪</td></tr>
<tr><td>按转化犯处理:(1)刑讯逼供;(2)暴力取证;(3)虐待被监管人;(4)非法拘禁;(5)聚众斗殴;(6)聚众“打砸抢”</td></tr>
<tr><td>按想象竞合犯从一重罪处理:(1)妨害公务;(2)寻衅滋事</td></tr>
<tr><td>数罪并罚</td><td>(1)在强奸、抢劫等行为完成之后,为灭口而实施杀害被害人行为的;
(2)在走私、组织他人偷越国(边)境、运送他人偷越国(边)境等犯罪过程中使用暴力手段抗拒稽查致人死亡的;
(3)构成组织、领导、参加恐怖活动组织/黑社会性质的组织罪,又实施故意杀人行为的</td></tr>
<tr><td>犯罪形态</td><td colspan="2">(1)区分犯罪既遂与未遂的界限:是否出现了死亡结果(典型的结果犯);
(2)区分犯罪预备与未遂的界限:是否着手实行剥夺他人生命的行为</td></tr>
</table>

27. 强奸罪

<table>
<tr><th rowspan="2">项　目</th><th colspan="3">强　奸　罪</th></tr>
<tr><th colspan="2">一般强奸行为</th><th>特殊行为(奸淫幼女)</th></tr>
<tr><td rowspan="5">构成要件</td><td rowspan="2">主体</td><td>一般主体(包括已满14周岁的未成年人)</td><td>一般主体(包括已满14周岁的未成年人)</td></tr>
<tr><td>实行主体一般是男性,女性可以成为共犯,即教唆犯或帮助犯,但不能为正犯</td><td>实行主体一般是男性,女性可以成为共犯,即教唆犯或帮助犯,但不能为正犯</td></tr>
<tr><td>客观方面</td><td>(1)行为对象:已满14周岁的妇女;
(2)使用暴力、胁迫或者其他手段,违背妇女意志强行与其性交的行为</td><td>(1)行为对象:不满14周岁的幼女;
(2)不以违背其意志为要件,即无论是否得到幼女的同意,也无论是否采用了暴力、胁迫等强行手段</td></tr>
<tr><td>主观方面</td><td>直接故意</td><td>(1)直接故意;
(2)行为人知道或者应当知道对方是不满14周岁的幼女</td></tr>
</table>

续表

<table>
<tr><th rowspan="2">项　目</th><th colspan="3">强　奸　罪</th></tr>
<tr><th colspan="2">一般强奸行为</th><th>特殊行为(奸淫幼女)</th></tr>
<tr><td>罪与非罪</td><td colspan="3">(1)明知妇女是精神病人而与其发生非法性关系的,无论妇女是否同意,构成本罪,行为人确实不知妇女是精神病人,而该妇女自愿与其发生性关系的,不构成本罪;
(2)利用职权或者有从属关系等特定关系迫使妇女就范,构成本罪;仅是利用职权引诱妇女,妇女基于相互利用与之发生性关系,不构成本罪;
(3)已满14周岁不满16周岁的人,与幼女发生性关系,情节轻微、尚未造成严重后果的,不认为是犯罪</td></tr>
<tr><td>罪数</td><td colspan="3">(1)在拐卖妇女的犯罪过程中,强奸被拐卖的妇女的,以拐卖妇女罪一罪论处,强奸行为作为加重情节处理;
(2)组织卖淫罪、强迫卖淫罪不能包容强奸、杀害、伤害、绑架,应数罪并罚</td></tr>
<tr><td rowspan="3">刑事责任</td><td>从重处罚</td><td colspan="2">奸淫不满14周岁的幼女,以强奸论,从重处罚</td></tr>
<tr><td>情节加重</td><td colspan="2">(1)强奸妇女、奸淫幼女情节恶劣的;
(2)强奸妇女、奸淫幼女多人的;
(3)在公众场所当众强奸妇女、奸淫幼女的;
(4)2人以上轮奸的</td></tr>
<tr><td>结果加重</td><td colspan="2">(1)奸淫不满10周岁的幼女或者造成幼女伤害的;
(2)致使被害人重伤、死亡或者造成其他严重后果的</td></tr>
</table>

28. 强制猥亵罪与侮辱罪

项　目	强制猥亵罪	侮辱罪
客观方面	要求采取强制的方法	不要求采取暴力、胁迫等强制方法
	不要求行为具有公然实施性	要求行为具有公然实施性
对象	他人(包括妇女与男性)	他人(只能是女性)
	不是特定的,而是由行为人出于流氓目的在实施犯罪过程中随意选定的	是特定的,行为人的行为直接指向该犯罪对象
目的	具有追求性刺激的目的	有贬低他人人格、名誉的目的
刑事责任	不以情节严重为构成要件	**情节严重**的才承担刑事责任
诉讼程序	非亲告罪	亲告罪

口诀巧记　强制猥亵罪与侮辱罪

强制猥亵增男性， 侮辱妇女当受刑； 聚众当众刑升格， 儿童从重明确化。

要点解说

以暴力、胁迫或者其他方法强制猥亵他人或者侮辱妇女的，处5年以下有期徒刑或者拘役。聚众或者在公共场所当众犯前款罪的，或者有其他恶劣情节的，处5年以上有期徒刑。《刑法修正案(十一)》对猥亵儿童罪的加重犯情节予以明确化：猥亵儿童的，处5年以下有期徒刑；有下列情形之一的，处5年以上有期徒刑：(1)猥亵儿童多人或者多次的；(2)聚众猥亵儿童的，或者在公共场所当众猥亵儿童，情节恶劣的；(3)造成儿童伤害或者其他严重后果的；(4)猥亵手段恶劣或者有其他恶劣情节的。

29. 非法拘禁罪、绑架罪与抢劫罪

项　目	非法拘禁罪	绑架罪	抢劫罪
客观方面	既可以作为，也可以不作为控制人身自由，无强取财物的行为，为现实自由	以积极的行为为之，以绑架人质为手段	不包括绑架人质的犯罪手段
强取财物的时间、地点	具有持续性	(1)索要的财物是在第三人的控制之下；否则为抢劫罪； (2)罪犯通常要求第三人在指定的时间、地点交付	(1)抢劫的财物通常是在被害人的直接控制之下； (2)罪犯**当场**直接**从被害人处**强取
对象	单一被害人	包括被绑架人质和人质的亲属及相关人等，表现为双重或多重被害人	单一被害人
目的	无特殊要求，但以索取债务为目的而实施的扣押、拘禁行为，以**非法拘禁罪**论处	勒索财物或实现其他非法利益	取得财物

口诀巧记　非法拘禁罪与绑架罪

致人伤亡加重犯，　暴力伤亡转化犯；　拘禁索债定本罪，　数目超额绑架罪。

要点解说

在非法拘禁的犯罪活动中凡未使用暴力而致人重伤、死亡的，仍定非法拘禁罪，但按更高的法定刑处罚。非法拘禁使用暴力致人伤残、死亡的，按故意杀人罪、故意伤害罪定罪。

为索取债务非法扣押、拘禁他人的，仍定非法拘禁罪。行为人为索取高利贷、赌债等法律不予保护的债务，非法扣押、拘禁他人的，也定非法拘禁罪，并不定绑架罪。但是索取超出债务的部分，可以认定为绑架罪。

30. 拐卖妇女、儿童罪

项　目	拐卖妇女、儿童罪	
构成要件	主体	一般主体
	客观方面	实施了拐骗、收买、贩卖、接送、中转妇女、儿童的行为： (1)选择性罪名，只要实施了其中一种行为，即构成本罪；同时几个行为，只构成一罪； (2)行为对象： ①妇女：已满14周岁的女子，既包括具有中国国籍的妇女，也包括具有外国国籍和无国籍的妇女； ②儿童：不满14周岁的人，包括男童和女童； (3)特殊行为方式： ①以出卖为目的，使用暴力、胁迫或者麻醉方法绑架妇女、儿童的； ②以出卖为目的偷盗婴、幼儿的； ③以出卖为目的强抢儿童或捡拾儿童后予以出卖的
	主观方面	直接故意，并以出卖为目的
罪与非罪	(1)通过介绍婚姻、介绍收养儿童索取财物的，不构成本罪； (2)收买被拐卖妇女、儿童，也构成犯罪	
此罪与彼罪	拐骗儿童罪	目的不同： (1)拐卖儿童罪是以出卖为目的；拐骗儿童罪是出卖目的以外的目的，通常是以**收养**为目的； (2)如果当初是为收养而拐骗儿童，以后又将该儿童**出卖**的，应以拐卖妇女、儿童罪论处
	遗弃罪	(1)不以营利为目的，出卖亲生子女，情节恶劣的，以遗弃罪论处； (2)以营利为目的，出卖不满14周岁的子女的，情节恶劣的，以拐卖儿童罪论处； (3)出卖14周岁以上女性亲属或者其他不满14周岁亲属的，以拐卖妇女、儿童罪论处； (4)其他人收养、收买儿童之后，转手倒卖的，或者捡拾儿童后出卖的，以拐卖儿童罪论处
	诈骗罪	妇女与他人事先通谋，假装被卖，收取买方钱财以后伺机逃离收买人家，属**诈骗行为**
罪数	包容犯的情形： (1)奸淫被拐卖的妇女的； (2)诱骗、强迫被拐卖的妇女卖淫，或将被拐卖的妇女卖给他人迫使其卖淫的，这里包容了强奸罪和强迫、引诱卖淫罪，不再数罪并罚，而是作为拐卖妇女罪的**法定加重情节** **注意**：不能包容（故意杀人、故意伤害、猥亵、侮辱等），须并罚	
犯罪既遂	行为犯：只要行为人以出卖为目的，实施了拐骗、绑架、收买、贩卖、接送、中转妇女、儿童的行为之一，就属于既遂犯，不以实际卖出为必要	

续表

<table>
<tr><th colspan="2">项　目</th><th>拐卖妇女、儿童罪</th></tr>
<tr><td rowspan="3">刑事责任</td><td>情节加重</td><td>(1)拐卖妇女、儿童集团的首要分子;
(2)拐卖妇女、儿童3人以上的;
(3)奸淫被拐卖的妇女的:无论行为人是否使用了暴力或者胁迫手段,也无论被害妇女是否有反抗行为,均认为成立该加重情节;
(4)诱骗、强迫被拐卖的妇女卖淫,或者将被拐卖的妇女卖给他人迫使其卖淫的;
(5)以出卖为目的,使用暴力、胁迫或麻醉方法绑架妇女、儿童的;
(6)以出卖为目的偷盗婴、幼儿的:是指秘密窃取不满1周岁的婴儿或者不满6周岁的幼儿;
(7)将妇女、儿童卖往境外的</td></tr>
<tr><td>结果加重</td><td>造成被拐卖的妇女、儿童或者其亲属重伤、死亡或者其他严重后果的,不包括故意杀人行为和故意伤害行为</td></tr>
<tr><td>注意</td><td>收买被拐卖的妇女、儿童,对被买儿童没有虐待行为,不阻碍对其进行解救的,可以从轻处罚;按照被买妇女的意愿,不阻碍其返回原居住地的,可以从轻或者减轻处罚</td></tr>
</table>

口诀巧记　拐卖妇女儿童罪加重情节

首要分子三坏蛋，　妇女儿童卖境外；　奸淫妇女干出来，　强迫妇女把淫卖；
盗婴幼,绑妇儿，　目的都是为出卖；　最后还把亲属害，　不判十年不解恨。

31. 诬告陷害罪与诽谤罪

项　目	诬告陷害罪	诽谤罪
客体	既包括公民的人身权利,也包括司法机关的正常活动	公民的人格权和名誉权
目的	使他人受到错误的刑事追究,而且是“特定的他人”	损害他人名誉,但不具有使他人受到错误刑事追究的意图
客观方面	捏造犯罪事实向司法机关做虚假告发	捏造并散布有损他人名誉的事实
诉讼程序	非亲告罪	亲告罪
实施手段	可以用口头、文字、暴力等手段	只能用口头或文字方式进行,不能使用暴力手段
实施方式	没有捏造事实,而仅仅散布、传播虚假的事实或者**真实的事实**损害他人名誉	**捏造事实**并公然散布,以损害他人的人格和名誉
实施场合	往往当着被害人的面进行	可以当众或对第三者散布,也可以当着被害人的面进行

32. 侵犯财产类犯罪客观方面比较

罪　名	客观方面
抢劫罪	以暴力等方法,使他人不能或不敢反抗,将财物抢走,只是单纯利用被害人不能反抗的状态,构成盗窃罪
抢夺罪	公开夺取财物
聚众哄抢罪	聚集多人,公然夺取财物
盗窃罪	盗窃公私财物,数额较大,或多次盗窃,入户盗窃,携带凶器盗窃、扒窃
诈骗罪	用虚构事实、隐瞒真相的方法;形式上,当事人是自愿主动交出财物的
侵占罪	非法占有他人丧失支配的财物,如代为保管物、遗忘物(非遗失物)、埋藏物,且拒不交还
职务侵占罪	非国有单位工作人员(包括集体企业的工作人员),利用职务便利,非法占有本单位财物
挪用特定款物罪	将特定款物挪作其他用途;国家工作人员挪用特定款物归个人使用的,则以挪用公款罪,从重处罚
破坏生产经营罪	出于泄愤报复等个人目的,毁坏机器设备、残害耕畜或者以其他方法破坏生产经营

33. 抢劫罪

构成要件

- 主　体 → 一般主体(包括14~16周岁的未成年人)
- 客观方面 → 以暴力、胁迫或者其他方法使他人不能抗拒,强行将公私财物抢走的行为:
  (1)行为的强制性:使被害人处于不能反抗、不敢反抗、无法反抗的状态;
  (2)行为的当场性:“当场”从被害人控制之下强取财物
- 主观方面 → 直接故意,并以非法占有为目的

罪与非罪 —— 对于当事人之间因为存在民事、婚姻、邻里之类的纠纷,而发生的强拿、扣留对方财物的行为,通常不认为是抢劫罪

此罪与彼罪

- 抢夺罪 —— 行为方式——乘人不备而夺取:
  (1)抢劫罪的暴力是用在被害人的身上;
  (2)抢夺罪的暴力是用在财物上
- 绑架罪 —— (1)取财是否具有**当场性**;
  (2)取财的对象是否为被害人本人
- 敲诈勒索罪 —— (1)暴力具有“当场”兑现的现实性和紧迫性;
  (2)从被害人控制之下“当场”取得财物

- 一罪
  - 吸收犯
    - 行为人为劫取财物而预谋故意杀人的（图财杀人）
    - 在劫取财物过程中，为**制服**被害人**反抗**而故意杀人的
  - 转化犯(转化为抢劫罪)
    - 犯盗窃、诈骗、抢夺罪，为窝藏赃物、抗拒抓捕或者毁灭罪证而当场使用暴力或者以暴力相威胁的
    - 携带凶器抢夺的：行为人随身携带枪支、爆炸物、管制刀具等国家禁止个人携带的器械进行抢夺或者为了实施犯罪而携带其他器械进行抢夺的行为
    - 聚众“打砸抢”，毁坏或者抢走公私财物的首要分子
    - 驾驶机动车、非机动车夺取他人财物，具有下列情形之一的，应当以抢劫罪定罪处罚：（1）夺取他人财物时因被害人不放手而强行夺取的；（2）驾驶车辆逼挤，撞击或强行逼倒他人夺取财物的；（3）明知会致人伤亡仍然强行夺取并放任造成财物持有人轻伤以上后果的
- 数罪
  - 以抢劫罪和故意杀人罪定罪，实行数罪并罚
    - 行为人实施抢劫后，为**灭口**而故意杀人的
    - 在杀害被害人后，“**见财起意**”拿走被害人身上财物的，故意杀人罪与盗窃罪数罪并罚
- 刑事责任
  - 情节加重
    - 入户抢劫
    - 在公共交通工具上抢劫
    - 抢劫银行或者其他金融机构
    - 多次抢劫或者抢劫数额巨大
    - 冒充军警人员抢劫
    - 持枪抢劫（仅限真枪）
    - 抢劫军用物资或者抢险、救灾、救济物资
  - 结果加重
    - 抢劫致人重伤、死亡

口诀巧记 抢劫罪加重情形

入户上车抢银行，多次巨额有伤亡；冒充军警持着枪，特殊物资不能抢。

34. 盗窃罪

项目		盗窃罪
构成要件	主体	一般主体
	客观方面	(1)秘密地多次窃取或者窃取数额较大的公私财物的行为: ①秘密窃取:指行为人自认为以不为人知的方式取得财物,即使客观上已被他人发觉,也不丧失秘密性; ②盗窃的对象是他人占有的公私财物,包括电力、煤气、天然气等,不仅包括他人合法占有的物品,也包括他人非法占有的物品以及违禁品; ③盗窃数额:盗窃财物的实际价值和直接损失; ④数额较大; (2)多次盗窃:2年内盗窃3次以上; (3)入户盗窃; (4)携带凶器盗窃;使用凶器,构成抢劫罪; (5)扒窃
	主观方面	直接故意,并以非法占有为目的
罪与非罪	罪	盗窃公私财物接近"数额较大"的起点,具有下列情形之一的,可以追究刑事责任: (1)以破坏性手段盗窃造成公私财产损失的; (2)盗窃残疾人、孤寡老人或者丧失劳动能力人的财物; (3)造成严重后果或者具有其他恶劣情节的
	非罪	(1)盗窃公私财物虽已达到"数额较大"的起点,但情节轻微,并具有下列情形之一的,可不作为犯罪处理: ①已满16周岁不满18周岁的未成年人作案的; ②全部退赃、退赔的; ③主动投案的; ④被胁迫参加盗窃活动,没有分赃或者获赃较少的; ⑤其他情节轻微、危害不大的; (2)盗窃自己家的财物或近亲属的财物,一般不以犯罪论处
此罪与彼罪	侵占罪	行为方式不同: (1)侵占罪具有合法占有,非法侵吞的特点; (2)盗窃罪是以非法的方式取得占有
	抢夺罪	行为方式:公然夺取,即当着财物所有人、占有人的面突然夺取的行为
	故意毁坏公私财物罪	(1)实施盗窃犯罪,造成公私财物损毁的,以盗窃罪从重处罚,又构成其他犯罪的,择一重罪从重处罚; (2)盗窃公私财物未构成盗窃罪,但因采用破坏性手段造成公私财物损毁数额较大的,以故意毁坏财物罪定罪处罚; (3)盗窃后,为掩盖盗窃罪行或者报复等,故意破坏公私财物构成犯罪的,应当以盗窃罪和构成的其他罪实行数罪并罚

续表

项目	盗窃罪
犯罪既遂	取得控制说，是指行为人将财物置于自己实际控制范围之内，排除了他人支配的可能性

35. 盗窃罪的对象

盗窃对象	条件	处罚
通信线路 电信码号	以牟利为目的： （1）盗接他人通信线路、复制他人电信码号； （2）明知是盗接、复制的电信设备、设施而使用的	以盗窃罪论处
信用卡	盗窃信用卡并使用	（1）以盗窃罪论处； （2）其盗窃数额应当根据行为人盗窃信用卡后使用的数额认定
增值税专用发票或者可以用于骗取出口退税、抵扣税款的其他发票	盗窃发票数量在25份以上的，为“数额较大”	以盗窃罪论处
电信卡	非法充值后使用，造成电信资费损失数额较大	以盗窃罪论处
上网账号、密码	盗用他人公共信息网络上网账号、密码上网，造成他人电信资费损失数额较大	以盗窃罪论处
广播电视设施、公用电信设施、电力设备等涉及公共安全的财物	数额不大，但已危害公共安全的	以破坏广播电视设施等罪论处
	数额较大，但没有危害公共安全的	以盗窃罪论处
	数额较大，又危害公共安全的	想象竞合犯，择一重罪论处

续表

盗窃对象	条　件	处　罚
机动车辆	为实施其他犯罪，盗窃机动车辆当犯罪工具使用后非法占有车辆，或将车辆遗弃导致丢失的	以盗窃罪和其他犯罪数罪并罚
	为实施其他犯罪，偷开机动车辆当犯罪工具使用后，将车辆又送回未造成丢失的	按其所实施的犯罪从重处罚
	为练习开车、游乐等目的，多次偷开机动车辆，并将机动车辆丢失的	以盗窃罪论处
	在偷开机动车辆过程中发生交通肇事构成犯罪，又构成其他罪的	以交通肇事罪和其他罪实行数罪并罚
	偷开机动车辆造成车辆损坏	故意毁坏财物罪
	偶尔偷开机动车辆，情节轻微	可不以犯罪论处
其他	商业秘密，国家秘密，军事秘密，枪支弹药爆炸物，国有档案，国家机关公文、证件、印章，武装部队公文、证件、印章，古文化遗址、古墓葬等	法条竞合，不以盗窃罪论处

36. 诈骗罪

项　目	诈　骗　罪	
构成要件	主体	一般主体
	客观方面	使用**虚构事实**或者**隐瞒真相**的欺骗方法，使被害人发生误解，从而交付数额较大的财物的行为： (1)行为流程：行为人的欺诈行为→被害人的错误认识→被害人“自愿”交付财物→行为人取得财产→被害人财产权受到侵害； (2)行为方式：虚构事实、隐瞒真相； (3)数额较大； (4)特殊行为方式： ①三角欺诈：被害人与被骗人不为同一人，以诈骗罪论处；如对保姆行骗； ②诉讼欺诈：行为人以提起民事诉讼为手段，提供虚假证据，使法院作出有利于自己的判决，从而获得财产的行为，一般不以诈骗罪论处
	主观方面	直接故意，并以非法占有为目的

续表

<table>
<tr><th>项　目</th><th colspan="2">诈　骗　罪</th></tr>
<tr><td>罪与非罪</td><td colspan="2">(1)使用欺骗手段骗取增值税专用发票或者可以用于骗取出口退税、抵扣税款的其他发票的,以诈骗罪论处;
(2)以虚假、冒用的身份证件办理入网手续并使用移动电话,造成电信资费损失数额较大的,以诈骗罪论处;
(3)使用伪造、变造、盗窃的武装部队车辆号牌,骗免养路费、通行费等各种规费,数额较大的,以诈骗罪论处</td></tr>
<tr><td rowspan="4">此罪与彼罪</td><td>特殊诈骗罪</td><td>法条竞合关系,以特殊诈骗罪论处</td></tr>
<tr><td>盗窃罪</td><td>(1)区别:财物脱离被害人控制是否违背被害人的意愿;是否存在被害方处分财产的事实;
(2)盗窃罪:行为人的欺诈行为→被害人注意力的转移→被害人被迫丧失财产的控制,如借打手机而非法占有</td></tr>
<tr><td>敲诈勒索罪</td><td>(1)区别:是通过欺骗使他人自愿交付财物还是通过恐吓迫使他人违心交付财物;
(2)敲诈勒索罪:行为人的欺诈行为→被害人恐惧心理→被害人被迫交付财物</td></tr>
<tr><td>工商交易欺诈行为(生产销售伪劣商品罪等)</td><td>有无交易的内容和形式:
(1)作为工商活动中的欺诈,一般具有合理的交易内容和形式;
(2)而诈骗罪是编造整个虚假的交易</td></tr>
</table>

37. 侵占罪

项　目	内　容
对象	(1)代为保管的他人财物; (2)遗忘物; (3)埋藏物
客观要求	(1)合法占有; (2)非法占有(替他人保管赃物,进而据为己有的,也成立侵占罪); (3)"非法占为已有"与"拒不退还"的关系。二者是同一个意思,而不是两个意思
与盗窃罪的区别	无人占有的财物,我们拿走叫"捡"(侵占);有人占有的财物,我们拿走叫"偷"(盗窃)

38. 敲诈勒索罪

项　目	内　容	
构成	行为人对他人实施威胁或要挟→致使被害人产生恐惧心理→被害人基于恐惧心理而处分财产→行为人取得财产→对方财产权受到损害	
客观要求	(1)威胁、要挟,注意:威胁、要挟的内容可以是真的,也可以是假的,可以是非法的,也可以是合法的; (2)非法索要财物——与正当维权行为相区分,但不能侵犯人身权利	
与抢劫罪的区别	**敲诈勒索罪**	**抢劫罪**
	暴力、威胁的程度较轻,一般也是提到事后实现暴力威胁的内容	达到足以使人不能反抗或不敢反抗的程度
	可以当着被害人的面发出,也可以通过书信、电话或者第三者传达	当着被害人的面直接发出的
	威胁的内容包括实施暴力、揭发隐私、毁坏财物、阻止正当权利的行使、不让对方实现某种正当要求,等等	是以当场实施暴力相威胁
	一般是最多一个当场实现,如当场使用暴力胁迫,但事后取财;或者以将来施加暴力相威胁,当场索要财物;或者以将来施加暴力相威胁,以后索要财物	两个当场:暴力、胁迫和取得财物的行为均是当场实现
与绑架罪的区别	**敲诈勒索罪**	**绑架罪=非法拘禁+敲诈勒索(目的)**
	使用扣押人质以外的方式的勒索财物	实施了控制人质的行为
	向敲诈的对象本人勒索财物(只存在一方受害人)	向第三人索要财物或实现其他目的(存在两方受害人)

39. 挪用资金罪、挪用公款罪与挪用特定款物罪

项　目	挪用资金罪	挪用公款罪	挪用特定款物罪
主体	公司、企业或者其他单位的工作人员	国家工作人员	主管、经营、经手特定款物的工作人员
对象	本单位的资金	(1)公款,即以货币、有价证券等形式存在的公共财产; (2)特定公物,即用于救灾、抢险、防汛、优抚、扶贫、移民、救济款物	特定公物,即用于救灾、抢险、防汛、优抚、扶贫、移民、救济款物

续表

项　目	挪用资金罪	挪用公款罪	挪用特定款物罪
客观方面	利用职务上的便利，挪用本单位的资金归个人使用	利用职务上的便利，挪用公款归个人使用	未经合法批准，擅自将自己经管的特定公物**挪作其他公用**

注：(1)商业银行、证券交易所、期货交易所、证券公司、期货经纪公司、保险公司或者其他金融机构的工作人员利用职务上的便利，挪用本单位或者客户资金的，以挪用资金罪论处。

(2)受国家机关、国有公司、企业、事业单位、人民团体委托，管理、经营国有财产的非国家工作人员，利用职务上的便利，挪用国有资金归个人使用构成犯罪的，以挪用资金罪论处。

(3)《刑法修正案(十一)》新增了关于挪用资金罪的从宽条款：有挪用资金行为，在提起公诉前将挪用的资金退还的，可以从轻或者减轻处罚。其中，犯罪较轻的，可以减轻或者免除处罚。

【小贴士】是否属于挪用公款归个人使用的鉴别

分　类	内　容
属于挪用公款归个人使用的情形	(1)个人以个人名义向个人挪用； (2)个人以单位名义向个人挪用，谋取个人利益； (3)个人以个人名义向单位挪用； (4)个人以单位名义向单位挪用，谋取个人利益
不属于挪用公款归个人使用的情形	(1)单位向个人挪用； (2)个人以单位名义向个人挪用，为单位谋取利益； (3)单位向单位挪用； (4)个人以单位名义向单位挪用，为单位谋取利益

40. 贪污贿赂类犯罪

(1)主体要求

罪　名	主　体
贪污罪	国家工作人员 + 受国家机关、国有公司、企业、事业单位、人民团体委托管理、经营国有财产的人员
一般贿赂罪	国家工作人员
利用影响力受贿罪	国家工作人员的近亲属、与国家工作人员关系密切的人 + 离职的国家工作人员、其近亲属、与其关系密切的人
渎职罪	国家机关工作人员

(2) 谋取利益要求

<table>
<tr><th colspan="2">罪　名</th><th>谋取的利益</th></tr>
<tr><td colspan="2">单位受贿罪</td><td>是否正当、是否实现都不影响</td></tr>
<tr><td rowspan="2">受贿罪</td><td>一般情况</td><td>是否正当、是否实现都不影响</td></tr>
<tr><td>斡旋受贿</td><td>不正当利益</td></tr>
<tr><td colspan="2">利用影响力受贿罪</td><td rowspan="5">不正当利益,是指行贿人谋取的利益违反法规规定,为自己提供帮助或便利,违背公平、公正原则,在经济、组织人事管理等活动中,谋取竞争优势的</td></tr>
<tr><td colspan="2">行贿罪</td></tr>
<tr><td colspan="2">对单位行贿罪</td></tr>
<tr><td colspan="2">单位行贿罪</td></tr>
<tr><td colspan="2">对外国公职人员、国际公共组织官员行贿罪</td></tr>
</table>

(3) 贪污罪、盗窃罪与诈骗罪

项　目	贪污罪	盗窃罪	诈骗罪
主体	特殊主体	一般主体	一般主体
对象	公共财物	公私财物	公私财物
客观方面	**窃取**、**骗取**公共财物的行为是利用职务上的便利实施的	没有这个要求	没有这个要求

(4) 职务侵占罪、侵占罪与贪污罪

项　目	职务侵占罪	侵占罪	贪污罪
主体	公司、企业或者其他单位的工作人员,但国有公司、企业除外	一般主体	国家工作人员
对象	公司、企业或其他单位的财产	代为保管物、遗忘物、埋藏物	公共财产
客观方面	**利用职务上的便利**,即利用职务范围内的权力和地位形成的有利条件,具体表现为主管、保管、出纳、经手等便利条件,将本单位财物占为己有,数额较大的行为	将代为保管的他人财物、拾得的他人遗忘物或者发掘他人的埋藏物占为己有,数额较大且拒不交还的行为,没有利用职务上的便利	利用公职职务上的便利,即利用职务范围内的权力和地位形成的有利条件,即主管、保管、出纳、经手等便利条件,侵吞、窃取、骗取或者以其他手段非法占有公共财物的行为

续表

项　目	职务侵占罪	侵占罪	贪污罪
共同犯罪	(1)行为人与公司、企业或者其他单位的人员勾结,利用公司、企业或者其他单位人员的职务便利,共同将该单位财物非法占为己有,数额较大的,以职务侵占罪共犯论处; (2)行为人与国家工作人员勾结,利用国家工作人员的职务便利,共同侵吞、窃取、骗取或者以其他手段非法占有公共财物的,以贪污罪共犯论处; (3)公司、企业或者其他单位中,不具有国家工作人员身份的人与国家工作人员勾结,分别利用各自的职务便利,共同将本单位财物非法占为己有的,按照主犯的犯罪性质定罪		

注:村民小组组长利用职务上的便利,将村民小组集体财产非法占为己有,数额较大的行为,以职务侵占罪论处。

41. 证据类犯罪

罪　名	发生领域	行为主体	行为方式
伪证罪	刑事诉讼	证人、鉴定人、记录人、翻译人	作虚假证明、鉴定、记录、翻译
辩护人、诉讼代理人毁灭证据、伪造证据、妨害作证罪	刑事诉讼	辩护人、诉讼代理人	(1)毁灭、伪造证据; (2)帮助毁灭、伪造证据; (3)威胁、引诱证人违背事实改变证言或者作伪证
妨害作证罪	各类诉讼	一般主体	阻止证人作证或者指示他人作伪证
帮助毁灭、伪造证据罪	各类诉讼	一般主体	帮助当事人毁灭、伪造证据
刑讯逼供罪	刑事诉讼	司法工作人员	对犯罪嫌疑人、被告人刑讯逼供
暴力取证罪	各类诉讼	司法工作人员	对证人暴力逼取证言

刑事诉讼法

一、总　　论

1. 诉讼参与人

当事人

- 被害人
  - **公诉案件中**的犯罪行为直接受害者,包括自然人和法人
    - (1)不享有完全的上诉权,只有申请抗诉权和申诉权;
    - (2)自案件移送审查起诉之日起,有权委托诉讼代理人
- 自诉人
  - 自诉案件中,以**自己的名义**直接向法院起诉的人
    - (1)地位相当于原告,承担控诉职能,可以上诉;
    - (2)可随时委托诉讼代理人;调解、和解;
    - (3)经两次依法传唤无正当理由不到庭,或未经许可中途退庭的,按**撤诉**处理
- 犯罪嫌疑人、被告人
  - (1)公诉案件中对涉嫌犯罪而受到刑事追诉的人的两种**阶段性称谓**;
  - (2)在自诉案件中只有被告人称谓
    - (1)防御性权利:对抗追诉方指控的诉讼权利;如辩护权,最后陈述权;
    - (2)救济性权利:对国家专门机关所作的对其不利的行为、决定或者裁判,要求另一专门机关予以救济的诉讼权利,主要包括申请回避、控告权、申请取保候审、申诉权、上诉权
- 附带民事诉讼原告
  - 因刑事诉讼被告人的犯罪行为遭受物质损失而提出赔偿请求的人,不限于刑事诉讼中的被害人或自诉人
    - (1)因犯罪行为遭受物质损失的公民;
    - (2)因犯罪行为遭受物质损失的企业、事业单位、机关、团体等;
    - (3)当被害人是未成年人或精神病患者等无诉讼行为能力人时,其法定代理人或监护人可以代为提附带民事诉讼;
    - (4)死亡被害人的近亲属;
    - (5)检察院:在公诉案件中,国家或者集体财产遭受损失时
- 附带民事诉讼被告
  - 对犯罪行为所造成的物质损失负有赔偿责任的人,**不限于**刑事诉讼中的被告人
    - (1)刑事被告人;
    - (2)未成年刑事被告人的监护人;
    - (3)未被追究刑事责任的其他共同致害人;
    - (4)已被执行死刑的罪犯的遗产继承人和共同犯罪案件中案件审结已死亡的被告人的遗产继承人;
    - (5)其他应承担民事赔偿责任的单位或个人

- **其他诉讼参与人**
  - 法定代理人：被代理人的父母、养父母、监护人和负有保护责任的机关、团体的代表
    - （1）在诉讼中有**独立法律地位**；
    - （2）已满16周岁不满18周岁的公民，以自己的劳动收入为主要生活来源的，视为完全行为能力人
  - 诉讼代理人：有权**委托**诉讼代理人的主体，在授权范围内活动：
    - （1）公诉案件：被害人及其法定代理人或者近亲属；
    - （2）自诉案件：自诉人及其法定代理人；
    - （3）附带民事诉讼：原告人、被告人及其法定代理人
  - 证　人：在刑事诉讼中，证人只能是当事人之外的自然人，而在民事诉讼中，单位也可做证人
  - 辩护人：
    - （1）犯罪嫌疑人、被告人合法权益的专门维护者；
    - （2）**独立**的诉讼参与人，以**自己的名义**参加诉讼
  - 鉴定人、翻译人员

2. 法定不追究刑事责任的情形及其处理方式

机　关	进入刑事诉讼程序之前	侦查阶段	审查起诉阶段	审判阶段
公安机关	不予立案（公诉案件）	撤销案件		
检察机关	不予立案（公诉案件）	撤销案件	不起诉	
人民法院	不予受理（自诉案件）			如下所示

- ◆情节显著轻微，危害不大，不认为是犯罪的 → 宣告无罪
- ◆犯罪已过追诉时效期限的经特赦令免除刑罚的
- ◆告诉才处理的犯罪，没有告诉或撤回告诉
- ◆犯罪嫌疑人、被告人死亡的
  - → **裁定终止审理**，如被告人死亡的对于根据已查明的案件事实和认定的证据材料，能够确认被告人无罪的，应当**判决**宣告被告人**无罪**
- ◆被告人因不满16周岁，不予刑事处罚的；或者被告人是精神病人，在不能辨认或者不能控制自己行为的时候造成危害结果，不予刑事处罚的，**应当判决**宣告被告人**不负刑事责任**
- ◆犯罪嫌疑人自愿如实供述涉嫌犯罪的事实，有重大立功或案件涉及国家重大利益的 → 经最高人民检察院核准，公安机关可以撤销案件，检察院可以作出不起诉决定，也可对涉嫌数罪中的一项或多项不起诉

3. 认罪认罚从宽制度

<table>
<tr><th>项 目</th><th colspan="3">内 容</th></tr>
<tr><td>含义</td><td colspan="3">犯罪嫌疑人、被告人自愿如实供述自己的罪行,承认指控的犯罪事实,愿意接受处罚的,可以依法从宽处理:既包括实体法上的从宽,也包括程序上的从宽。
注意:程序上的从宽体现在以下三个方面:
(1)符合特定条件的,可以适用速裁程序;
(2)在决定逮捕时认罪认罚作为是否具有社会危险性的一个因素;
(3)符合特定条件的,可以在程序上终结案件的处理</td></tr>
<tr><td rowspan="4">不同阶段认罪认罚的处理</td><td>侦查阶段</td><td colspan="2">(1)犯罪嫌疑人自愿认罪的,应当记录在案,随案移送,并在起诉意见书中写明有关情况;
(2)犯罪嫌疑人自愿如实供述涉嫌犯罪的事实,有重大立功或者案件涉及国家重大利益的,经最高人民检察院核准,公安机关可以撤销案件</td></tr>
<tr><td rowspan="2">审查起诉阶段</td><td>起诉</td><td>(1)犯罪嫌疑人认罪认罚的,人民检察院应当就主刑、附加刑、是否适用缓刑等提出量刑建议。量刑建议一般应当为确定刑。对新类型、不常见犯罪案件,量刑情节复杂的重罪案件等,也可以提出幅度刑量刑建议;
(2)犯罪嫌疑人认罪认罚,人民检察院经审查,认为符合速裁程序适用条件的,应当在10日内作出是否提起公诉的决定,对可能判处的有期徒刑超过一年的,可以延长至15日</td></tr>
<tr><td>不起诉</td><td>(1)自愿认罪认罚,且符合酌定不起诉条件的,可以作出不起诉决定;
(2)犯罪嫌疑人自愿如实供述涉嫌犯罪的事实,有重大立功或者案件涉及国家重大利益的,经最高人民检察院核准,人民检察院可以作出不起诉决定,也可以对涉嫌数罪中的一项或者多项不起诉</td></tr>
<tr><td>审判阶段</td><td colspan="2">(1)法院应当审查认罪认罚的自愿性和认罪认罚具结书内容的真实性、合法性;
(2)人民法院应当依法对检察院提出的量刑建议进行审查。对于事实清楚,证据确实、充分,指控的罪名准确,量刑建议适当的,人民法院应当采纳,具有下列情形之一的,不予采纳:
①被告人的行为不构成犯罪或者不应当追究刑事责任的;
②被告人违背意愿、认罪认罚的;
③被告人否认指控的犯罪事实的;
④起诉指控的罪名与审理认定的罪名不一致的;
⑤其他可能影响公正审判的情形;
(3)人民法院经审理,认为量刑建议明显不当,或者被告人、辩护人对量刑建议有异议且有理有据的,人民法院应当告知人民检察院,人民检察院可以调整量刑建议</td></tr>
</table>

4. 立案管辖

立案机关	案件类型	例 外
监察委员会	监察机关对下列公职人员和有关人员进行监察： (1)中国共产党机关、人民代表大会及其常务委员会机关、人民政府、监察委员会、人民法院、人民检察院、中国人民政治协商会议各级委员会机关、民主党派机关和工商业联合会机关的公务员，以及参照《公务员法》管理的人员； (2)法律、法规授权或者受国家机关依法委托管理公共事务的组织中从事公务的人员； (3)国有企业管理人员； (4)公办的教育、科研、文化、医疗卫生、体育等单位中从事管理的人员； (5)基层群众性自治组织中从事管理的人员； (6)其他依法履行公职的人员； 对于上列监察对象涉嫌贪污贿赂、滥用职权、玩忽职守、权力寻租、利益输送、徇私舞弊以及浪费国家资财等职务犯罪，由监察机关进行立案调查。监察机关经过调查认为涉嫌职务犯罪的，将调查结果移送人民检察院审查起诉	
检察院	(1)在对诉讼活动实行法律监督中发现的司法工作人员利用职权实施的非法拘禁、刑讯逼供、非法搜查等侵犯公民权利、损害司法公正的犯罪案件。 (2)对于公安机关管辖的国家机关工作人员利用职权实施的重大犯罪案件，需要由人民检察院直接受理时，经**省级**以上人民检察院决定，可以由人民检察院立案侦查	对属于(2)的案件，省级人民检察院可以决定由设区的市级人民检察院立案侦查，也可以自行立案侦查
法院	告诉才处理的： (1)侮辱、诽谤案； (2)暴力干涉婚姻自由案； (3)虐待案(但被害人没有能力或者因受到强制、威吓无法告诉的除外)； (4)侵占案	前三类如果情节严重将成为公诉案件
	被害人有证据证明的轻微**刑事案件**： (1)故意伤害案(轻伤)； (2)非法侵入住宅案； (3)侵犯通信自由案； (4)重婚案； (5)遗弃案； (6)生产、销售伪劣商品案； (7)侵犯知识产权案； (8)属于《刑法》分则第4、5章规定的，可能判处3年有期徒刑以下刑罚的案件	(1)严重危害社会秩序和国家利益的生产、销售伪劣商品案、侵犯知识产权案不在此列； (2)这8类案件： ①被害人向公安机关控告的，公安机关应当受理； ②其直接向人民法院起诉的法院亦应当受理； ③对于其中证据不足、可以由公安机关受理的；

续表

立案机关	案件类型	例　外
法院		④人民法院认为对被告人可能判处3年有期徒刑以上刑罚的,**应当移送公安机关**立案侦查
	公诉转自诉案件	有证据证明侵犯人身与财产而公安机关不予追究
	被害人对人民检察院不起诉决定不服而向人民法院起诉的案件	例外——由公安机关管辖: (1)伪证罪; (2)拒不执行判决、裁定罪
公安机关	除法律另有规定外,刑事案件应当由公安机关立案侦查	法律另有规定的: (1)监察机关管辖的职务犯罪案件; (2)人民检察院管辖犯罪案件; (3)人民法院管辖的自诉案件; (4)军队保卫部门管辖的军人违反职责的犯罪和军队内部发生的刑事案件; (5)监狱管辖的罪犯在监狱内犯罪的刑事案件; (6)海警部门管辖的海(岛屿)岸线以外我国管辖海域内发生的刑事案件; (7)其他

【小贴士】交叉管辖

类　型	处　理
监察机关管辖与公检法机关立案管辖竞合	(1)人民法院、人民检察院、公安机关、审计机关等国家机关在工作中发现公职人员涉嫌贪污贿赂、失职渎职等职务违法或者职务犯罪的问题线索,应当移送监察机关,由监察机关依法调查处置; (2)被调查人既涉嫌严重职务违法或者职务犯罪,又涉嫌其他违法犯罪的,一般应当由监察机关为主调查,其他机关予以协助; (3)人民检察院立案侦查时,发现犯罪嫌疑人同时涉嫌监察机关管辖的职务犯罪线索的,应当及时与同级监察机关沟通,一般应当由监察机关为主调查,人民检察院予以协助
公安机关与人民检察院立案管辖竞合	(1)公安机关侦查刑事案件涉及人民检察院立案侦查的案件时,应当将案件移送人民检察院; (2)人民检察院立案侦查的案件涉及公安机关管辖的刑事案件时,应当将属于公安机关管辖的刑事案件移送公安机关; (3)如果涉嫌主罪属于公安机关管辖,由公安机关为主侦查,人民检察院予以配合;如果涉嫌主罪属于人民检察院管辖,由人民检察院为主侦查,公安机关予以配合

续表

类　型	处　理
公安机关与人民法院立案管辖竞合	公安机关在侦查过程中,如果发现被告人还涉嫌实施了属于人民法院直接受理的案件范围的犯罪时,应当分情况进行处理: (1)对于属于告诉才处理的案件,可以告知被害人向人民法院直接提起诉讼; (2)对于属于人民法院可以受理的其他类型的自诉案件的,可以立案侦查,然后在人民检察院提起公诉时,和公诉案件一并移送人民法院,由人民法院合并审理
人民法院与其他机关管辖竞合	人民法院在审理自诉案件的过程中,如果发现被告人还涉嫌实施了应当由人民检察院提起公诉的案件的,应当将新发现的案件另案移送有管辖权的机关处理
并案处理	具有下列情形之一的,人民法院、人民检察院、公安机关可以在其职责范围内并案处理: (1)一人犯数罪的; (2)共同犯罪的; (3)共同犯罪的犯罪嫌疑人、被告人还实施其他犯罪的; (4)多个犯罪嫌疑人、被告人实施的犯罪存在关联,并案处理有利于查明案件事实的

5. 级别管辖

法　院	管辖的范围
最高人民法院	全国性的重大刑事案件
高级人民法院	全省(自治区、直辖市)性的重大刑事案件
中级人民法院	(1)危害国家安全、恐怖活动案件; (2)可能判处死刑、无期徒刑的; (3)违法所得的没收案件
基层人民法院	除上级人民法院管辖的以外的案件

6. 特殊案件管辖

类　型	具体情形	管辖法院	备　注
军事案件	现役军人和非军人共同犯罪的	由军事法院和地方人民法院或者其他专门法院分别管辖	涉及**军事秘密**的,**全案**由**军事法院管辖**
	除某些共同犯罪以及军人违反职责罪外,现役军人在服役期间犯罪且该罪犯在服役期间被发现的	军事法院管辖	下列案件不属于军事法院管辖: (1)非军人、随军家属在部队营区内犯罪的; (2)军人在办理退役手续后犯罪的; (3)现役军人入伍前犯罪的(需与服役期内犯罪一并审判的除外); (4)退役军人在服役期内犯罪的(犯军人违反职责罪的除外)

续表

类 型	具体情形	管辖法院	备 注
在域外我国运输工具上犯罪	在中国领域外的中国船舶内犯罪的	由犯罪发生后该船舶最初停泊的中国口岸所在地或被告人登陆地、入境地的法院管辖	
	在中国领域外的中国航空器上犯罪的	由该航空器在中国的最初降落地法院管辖	
	在国际列车上犯罪的	(1)按我国与相关国家协议确定管辖; (2)没有协议的,由犯罪后该列车始发或者前方停靠的中国车站所在地负责审判铁路运输刑事案件的法院管辖	
中国公民在国外犯罪的案件	中国公民在驻外的中国使馆内犯罪的	由该公民主管单位所在地或他的原户籍所在地法院管辖	
	中国公民在中国领域外犯罪的	由该公民登陆地、入境地、离境前居住地或者现居住地的法院管辖	
正在服刑罪犯的犯罪案件	正在服刑的罪犯在判决宣告前漏罪的	(1)由原审法院管辖; (2)如果犯罪地适宜,由犯罪地法院管辖	
	正在服刑的罪犯在服刑期间犯罪的	由服刑地法院管辖	
	正在服刑的罪犯在服刑期间脱逃并在脱逃期间犯罪	(1)在犯罪地抓获并发现的,由犯罪地管辖; (2)缉捕押解回监狱后发现的,由服刑地法院管辖	
缺席审判案件	贪污贿赂犯罪案件,以及需要及时进行审判,经最高人民检察院核准的严重危害国家安全犯罪、恐怖活动犯罪案件,犯罪嫌疑人、被告人在境外的	犯罪地、被告人离境前居住地或者最高人民法院指定的中级人民法院管辖	

7. 回避制度

项 目	主要内容
回避的适用人员	(1)审判人员、检察人员、侦查人员; (2)书记员、翻译人员、鉴定人

续表

<table>
<tr><th>项　目</th><th colspan="2">主要内容</th></tr>
<tr><td>**回避的种类**</td><td colspan="2">自行回避、申请回避和指令回避</td></tr>
<tr><td>**回避的期间**</td><td colspan="2">可以在刑事诉讼程序开始后的任何诉讼阶段提出，一般要求在第一次庭审前提出</td></tr>
<tr><td>**回避申请人**</td><td colspan="2">当事人及其法定代理人、辩护人、诉讼代理人
注意：谁申请回避，谁申请复议</td></tr>
<tr><td>**回避的理由（法律规定）**</td><td colspan="2">(1)是本案的当事人或者与当事人的近亲属；
注意：不限于当事人的“近亲属”，范围还扩大到直系血亲、三代以内旁系血亲及近姻亲；
(2)本人或者其近亲属与本案有**利害关系**的；
(3)担任过本案的证人、鉴定人、勘验人、辩护人、诉讼代理人的；
注意：曾担任过本案翻译人员的审判人员也应当回避；
(4)与本案当事人之间存在其他关系，可能影响案件公正处理的；
(5)接受当事人及其委托的人的请客送礼，或者违反规定会见当事人及其委托的人；
(6)参加过本案调查、侦查、起诉的监察、侦查、检察人员不能再担任本案的审判人员，或者参加过本案调查、侦查的监察、侦查人员，不能再担任本案的检察人员；
(7)在一个审判程序中参与过本案审判工作的合议庭成员或独任审判员，不能再参与本案其他程序的审判
注意：《法官法》和《监察官法》规定的“任职回避”，也属于广义的回避理由</td></tr>
<tr><td rowspan="6">**回避的审查与决定**</td><td>**回避人员**</td><td>**决定机关**</td></tr>
<tr><td>审判人员(包括书记员、翻译人员和鉴定人)</td><td>法院院长</td></tr>
<tr><td>检察人员(包括书记员、司法警察、翻译人员和鉴定人)</td><td>检察长</td></tr>
<tr><td>侦查人员(包括其指定或聘请的翻译人员和鉴定人)</td><td>县级以上公安机关负责人</td></tr>
<tr><td>院长(不包括副职)</td><td>本院审判委员会</td></tr>
<tr><td>检察长和公安机关负责人(不包括副职)</td><td>同级检察院检察委员会</td></tr>
<tr><td>**申请回避的效力**</td><td colspan="2">(1)回避的决定一经作出即生效，当事人及其法定代理人可申请复议1次；
(2)对侦查人员的回避作出决定前，侦查人员**不能停止**对案件的侦查；
(3)侦查人员、检察人员在回避决定前所取得的证据和进行的诉讼行为，可以由作出回避决定机关根据案件具体情况决定其是否有效</td></tr>
</table>

注：翻译人员和鉴定人由哪个机关聘请就由哪个机关决定其回避。

口诀巧记 **回避**

侦查检察审判人，其他利害关系人；回避理由“有关系”，回避种类分三种。

审判阶段开庭时，告知有权当事人；回避人员分部门，负责人员做决定。

8. 辩护人的资格

可以被委托担任辩护人的范围	不能担任辩护人的范围	
	绝对不能担任辩护人的范围	一般不能担任辩护人的范围
(1)律师； (2)人民团体或者犯罪嫌疑人、被告人所在单位推荐的人； (3)犯罪嫌疑人、被告人的监护人、亲友	(1)被宣告缓刑和正在被执行刑罚的人，包括假释； (2)依法被剥夺、限制人身自由的人； (3)无行为能力或者限制行为能力人	(1)法院、检察院、监察机关、公安机关、国家安全机关、监狱的现职人员； (2)人民陪审员； (3)与本案审理结果有关的利害关系人； (4)外国人或无国籍人； (5)被开除公职或者被吊销律师、公证员执业证书的人

注：(1)“一般不能担任辩护人”是指所列举人员一般不能担任辩护人，但如果是被告的**近亲属或者监护人**，且不属于“绝对不能担任辩护人”的范围，由被告人委托担任辩护人的，法院可以准许。

(2)“正在被执行刑罚的人”包括主刑执行完毕正在执行剥夺政治权利等附加刑的人。

9. 律师及其他辩护人在诉讼各阶段的权利

阶 段	律 师	其他辩护人
侦查阶段	在**侦查期间**，只能委托**律师**作为辩护人。 (1)辩护律师在**侦查期间**可以为犯罪嫌疑人提供法律帮助；代理申诉、控告；申请变更强制措施；向侦查机关了解犯罪嫌疑人涉嫌的罪名和案件有关情况，提出意见； (2)辩护律师可以同在押的犯罪嫌疑人、被告人会见和通信，辩护律师持律师执业证书、律师事务所证明和委托书或者法律援助公函要求会见在押的犯罪嫌疑人、被告人的，看守所应当及时安排会见，至迟不得超过48小时(除危害国家安全和恐怖活动案件外)； (3)辩护律师会见在押的犯罪嫌疑人、被告人，可以了解案件有关情况，提供法律咨询等	(1)非律师无权接受辩护人的委托； (2)其他辩护人经人民法院、人民检察院许可，也可以同在押的犯罪嫌疑人、被告人会见和通信

续表

阶段	律师	其他辩护人
审查起诉阶段	(1)自案件移送审查起诉之日起,可以向犯罪嫌疑人、被告人核实有关证据,辩护律师会见犯罪嫌疑人、被告人时**不被监听**; (2)辩护律师自人民检察院对案件**审查起诉之日**起,可以查阅、摘抄、复制本案的案卷材料; (3)辩护人认为在侦查、审查起诉期间公安机关、人民检察院收集的证明犯罪嫌疑人、被告人无罪或者罪轻的证据材料未提交的,有权申请人民检察院、人民法院调取; (4)辩护人、诉讼代理人认为公安机关、人民检察院、人民法院及其工作人员阻碍其依法行使诉讼权利的,有权向同级或者上一级人民检察院申诉或者控告	(1)其他辩护人经人民法院、人民检察院**许可**,也可以查阅、摘抄、复制上述材料; (2)申请调取证据的权利和辩护律师一样; (3)申诉权同辩护律师一样
审判阶段	质证权、申请权和辩论权	质证权、申请权和辩论权

注:辩护人收集的有关犯罪嫌疑人不在犯罪现场、未达到刑事责任年龄、属于依法不负刑事责任的精神病人的证据,应当及时告知公安机关、人民检察院。

10. 法院指定辩护的情形

应当指定辩护的情形	可以指定辩护的情形
(1)犯罪嫌疑人、被告人是盲、聋、哑人,或者是尚未完全丧失辨认或者控制自己行为能力的精神病人,没有委托辩护人的; (2)犯罪嫌疑人、被告人可能被判处无期徒刑、死刑,没有委托辩护人的; (3)开庭审理时不满18周岁的 总结:盲聋哑、半疯傻、未成年,死无期	(1)公诉人出庭公诉的案件,被告人因经济困难或者其他原因没有委托辩护人的; (2)共同犯罪案件中,其他被告人已委托辩护人的; (3)具有外国国籍的人; (4)案件有重大社会影响的; (5)法院认为起诉意见和移送的案件证据材料可能影响正确定罪量刑的

口诀巧记 **值班律师**

法院还有看守所, 值班律师可派驻。 两个“没有”情况下, 提供法律帮助忙。

要点解说

法律援助机构可以在人民法院、看守所等场所派驻值班律师。犯罪嫌疑人、被告人没有委托辩护人,法律援助机构没有指派律师为其提供辩护的,由值班律师为犯罪嫌疑人、被告人提供法律咨询、程序选择建议、申请变更强制措施、对案件处理提出意见等法律帮助。

人民法院、人民检察院、看守所应当告知犯罪嫌疑人、被告人有权约见值班律师，并为犯罪嫌疑人、被告人约见值班律师提供便利。

11. 证据的立法分类

立法分类	识别关键	备 注
物证	以其外部特征、存在场所和物质属性证明案件事实的**实物**和**痕迹**(客观性、稳定性)	区别： (1)物证以外部特征、存在场所和物质属性来证明，书证是以记载的内容和表达的思想来证明； (2)如果一物品同时具备两种功能，则其既是物证又是书证
书证	以文字、符号、图画等记载的内容和表达的**思想**来证明案件事实的书面文件和其他物品	
证人证言	(1)只是证人提供的某种情况，不包括个人对案情的分析(猜测性、评论性、推断性除外)； (2)生理上、精神上有缺陷或者年幼，不能辨别是非、不能正确表达的人，不能做证人； (3)但聋、哑人陈述看到的情形，盲人陈述听到的情形可以作为证据	与“见证人”的区别：所谓见证人是指根据刑事诉讼法的规定，应办案人员要求对诉讼中的一些基本法律行为进行见证的人，**见证人不是证人**； 证人亲笔书写的书面证词也是证人证言
被害人陈述	被害人的要求、建议和主张不是陈述范围	被害人陈述通常属于**直接证据**
犯罪嫌疑人、被告人供述和辩解	包括供述、辩解和揭发	(1)只有被告人供述，没有其他证据的，不能认定被告人有罪和处以刑罚(“疑证不能定罪”)； (2)没有被告人供述，证据充分确实的，可以认定被告人有罪和处以刑罚
鉴定意见	(1)鉴定人必须是公、检、法机关指派的或者是聘请的； (2)鉴定意见必须由自然人作出，单位不能作为鉴定人	(1)属于**言词证据**； (2)诊断书不是鉴定意见； (3)鉴定意见必须当庭宣读
勘验、检查辨认、侦查实验等笔录	(1)勘验的对象是现场、物品和尸体； (2)检查的对象是活人的人身	勘验、检查辨认、侦查实验等笔录是**实物证据**
视听资料	以录音、录像存储的信息证明案件情况的资料	与物证的区别：前者以其存储的信息发挥作用，后者以其实体发挥作用。如非法制造或贩卖的淫秽录音带、录像带，是证明案件事实的**物证**而非视听资料
电子数据	以数字化的信息编码的形式出现的，能准确地储存并反映有关案件的情况，是对案件具有较强证明力的独立的证据	从证据形式上看，电子数据证据的证明力介于物证与书证之间，如电子邮件、电子光盘、手机短信

口诀巧记　刑事证据

刑事证据有九种，　物书人言害陈述；　嫌疑供辩和笔录，　意见资料和电子；
客观关联又合法，　证据特征要齐全；　非法取证属禁止，　主观陈述全排除；
物证证明靠特征，　书证思想和内容；　单位不能作证人，　证人具有优先性；
收集证据有主体，　公安司法和律师；　合法及时又全面，　深入细致相结合。

12. 证据的理论分类

划分标准	种　类	
证据的来源	原始证据	传来证据
能否单独证明案件主要事实	直接证据	间接证据
证据的表现形式	言词证据	实物证据
与证明被告人有罪的关系	有罪证据	无罪证据

【小贴士】刑事证据规则理论分类

刑事证据规则	内　容
传闻证据规则	任何人在庭审期间以外及庭审准备期间以外的陈述，不得作为认定被告人有罪的证据
意见证据规则	证人只能陈述自己亲自感受和经历的事实，而不得陈述对该事实的意见或者结论
补强证据规则	为了防止误认事实或发生其他危险性，而在运用某些证明力显然薄弱的证据认定案情时，必须有其他证据补强其证明力，才能被法庭采信为定案根据
最佳证据规则	提供书证应当尽量提供原件，如果提供副本、抄本、影印本等非原始材料，则必须提供充足理由加以说明，否则，该书证不具有可采性
自白任意规则	在刑事诉讼中，只有基于被追诉人自由意志而作出的有罪供述，才具有可采性

13. 非法证据排除规则

(1)非法证据排除的范围和阶段

项　目	内　容	
排除的范围	犯罪嫌疑人、被告人供述	采用刑讯逼供等非法手段取得的犯罪嫌疑人、被告人供述
	证人证言、被害人陈述	采用暴力、威胁等非法手段取得的证人证言、被害人陈述
	物证、书证	收集物证、书证不符合法定程序，可能影响案件公正审理，**且不能**给予**补正**或**合理解释**

续表

项　目	内　容	
排除的阶段	侦查、审查起诉和审判阶段	
非法证人证言、被害人陈述的证明	提出主体	检察人员、被告人及其辩护人、审判人员
	证明主体	举证方应当对其取证的合法性予以证明

(2)非法证据排除的程序

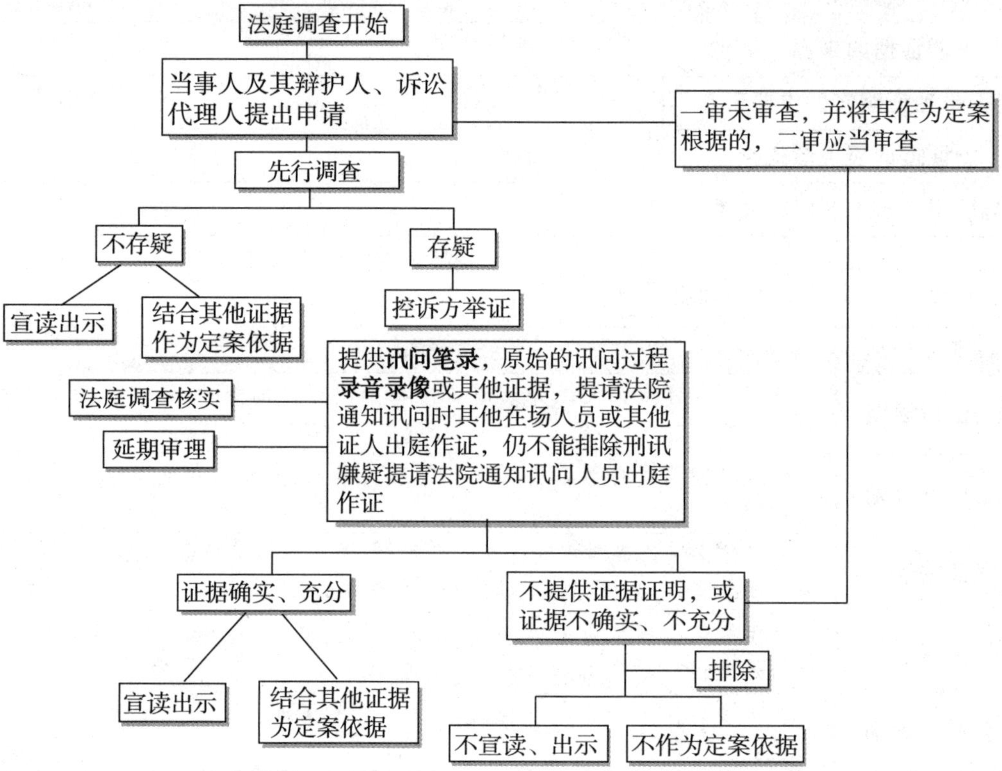

14. 强制措施体系表

类型	适用情形	机　关	变更措施	备　注
拘传	经过依法传唤，无正当理由拒不到案的**犯罪嫌疑人、被告人**或者根据案情有必要拘传的被告人	人民法院、人民检察院和公安机关		传唤、拘传持续的时间不得超过12小时；案情特别重大、复杂，需要采取拘留、逮捕措施的，传唤、拘传持续的时间不得超过24小时

续表

类型	适用情形	机关	变更措施	备注
取保候审	(1)可能判处管制、拘役或者独立适用附加刑的； (2)可能判处有期徒刑以上刑罚，采取取保候审不致发生社会危险性的； (3)患有严重疾病、生活不能自理，怀孕或者正在哺乳自己婴儿的妇女，采取取保候审不致发生社会危险性的； (4)羁押期限届满，案件尚未办结，需要采取取保候审的	人民法院、人民检察院和公安机关决定，公安机关和国家安全机关执行	对违反取保候审规定，需要予以逮捕的，可以对犯罪嫌疑人、被告人**先行拘留**	期限最长不超过12个月 被取保候审的犯罪嫌疑人、被告人应当遵守以下规定： (1)未经执行机关批准不得离开所居住的**市、县**； (2)住址、工作单位和联系方式发生变动的，在24小时以内向执行机关报告； (3)在传讯的时候及时到案； (4)不得以任何形式干扰证人作证； (5)不得毁灭、伪造证据或者串供。 人民法院、人民检察院和公安机关可以根据案件情况，责令被取保候审的犯罪嫌疑人、被告人遵守以下一项或者多项规定： (1)不得进入特定的场所； (2)不得与特定的人员会见或者通信； (3)不得从事特定的活动； (4)将护照等出入境证件、驾驶证件交执行机关保存
监视居住	(1)患有严重疾病、生活不能自理的； (2)怀孕或者正在哺乳自己婴儿的妇女； (3)系生活不能自理的人的唯一扶养人； (4)因为案件的特殊情况或者办理案件的需要，采取监视居住措施更为适宜的； (5)羁押期限届满，案件尚未办结，需要采取监视居住措施的 **注意**：对符合取保候审条件，但犯罪嫌疑人、被告人不能提出保证人，也不交纳保证金的，可以监视居住	人民法院、人民检察院和公安机关决定，公安机关和国家安全机关执行	被监视居住的犯罪嫌疑人、被告人违反规定的，情节严重的，可以予以逮捕；需要予以逮捕的，可以对犯罪嫌疑人、被告人先行拘留	期限最长不超过6个月 被监视居住的犯罪嫌疑人、被告人应当遵守以下规定： (1)未经执行机关批准不得离开执行监视居住的**处所**； (2)未经执行机关批准不得会见他人或者通信； (3)在传讯的时候及时到案； (4)不得以任何形式干扰证人作证； (5)不得毁灭、伪造证据或者串供； (6)将护照等出入境证件、身份证件、驾驶证件交执行机关保存 **注意**：监视居住应当在犯罪嫌疑人、被告人的住处执行；无固定住处的，可以在指定的居所执行。对于涉嫌危害**国家安全**犯罪、**恐怖活动**犯罪，在住处执行可能有碍侦查的，经上一级公安机关批准，也可以在**指定的居所执行**。但是，不得在羁押场所、专门的办案场所执行

续表

类型	适用情形	机关	变更措施	备注
拘留	公安机关对于**现行犯**或者重大嫌疑分子，如果有下列情形之一的，可以先行拘留： (1)正在预备犯罪、实行犯罪或者在犯罪后即时被发觉的； (2)被害人或者在场亲眼看见的人**指认**他犯罪的； (3)在身边或者住处发现有犯罪证据的； (4)犯罪后企图自杀、逃跑或者在逃的； (5)有毁灭、伪造证据或者串供可能的； (6)不讲真实姓名、住址，身份不明的； (7)有流窜作案、多次作案、结伙作案重大嫌疑的(2人3次以上)	人民检察院批准或人民法院决定	公安机关和检察院对被拘留的人，应当在拘留后的24小时内进行讯问。在发现不应当拘留的时候，必须立即释放，发给释放证明	刑事拘留一般不超过10日，案情重大、复杂的不超过14日。检察机关自侦案件特殊情况下，延长17日，对流窜作案、多次作案、结伙作案的期限，不超过37日： (1)拘留后，应当立即将被拘留人送看守所羁押，至迟不得超过24小时； (2)除无法通知或者涉嫌危害国家安全犯罪、恐怖活动犯罪通知可能有碍侦查的情形以外，应当在拘留后24小时内，通知被拘留人的**家属**
逮捕	对有证据证明有犯罪事实，可能判处徒刑以上刑罚的犯罪嫌疑人、被告人，采取取保候审尚不足以防止发生下列社会危险性的，应当予以逮捕： (1)可能实施新的犯罪的； (2)有危害国家安全、公共安全或者社会秩序的现实危险的； (3)可能毁灭、伪造证据，干扰证人作证或者串供的； (4)可能对被害人、举报人、控告人实施打击报复的； (5)企图自杀或者逃跑的	人民检察院批准或人民法院决定，由公安机关执行	被取保候审、监视居住的犯罪嫌疑人、被告人违反取保候审、监视居住规定，情节严重的，可以予以逮捕	批准或决定逮捕，应将涉嫌犯罪的性质、情节、认罪认罚等情况，作为是否可能发生社会危险性的考虑因素； 对有证据证明有犯罪事实，可能判处10年有期徒刑以上刑罚的，或者有证据证明有犯罪事实，可能判处徒刑以上刑罚，**曾经**故意犯罪或者身份不明的，有证据证明有犯罪事实，身份不明的**应当**予以逮捕 人民检察院审查批准逮捕，可以讯问犯罪嫌疑人；有下列情形之一的，**应当讯问**犯罪嫌疑人： (1)对是否符合逮捕条件有疑问的； (2)犯罪嫌疑人要求向检察人员当面陈述的； (3)侦查活动可能有重大违法行为的； (4)犯罪嫌疑人是未成年人的

口诀巧记 **先行拘留**

东窗事发，指认是他；证据在旁，逃跑自杀；

毁证串供，身份虚假；重大嫌疑，流窜作案。

【小贴士】住所监视居住与指定居所监视居住的区别

项目	住所监视居住	指定居所监视居住
概念	在犯罪嫌疑人、被告人的住处执行的监视居住	由人民法院、人民检察院或者公安机关指定的居所执行的监视居住
地点	住所	指定居所的两种特定情形： (1)犯罪嫌疑人、被告人无固定住处的； (2)对涉嫌危害国家安全犯罪、恐怖活动犯罪，在住处执行可能有碍侦查的，经上一级公安机关批准： ①可能毁灭、伪造证据，干扰证人作证或者串供的； ②可能自杀、自残或者逃跑的； ③可能导致同案犯逃避、妨碍侦查的； ④在住处执行监视居住可能导致犯罪嫌疑人、被告人有人身危险的； ⑤犯罪嫌疑人的家属或者其所在单位的人员与犯罪有牵连的； ⑥可能对举报人、控告人、证人及其他人员等实施打击报复的 **注意**：不得在看守所、拘留所、监狱等羁押、监管场所以及留置室、讯问室等专门的办案场所、办公区域执行
通知	无	24小时以内通知被指定监视居住人的家属（除无法通知外）
刑期折抵	无	被判处管制的，监视居住1日折抵刑期1日；被判处拘役、有期徒刑的，监视居住2日折抵刑期1日

15. 羁押必要性审查

项目	内容
审查对象	对被逮捕的犯罪嫌疑人、被告人有无继续羁押的必要性进行审查，对不需要继续羁押的，建议办案机关予以释放或者变更强制措施的监督活动
审查主体	办案机关对应的同级人民检察院刑事捕诉部门统一办理案件管理、检察技术等其他部门予以配合

续表

项　目		内　容
启动方式	依职权	检察院应当对羁押进行必要性审查,不需要继续羁押,应当建议予以释放或变更强制措施
	依申请	犯罪嫌疑人、被告人及其法定代理人、近亲属、辩护人申请进行羁押必要性审查的,应当说明不需要继续羁押的理由,有相关证明材料的,应当一并提供
审查方式	公开审查	(1)人民检察院可以对羁押必要性审查案件进行公开审查,但是,涉及国家秘密、商业秘密、个人隐私的案件除外; (2)公开审查可以邀请与案件没有利害关系的人大代表、政协委员、人民监督员、特约检察员参加
	审查因素	根据犯罪嫌疑人、被告人涉嫌犯罪事实、主观恶性、悔罪表现、身体状况、案件进展情况、可能判处的刑罚和有无再危害社会的危险等因素,综合评估有无必要继续羁押犯罪嫌疑人、被告人
	量化审查	可以采取量化方式,设置加分项目、减分项目、否决项目等具体标准。犯罪嫌疑人、被告人的得分情况可以作为综合评估的参考
审查结果	具有下列情形之一的,应当向办案机关提出释放或者变更强制措施的建议: (1)案件证据发生重大变化,没有证据证明有犯罪事实或者犯罪行为系犯罪嫌疑人、被告人所为的; (2)案件事实或者情节发生变化,犯罪嫌疑人、被告人可能被判处拘役、管制、独立适用附加刑、免予刑事处罚或者判决无罪的; (3)继续羁押犯罪嫌疑人、被告人,羁押期限将超过依法可能判处的刑期的; (4)案件事实基本查清,证据已经收集固定,符合取保候审或者监视居住条件的	
审查期限	应当在立案后10个工作日以内决定是否提出释放或者变更强制措施的建议;案件复杂的,可以延长5个工作日	
结案	有必要羁押	经审查认为有继续羁押必要的,由检察官决定结案,并通知办案机关
	无必要羁押	(1)经审查认为无继续羁押必要的,检察官应当报经检察长或者分管副检察长批准,以本院名义向办案机关发出释放或者变更强制措施建议书,并要求办案机关在10日以内回复处理情况; (2)应当说明不需要继续羁押犯罪嫌疑人、被告人的理由和法律依据

二、分　论

16. 立案流程图

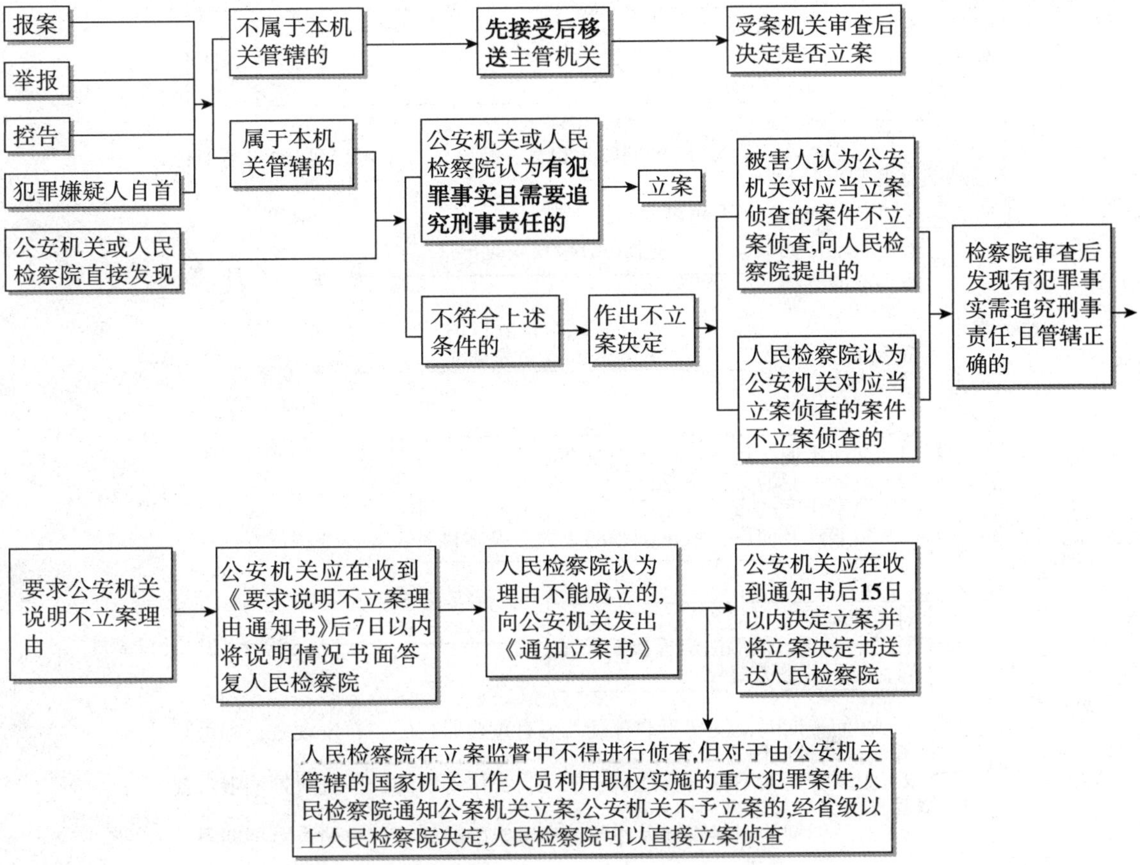

报案
举报
控告
犯罪嫌疑人自首
公安机关或人民检察院直接发现
不属于本机关管辖的
先接受后移送主管机关
受案机关审查后决定是否立案
属于本机关管辖的
公安机关或人民检察院认为有犯罪事实且需要追究刑事责任的
立案
不符合上述条件的
作出不立案决定
被害人认为公安机关对应当立案侦查的案件不立案侦查,向人民检察院提出的
人民检察院认为公安机关对应当立案侦查的案件不立案侦查的
检察院审查后发现有犯罪事实需追究刑事责任,且管辖正确的
要求公安机关说明不立案理由
公安机关应在收到《要求说明不立案理由通知书》后7日以内将说明情况书面答复人民检察院
人民检察院认为理由不能成立的,向公安机关发出《通知立案书》
公安机关应在收到通知书后15日以内决定立案,并将立案决定书送达人民检察院
人民检察院在立案监督中不得进行侦查,但对于由公安机关管辖的国家机关工作人员利用职权实施的重大犯罪案件,人民检察院通知公案机关立案,公安机关不予立案的,经省级以上人民检察院决定,人民检察院可以直接立案侦查

17. 拘留期限与侦查羁押期限

- 拘留羁押期限
  - 公安机关决定和执行的拘留期限为提请批捕时间与审查批捕时间的总和

	公安机关提请批捕	人民检察院审查批捕	总和
一般情况	3日	7日	10日
特殊情况	县以上公安负责人批准，延长1~4日	7日	14日
流窜作案、多次作案、结伙作案	县以上公安负责人批准，延长至30日	7日	37日

  - 人民检察院直接受理案件的拘留 → 羁押期限为14日，特殊情况下可以延长1日至3日
- 侦查羁押期限
  - 一般羁押期限 → 不超过2个月
  - 特殊羁押期限
    - 案情复杂，期限届满不能终结 —上一级检察院批准→ 延长1个月
    - 特殊原因，较长时间内不宜审判 —最高人民检察院报请全国人大常委会批准→ 延期审理
    - （1）交通不便边远地区的重大复杂案件；（2）重大的犯罪集团案件；（3）流窜作案的重大复杂案件；（4）犯罪涉及面广、取证困难的重大复杂案件 —省级人民检察院批准或决定→ 延长2个月
    - 对犯罪嫌疑人可能判处10年有期徒刑以上刑罚，依照法定延长期限届满，仍不能侦查终结的 —省级人民检察院批准或决定→ 再延长2个月
  - 特殊情况
    - （1）在侦查期间，发现犯罪嫌疑人另有重要罪行的，自发现之日起重新计算侦查羁押期限；
    - （2）犯罪嫌疑人不讲真实姓名、住址，身份不明的，侦查羁押期限自查清其身份之日起计算；
    - （3）对被羁押的犯罪嫌疑人作精神病鉴定的时间不计入侦查羁押期限

18. 侦查终结至提起公诉进程图

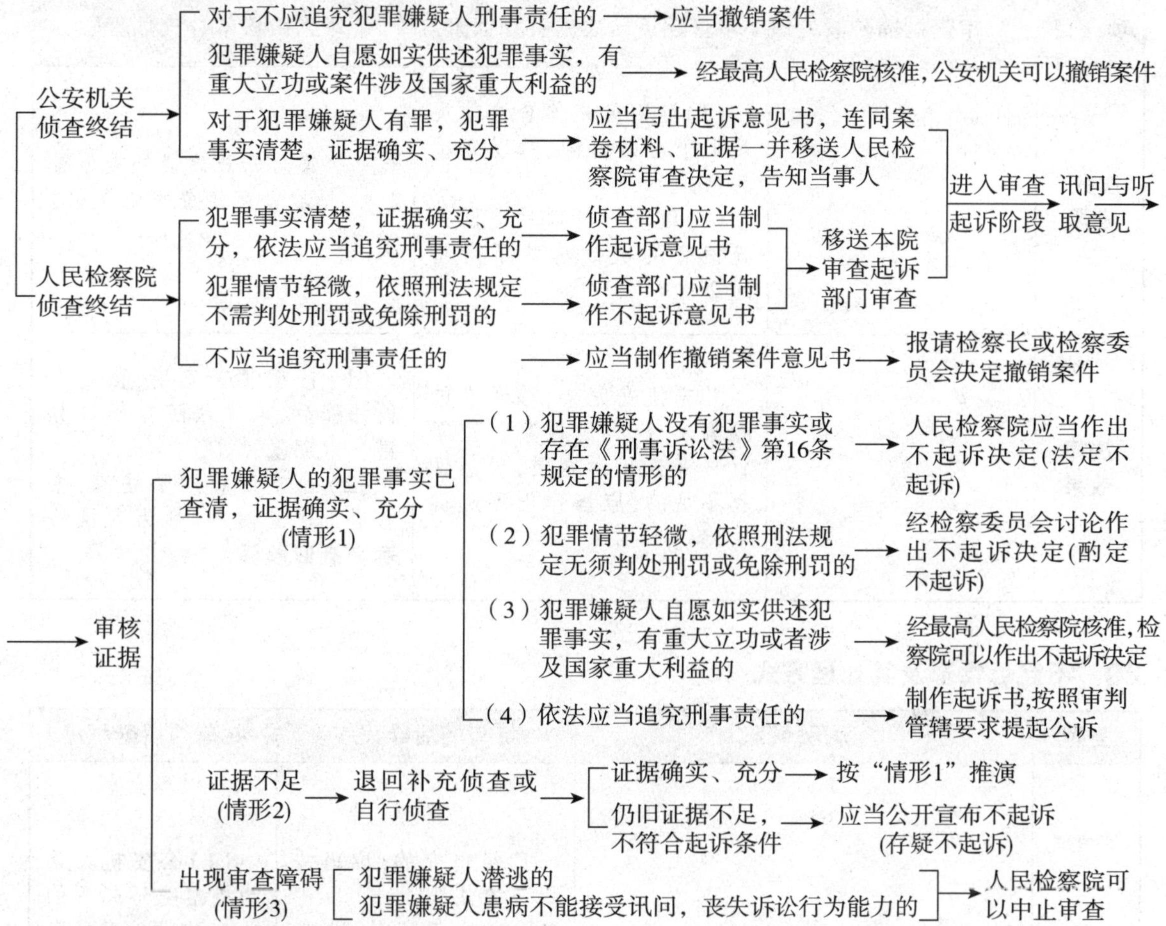

19. 各阶段补充侦查的比较

项　目	审查批捕阶段	审查起诉阶段的补充侦查	审判阶段的补充侦查
方式	对于不批准逮捕的，人民检察院应当说明理由，需要补充侦查的，应当同时通知公安机关	(1)**退回**补充侦查； (2)**自行侦查**	(1)只能由**检察机关**主动提出，人民法院无权直接将案件退回人民检察院补充侦查； (2)人民检察院应当自行侦查，必要时可以要求公安机关协助； (3)合议庭在案件审理过程中，发现被告可能有自首、立功等法定量刑情节，而起诉和移送的证据材料中没有这方面的证据材料的，**应当**通知人民检察院补充侦查

续表

项　目	审查批捕阶段	审查起诉阶段的补充侦查	审判阶段的补充侦查
次数、期限		(1)退回补充侦查法律规定1个月的时间,并以2次为限; (2)改变管辖前后退回补充侦查的次数总共不得超过2次	一个案件只能建议补充侦查2次,每次补充侦查的期限是1个月
法律效果		补充侦查完毕,移送人民检察院后,人民检察院重新计算审查起诉期限,仍然证据不足的,**应当**作出不起诉决定	(1)补充侦查完毕,移送人民法院后,人民法院重新计算第一审期限; (2)补充侦查期限届满,未移送人民法院的,视为人民检察院**撤回起诉**

20. 不起诉情形及其处理方式

类型	适用情形	特有的后继程序	共有的后继程序
法定不起诉	(1)情节显著轻微、危害不大,不认为是犯罪的; (2)犯罪已过追诉时效期限的; (3)经特赦令免除刑罚的; (4)依照《刑法》告诉才处理的犯罪,没有告诉或者撤回告诉的; (5)犯罪嫌疑人、被告人死亡的,如果法院根据已有证据能够证明被告人不构成犯罪的,而被告人在宣判前死亡的,应当判决宣告其无罪; (6)其他法律规定免予追究刑事责任的; (7)犯罪嫌疑人**没有犯罪事实**	已经追究的,应当按以下方法处理: (1)公诉案件:公安机关和检察院作出不立案决定; (2)自诉案件:法院不应受理; (3)已经立案在侦查阶段:侦查机关应当撤销案件; (4)审查起诉阶段:检察院应当作出不起诉的决定; (5)审判阶段:对于情节显著轻微、危害不大,不认为是犯罪的,应当判决宣告无罪;对于其他情形,**应当裁定终止审理**	(1)公安机关认为检察院不起诉的决定有误,可要求复议,如果意见不被接受,可向上一级检察院提请复核; (2)被害人对检察院不起诉不服,可以自收到决定书后**7**日以内向上一级检察院申诉,请求提起公诉,对检察院维持不起诉决定的,被害人可以向法院起诉,被害人也可以不经申诉,直接向法院起诉

续表

类型	适用情形	特有的后继程序	共有的后继程序
酌定不起诉	对于犯罪情节轻微，依照《刑法》规定不需要判处刑罚或者免除刑罚： (1)在中国领域外犯罪，依照我国《刑法》规定应当负刑事责任，但在外国已经受过刑事处罚的； (2)又聋又哑，或者是盲人犯罪的； (3)因防卫过当或者紧急避险超过必要限度，并造成不应有危害而犯罪的； (4)为犯罪准备工具，制造条件的； (5)在犯罪过程中自动中止或者自动有效地防止犯罪结果发生的； (6)在共同犯罪中，起次要或辅助作用的； (7)被胁迫、被诱骗参加犯罪的； (8)自首或在自首后有立功表现的	(1)酌定不起诉须经检察委员会讨论决定； (2)被不起诉人如果不服，可以自收到决定书后7日以内向检察院申诉。检察院应当作出复查决定，通知被不起诉的人，同时抄送公安机关	
存疑不起诉	因证据不足而不起诉，如补充侦查终结	如有新证据，可撤销，提起公诉	
如实供述不起诉	犯罪嫌疑人自愿如实供述涉嫌犯罪的事实，有重大立功或者案件涉及国家重大利益的	经最高人民检察院核准，公安机关可以撤销案件，人民检察院可以作出不起诉决定，也可以对涉嫌数罪中的一项或者多项不起诉	
附条件不起诉	对未成年人《刑法》分则第4章、第5章、第6章可能判处1年有期徒刑以下刑罚但有悔罪表现的，可以附条件不起诉	考验期为6个月以上1年以下	

21. 简易程序

项　目	内　容
适用范围	基层人民法院管辖的案件： (1)案件事实清楚、证据充分的； (2)被告人承认自己所犯罪行，对指控的犯罪事实没有异议的； (3)被告人对适用简易程序没有异议的
适用之例外	(1)被告人是盲、聋、哑人，或者是尚未完全丧失辨认或者控制自己行为能力的精神病人的； (2)案件有重大社会影响的； (3)共同犯罪案件中部分被告人不认罪或者对适用简易程序有异议的； (4)辩护人作无罪辩护的； (5)被告人认罪但经审查认为可能不构成犯罪的； (6)其他不宜适用简易程序审理的

续表

项　目	内　容
与普通程序的转换	(1)适用简易程序审理案件,对可能判处3年有期徒刑以下刑罚的,可以组成合议庭进行审判,也可以由审判员一人独任审判;对可能判处的有期徒刑超过3年的,**应当**组成**合议庭**进行审判; (2)适用简易程序审理案件,审判人员应当询问被告人对指控的犯罪事实的意见,告知被告人适用简易程序审理的法律规定,确认被告人是否同意适用简易程序审理; (3)公诉案件中,人民检察院应当派员出庭; (4)简易程序可以转化为普通程序,相反则不行

22. 速裁程序

项　目	内　容
适用范围	(1)基层法院管辖的可能判处3年有期徒刑以下刑罚的案件; (2)案件事实清楚,证据确实、充分; (3)被告人认罪认罚并同意适用速裁程序的,可以适用速裁程序; 检察院在提起公诉的时候,可以建议法院适用速裁程序
审判组织	由审判员一人独任审判
适用之例外	(1)被告人是盲、聋、哑人,或者是尚未完全丧失辨认或者控制自己行为能力的精神病人的; (2)被告人是未成年人的; (3)案件有重大社会影响的; (4)共同犯罪案件中部分被告人对指控的犯罪事实、罪名、量刑建议或者适用速裁程序有异议的; (5)被告人与被害人或者其法定代理人没有就附带民事诉讼赔偿等事项达成调解或者和解协议的; (6)其他不宜适用速裁程序审理的
特殊程序性规定	(1)不受送达期限的限制; (2)一般不进行法庭调查、法庭辩论,但在判决宣告前应当听取辩护人的意见和被告人的最后陈述意见; (3)应当当庭宣判
审理期限	应当在受理后10日以内审结;对可能判处的有期徒刑超过1年的,可以延长至15日
与普通程序、简易程序的转换	人民法院在审理过程中,发现有被告人的行为不构成犯罪或者不应当追究其刑事责任、被告人违背意愿认罪认罚、被告人否认指控的犯罪事实或者其他不宜适用速裁程序审理的情形的,应当按照普通程序、简易程序重新审理

23. 上诉与二审抗诉的区别

项目		上诉	二审抗诉
不同点	主体不同	(1)刑事被告人、自诉人及其法定代理人有独立、完整的上诉权，被告人的辩护人和近亲属经被告人同意有权提起上诉； (2)附带民事诉讼的当事人及其法定代理人对附带民事诉讼部分享有完整独立的上诉权； (3)被害人没有上诉权，但可就一审判决请求人民检察院提出抗诉	(1)仅限于地方各级人民检察院； (2)最高人民检察院不能按照第二审程序对最高人民法院第一审的判决、裁定提出抗诉，只能按照审判监督程序提出抗诉
	理由不同	不需要理由	人民检察院认为原判决、裁定**确有错误**
	提起方式不同	可以采用书状形式，也可采用口头形式	只能采用书状形式，必须提交**抗诉书**
	途径不同	既可以通过**原审人民**法院提出，也可**直接向第二审人民法院**提出	应当且只能通过原审人民法院提出抗诉，并且将抗诉书抄送上一级人民检察院
相同点		(1)效力相同，即启动二审程序； (2)审理法院相同，与一审人民法院有上下级关系； (3)期限相同，对判决的上诉、抗诉期限为10日，对裁定的上诉、抗诉期限为5日，从接到判决书、裁定书的次日起算，附带民事诉讼的，应当按刑事诉讼期限确定； (4)对象相同，都是针对地方各级人民法院一审未生效的**判决**和**裁定**，对于决定、调解不能上诉、抗诉	

24. 二审全面审查原则的适用

(1)在共同犯罪案件中

- 仅部分被告人提出上诉的；人民检察院仅就第一审人民法院对部分被告人的判决提出抗诉的 → 第二审人民法院应当对全案进行审查，**一并处理**
- 如果提出上诉的被告人死亡，其他被告人没有提出上诉 → 第二审人民法院应当对全案进行审查 →
  - 对死亡的被告人
    - 审查后认为不构成犯罪的 → **应当宣告其无罪**
    - 审查后认为构成犯罪的 → 应当宣布终止审理
  - 对其他同案被告人也应当作出判决、裁定

（2）在刑事附带民事诉讼案件中

- 当事人及其法定代理人对全案提起上诉或人民检察院对全案提起抗诉的 → 第二审人民法院应当对全案进行审查 →
  - 如果第一审判决的刑事部分并无不当 → 只需就附带民事诉讼部分作出处理
  - 如果第一审判决的刑事、民事部分均事实清楚，适用法律正确的 → 应当以刑事附带民事裁定**维持原判，驳回上诉、抗诉**
  - 如果刑事、附带民事部分均有错误需要依法改判的 → 应当一并改判
- 附带民诉的当事人及其法定代理人或人民检察院仅就民事部分提出上诉、抗诉的 → 第二审人民法院应对全案进行审查 →
  - 一审判决、裁定中的刑事部分并无不当的 → 仅就民事部分按二审程序处理
  - 一审判决、裁定中的刑事部分确有错误的 → 应当对刑事部分按照审判监督程序进行再审并将附带民事诉讼部分与刑事部分一并审理
- 当事人及其法定代理人或人民检察院仅就刑事部分提出上诉、抗诉的 → 第二审人民法院应对全案进行审查 →
  - 一审判决、裁定中的民事部分并无不当的 → 仅就刑事部分按二审程序处理
  - 一审判决、裁定中的民事部分确有错误的 → 应当对民事部分按审判监督程序予以纠正

注：第一审刑事部分的判决在上诉期满后即发生法律效力，但在第二审附带民事诉讼案件审结前，可以对刑事被告人暂缓送监执行。

25. 死刑复核程序流程

- 中级人民法院判处死刑立即执行的第一审案件 →
  - 被告人不上诉 人民检察院不抗诉 → 上诉、抗诉期满后10日以内报请高级人民法院复核 →
    - （1）高级人民法院提审改判
    - （2）高级人民法院撤销原判，发回重审（针对事实不清、证据不足的情形）
    - （3）高级人民法院裁定同意判处死刑 ⟹ 报请最高人民法院核准
  - 被告人上诉或人民检察院抗诉 →
    - （1）高级人民法院改判
    - （2）高级人民法院终审裁定维持死刑判决的 ⟹ 报请最高人民法院核准
- 高级人民法院 →
  - （1）判处死刑的第一审案件 → 被告人不上诉，人民检察院不抗诉 ⟹ 上诉、抗诉期满后10日内报请最高人民法院核准
  - （2）根据人民检察院的抗诉二审改判死刑的 ⟹ 报请最高人民法院核准
  - （3）按照第二审程序再审的案件，认为必须判处被告人死刑立即执行的，直接改判 ⟹ 报请最高人民法院核准

- 依法应当由最高人民法院核准的死刑案件，判处死刑缓期二年执行的罪犯，在死刑缓期执行期间，如果故意犯罪，情节恶劣查证属实，应当执行死刑的 ⟹ 由高级人民法院报请最高人民法院核准
- 最高人民法院 →
  - 应当作出核准或者不核准死刑的裁定
  - 对于不核准死刑的，最高人民法院可以发回重新审判或者予以改判

【小贴士】办理死刑复核案件听取辩护律师意见

项目	内容
含义	辩护律师要求当面反映意见的，案件承办法官应当及时安排
地点	应当在最高人民法院或者地方人民法院办公场所进行
程序	应当制作笔录，由辩护律师签名后附卷
送达	复核终结后，受委托进行宣判的人民法院应当在宣判后5个工作日内将最高人民法院裁判文书送达辩护律师

26. 死刑复核的不同处理

情形	死刑立即执行	死缓
	裁判	裁判
认定事实和适用法律正确、量刑适当、程序合法	裁定核准	
认定事实或引用法律存在瑕疵，但判决死刑并无不当	可纠正后作出核准的判决、裁定	
认定事实正确，但适用法律有错误，或者量刑过重	裁定不予核准，并撤销原判，发回重新审判；（但不用另行组成合议庭）	应当改判
事实不清、证据不足	裁定不予核准，并撤销原判，发回重新审判	（1）可以裁定不予核准，并撤销原判，发回重新审判；（2）依法改判
复核期间出现新事实、证据，影响定罪量刑	裁定不予核准，并撤销原判，发回重新审判（但不用另行组成合议庭）	（1）裁定不予核准，并撤销原判，发回重新审判；（2）依法改判
原审程序违法，可能影响公正审判	裁定不予核准，并撤销原判，发回重新审判	
不加刑原则	无	死缓复核，不得加重被告人的刑罚
一并原则	一人数罪或数名被告人被判死刑，部分犯罪或部分被告人的死刑判决、裁定事实不清、证据不足，全案裁定不予核准，并撤销原判，发回重新审判	

续表

情　形	死刑立即执行	死　缓
	裁　判	裁　判
分离原则	一人数罪或数名被告人被判死刑，部分犯罪或部分被告人的死刑判决、裁定认定事实正确，但依法不应当判处死刑的可以改判，并对其他应当判处死刑的犯罪或被告人作出核准死刑的判决	

27. 审判监督程序

主　体	权　限	提起再审的法定事由
各级人民法院院长和审判委员会	各级人民法院院长提交**审判委**员会处理	发现**本院**已经发生法律效力的判决和裁定在认定事实上或者在适用法律上确有错误
最高人民法院和上级人民法院	有权**提审**或者**指令**下级人民法院**再审**	发现下级人民法院已经发生法律效力的判决和裁定确有错误
最高人民检察院和上级人民检察院	有权按照**审判监督程序**向同级人民法院提出抗诉	(1)有新的证据证明原判决、裁定认定的事实确有错误，可能影响定罪量刑的； (2)据以定罪量刑的证据不确实、不充分、依法应当予以排除，或者证明案件事实的主要证据之间存在矛盾的； (3)原判决、裁定适用法律确有错误的； (4)违反法律规定的诉讼程序，可能影响公正审判的； (5)审判人员在审理该案件的时候，有贪污受贿，徇私舞弊，枉法裁判行为的

28. 监外执行与保外就医

项　目	监外执行	保外就医
条件	(1)对被判处有期徒刑或者拘役的罪犯： ①有严重疾病需要保外就医的； ②怀孕或者正在哺乳自己婴儿的妇女(婴儿出生后1年)； ③生活不能自理，适用暂予监外执行不致危害社会的； (2)对被判处无期徒刑的罪犯，有上述第2项规定情形的，可以暂予监外执行	(1)对罪犯确有严重疾病，必须保外就医的，由**省级人民政府**指定的医院诊断并开具证明文件； (2)对适用保外就医可能有社会危险性的罪犯，或者自伤自残的罪犯，不得保外就医

续表

项　目	监外执行	保外就医
及时收监	(1)发现不符合暂予监外执行条件的; (2)严重违反有关暂予监外执行监督管理规定的; (3)暂予监外执行的情形消失后,罪犯刑期未满的	

29. 减刑与假释

项　目		内　容
减刑	对象	被判处管制、拘役、有期徒刑或者无期徒刑的罪犯
	条件	认真遵守监规,接受教育改造,确有悔改表现的,或者有立功表现的,可以减刑;有重大立功表现的,应当减刑 【考点提示】减刑以后实际执行的刑期不能少于下列期限: (1)判处管制、拘役、有期徒刑的,不能少于原判刑期的1/2; (2)判处无期徒刑的,不能少于13年; (3)人民法院依照本法第50条第2款规定限制减刑的死刑缓期执行的犯罪分子,缓期执行期满后依法减为无期徒刑的,不能少于25年,缓期执行期满后依法减为25年有期徒刑的,不能少于20年
	管辖	(1)对于被判处无期徒刑的罪犯的减刑案件由服刑地高级人民法院管辖; (2)对于被判处有期徒刑、拘役、管制的罪犯的减刑案件由服刑地中级人民法院管辖
	程序	(1)对于被判处无期徒刑的罪犯的减刑,执行机关应当提出经省、自治区、直辖市监狱管理机关审核同意的监狱减刑建议书; (2)对被判处有期徒刑(包括减为有期)、拘役、管制的罪犯的减刑,执行机关应当提出减刑建议书
	限制减刑	对被判处死缓的累犯以及因故意杀人、强奸、抢劫、绑架、放火、爆炸、投放危险物质或者有组织的暴力性犯罪被判处死缓的犯罪分子,法院根据犯罪情节等情况可以同时决定对其限制减刑
假释	对象	是被判处有期徒刑、无期徒刑的犯罪分子 **注意**:但累犯以及因杀人、爆炸、抢劫、强奸、绑架等暴力性犯罪被判处10年以上有期徒刑、无期徒刑的犯罪分子除外
	条件	(1)已实际执行一定的刑期,即被判处有期徒刑的犯罪分子,实际执行原判刑期1/2以上,被判处无期徒刑的犯罪分子,实际执行13年以上; (2)认真遵守监规,接受教育改造,确有悔改表现,释放后不致再危害社会 **注意**:以上两个条件须同时具备,但根据《刑法》第81条的规定,如果有特殊情况,经最高人民法院核准,可以不受上述执行刑期的限制,所谓特殊情况,是指涉及政治性、外效性的情况等

续表

项目			内容
假释	后果	执行完毕	在考验期内没有违反法律、行政法规和公安机关有关假释的监督管理规定的行为，则被认为原判刑罚已执行完毕
		撤销假释	(1)考验期内再犯新罪或者发现漏罪的，则由审理新罪的人民法院撤销假释，把前罪没有执行完毕的刑罚和后罪新判处的刑罚，按照数罪并罚的原则，决定应当执行的刑期； (2)有违反法律、行政法规和公安机关有关假释的监督管理规定的行为，尚未构成新的犯罪的，公安机关可以向人民法院提出撤销假释的建议，人民法院应当自收到撤销假释建议书之日起1个月内予以审核裁定。人民法院应当裁定撤销假释的，由公安机关将罪犯送交收监

30. 诉讼阶段/程序适用的期限

诉讼阶段/程序	期限
立案	—
侦查	2~7个月
补充侦查	2次为限，每次1个月
审查起诉	(1)1个月，重大、复杂的案件，可以延长15日； (2)速裁程序须10日内，可能判处有期徒刑超过1年的，可延长至15日
一审	2个月以内宣判，至迟不得超过3个月；可能判死刑的案件、附带民诉的案件和四类案件可以再延长3个月
自诉	适用普通程序审理的被告人未被羁押的自诉案件，应当在立案后6个月内宣判
简易程序	法院应当在受理后20日以内审结；可能判处有期徒刑超过3年的，可以延长至1个半月
二审	2个月以内审结。四类案件可以再延长2个月，但是最高人民法院受理的上诉、抗诉案件，由最高人民法院决定
再审	在作出提审、再审决定之日起3个月以内审结，需要延长期限的，不得超过6个月

31. 判决、裁定与决定

项目	判决	裁定	决定
适用对象	实体问题 判决书的内容包括：首部、事实部分(事实部分包括四个方面：检察院指控被告人犯罪的事实和证据；被告人的供述、辩护和辩护人的辩护意见；经法庭审理查明的事实和据以定案的证据)、理由部分、结果部分和尾部	程序问题和部分实体问题(终止审理、中止审理、维持原判、撤销原判发回重审、驳回自诉、核准死刑、减刑、假释、撤销缓刑、减免罚金)	程序问题(如回避；是否立案；有关强制措施；实施各种侦查行为；撤销案件；延长羁押期限；起诉或不起诉；开庭审判；延期审理；抗诉；提起再审程序)
适用阶段	审判阶段	审判、执行阶段	侦查、审查起诉、审判、执行阶段
适用机关	法院	法院	侦查、检察、审判、执行机关
表现形式	书面形式	书面、口头	书面、口头
排他性	一个案件只有一个生效判决	一个案件可有多个裁定	一个案件可有多项决定
法律效力	不服未生效的判决，可以上诉或抗诉	部分未生效的裁定，可以上诉或抗诉	一经作出立即生效，不得上诉或抗诉，部分决定可申请复议一次(如回避、司法拘留、罚款)

32. 涉及财产部分的执行程序

项目	内容
含义	(1)发生法律效力的刑事裁判主文确定的罚金、没收财产； (2)责令退赔； (3)处置随案移送的赃款赃物； (4)没收随案移送的供犯罪所用本人财物等
执行机关	第一审人民法院执行，也可以委托财产所在地的同级人民法院执行
期限	**6个月**，经本院院长批准，可以延长
执行措施	查封、扣押、冻结、划拨等
生活费用	保留被执行人及其所扶养家属的生活必需费用
追缴	第三人恶意的，第三人善意取得的除外

续表

项　目	内　容
序位	(1)人身损害赔偿中的医疗费用 > (2)债权人的优先受偿权,退赔被害人的损失 > (3)其他民事债务 > (4)罚金 > (5)没收财产
异议	执行过程中,案外人或被害人认为刑事裁判中对涉案财物是否属于赃款赃物认定错误或者应予认定而未认定,向执行法院提出书面异议,可以通过裁定补正的,执行机构应当将异议材料移送刑事审判部门处理;无法通过裁定补正的,应当告知异议人通过审判监督程序处理

三、特别程序

33. 当事人和解的公诉案件诉讼程序

项　目	内　容
适用对象	(1)因民间纠纷引起,涉嫌《刑法》分则第四章、第五章规定的犯罪案件,可能判处3年有期徒刑以下刑罚的; (2)除渎职犯罪以外的可能判处7年有期徒刑以下刑罚的**过失**犯罪案件; 不适用:犯罪嫌疑人、被告人在5年以内曾经故意犯罪的
和解协议	双方当事人和解的,公安机关、人民检察院、人民法院应当听取当事人和其他有关人员的意见,对和解的自愿性、合法性进行审查,并主持制作和解协议书
处理	(1)公安机关可以向人民检察院提出从宽处理的建议; (2)人民检察院可以向人民法院提出从宽处罚的建议;对于犯罪情节轻微,不需要判处刑罚的,可以作出不起诉的决定; (3)人民法院可以依法对被告人从宽处罚

34. 缺席审判程序

项　目	内　容
适用对象	(1)对于贪污贿赂犯罪案件,以及需要及时进行审判,经最高人民检察院核准的严重危害国家安全犯罪、恐怖活动犯罪案件,犯罪嫌疑人、被告人在境外,监察机关公安机关移送起诉,人民检察院认为犯罪事实已经查清,证据确实、充分,依法应当追究刑事责任的,可以向人民法院提起公诉; (2)因被告人患有严重疾病无法出庭,中止审理超过6个月,被告人仍无法出庭,被告人及其法定代理人、近亲属申请或者同意恢复审理的,人民法院可以在被告人不出庭的情况下缺席审理,依法作出判决

续表

项　目	内　容
审判组织	由犯罪地、被告人离境前居住地或者最高人民法院指定的中级人民法院组成合议庭
送达	人民法院应当通过有关国际条约规定的或者外交途径提出的司法协助方式，或者被告人所在地法律允许的其他方式，将传票和人民检察院的起诉书副本送达被告人
开庭	被告人未按要求到案的，人民法院应当开庭审理，依法作出判决，并对违法所得及其他涉案财产作出处理
重新审理	(1)在审理过程中，被告人自动投案或者被抓获的，人民法院应当重新审理； (2)罪犯在判决、裁定发生法律效力后到案的，人民法院应当将罪犯交付执行刑罚；交付执行刑罚前，人民法院应当告知罪犯有权对判决、裁定提出异议；罪犯对判决、裁定提出异议的，人民法院应当重新审理
被告人死亡	(1)被告人死亡的，人民法院应当裁定终止审理，但有证据证明被告人无罪，人民法院经缺席审理确认无罪的，应当依法作出判决； (2)法院按照审判监督程序重新审判的案件，被告人死亡的，人民法院可以缺席审理，依法作出判决

35. 犯罪嫌疑人、被告人逃匿、死亡案件违法所得的没收程序

项　目	内　容
适用对象	对于贪污贿赂犯罪、恐怖活动犯罪等重大犯罪案件，犯罪嫌疑人、被告人逃匿，在通缉1年后不能到案，或者犯罪嫌疑人、被告人死亡，依照《刑法》规定应当追缴其违法所得及其他涉案财产的，人民检察院可以向人民法院提出没收违法所得的申请，没收对象是违法所得及其他涉案财产
审判组织	由犯罪地或者犯罪嫌疑人、被告人居住地的**中级人民法**院组成合议庭
公告及申请参加诉讼	(1)人民法院受理没收违法所得的申请后，应当发出公告，公告期间为**6个月**； (2)犯罪嫌疑人、被告人的近亲属和其他利害关系人有权申请参加诉讼，也可以委托诉讼代理人参加诉讼
财产返还	(1)人民法院经审理，对经查证属于违法所得及其他涉案财产，除依法返还被害人的以外，应当裁定予以没收； (2)对不属于应当追缴的财产的，应当裁定驳回申请，解除查封、扣押、冻结措施
上诉、抗诉	犯罪嫌疑人、被告人的近亲属和其他利害关系人或者人民检察院可以提出上诉、抗诉
终止审理	(1)在审理过程中，在逃的犯罪嫌疑人、被告人自动投案或者被抓获的，人民法院应当终止审理； (2)没收犯罪嫌疑人、被告人财产确有错误的，应当予以返还、赔偿

36. 依法不负刑事责任的精神病人的强制医疗程序

项　目	内　容
管辖法院	行为地基层法院;被申请人居住地法院(如更适宜)
申请与决定主体	法院决定
	公安机关(强制医疗意见书) ↓ 人民检察院(提出强制医疗申请) ↓ 人民法院(决定强制医疗) 在审查起诉中,犯罪嫌疑人经鉴定系依法不负刑事责任的精神病人的,检察院应当作出不起诉决定。认为符合《刑事诉讼法》第284条规定条件的,应当向法院提出强制医疗的申请
临时保护性约束措施	公安机关可以采取临时的保护性约束措施
审判组织	合议庭开庭;经法定代理人请求,人民法院可不开庭审理。审理检察院申请强制医疗的案件,应当会见被申请人
审理程序	应当通知被申请人或者被告人的法定代理人到场。被申请人或者被告人没有委托诉讼代理人的,人民法院应当通知法律援助机构指派律师为其提供法律帮助
审理期限	1个月以内
救济	被决定强制医疗的人、被害人及其法定代理人、近亲属对强制医疗决定不服的,可以自收到决定书之日起5日内向上一级法院申请复议。复议期间不停止执行强制医疗的决定
强制医疗程序的解除	对于已不具有人身危险性,不需要继续强制医疗的,应当及时提出解除意见,报决定强制医疗的法院批准。被强制医疗的人及其近亲属有权申请解除强制医疗
强制医疗程序的监督	检察院认为强制医疗决定或解除强制医疗决定不当,在收到决定书后20日内提出书面纠正意见的,法院应当另行组成合议庭审理,并在1个月内决定

行政法与行政诉讼法

一、导论与行政组织法

1. 行政法基本原则

基本原则		
基本原则	合法行政	法律优先（法已规定不可违）；法律保留（法无规定不可为）
基本原则	合理行政	公平公正对待；考虑相关因素；比例原则（合目的性、适当性、损害最小）
基本原则	程序正当	行政公开（保障知情权）；公众参与（表达意见陈述申辩）；公务回避（实体程序回避）
基本原则	高效便民	行政效率（积极履行职责、及时履行职责）；便利当事人（减轻当事人程序负担）
基本原则	诚实守信	行政信息真实（行政机关对信息真实性负责）；保护信赖利益（行政行为不得随意变更）
基本原则	权责统一	行政效能（赋予执法手段、保证政令有效）；行政责任（行政违法应承担法律责任）

2. 行政机关、被授权组织与被委托组织之比较

名　称	类　型	权力来源	行为名义	责任承担
行政机关	中央、地方行政机关	宪法、组织法	自己	自己
被授权组织 准行政机关	(1)事业单位(四会三局、高校); (2)社会团体(轻工、纺织总会); (3)国有公用企业(水、电、气)	法律、法规	自己	自己
被委托组织	(1)行政处罚可委托管理公共事务职能的组织,但不可委托其他组织或个人; (2)行政许可只可委托其他机关,不可委托组织	委托机关	委托者	委托者

【小贴士】行政授权与行政委托

区别项	行政授权	行政委托
权力来源	法律、法规	行政机关
权力行使者	组织	组织

续表

区别项	行政授权	行政委托
制度目的	解决行政职权的归属	解决是否亲自行为问题
效果	创设行政主体	创设行为主体
法律地位	组织本身承担法律后果	行政机关承担法律后果

3. 派出机关与派出机构

项　目	派出机关	派出机构
类别	(1)省、自治区人民政府经**国务院批准设立**的行政公署; (2)县、自治县人民政府经**省、自治区、直辖市人民政府批准**设立的区公所; (3)市辖区、不设区的市人民政府经上一级人民政府批准设立的**街道办事处**	部门行政法(法律、法规)根据相关行政领域的具体情况对派出机构的设置与职权作出规定,其种类较多,典型的如公安派出所、税务所等
是否具有行政主体资格	具有行政主体资格	行使法律、法规具体**授权时具有**行政主体资格,否则不具有行政主体资格

4. 具体行政行为与抽象行政行为

项　目	具体行政行为	抽象行政行为
相对一方明确程度	相对一方是特定的公民、法人或其他组织,明确肯定	相对一方不明确、不特定
法律效力	针对已经发生的事作出,具有一定的溯及既往性	只针对日后将要发生的事作出,除非规定了溯及条款,否则一般只向后生效
可否反复适用	针对特定人的特定事项作出,不能反复适用(个别性)	针对特定事,而不针对特定人,当法定条件具备时,可**反复适用**
表现形式	往往表现为行政处理决定书具有外部性	往往表现为规范性文件
主体限制	主体无特别限制,任何有资格的行政主体均可依法作出具体行政行为,多为低层次的主体	主体有较严格限制,而且多为较高层次的主体,特别是行政立法的主体必须是法定的有权主体

5. 具体行政行为的成立和效力

项　目	内　容	
成立	条件	效力(公定力)
主体	行政主体	确定力:不可更改力

续表

项　目	内　容		
内容	有效果意思行政权的表示	拘束力：行政机关、相对人遵守；其他组织和个人尊重	
程序	法定程序须送达	执行力：自愿履行，强制执行，（复议诉讼期间）不停止执行原则	
有效	合法　+　合理		
无效	行为明显重大违法；如要求相对人去犯罪、行为毫无法律依据、明显缺乏事实根据	自始不发生任何效力	可**随时**主张无效；随时宣告无效；可获国家赔偿
撤销	行为一般违法或明显不当	被撤销前推定为有效，撤销后溯及为自始无效	需依法定程序撤销；撤销后可获国家赔偿
废止	原有法律依据已改变；客观情况发生重大变化；行为目的已实现，无须继续存在	废止前有效；废止后无效	因信赖保护可获国家补偿

6. 公务员制度

项　目	内　容
基本权利	（1）执行公务权，获得履行职责所必需的工作条件； （2）身份保障权，非因法定事由和非经法定程序不被免职、降职、辞退或者处分，公务员的身份和职务受法律保障； （3）工资福利权，获得工资报酬和享受福利、保险待遇； （4）参加培训权，参加政治理论和业务知识的培训，以适应工作的需要； （5）批评建议权，对机关工作和领导人员提出批评和建议； （6）申诉控告权，对有关处分和处理决定提出申诉，对有关机关和负责人滥用职权和其他违法行为提出控告； （7）辞职申请权，可以出于个人原因提出不再继续担任公务员； （8）法律规定的其他权利
职位、职务与职级	（1）公务员职位主要有三个类别：综合管理类、专业技术类和行政执法类； （2）国家实行公务员职务与职级并行制度，根据公务员职位类别和职责设置公务员领导职务、职级序列
录用制度	（1）公开、平等、竞争和择优原则； （2）适用于初次进入行政机关，担任一级主任科员以下及其他相当职级层次的公务员； （3）主要方式是考试和考核； （4）新录用的公务员试用期为1年
任免制度	（1）公务员领导职务实行选任制、委任制和聘任制； （2）公务员职级实行委任制和聘任制

续表

项　目	内　容
职务交流	交流方式包括调任、转任： （1）调任是国有企业、高等院校和科研院所以及其他不参照本法管理的事业单位中从事公务的人员调入机关担任领导职务或者四级调研员以上及其他相当层次的职级； （2）转任是公务员在不同职位、不同地区、不同部门之间的职务变动。挂职锻炼是以培养锻炼为目的选派公务员到下级或者上级机关、其他地区机关以及国有企业事业单位担任职务 **注意**：根据工作需要，机关可以采取挂职方式选派公务员承担重大工程、重大项目、重点任务或者其他专项工作；公务员在挂职期间，不改变与原机关的人事关系

【小贴士】政务处分与行政机关公务员处分

项　目		政务处分	行政机关公务员处分
相同点	性质	制裁	制裁
	目的	促进公职人员依法履职、秉公用权、廉洁从政从业、坚持道德操守	规范行政机关公务员的行为，保证行政机关及其公务员依法履行职责
不同点	主体	监察机关	任免机关或者监察机关
	对象	公职人员（包括但不限于行政机关公务员）	行政机关公务员
	程序与救济途径	依据《公职人员政务处分法》	依据《公务员法》《行政机关公务员处分条例》

口诀巧记　公务员管理

履行公职入编制，　工资福利靠财政；　领导职务有任免，　选任委任加聘任；
依法管理公务员，　考奖惩职培交流；　考核德能勤绩廉，　政治、实绩是重点；
奖励办法分五种，　嘉奖三功授称号；　公务处分六大类，　警告两过降撤开；
公职退出有三种，　退休辞职和辞退；　退休享受退休金，　辞退只能拿保险；
患病负伤疗养期，　孕期产假哺乳期；　因公致残丧能力，　不得辞退公务员。

要点解说

（1）公务员，是指依法履行公职、纳入国家行政编制、由国家财政负担工资福利的工作人员。

（2）录用公务员是根据法定程序和方法，将符合条件的人员吸收为公务员的制度。录用制度适用于初次进入行政机关，担任一级主任科员以下及其他相当职务层次的公务员。录用的主要方式是考试和考核。录用采取公开考试、严格考核、平等竞争和择优录取的办法。

（3）任免公务员是关于任用或者免除公务员职务的制度。公务员领导职务实行选任制、委任制和聘任制。

（4）考核是对公务员履行职务情况进行考察核查并且作出评价的活动。考核的作用是为公务员调整职务、级别和工资以及公务员奖励、培训、辞退提供依据。考核的内容有德、能、勤、绩、廉，其中重点是考核政治素质和工作实绩。

（5）奖励，是指对工作表现突出，有显著成绩和贡献，或者有其他突出事迹的公务员或者公务员集体的褒奖和鼓励。奖励的种类包括嘉奖、记三等功、记二等功、记一等功、授予称号。惩戒,是指对违反法律和纪律应当承担纪律责任的公务员所给予的处分。除了刑事处罚,处分是保障公务纪律、维护国家公共管理秩序和限制剥夺公务员权利的最重要手段。处分的种类包括警告、记过、记大过、降级、撤职、开除。

(6)公务员退出公职的制度主要是退休、辞职和辞退。遇有以下情形不得辞退公务员:①因公致残,被确认丧失或者部分丧失工作能力的;②患病或者负伤,在规定的疗养期内的;③女性公务员在孕期、产假、哺乳期内的;④法律、行政法规规定的其他不得辞退的情形。

二、行政处罚法

7. 行政处罚决定程序

项　目	简易程序	普通程序	听证程序
适用条件	(1)**事实确凿并有依据**; (2)对公民处**200**元以下、对单位处**3000**元以下**罚款**或**警告(治安处罚为200元)**	不适用简易或听证程序的情况;先查证,后处罚,着重和保障当事人了解权、陈述权	(1)适用案件:①较大数额罚款;②没收较大数额违法所得、没收较大价值非法财物;③降低资质等级、吊销许可证件;④责令停产停业、责令关闭、限制从业;⑤其他较重的行政处罚;⑥法律、法规、规章规定的其他情形; (2)当事人要求
行政机关权利义务	(1)报所属机关备案; (2)可由1人执法并签名盖章	(1)调查检查应当主动出示执法证件; (2)行政机关负责人(集体)审查并作出决定	(1)应告知听证权利; (2)非本案调查人员主持
相对人权利义务	不服可复议或起诉	处罚时未告知事实理由依据,或拒绝听取陈述申辩的,不得作出处罚决定	(1)有权申请主持人回避; (2)可委托1人至2人代理
重要时限	处罚决定书须**当场**交付	(1)自立案之日起90日内作出处罚决定; (2)当事人不在场应在7日内送达处罚决定	(1)在被告知后5日内要求听证; (2)行政机关应在听证7日前通知听证时间与地点

8. 行政处罚的设定权限

行政规则	设定权限	备　注
法律	可以设定**各种行政处罚**	**限制人身自由**的行政处罚只能由法律设定
行政法规	**除**限制人身自由外的行政处罚外,即不包括行政拘留	(1)行政法规需对法律已设定的行政处罚进行具体规定的,不得超出法律规定的范围; (2)为实施法律行政法规可对法律未设定的行政处罚,补充设定行政处罚,但应通过听证会等形式听取意见并报送备案

续表

行政规则	设定权限	备　注
地方性法规	可设定**除**限制人身自由、吊销营业执照**以外**的行政处罚	(1)不得超出法律、行政法规的范围； (2)也可补充设定行政处罚，要求同上
部门规章	(1)对法律、行政法规的规定作出具体规定； (2)可设定警告、通报批评或一定数额的**罚款**	罚款限额由国务院定
地方规章	(1)对法律、法规的规定作出具体规定； (2)可设定**警告**、通报批评或一定数额的**罚款**	罚款限额由省级人大常委会定

三、行政许可法

9. 行政许可的设定机关

- 全国人大及其常委会 —— **法律**可以设定行政许可
- 国务院
  - 尚未制定法律的，**行政法规**可以设定行政许可
  - 国务院可以采用发布决定的方式设定行政许可；实施后，除临时性行政许可事项外，国务院应当及时提请制定法律，或者自行制定行政法规
- 省级、较大的市人大及其常委会 —— 尚未制定法律、行政法规的，**地方性法规**可以设定行政许可
  - (1) 不得设定应当由国家统一确定的公民、法人或者其他组织的资格、资质的行政许可；
  - (2) 不得设定企业或者其他组织的设立登记及其前置性行政许可；
  - (3) 其设定的行政许可，不得限制其他地区的个人或者企业到本地区从事生产经营和提供服务；
  - (4) 不得限制其他地区的商品进入本地区市场
- 省级人民政府规章
  - 尚未制定法律、行政法规和地方性法规的，因行政管理的需要，确需立即实施行政许可的，省、自治区、直辖市人民政府规章可以设定**临时性**的行政许可
  - 临时性的行政许可实施满**1年**需要继续实施的，应当提请本级人民代表大会及其常务委员会制定地方性法规

10. 行政许可案件审理规定

项目		内容
受案范围		(1)行政机关作出的**行政许可决定**以及相应的**不作为**; (2)行政许可**管理行为**及相应的**不作为**; (3)未公开行政许可决定或者未提供行政许可监督检查记录; (4)具有**事实上终止性**的过程行为,程序性(如通知行为)不可诉
被告	一般被告	作出该决定或行为的机关
	特殊情况	(1)经上级批准、由下级决定的(可告下级,可告上下级,不可单独告上级): ①原则上应以**下级机关**为被告; ②如对批准或者不批准行为不服一并起诉的,以**上级行政机关**为**共同被告**; (2)下级初审,**上级决定**的(不作为,告下级,经不服,告上级): ①对不予初步审查或不予上报不服起诉的,以下级行政机关或者管理公共事务的组织为被告; ②只对最终决定不服,则应以最终作出决定的上级机关为被告; (3)统一办理行政许可的:以对当事人作出具有**实质影响**的**不利行为**的机关为被告(统一办,谁不同意状告谁)
特殊审理规则		(1)被告不履行举证责任的:**利害关系第三人**可以向法院提供;第三人对无法提供的证据,可以申请法院调取,法院在当事人无争议,但涉及国家利益、公共利益或者他人合法权益的情况下,也可以依职权调取证据;合法的,应当判决驳回诉讼请求; (2)新法与旧法的适用:一般以提出行政许可申请后的新法为依据;但新法不利于申请人除外; (3)行政许可违反旧法但符合新法的:**判决确认违法**,但准予许可不损害公共利益和利害关系人合法权益的,判决驳回原告的诉讼请求

四、行政强制法

11. 行政强制措施与行政强制执行

项目	适用目的	主要方式	基本特征	救济途径
强制措施	(1)为调查而强制; (2)为预防而强制; (3)为征用而强制	(1)对人强制扣留、隔离、疏散; (2)对物强制检验、查封、扣押、冻结; (3)对场所强制隔离、查封	临时性;非惩罚性	对其不服可以起诉

续表

项目	适用目的	主要方式	基本特征	救济途径
强制执行	为实现另一行为确定的义务而强制	(1)间接强制,如代履行、执行罚; (2)直接强制,如划拨、收缴、拍卖	替代性;有时带惩罚性	(1)执行有错的诉执行行为; (2)执行内容有错诉执行内容

12. 行政强制执行的方式与设定

<table>
<tr><th>项目</th><th colspan="3">内容</th></tr>
<tr><td rowspan="3">方式</td><td rowspan="2">行政机关自己执行(公安、国安、海关、税务、县级以上人民政府)</td><td>直接强制</td><td>(1)划拨存款、汇款——法律明确授权;
(2)拍卖或者依法处理查封扣押的场所设施财物;
(3)排除妨碍、恢复原状;
(4)代履行</td></tr>
<tr><td>间接强制</td><td>加处罚款或者滞纳金(执行罚)</td></tr>
<tr><td>行政机关申请法院执行</td><td colspan="2">当事人不申请复议或诉讼、又不履行决定,自届满后3个月内可申请</td></tr>
<tr><td rowspan="3">设定权</td><td colspan="3">行政机关强制执行由法律设定,法律没有规定的,行政机关只能申请法院执行</td></tr>
<tr><td colspan="2">有法律规定的强制执行权</td><td>(1)自行执行;
(2)申请法院执行</td></tr>
<tr><td colspan="2">无法律规定的强制执行权</td><td>申请法院执行</td></tr>
<tr><td rowspan="2">实施程序</td><td>行政强制措施实施的主体</td><td colspan="2">(1)行政机关实施,行政强制措施由法律法规规定的行政机关实施;集中行使行政处罚权的综合执法机关可以实施与其处罚权有关的行政强制措施;
(2)授权实施,法律法规授权的组织,可以以自己的名义实施行政强制措施;
(3)受委托机关是绝对不能行使行政强制措施的</td></tr>
<tr><td>行政机关强制执行程序</td><td colspan="2">(1)行政机关作出强制执行决定前,应当事先催告当事人履行义务;
(2)经催告,当事人逾期仍不履行行政决定,且无正当理由的,行政机关可以作出强制执行决定;
(3)在催告期间,对有证据证明有转移或者隐匿财物迹象的,行政机关可以作出立即强制执行决定</td></tr>
</table>

续表

<table>
<tr><th>项　目</th><th colspan="2">内　容</th></tr>
<tr><td rowspan="3">实施程序</td><td>中止执行</td><td>(1)当事人履行行政决定确有困难或者暂无履行能力的；
(2)第三人对执行标的主张权利，确有理由的；
(3)执行可能造成难以弥补的损失，且中止执行不损害公共利益的；
(4)行政机关认为需要中止执行的其他情形
注意：中止执行的情形消失后，行政机关应当恢复执行。对没有明显社会危害，当事人确无能力履行，中止执行满3年未恢复执行的，行政机关不再执行</td></tr>
<tr><td>终结执行</td><td>(1)公民死亡，无遗产可供执行，又无义务承受人的；
(2)法人或者其他组织终止，无财产可供执行，又无义务承受人的；
(3)执行标的灭失的；
(4)据以执行的行政决定被撤销的；
(5)行政机关认为需要终结执行的其他情形</td></tr>
<tr><td colspan="2">注意：行政机关不得在夜间或者法定节假日实施行政强制执行，但是，情况紧急的除外；行政机关不得对居民生活采取停止供水、供电、供热、供燃气等方式迫使当事人履行相关行政决定</td></tr>
</table>

13. 行政许可、行政处罚、行政强制实施主体比较

行为种类	行政机关	被授权组织	受委托机关或组织	法　院	相对集中实施	统一办理
行政许可	√	法律、法规授权的管理公共事务的组织	其他行政机关	×	国务院批准，省级政府决定	一并审批+联合办理
行政处罚	县级以上政府及其职能部门	同行政许可	管理公共事务的事业组织	×	国务院决定或国务院授权省级政府决定	×
行政强制措施	√	法律、行政法规授权的管理公共事务的组织	×	冻结可申请法院执行	同行政处罚	×
行政强制执行	公安、税务、海关、国安、县级以上政府	×	×	依无行政强制执行权的行政机关申请进行非诉执行	×	×

五、政府信息公开

14. 政府信息公开义务主体

信息类型	公开主体
行政机关制作的政府信息	制作该政府信息的行政机关
行政机关从公民、法人和其他组织获取的政府信息	保存该政府信息的行政机关
行政机关获取的其他行政机关的政府信息	制作或者最初获取该政府信息的行政机关
两个以上行政机关共同制作的政府信息	牵头制作的行政机关

15. 政府信息主动公开

项　目	内　容
主动公开的事项	(1)行政法规、规章和规范性文件； (2)机关职能、机构设置、办公地址、办公时间、联系方式、负责人姓名； (3)国民经济和社会发展规划、专项规划、区域规划及相关政策； (4)国民经济和社会发展统计信息； (5)办理行政许可和其他对外管理服务事项的依据、条件、程序以及办理结果； (6)实施行政处罚、行政强制的依据、条件、程序以及本行政机关认为具有一定社会影响的行政处罚决定； (7)财政预算、决算信息； (8)行政事业性收费项目及其依据、标准； (9)政府集中采购项目的目录、标准及实施情况； (10)重大建设项目的批准和实施情况； (11)扶贫、教育、医疗、社会保障、促进就业等方面的政策、措施及其实施情况； (12)突发公共事件的应急预案、预警信息及应对情况； (13)环境保护、公共卫生、安全生产、食品药品、产品质量的监督检查情况； (14)公务员招考的职位、名额、报考条件等事项以及录用结果； (15)法律、法规、规章和国家有关规定规定应当主动公开的其他政府信息
主动公开的方式	通过政府公报、政府网站或者其他互联网政务媒体、新闻发布会以及报刊、广播、电视等途径予以公开
主动公开的时限	应当自该政府信息形成或者变更之日起20个工作日内及时公开；法律、法规对政府信息公开的期限另有规定的，从其规定

16. 政府信息依申请公开

项　目	内　容
当事人申请	(1)应当向行政机关的政府信息公开工作机构提出； (2)原则上应当采用书面形式(包括信件、数据电文)； (3)申请内容不明确的，行政机关应当给予指导和释明，并自收到申请之日起7个工作日内一次性告知申请人作出补正

续表

项 目	内 容
行政机关对申请的答复	(1)所申请公开信息已经主动公开的,告知申请人获取该政府信息的方式、途径; (2)所申请公开信息可以公开的,向申请人提供该政府信息,或者告知申请人获取该政府信息的方式、途径和时间; (3)行政机关依据《政府信息公开条例》的规定决定不予公开的,告知申请人不予公开并说明理由; (4)经检索没有所申请公开信息的,告知申请人该政府信息不存在; (5)所申请公开信息不属于本行政机关负责公开的,告知申请人并说明理由;能够确定负责公开该政府信息的行政机关的,告知申请人该行政机关的名称、联系方式; (6)行政机关已就申请人提出的政府信息公开申请作出答复、申请人重复申请公开相同政府信息的,告知申请人不予重复处理; (7)所申请公开信息属于工商、不动产登记资料等信息,有关法律、行政法规对信息的获取有特别规定的,告知申请人依照有关法律、行政法规的规定办理
答复期限	(1)能够当场答复的,应当当场予以答复; (2)不能当场答复的,应当自收到申请之日起20个工作日内予以答复; (3)需要延长答复期限的,应当经政府信息公开工作机构负责人同意并告知申请人,延长的期限最长不得超过20个工作日
滥用申请权的规制	申请人申请公开政府信息的数量、频次明显超过合理范围,行政机关可以要求申请人说明理由。行政机关认为申请理由不合理的,告知申请人不予处理;行政机关认为申请理由合理,但是无法在上述答复期限内答复申请人的,可以确定延迟答复的合理期限并告知申请人

17. 政府信息公开诉讼

项 目		内 容
受案范围	应当受理	(1)向行政机关申请获取政府信息,行政机关拒绝提供或者逾期不予答复的; (2)认为行政机关提供的政府信息不符合其在申请中要求的内容或者法律、法规规定的适当形式的; (3)认为行政机关主动公开或者依他人申请公开政府信息侵犯其商业秘密、个人隐私的; (4)认为行政机关提供的与其自身相关的政府信息记录不准确,要求该行政机关予以更正,该行政机关拒绝更正、逾期不予答复或者不予转送有权机关处理的; (5)认为行政机关在政府信息公开工作中的其他具体行政行为侵犯其合法权益的
	不予受理	(1)因申请内容不明确,行政机关要求申请人作出更改、补充且对申请人权利义务不产生实际影响的告知行为; (2)要求行政机关提供政府公报、报纸、杂志、书籍等公开出版物,行政机关予以拒绝的; (3)要求行政机关为其制作、搜集政府信息,或者对若干政府信息进行汇总、分析、加工,行政机关予以拒绝的; (4)行政程序中的当事人、利害关系人以政府信息公开名义申请查阅案卷材料,行政机关告知其应当按照相关法律、法规的规定办理的

续表

项　目	内　容
受案范围	**注意**:公民、法人或者其他组织认为行政机关不依法履行主动公开政府信息义务,直接向人民法院提起诉讼的,应当告知其先向行政机关申请获取相关政府信息。对行政机关的答复或者逾期不予答复不服的,可以向人民法院提起诉讼
被告确定	(1)依申请公开的,作出答复或者申请书载明的机关为被告; (2)主动公开的,公开该政府信息的机关为被告; (3)法律、法规授权的具有管理公共事务职能的组织公开政府信息的行为,应当以该组织为被告; (4)对经有关行政机关批准的政府信息公开行为不服,"谁批准,谁被告"; (5)报经有关主管部门或者同级保密工作部门确定的或者在信息公开前与有关行政机关进行沟通、确认的,"谁署名,谁被告"
人民法院应当判决驳回原告的诉讼请求	(1)不属于政府信息、政府信息不存在、依法属于不予公开范围或者依法不属于被告公开的; (2)申请公开的政府信息已经向公众公开,被告已经告知申请人获取该政府信息的方式和途径的; (3)起诉被告逾期不予答复,理由不成立的; (4)以政府信息侵犯其商业秘密、个人隐私为由反对公开,理由不成立的; (5)要求被告更正与其自身相关的政府信息记录,理由不成立的; (6)不能合理说明申请获取政府信息系根据自身生产、生活、科研等特殊需要,且被告据此不予提供的; (7)无法按照申请人要求的形式提供政府信息,且被告已通过安排申请人查阅相关资料、提供复制件或者其他适当形式提供的; (8)其他应当判决驳回诉讼请求的情形

New 六、行政复议法

18. 行政复议的受案范围

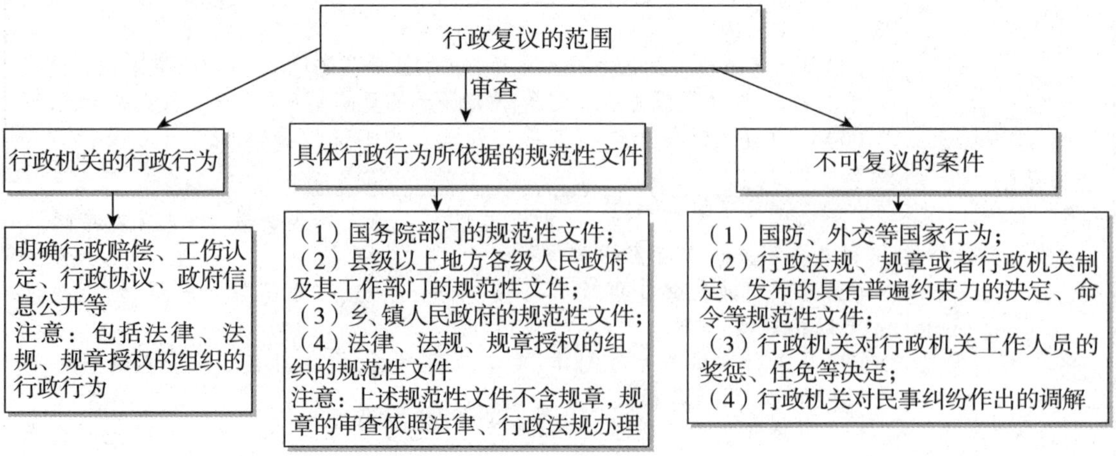

口诀巧记 **行政复议的受案范围**

行政行为侵权益，都属复议之范围；排除事项四方面，国家行为和行政，人事决定和调解。

19. 行政复议管辖

管辖机关	管辖的行政复议案件
县级以上政府	(1)对本级政府工作部门作出的行政行为不服的； (2)对下一级政府作出的行政行为不服的； (3)对本级政府依法设立的派出机关作出的行政行为不服的； (4)对本级政府或者其工作部门管理的法律、法规、规章授权的组织作出的行政行为不服的
省、自治区、直辖市人民政府	同时管辖对本机关作出的行政行为不服的行政复议案件
国务院部门	(1)对本部门作出的行政行为不服的； (2)对本部门依法设立的派出机构依照法律、行政法规、部门规章规定，以派出机构的名义作出的行政行为不服的； (3)对本部门管理的法律、行政法规、部门规章授权的组织作出的行政行为不服的
实行垂直领导的上一级主管部门	对海关、金融、外汇管理等实行垂直领导的行政机关、税务和国家安全机关的行政行为不服的，向上一级主管部门申请行政复议
本级政府或上一级司法行政部门	对履行行政复议机构职责的地方人民政府司法行政部门的行政行为不服的

【小贴士】有关派出机关和派出机构的管辖

管辖机关	管辖的行政复议案件
县级以上政府	对本级政府依法设立的派出机关和本级政府工作部门设立的派出机构作出的行政行为不服的
国务院部门	对本部门设立的派出机构作出的行政行为不服的
所在地人民政府	对直辖市、设区的市人民政府工作部门按照行政区划设立的派出机构作出的行政行为不服的，也可以由其所在地的人民政府管辖

20. 行政复议决定

<table>
<tr><th>决定类型</th><th colspan="2">适用条件</th></tr>
<tr><td>变更行政行为</td><td colspan="2">(1)事实清楚,证据确凿,适用依据正确,程序合法,但是内容不适当;
(2)事实清楚,证据确凿,程序合法,但是未正确适用依据;
(3)事实不清、证据不足,经行政复议机关查清事实和证据
行政复议机关不得作出对申请人更为不利的变更决定,但是第三人提出相反请求的除外</td></tr>
<tr><td>撤销或者部分撤销行政行为,并可以责令被申请人在一定期限内重新作出行政行为</td><td colspan="2">(1)主要事实不清、证据不足;
(2)违反法定程序;
(3)适用的依据不合法;
(4)超越职权或者滥用职权。
注意:被申请人不得以同一事实和理由作出与被申请行政复议的行政行为相同或者基本相同的行政行为,但是行政复议机关以违反法定程序为由决定撤销或者部分撤销的除外</td></tr>
<tr><td rowspan="2">确认行政行为违法</td><td>不撤销行政行为,但确认违法</td><td>(1)依法应予撤销,但是撤销会给国家利益、社会公共利益造成重大损害;
(2)程序轻微违法,但是对申请人权利不产生实际影响</td></tr>
<tr><td>不需要撤销或者责令履行的,确认行政行为违法</td><td>(1)行政行为违法,但是不具有可撤销内容;
(2)被申请人改变原违法行政行为,申请人仍要求撤销或者确认该行政行为违法;
(3)被申请人不履行或者拖延履行法定职责,责令履行没有意义</td></tr>
<tr><td>履行法定职责</td><td colspan="2">被申请人不履行法定职责的,行政复议机关决定被申请人在一定期限内履行</td></tr>
<tr><td>确认行政行为无效</td><td colspan="2">实施主体不具有行政主体资格或者没有依据等重大且明显违法情形,申请人申请确认行政行为无效的</td></tr>
<tr><td>维持行政行为</td><td colspan="2">行政行为认定事实清楚,证据确凿,适用依据正确,程序合法,内容适当的</td></tr>
<tr><td>驳回申请</td><td colspan="2">申请人认为被申请人不履行法定职责的,行政复议机关受理发现被申请人没有相应法定职责或者在受理前已经履行法定职责的</td></tr>
</table>

【小贴士】行政决定的特殊类型

决定类型	主要内容
针对行政协议	(1)被申请人不依法订立、不依法履行、未按照约定履行或者违法变更、解除行政协议的,行政复议机关决定被申请人承担责任; (2)被申请人变更、解除行政协议合法,但是未依法给予补偿或者补偿不合理的,行政复议机关决定被申请人依法给予合理补偿
针对一并提出的行政赔偿	(1)依法应当不予赔偿的,在作出行政复议决定时,应当同时决定驳回行政赔偿请求; (2)对依法应当给予赔偿的,在决定撤销或者部分撤销、变更行政行为或者确认行政行为违法、无效时,应当同时决定被申请人依法给予赔偿; (3)确认行政行为违法的,还可以同时责令被申请人采取补救措施
提起复议时没有提出行政赔偿请求的	在依法决定撤销或者部分撤销、变更罚款,撤销或者部分撤销违法集资、没收财物、征收征用、摊派费用以及对财产的查封、扣押、冻结等行政行为时,应当同时责令被申请人返还财产,解除对财产的查封、扣押、冻结措施,或者赔偿相应的价款
行政复议调解	(1)当事人经调解达成协议的,行政复议机关应当制作行政复议调解书,经各方当事人签字或者签章,并加盖行政复议机关印章,即具有法律效力; (2)调解未达成协议或者调解书生效前一方反悔的,行政复议机关应当依法审查或者及时作出行政复议决定
达成和解	(1)当事人在行政复议决定作出前可以自愿达成和解,和解内容不得损害国家利益、社会公共利益和他人合法权益,不得违反法律、法规的强制性规定; (2)当事人达成和解后,由申请人向行政复议机构撤回行政复议申请;撤回后申请人不得再以同一事实和理由提出行政复议申请。但是,申请人能够证明撤回行政复议申请违背其真实意愿的除外
行政复议意见书	(1)行政复议机关发现被申请人或者其他下级行政机关的有关行政行为违法或者不当的,可以向其制发行政复议意见书; (2)有关机关应当自收到行政复议意见书之日起60日内,将纠正相关违法或者不当行政行为的情况报送行政复议机关

七、行政诉讼法

21. 行政诉讼的受案范围

应予受理的案件	不予受理的案件
(1)行政处罚案件； (2)行政强制措施和行政强制执行案件； (3)行政许可案件； (4)确认自然资源的所有权或者使用权案件； (5)征收、征用及其补偿案件； (6)不履行法定职责的案件； (7)侵犯法定经营自主权或者农村土地承包经营权、农村土地经营权的案件； (8)侵犯公民公平竞争权案件； (9)违法要求履行义务的案件； (10)行政给付案件； (11)行政合同(行政协议)案件； (12)国际贸易行政案件； (13)反倾销行政案件和反补贴行政案件； (14)其他	(1)国防、外交等国家行为； (2)抽象行政行为； (3)行政机关内部行为； (4)法律规定由行政机关最终裁决的行政行为； (5)公安、国家安全机关依刑事诉讼法明确授权实施的行为； (6)行政机关的调解行为和法定的仲裁行为； (7)不具强制力的行政指导行为； (8)驳回当事人对行政行为提起申诉的重复处理行为； (9)不产生外部法律效力的行为； (10)过程性行为； (11)执行行为，但扩大执行范围或方式违法的除外； (12)内部层级监督行为； (13)信访处理行为； (14)对相对人权利义务不产生实际影响的行为

口诀巧记 行政诉讼案件的受理范围

许可处罚强措施，征收征用与确认；侵犯经营自主权，保护职责不履行；
滥用权力限竞争，非法集资摊费用；保险保障抚恤金，不法履行两合同。

22. 行政诉讼地域管辖

类别	内容	备注
一般地域管辖	原告就被告原则： (1)原则上由作出行政行为的行政机关所在地法院管辖； (2)复议机关改变原行政行为的，复议机关为被告； (3)复议机关维持原行政行为的案件，作出原行政行为的行政机关和复议机关是共同被告	只要经过复议的案件，无论是复议维持还是改变，都可选择向复议机关所在地法院起诉

续表

类　别	内　容	备　注
特殊地域管辖	(1)对限制人身自由的行政强制措施不服提起的诉讼,由被告或原告所在地法院管辖(原告所在地是指原告户籍所在地、经常居住地和被限制人身自由地); (2)因不动产提起的诉讼,由不动产所在地法院管辖	针对同一个案件,同一个或者不同的行政机关采取限制人身自由的强制措施、限制财产权利的强制措施、行政处罚的,原告可以选择管辖法院。受诉法院可以一并管辖,如原告要求一并管辖,则应当一并管辖
共同管辖	(1)经过复议的案件,行政复议机关和原行政机关所在地法院都有权管辖; (2)采取限制人身自由的行政强制措施案件,被告所在地、原告户籍地、住所地、被限制人身自由地的法院都有权管辖; (3)临界不动产案件,有关行政区域的法院都有权管辖	共同管辖的解决办法: (1)原告选择; (2)最先立案的法院管辖; (3)一并管辖:对限制人身自由,同时又有其他强制措施的,受诉法院可以一并管辖; (4)协商管辖; (5)指定管辖:由共同的上级法院指定管辖

口诀巧记　行政诉讼地域管辖

一般原则原就被，　不动管辖所在地；　复议案件双行地，　复议原来均可管；
限制人身管辖多，　原告属地就三个；　共同管辖原告选，　同时提起先立管。

23. 行政诉讼原告确定

项　目	内　容
相邻权人	认为相邻权权益受到侵害的,主要包括截水、排水、通行、通风、采光等
公平竞争权人	认为被侵犯了公平竞争权的
合伙组织	合伙企业以核准字号为原告,其他合伙组织以合伙人为共同原告
个体工商户	以登记的经营者为原告
股份制企业内部机构	(1)起诉主体:股东大会、股东代表大会、董事会; (2)必须以企业名义起诉
非国有企业	非国有企业被行政机关分立、终止、兼并、改变隶属关系时: (1)以企业名义;(2)其法定代表人以自己名义

续表

项　目	内　容
企业法定代表人	在企业法定代表人被行政机关变更或撤换的情况下,原企业法定代表人既可以以自己的名义起诉,也可以以企业的名义起诉,人民法院不得以起诉的名义不当为由不予受理或者裁定驳回诉讼请求
投诉举报者	限于"维护自身合法权益"的投诉举报者具有原告资格
非营利法人	可以自己的名义提起诉讼
共有利益主体	业主委员会可以自己的名义提起诉讼。业主委员会不起诉的,专有部分占建筑物总面积过半数或者占总户数过半数的业主可以提起诉讼

24. 行政诉讼级别管辖

项　目	内　容
基层人民法院	除法律规定由上级法院管辖的特殊情形除外
中级人民法院	(1)对国务院部门或者县级以上地方人民政府所作的行政行为提起诉讼的案件; (2)海关处理的案件; (3)本辖区内重大、复杂的案件: ①社会影响重大的共同诉讼案件; ②涉外或涉及港澳台的行政案件; ③其他重大、复杂案件; (4)其他法律规定由中级人民法院管辖的案件
高级人民法院	本辖区内重大、复杂的第一审行政案件
最高人民法院	全国范围内重大、复杂的第一审行政案件

口诀巧记　中级人民法院行政诉讼管辖范围

部委县级与海关，　本区重大与复杂。

25. 行政诉讼被告确定

(1)行政复议案件

项　目	内　容
复议维持原行政行为	(1)作出原行政行为的行政机关和复议机关是共同被告; (2)原告只起诉作出原行政行为的行政机关或者复议机关的,人民法院应当告知原告追加被告;原告不同意追加的,人民法院应当将另一机关列为共同被告; (3)复议既有维持又有改变或不予受理内容的,同(1)
复议改变原行政行为	复议机关是被告

续表

项　目	内　容	
复议机关在法定期间内不作复议决定	起诉原行政行为	作出原行政行为的行政机关是被告
	起诉复议机关不作为的	复议机关是被告
注意	(1)“复议机关决定维持原行政行为”:包括复议机关驳回复议申请或者复议请求的情形,但以复议申请不符合受理条件为由驳回的除外; (2)“复议机关改变原行政行为”,是指复议机关改变原行政行为的处理结果;复议机关改变原行政行为所认定的主要事实和证据、改变原行政行为所适用的规范依据,但未改变原行政行为处理结果的,视为复议机关维持原行政行为; (3)复议机关确认原行政行为无效,属于改变原行政行为; (4)复议机关确认原行政行为违法,属于改变原行政行为,但复议机关以违反法定程序为由确认原行政行为违法的除外	

(2)被告资格的转移

项　目	内　容
行政机关被撤销或者职权变更的	继续行使其职权的行政机关是被告
行政机关被撤销,其行政职权随政府职能转变而不复存在的	作出撤销决定的行政机关为被告

26. 行政诉讼起诉的期限

适用情形		期　限	起　算
一般期限	直接向法院起诉	6个月	自知道或者应当知道作出行政行为之日起,原则以行政机关明确告知其诉权和起诉期限为标准
	不服行政复议而起诉	15日	(1)自收到复议决定书之日起; (2)复议机关逾期不作决定,自复议期满之日起
	行政机关不履行法定职责	履行法定职责期限届满之日起6个月	(1)自接到申请之日起2个月内不履行的; (2)法律、法规等其他规范性文件有明确规定的,从其规定; (3)紧急情况下,可立即起诉

续表

适用情形		期 限	起 算
最长保护期限	行政机关未告知诉权或起诉期限	1年	从其知道或应当知道行政行为内容之日起(但一般期限从原告知道或应当知道诉权或起诉期限之日起算)
	当事人不知道行政行为内容	5年	从作出行政行为之日起(但一般期限从知道或应当知道具体行政行为内容时起算)
	行政行为涉及不动产	20年	自作出行政行为之日起

注:人身自由受到限制的,被限制人身自由的时间不算在内。

27. 行政诉讼的法律适用

项 目	内 容
法律、行政法规、地方性法规	是审判的依据,应绝对适用(包括自治条例和单行条例)
规章	可作参照,具体含义如下: (1)符合法律和行政法规规定的规章,必须予以适用; (2)对于不符合或不完全符合法律法规原则精神的规章,法院可以灵活掌握; (3)可以在裁判文书中引用相关条款,但要注明"参照"二字
规章以下的其他规范性文件	只能参考,起辅助作用
WTO规则	原则上应转化为国内法,特殊情况下可直接适用

28. 行政诉讼证据制度

特 征	内 容
来源的特定性	产生在行政程序中,主要由被告行政机关提供,"先取证,后裁决"
举证责任分配的特殊性	被告承担举证责任是基本原则,原告只在下列特定情况下承担举证责任: (1)应当提供其符合起诉条件的证据材料; (2)起诉被告不作为的,应当提供其曾经提出申请的证据材料,被告应当依职权主动履行法定职责的,原告因正当理由不能提供证据的(如被告受理申请的登记制度不完备等)不能提供相关材料的,可免除原告举证责任; (3)行政赔偿诉讼中,应当对被诉行政行为造成损害的事实提供证据
证明对象的特殊性	证明的是行政行为是否合法

29. 行政诉讼裁判类型

裁判类型	适用情形	具体内容
驳回判决	驳回原告的诉讼请求	(1)行政行为证据确凿,适用法律、法规正确,符合法定程序的; (2)原告申请被告履行法定职责或者给付义务理由不成立的
撤销判决	撤销或者部分撤销,可责令重做	(1)主要证据不足的; (2)适用法律、法规错误的; (3)违反法定程序的; (4)超越职权的; (5)滥用职权的; (6)明显不当的
履行判决	判决被告在一定期限内履行法定职责	被告不履行法定职责
	判决被告履行给付义务	被告依法负有给付义务
确认判决	确认违法,但不撤销	(1)行政行为依法应当撤销,但撤销会给国家利益、社会公共利益造成重大损害的; (2)行政行为程序轻微违法,但对原告权利不产生实际影响的
	确认违法	(1)行政行为违法,但不具有可撤销内容的; (2)被告改变原违法行政行为,原告仍要求确认原行政行为违法的; (3)被告不履行或者拖延履行法定职责,判决履行没有意义的
	确认无效	实施主体不具有行政主体资格或者没有依据等重大且明显违法
变更判决	行政处罚明显不当,或者其他行政行为涉及对款额的确定、认定确有错误的	
继续履行、采取补救措施或者赔偿损失判决	不依法履行、未按照约定履行或者违法变更、解除政府特许经营协议、土地房屋征收补偿协议	
补偿判决	被告变更、解除政府特许经营协议、土地房屋征收补偿协议合法,但未依法给予补偿的	

注:人民法院经审查认为被诉行政行为违法或不当,可在宣判前建议被告改变该行为。

口诀巧记 行政诉讼的一审判决

证据确凿法正确，符合程序判驳回；主证不足法错误，违法程序超职权；
滥用职权显不当，人民法院判撤销；查明被告不履行，判决限期内履行；
查明被告应给付，判决被告要给付；确认违法不撤销，国公利益与轻微；
不需撤销确违法，三种情形要分清；主体不符或违法，原告申请确无效；
确认违法或无效，造成损失被告赔；行政处罚显不当，款额确认有错误；
人民法院判变更，不得加减原告权；被告履行有瑕疵，变更解除两合同；
法院判补救措施，补偿或继续履行。

八、国家赔偿法

30. 行政赔偿程序

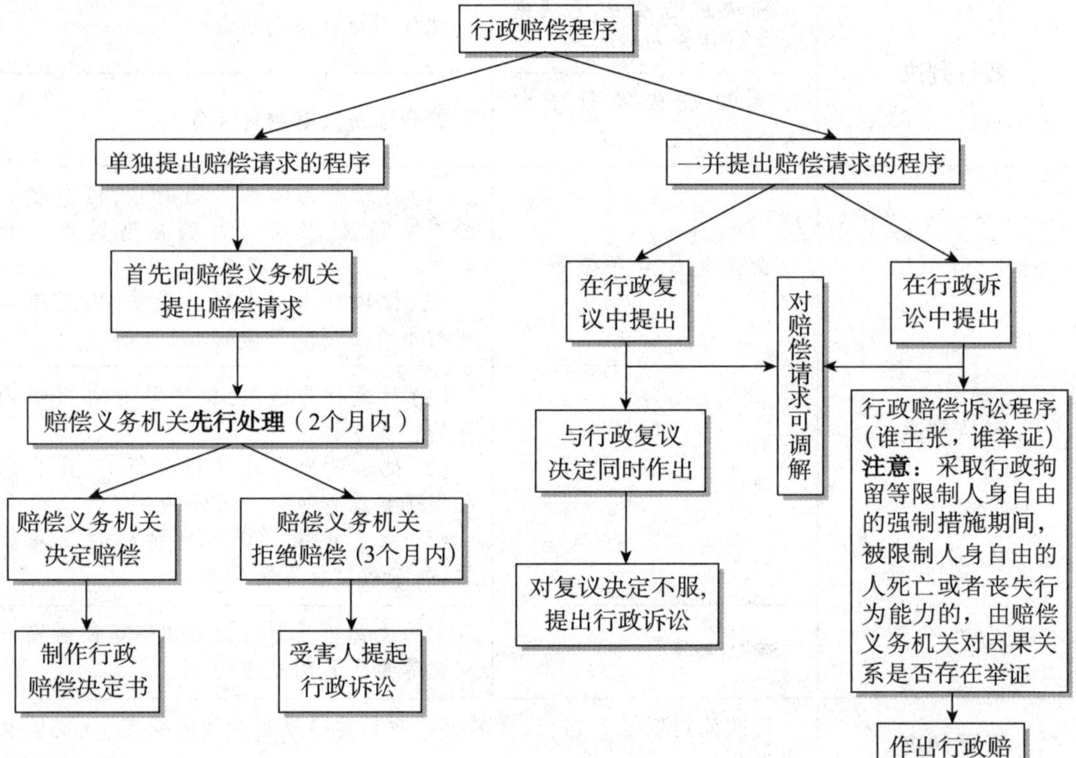

31. 行政赔偿与刑事赔偿的受案范围

项 目	受案范围	不予赔偿
行政赔偿	(1)违法拘留或者违法采取限制公民人身自由的行政强制措施的; (2)非法拘禁或者以其他方法非法剥夺公民人身自由的; (3)以殴打、虐待等行为或者唆使、放纵他人以殴打、虐待等行为造成公民身体伤害或者死亡的; (4)违法使用武器、警械造成公民身体伤害或者死亡的; (5)造成公民身体伤害或者死亡的其他违法行为; (6)违法实施罚款、吊销许可证和执照、责令停产停业、没收财物等行政处罚的; (7)违法对财产采取查封、扣押、冻结等行政强制措施的; (8)违法征收、征用财产的; (9)造成财产损害的其他违法行为; (10)违法采取先予执行措施的	(1)行政机关工作人员与行使职权无关的个人行为; (2)因公民、法人和其他组织自己的行为致使损害发生的; (3)国家不承担赔偿责任的其他情形: ①不可抗力; ②第三人过错
刑事赔偿	(1)违反刑事诉讼法的规定对公民采取拘留措施的,或者依照刑事诉讼法规定的条件和程序对公民采取拘留措施,但是拘留时间超过刑事诉讼法规定的时限,其后决定撤销案件、不起诉或者判决宣告无罪终止追究刑事责任的; (2)对公民采取逮捕措施后,决定撤销案件、不起诉或者判决宣告无罪终止追究刑事责任的; (3)依照审判监督程序再审改判无罪,原判刑罚已经执行的; (4)刑讯逼供或者以殴打、虐待等行为或者唆使、放纵他人以殴打、虐待等行为造成公民身体伤害或者死亡的; (5)违法使用武器、警械造成公民身体伤害或者死亡的; (6)违法对财产采取查封、扣押、冻结、追缴等措施的; (7)依照审判监督程序再审改判无罪,原判罚金、没收财产已经执行的	(1)因公民自己故意作虚伪供述,或者伪造其他有罪证据被羁押或者被判处刑罚的; (2)依照《刑法》第 17 条、第 18 条规定不负刑事责任的人被羁押的(刑事责任年龄的规定); (3)依照《刑事诉讼法》第 15 条、第 173 条第 2 款、第 273 条第 2 款、第 279 条规定不追究刑事责任的人被羁押的(法定和酌定不起诉); (4)行使侦查、检察、审判职权的机关以及看守所、监狱管理机关的工作人员与行使职权无关的个人行为; (5)因公民自伤、自残等故意行为致使损害发生的; (6)法律规定的其他情形

32. 行政赔偿义务机关

项目	含义
单独赔偿义务机关	最常见的情形，由一个行政机关承担赔偿责任
共同赔偿义务机关	共同赔偿义务机关之间负连带责任： (1)两个以上行政机关共同实施违法行政行为，或者行政机关及其工作人员与第三人恶意串通作出的违法行政行为，造成公民、法人或者其他组织人身权、财产权等合法权益实际损害的，应当承担连带赔偿责任，一方承担连带赔偿责任后，对于超出其应当承担部分，可以向其他连带责任人追偿； (2)两个以上行政机关分别实施违法行政行为造成同一损害，每个行政机关的违法行为都足以造成全部损害的，各个行政机关承担连带赔偿责任。两个以上行政机关分别实施违法行政行为造成同一损害的，人民法院应当根据其违法行政行为在损害发生和结果中的作用大小，确定各自承担相应的行政赔偿责任；难以确定责任大小的，平均承担责任
法律法规授权的组织	独立承担责任主体
被委托的组织	由委托的行政机关承担赔偿责任
行政机关撤销时的赔偿义务机关	(1)继续行使其职权的行政机关为赔偿义务机关； (2)没有继续行使其职权的行政机关，作出撤销决定的行政机关为赔偿义务机关
经过行政复议的赔偿义务机关	(1)由最初造成侵权行为的行政机关为赔偿义务机关； (2)复议机关的复议决定加重损害的，复议机关对加重的部分履行赔偿义务
有关派出机关的赔偿义务机关	(1)派出机关在法律法规授权的范围内行使职权时的侵权造成损害的，由派出机关作为赔偿义务机关； (2)若派出机关执行设立机关交办的任务时侵权造成损害的，由设立机关作为赔偿义务机关

33. 刑事赔偿义务机关

情形	刑事赔偿义务机关
行使侦查、检察、审判职权的机关以及看守所、监狱管理机关及其工作人员在行使职权时侵犯公民、法人和其他组织的合法权益造成损害的	该**机关**
对公民采取拘留措施，依法应当赔偿的	**作出**拘留决定的**机关**(包括检察院自侦案件)

续表

情　形	刑事赔偿义务机关
对公民采取拘留措施后又采取逮捕措施,国家承担赔偿责任的	作出逮捕决定的机关
对公民采取逮捕措施后决定撤销案件、不起诉或者判决宣告无罪的	**作出逮捕决定的机关**
再审改判无罪的	作出**原生效判决**的人民法院
二审改判无罪,以及二审发回重审后作无罪处理的	作出**一审有罪判决**的人民法院
原二审法院维持或改判的	原二审法院

口诀巧记　刑事赔偿义务机关

义务机关要认定，　侦检审监看守所；　错误拘留与逮捕，　决定机关义务人；
再审改判定无罪，　生效法院义务人；　一审生效定一审，　上诉抗诉定二审；
审无罪,两途径，　发回重审或改判；　此处立法有修改，　一审法院义务人；
违法措施生错误，　行为法院义务人；　司法人员造损害，　所在机关义务人；
国家免赔有道理，　虚伪供述和伪造；　不负刑责个人为，　自残自伤不赔偿。

民　法

一、总　则

1. 民事权利的类型

划分标准	类　型	基本特点	典型举例
民事权利的效力特点	支配权	权利人直接排他性支配、他人容忍即可	人身权、物权、知识产权中的**财产权**
	请求权	特定人请求特定他人为或不为一定行为(无排他性)	(1)债权; (2)人身权、物权、知识产权需要以请求权为救济
	形成权	依权利人**单方意思表示**就能使权利义务关系发生、变更或消灭	撤销权、解除权、追认权、抵销权
	抗辩权	阻止请求权效力、拒绝向相对人履行义务	同时履行抗辩权、不安抗辩权、先诉抗辩权
民事权利所及相对人的范围	绝对权	义务人是权利人以外的一切人,具有不特定性	物权、人身权(对世权) **注意**:侵害英雄烈士等的姓名、肖像、名誉、荣誉,损害社会公共利益的,应当承担民事责任
	相对权	义务人是特定人	债权(对人权)
民事权利与权利人的联系	主权利	不依赖于其他权利就可以独立存在	主债权
	从权利	不能独立存在而从属于主权利	担保物权

口诀巧记　民事权利

民事权利有界限，　不同标准可分类；　依照利益为标准，　分为财产人身权；
效力特点为标准，　支配请求形抗辩；　支配权有排他性，　物权人身知产权；
请求他人为不为，　债权典型请求权；　单方意思形成权，　撤销抵销和追认；
抗辩阻止请求权，　不安先诉同履行；　依照效力和范围，　分为绝对相对权；
绝对效力不特定，　相对仅为特定人；　依其地位做划分，　主从原权救济权；
民事权利需救济，　公力自力两方式；　公力救济行诉权，　自力救济靠自己；
自卫自助两类型，　正当防卫避险忙；　私力救济不滥用，　现实危险破例用。

2. 宣告失踪与宣告死亡

<table>
<tr><th>项　目</th><th>宣告失踪</th><th>宣告死亡</th></tr>
<tr><td>失踪</td><td colspan="2">(1)离开住所或居所,下落不明;
(2)起算时间自自然人失去音讯之日起算,或者从战争结束之日或者有关机关确定的下落不明之日起算</td></tr>
<tr><td>法定期间</td><td>(1)2年;
(2)战争期间失踪,失踪期间自战争结束之日计算或有关机关确定的下落不明之日起算</td><td>(1)一般为4年;
(2)因意外事故下落不明的,从事故发生之日满2年;
(3)战争期间失踪,失踪期间自战争结束之日计算或有关机关确定的下落不明之日起算;
(4)经有关机关证明该自然人不可能生存的,申请宣告死亡不受2年时间的限制</td></tr>
<tr><td>利害关系人申请</td><td>以下利害关系人申请无顺序:
(1)被申请人的近亲属;
(2)依法对被申请人有继承权的亲属;
(3)债权人、债务人、合伙人等与被申请人有民事权利义务关系的民事主体,但是不申请宣告失踪不影响其权利行使、义务履行的除外</td><td>总则编司法解释确定了申请宣告死亡的利害关系人的范围及其申请顺序:
(1)第一顺序的利害关系人是指被申请人的配偶、父母、子女,以及依据《民法典》第1129条规定对被申请人有继承权的亲属;对公婆或者岳父母尽了主要赡养义务的丧偶儿媳、丧偶女婿,也是第一顺序的利害关系人;
(2)第二顺序的利害关系人是指被宣告死亡人的其他近亲属,以及依据《民法典》第1128条规定对被申请人有继承权的亲属,这些利害关系人在申请宣告死亡时,须具备下列情形之一:一是被申请人的配偶、父母、子女均已死亡或者下落不明的;二是不申请宣告死亡不能保护其相应合法权益的;
(3)被申请人的债权人、债务人、合伙人等民事主体不能认定为申请宣告死亡的利害关系人,但是不申请宣告死亡不能保护其相应合法权益的除外</td></tr>
<tr><td>法院公告期</td><td>3个月</td><td>(1)一般为1年;
(2)意外事故失踪的,公告期为3个月</td></tr>
<tr><td>效果</td><td>(1)产生财产代管人;
(2)财产代管人在有关失踪人的诉讼中,有充当原告和被告的资格</td><td>(1)在民事范围,法律效果同自然死亡;
(2)死亡效果仅以被宣告死亡住所为中心区域有效;
(3)死亡前实施行为与宣告死亡后果发生抵触的以实施行为有效</td></tr>
<tr><td>宣告撤销(本人或利害关系人申请)</td><td>财产代管关系终止,交还代管财产并报告管账情况</td><td>(1)人身关系发生变动的,不恢复(再婚的不再恢复、收养的不恢复);
(2)财产关系发生变动的,恢复。
注意:关于婚姻关系的恢复:配偶尚未再婚并且没有向婚姻登记机关书面声明不愿意恢复的,婚姻关系自行恢复;若配偶向婚姻登记机关书面声明不愿意恢复婚姻关系,或配偶已再婚的,再婚效力不受撤销宣告的影响,即使再婚后离婚或者再婚配偶死亡的,婚姻关系也不当然恢复</td></tr>
</table>

口诀巧记 **宣告死亡**

下落不明已四年，　或者意外满二年；　利害关系人申请，　法典顺序供参考；
第一通常是配偶，　还有父母和子女；　第二其他近亲属，　特殊其他权利人；
公告一年或三月，　判决方式宣死亡；　身份终止财产继，　发生冲突是例外；
重新出现未死亡，　申请再经法院判；　判决具有溯及力，　善意第三受保护；
未婚愿意自恢复，　再婚以后不恢复；　收养行为仍有效，　不受撤销之影响；
继承受赠或其他，　取得财产要返还；　善意取得第三人，　免返原物补偿代。

3.《民法典》对法人的分类

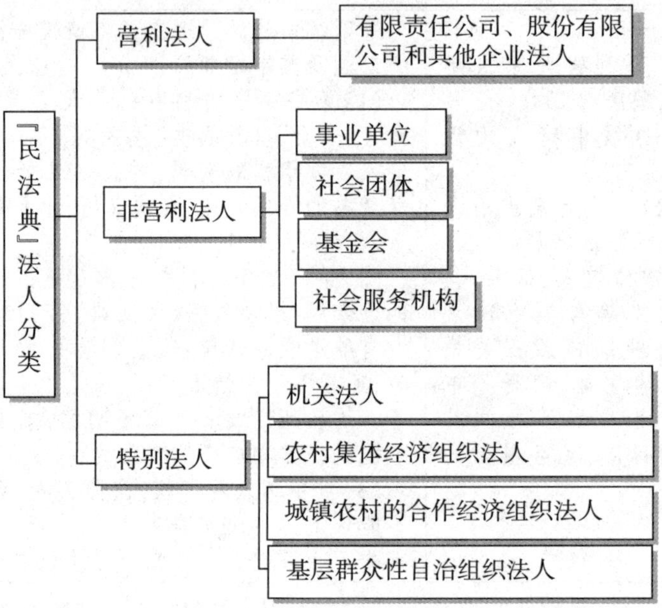

4. 狭义无权代理与表见代理

项　目	狭义无权代理	表见代理
产生	没有代理权、超越代理权或代理权终止后的行为	无权代理人使相对人**有理由相信**行为人有代理权，相对人负举证责任，只能是署名代理
效力	效力待定相对人可以催告被代理人30日内追认，未表示为拒绝	产生有权代理的效力，被代理人、代理人间的责任关系，另案解决
被代理人	有追认权，可向行为人、第三人为之，在相对人撤回前行使	不得以无权代理抗辩，也不得以自己没有过失抗辩

续表

项 目	狭义无权代理	表见代理
善意相对人	**善意**第三人有催告权、有撤销权(恶意第三人有催告权、无撤销权)	**善意相对人**除具有狭义无权代理的催告、撤销权外,还享有选择权,既可以主张无权代理,也可以主张表见代理
相对人善意的标准	不明知和不可得知	不明知

【小贴士】第三人有合理的理由相信——存在代理权的外观

项 目	内 容
构成条件	(1)相对人而不是其他人相信无权代理人有代理权; (2)相对人必须有合理的理由相信无权代理人具有代理权; (3)关键要从第三人是否相信或者应当相信的角度来考虑
考量方面	(1)特定的场所; (2)无权代理人与被代理人的关系; (3)无权代理人的行为是否与其职责相关; (4)被代理人对无权代理行为的发生所起的作用; (5)无权代理人在与相对人缔约时宣称其有代理权的根据;一般来说,如果无权代理人持有单位的印章、介绍信、空白合同书等证明材料和文件时,都可能使第三人有理由相信其具有代理权

5. 民事法律行为的种类

- 法律事实
  - 事件(自然事件、生活事件与状态)
  - 行为
    - 法律行为(表意行为)
      - 有效的法律行为
        - 合同、处分行为
        - 婚姻
        - 遗嘱
      - 有瑕疵的法律行为
        - 效力未定
        - 可撤销
        - 无效
    - 准法律行为
      - 意思通知:如要约拒绝等
      - 情感表示:如被继承人对继承人行为的宽恕
      - 观念(事实)通知:如债权让与通知等
    - 事实行为(非表意行为)
      - 无因管理
      - 不当得利
      - 先占
      - 发明、创作
      - 添附

划分标准	具体类型	区分意义
成立是仅需一方意思表示还是必须双方或多方意思表示	(1)单方行为; (2)双方(多方)行为; (3)决议行为	(1)单方行为只要有一方当事人意思表示即可成立; (2)双方及多方行为需要各方当事人意思表示一致,仅有意思表示却没有达成一致的,行为仍不成立; (3)决议行为则通过多数决方式或程序形成意思表示的合意而成立
民事法律行为依发生的效果是身份关系抑或财产关系	(1)身份行为; (2)财产行为	(1)适用法律不同; (2)法律限制不同:身份行为涉及伦理关系,法律有较多的限制,而财产行为自由度相对高些,只要有民事行为能力即可为之
当事人是否因给付而取得对价	(1)有偿行为; (2)无偿行为	(1)有的民事法律行为就其性质来说只能是有偿的; (2)意思表示瑕疵的效力不同,因显失公平等意思表示有瑕疵的行为,为有偿行为,无偿行为本身就是没有对价给付的,不能用显失公平撤销; (3)承担法律责任的要件不同,无偿行为因义务人不获对价,承担赔偿责任通常以重大过失为要件,而有偿行为因当事人负担的义务属于取得对价利益的给付,有一般过失时就要承担责任
在意思表示之外,是否以标的物的交付为成立要件	(1)诺成性行为; (2)实践性行为	实践性民事法律行为,仅有意思表示,行为还不算成立,只有当按照该意思表示完成标的物交付时,行为才告成立,才能发生设定民事权利义务的效果
是否必须依照一定方式实施	(1)要式行为; (2)不要式行为	(1)要式行为须有约定或法律规定; (2)要式行为如未完成特定形式,该行为不成立,但法律另有规定的除外
后一个法律行为的效力是否须以前一个法律行为为条件	(1)有因行为; (2)无因行为	(1)确认法律行为效果的独立性; (2)交付、他物权的设定等处分行为,若是有因行为,就是否认物权行为;反之,则为肯定物权行为

口诀巧记 民事法律行为的类型

意思表示几方表，法律行为有区分；单方行为仅一方，双方对立且统一；
多方行为意平行，合伙章程是典型；法律效果为标准，财产身份两类型；
财产行为依对价，区分有偿和无偿；有偿行为付对价，赠与使用是无偿；
无偿行为义务轻，重大过失才担责；有偿行为要求高，一般过失就负责；
交付标的为要件，分为诺成与实践；诺成行为仅意思，实践行为加交付；
保管定金自然借，依据法律是实践；其他双方未约定，应当认定是诺成；
要式行为由法定，书面公证加登记；要式行为有例外，自由决定不要式；
依照行为效力分，处分负担两行为；前后因果为条件，分为无因与有因。

6. 民事法律行为的效力

项　目	无效民事法律行为	可撤销民事法律行为	效力未定民事法律行为
特点	意思表示瑕疵或主体不合法或内容违法	意思表示瑕疵	行为外表健全，但未经权利人同意
效力	**自始、确定、当然无效**，具有不得履行性	在撤销前是有效的，撤销必须以**诉**为之，实际撤销后，才溯及开始发生无效后果	在第三人作出意思表示之前，效力不确定，既非有效，也非无效
类型	(1)欠缺民事行为能力人实施的行为； (2)恶意串通行为； (3)虚假行为(又称伪装行为)； (4)违反强制性规定或违背公序良俗的行为	(1)重大误解； **注意**：如果行为人按照通常理解不发生该错误认识，行为人就不会作出相应意思表示的，才可认定为“重大”； (2)乘人之危致显失公平； (3)欺诈，包括积极欺诈与不作为欺诈； (4)胁迫	包括无权代理、债务承担、限制行为能力人待追认的行为
效果	返还财产、赔偿损失、追缴财产、争议解决条款生效	受害方行使撤销权，在重大误解行为中，行为人都可以	(1)权利人追认后有效； (2)相对人撤销后无效； (3)相对人行使**催告权**

口诀巧记　民事法律行为的效力

无效行为缺要件，　自始当然无效力；　具体情形分四种，　无能之人第一种；
恶意串通第二种，　虚假行为第三种；　违反强制性规定，　违背公序与良俗；
无效行为不履行，　给付财产互返还；　造成损害要赔偿，　争议条款仍有效；
部分无效不影响，　其他部分仍有效；　法定瑕疵可撤销，　撤销之前仍有效；
民事行为要撤销，　须经审判或仲裁；　乘人之危失公平，　重大误解欺诈胁；
撤销主体分两类，　一年或者九十日；　效力未定三类型，　无权代理最典型；
债务承担与限行，　追认催告撤销权；　催告追认三十日，　未作表示是拒绝；
追认之前可撤销，　明示方式且善意。

7. 意思表示

<table>
<tr><th>项　目</th><th colspan="2">内　容</th></tr>
<tr><td>概念</td><td colspan="2">是民事法律行为的要素，指民事行为能力适格之表意人，将自主形成的效果意思表达于外部的行为</td></tr>
<tr><td rowspan="2">形式</td><td>明示</td><td>(1)口头形式；
(2)书面形式，又分一般书面形式和公证、登记等特别书面形式；
(3)公告形式</td></tr>
<tr><td>默示</td><td>(1)推定，即行为人用语言外的可推知含义的作为间接表达内心意思的默示行为；
(2)沉默，即行为人依法或者依约以不作为间接表达内心意思的默示行为
注意：沉默只有在有法律规定、当事人约定或者符合当事人之间的交易习惯时，才可以视为意思表示</td></tr>
<tr><td>效果</td><td colspan="2">(1)意思表示的拘束力：意思表示一旦成立，表意人须受其约束，非依法律，不得擅自撤回或者变更的法律效力；
(2)撤回意思表示：撤回意思表示的通知应当在意思表示到达相对人前或者与意思表示同时到达相对人；
(3)撤销意思表示：撤销之意思通知须于相对人发信之前或者同时到达，撤销才生效</td></tr>
</table>

8. 民事诉讼时效的起算

情　形	起算点
分期履行	**最后一期履**行期限届满之日
未约定履行期限，可依法确定的	履行期限届满之日
未约定履行期限，不能依法确定的	债权人要求债务人履行义务的**宽限期届满之日**

续表

情　形	起算点
未约定履行期限，不能依法确定的，且债务人在债权人第一次向其主张权利之时明确表示不履行义务的	债务人明确表示不履行义务之日
合同被撤销，返还财产、赔偿损失请求权	合同被撤销之日
返还不当得利请求权	当事人一方知道或者应当知道不当得利事实及对方当事人之日
管理人因无因管理行为产生的给付必要管理费用、赔偿损失请求权	因管理行为结束并且管理人知道或者应当知道本人之日
本人因不当无因管理行为产生的赔偿损失请求权	其知道或者应当知道管理人及损害事实之日
无民事行为能力人或者限制民事行为能力人对其法定代理人的请求权	法定代理终止之日
未成年人遭受性侵害的损害赔偿请求权	受害人年满18周岁之日

9. 诉讼时效与除斥期间

项　目	诉讼时效	除斥期间
价值定位	维护新的事实状态	维持原事实状态
适用对象	一般适用于请求权	一般适用于**形成权**
起算点	自权利人知道或应当知道权利受到侵害之日起计算	自权利人知道或者应当知道权利产生之日起计算
期间弹性	期间可中止、中断和延长	不变期间
法律后果	实体权利不灭，债务人获得抗辩权	实体权利本身丧失
具体的时间	(1)普通诉讼时效：3年； (2)最长时效：20年； (3)特殊时效：4年：国际货物买卖合同和技术进出口合同争议	(1)90日：重大误解中行为人的撤销权； (2)6个月：赠与人的继承人或者法定代理人的法定撤销权； (3)1年： ①因欺诈、胁迫或者显失公平而撤销法律行为时的撤销权，自知情或者胁迫行为终止之日起1年，但最长不超过行为发生之日起5年； ②赠与人享有的法定撤销权； ③可撤销婚姻中，受胁迫方、受欺诈方（婚前隐瞒重大疾病）的撤销权； ④债的保全中债权人的撤销权，自知道或者应当知道撤销事由之日起1年，最长不超过行为发生之日起5年； (4)5年：债权人领取提存物的权利

10. 诉讼时效中止与中断

比较项	诉讼时效中止	诉讼时效中断
概念	在诉讼时效期间的最后6个月内，因法定事由而使权利人不能行使请求权的，诉讼时效期间的计算暂时停止	因有与权利人怠于行使权利相反的事实，使已经过的时效期间失去效力，而须重新起算时效期间
法定事由	(1)不可抗力，指的是不能预见、不能避免并不能克服的客观情况，包括自然灾害和非出于权利人意思的“人祸”，如瘟疫、暴乱等； (2)无民事行为能力人或者限制民事行为能力人没有法定代理人，或者法定代理人死亡、丧失民事行为能力、丧失代理权； (3)继承开始后未确定继承人或者遗产管理人； (4)权利人被义务人或者其他人控制； (5)其他导致权利人不能行使请求权的障碍	(1)权利人向义务人提出履行之请求； (2)义务人同意履行义务； (3)提起诉讼或申请仲裁，故诉讼之日便是时效中断之时； (4)与提起诉讼或者申请仲裁具有同等效力的其他情形
法律效果	(1)法定事由发生前已经过的时效期间仍为有效，法定事由经过的期间为时效中止期间，不生时效期间的效力，法定事由消除后，时效期间继续进行； (2)法定事由发生在最后6个月内，法定事由消除后，补足6个月	诉讼时效中断的事由发生后，已经过的时效期间归于无效，中断事由存续期间，时效不进行，中断事由终止时，重新计算时效期间

二、物　　权

11. 物权公示

项　目		内　容	
动产	交付（转移占有）	简易交付	动产物权设立和转让前，权利人已经依法**占有**该动产的，物权自法律行为生效时发生效力
动产	交付（转移占有）	占有改定	动产物权转让时，双方又约定由出让人继续占有该动产的，物权自该**约定生效时**发生效力
动产	交付（转移占有）	指示交付	动产物权设立和转让前，第三人依法占有该动产的，负有交付义务的人可以通过转让请求第三人返还原物的权利代替交付
动产	交付（转移占有）	拟制交付	出让人将标的物的权利凭证（如仓单、提单）交给受让人，以代替物的现实交付
动产	特例	船舶、航空器和机动车等物权的设立、变更、转让和消灭，未经登记，不得对抗善意第三人（对抗要件）	

续表

项目		内容
不动产	登记	不动产物权的设立、变更、转让和消灭，经依法登记，发生效力；**未经登记，不发生效力**（生效要件）
	特例	依法属于国家所有的自然资源，可以不登记
		土地承包经营权、宅基地使用权、地役权不是必须登记
	预告登记制度	（1）预告登记后，未经预告登记的权利人同意，处分该不动产的，不发生物权效力； （2）预告登记后，债权消灭或者自能够进行不动产登记之日起**90日内**未申请登记的，预告登记失效； （3）未经预告登记的权利人同意，转移不动产所有权，或者设定建设用地使用权、地役权、抵押权等其他物权的，认定其不发生物权效力
	异议登记	（1）条件：不动产登记簿记载的权利人不同意更正的，利害关系人可以申请异议登记。登记机构予以异议登记的，申请人在异议登记之日15日内不起诉，异议登记失效。异议登记不当，造成权利人损害的，权利人可以向申请人请求损害赔偿； （2）结果：因以上事由失效后，当事人提起民事诉讼，请求确认物权归属的，应当依法受理；异议登记失效不影响人民法院对案件的实体审理

口诀巧记　物权变动

物权变动有原则，　公示公信要分清；　不同事实引变动，　公示意义不相同；
动产交付是公示，　不动登记为条件；　公信原则使人信，　具体效力有两项；
权力推定为正确，　善意信赖受保护；　公示产生公信力，　物权变动才安全；
物权变动有原因，　民事行为最常见；　公法行为征没收，　司法判决与仲裁；
事实行为三大类，　添附继承与建造；　此外还有法律定，　留置善取与孳息；
物权公示有方式，　交付登记两方法；　动产物权设转让，　交付之时生效力；
观念交付为便利，　现实交付同效力；　受让之人已占有，　简易交付看合意；
出让之人欲占有，　占有改定可约定；　动产现属第三人，　指示交付要请求；
拟制交付交凭证，　代替现实物交付；　不动物权要公示，　登记以后生效力。

要点解说

民法上对于物权的变动，需要有公示原则和公信原则。

（1）公示原则：公示原则要求物权的产生、变更、消灭，必须以一定的可以从外部察知的方式表现出来。

（2）公信原则：物权的变动以登记或交付为公示方法，当事人如果信赖这种公示而为一定的行为（如买卖、抵押），那么，即使登记或交付所表现的物权状态与真实的物权状态不符合，也不能影响物权变动的效力。

12. 物权的保护

情　形	保护方式
物权受到侵害	权利人可以通过和解、调解、仲裁、诉讼等途径解决
物权的归属、内容发生争议	利害关系人请求确认权利
无权占有	权利人可以请求返还原物
妨害物权或者可能妨害物权	权利人可以请求排除妨害或者消除危险
造成不动产或者动产毁损	权利人可以请求修理、重作、更换或者恢复原状
侵害物权,造成权利人损害	权利人可以请求损害赔偿,也可以请求承担其他民事责任

13. 土地承包经营权

项　目	内　容	
设立	(1)自土地承包经营权合同生效时设立; (2)登记机构应当向土地承包经营权人发放土地承包经营权证、林权证等证书,并登记造册,确认土地承包经营权	
转让	土地承包经营权互换、转让的,当事人可以向登记机构申请登记;未经登记,不得对抗善意第三人	
流转	家庭承包的土地	土地承包经营权人可以自主决定依法采取出租、入股或者其他方式向他人流转土地经营权
	招拍挂的四荒地	通过招标、拍卖、公开协商等方式承包农村土地,经依法登记取得权属证书的,可以依法采取出租、入股、抵押或者其他方式流转土地经营权
公示	(1)流转期限为5年以上的土地经营权,自流转合同生效时设立; (2)当事人可以向登记机构申请土地经营权登记;未经登记,不得对抗善意第三人	

14. 居住权

项　目	内　容
概念	居住权人有权按照合同约定,对他人的住宅享有占有、使用的用益物权,以满足生活居住的需要
设立	(1)设立居住权,当事人应当采用书面形式订立居住权合同; (2)居住权合同一般包括下列条款:①当事人的姓名或者名称和住所,②住宅的位置,③居住的条件和要求,④居住权期限,⑤解决争议的方法; (3)以遗嘱方式设立居住权的,与合同形式的要求大体相同; (4)原则上居住权无偿设立,但当事人另有约定的除外
公示	设立居住权的,应当向登记机构申请居住权登记;居住权自登记时设立

续表

项　目	内　容
限制	(1)居住权不得转让、继承； (2)设立居住权的住宅不得出租,但是当事人另有约定的除外
消灭	居住权期限届满或者居住权人死亡的,居住权消灭。居住权消灭的,应当及时办理注销登记

15. 相邻关系与地役权

项　目	相邻关系	地役权
属性	不是独立物权	是一种**独立的物权**
登记	不存在登记问题	登记对抗
产生	依法律规定产生	通过当事人缔结**合同**产生
范围	土地相邻关系、建筑物相邻关系	他人不动产利用关系
土地位置	主要发生在相互毗邻的土地所有人之间	不以供役地与需役地相邻为必要
权利内容	为相邻不动产所有人、使用人行使不动产的所有权和使用权提供**最低限度**的**便利利益**和**容忍**义务	当事人自由设定,通常高于相邻关系对土地的利用,但不得超过土地承包经营权、建设用地使用权等用益物权的剩余期限
是否有偿	通常是无偿的	一般是有偿的
主要类型	(1)土地、山岭、森林、草原等自然资源的使用或所有而产生的相邻关系； (2)因宅基地的使用而产生(如通行)； (3)因用水、排水产生的相邻关系； (4)因修建施工、防险发生的相邻关系； (5)因排污产生的相邻关系； (6)因通风、采光而产生的相邻关系	双方通过约定确定,但有如下限制: (1)土地上已设立土地承包经营权、建设用地使用权、宅基地使用权等权利的,未经用益物权人同意,土地所有权人不得设立地役权； (2)地役权**不得单独转让**,地役权不得单独抵押； (3)需役地以及需役地上的土地承包经营权、建设用地使用权部分转让时,转让部分涉及地役权的,受让人同时享有地役权； (4)供役地以及供役地上的土地承包经营权、建设用地使用权部分转让时,转让部分涉及地役权的,地役权对受让人具有约束力

16. 建筑物区分所有权

项　目	内　容	备　注
专有所有权	建筑物的专有部分(构造上的独立性与使用独立性)	(1)行使权利不得危及建筑物的安全; (2)不得损害其他业主的合法权益
共有所有权	(1)建筑区划内的道路,城镇公共道路除外; (2)建筑区划内的绿地,城镇公共绿地或者明示属于个人的除外; (3)建筑区划内的其他公共场所、公用设施和物业服务用房; (4)占用业主共有的道路或者其他场地用于停放汽车的车位; (5)建筑物及其附属设施的维修资金	不得以放弃权利不履行义务
成员权	(1)业主将住宅改变为经营性用房,除遵守法律、法规以及管理规约外,还应当经有利害关系的业主同意; (2)建筑物及其附属设施的费用分摊、收益分配等事项,有约定的,按照约定,没有约定或者约定不明确的,按照业主专有部分占建筑物总面积的比例确定; (3)既可以自行管理建筑物及其附属设施,也可以委托物业服务企业或者其他管理人管理	
业主大会的表决机制	(1)业主共同决定事项,应当由专有部分面积占比2/3以上的业主且人数占比2/3以上的业主参与表决; (2)决定特殊事项(筹集建筑物及其附属设施的维修资金;改建、重建建筑物及其附属设施;改变共有部分的用途或者利用共有部分从事经营活动)的,应当经参与表决专有部分面积3/4以上的业主且参与表决人数3/4以上的业主同意; (3)决定普通事项的,应当经参与表决专有部分面积过半数的业主且参与表决人数过半数的业主同意	

17. 善意取得制度

项　目	内　容
构成要件	(1)标的物是动产、不动产或权利(抵押权、质押权、票据权利、知识产权等); (2)受让人受让财产**时**是善意的(不考虑事后): ①受让人受让不动产或者动产时,不知道转让人无处分权,且无重大过失的,应当认定受让人为善意; ②真实权利人主张受让人不构成善意的,应当承担举证证明责任; ③受让人受让动产时,交易的对象、场所或者时机等不符合交易习惯的,应当认定受让人具有重大过失,即不符合善意; (3)转让人无处分权; (4)受让人基于有偿法律行为取得动产、不动产或权利有偿即“合理的价格”,应当根据转让标的物的性质、数量以及付款方式等具体情况,参考转让时交易地市场价格以及交易习惯等因素综合认定; (5)转让的财产已经完成交付或者登记

续表

<table>
<tr><th>项　目</th><th colspan="2">内　容</th></tr>
<tr><td rowspan="3">法律效果</td><td>受让人与真权利人</td><td>受让人取得标的物的所有权，真权利人丧失标的物的所有权</td></tr>
<tr><td>转让人与真权利人</td><td>(1)二者之间若有合同关系，真权利人可以依据合同请求损害赔偿；
(2)真权利人可以依据侵权行为的规定向转让人请求损害赔偿；
(3)转让人从真权利人处取得的价金，构成不当得利，真权利人有权请求返还</td></tr>
<tr><td>受让人与转让人</td><td>二者之间的合同必须有效，基于买卖合同等才发生善意取得</td></tr>
</table>

18. 按份共有与共同共有

<table>
<tr><th colspan="2">项　目</th><th colspan="3">内　容</th></tr>
<tr><td rowspan="4">按份共有</td><td rowspan="3">内部关系</td><td>收益</td><td colspan="2">没有约定或者约定不明确的，按照出资额确定；不能确定出资额的，视为等额享有</td></tr>
<tr><td>管理</td><td>没有约定或者约定不明确的，各共有人都有管理的权利和义务</td><td>(1)重大修缮的，应当经占份额2/3以上的按份共有人同意，但共有人之间另有约定的除外；
(2)管理费用以及其他负担，有约定的，按照约定；没有约定或者约定不明确的，按份共有人按照其份额负担</td></tr>
<tr><td>处分</td><td>应当经占份额2/3以上的按份共有人同意，但共有人之间另有约定的除外</td><td>(1)其中一个或者几个共有人擅自处分的，构成无权处分(可追偿)；
(2)按份共有人可以转让其享有的共有的不动产或者动产份额，其他共有人在同等条件下享有优先购买的权利；
(3)因继承、遗赠等原因发生变化时，其他按份共有人主张优先购买的，不予支持，但按份共有人之间另有约定的除外</td></tr>
<tr><td>外部关系</td><td colspan="3">享有连带债权、承担连带债务，但法律另有规定或者第三人知道共有人不具有连带债权债务关系的除外</td></tr>
<tr><td rowspan="4">共同共有</td><td rowspan="3">内部关系</td><td colspan="3">重大修缮的，应当经全体共有人同意，但共有人之间另有约定的除外</td></tr>
<tr><td colspan="3">管理费用以及其他负担，有约定的，按照约定；没有约定或者约定不明确的，按份共有人按照其份额负担</td></tr>
<tr><td colspan="3">(1)共有人约定不得分割共有的不动产或者动产，以维持共有关系的，应当按照约定，但共有人有重大理由需要分割的，可以请求分割；
(2)没有约定或者约定不明确的，共同共有人在共有的基础丧失或者有重大理由需要分割时可以请求分割，因分割对其他共有人造成损害的，应当给予赔偿</td></tr>
<tr><td>外部关系</td><td colspan="3">共有人享有连带债权、承担连带债务，但法律另有规定或者第三人知道共有人不具有连带债权债务关系的除外</td></tr>
</table>

口诀巧记　共有

共有按份和共同，　按份共有最常见；　按照份额享权利，　占有使用和收益；
按份共有可处分，　分出或者作转让；　其他共有可优先，　一定期限作表示；
处分或者大修缮，　三分之二要同意；　一人擅自作处分，　效力待定第三人；
分割应当按约定，　约定不明可随时；　共有分割三形式，　实物可分分实物；
难以分割减价值，　出卖分割所得款；　一人取得共有物，　作价补偿其他人；
共同共有共全部，　处分大修共同意；　共同共有可消灭，　只因关系作终止；
共同共有四大类，　夫妻共同第一种；　家庭共有共继承，　合伙财产第四种。

19. 一般保证与连带保证

项　目	一般保证	连带保证
基本特征	保证人仅对债务人不履行债务负补充责任的保证	保证人在债务人不履行债务时与债务人负连带责任的保证
先诉抗辩权	(1)保证人享有先诉抗辩权； (2)先诉抗辩权丧失： ①债务人下落不明,且无财产可供执行； ②人民法院已经受理债务人破产案件； ③债权人有证据证明债务人的财产不足以履行全部债务或者丧失履行债务能力； ④保证人书面表示放弃本款规定的权利	(1)保证人**不**享有先诉抗辩权； (2)保证人的免责事由:保证期间债权人**未要求**保证人承担责任,连带保证人免责
产生方式	(1)保证合同约定； (2)合同未规定时,推定为一般保证	保证合同明示
诉讼中的被告	(1)以债务人为被告； (2)也可以同时起诉债务人与保证人,法院应作出附条件判决,保证人仅负补充责任	(1)诉债务人； (2)诉保证人； (3)债务人和保证人作为**共同被告**
保证期间	(1)有约定的从约定； (2)无约定或者约定不明确的为主债务届满之日起6个月	
诉讼时效起算	从保证人拒绝承担保证责任的权利消灭之日开始计算	从债权人要求保证人承担保证责任之日开始计算
时效中断中止	(1)主债务诉讼时效中断,保证债务诉讼时效中断； (2)主债务诉讼时效中止的,保证债务的诉讼时效同时中止	(1)主债务诉讼时效中断,保证债务诉讼时效不中断； (2)主债务诉讼时效中止的,保证债务的诉讼时效同时中止

20. 担保合同的效力

项　目	无效的情形	责任承担	
原则规定	主合同无效，导致担保合同无效	(1)担保人无过错，不承担责任； (2)担保人有过错，承担责任不超过债务人不能清偿部分的1/3	担保人赔偿后，可向债务人**追偿**，或要求有过错的反担保人赔偿，还可对二者另行提起诉讼
	主合同有效，担保合同无效	(1)债权人与担保人均有过错的，担保人承担的赔偿责任不应超过债务人不能清偿部分的1/2； (2)担保人有过错而债权人无过错的，担保人对债务人不能清偿的部分承担赔偿责任； (3)债权人有过错而担保人无过错的，担保人不承担赔偿责任	
特殊情形	机关法人、以公益为目的的非营利法人、非法人组织	根据各自过错承担相应责任	
	公司的法定代表人违反《公司法》关于公司对外担保决议程序的规定，超越权限代表公司与相对人订立担保合同	(1)相对人善意的，担保合同对公司发生效力，公司承担担保责任； (2)相对人非善意的，担保合同对公司不发生效力，公司不承担担保责任，相对人可以根据各方过错程度，要求公司承担缔约过失责任； (3)相对人善意，是指相对人在订立担保合同时不知道且不应当知道法定代表人超越权限，相对人有证据证明已对公司决议进行了合理审查，应当认定其构成善意； (4)相对人根据上市公司公开披露的关于担保事项已经董事会或者股东大会决议通过的信息，与上市公司订立担保合同，可以认为相对人善意	
	公司的分支机构未经公司股东(大)会或者董事会决议以自己的名义对外提供担保	(1)相对人善意(不知道且不应当知道分支机构对外提供担保未经公司决议程序)的，有权请求公司或者其分支机构承担担保责任； (2)相对人非善意的，根据各方过错程度，要求公司承担缔约过失责任	
	以法律、法规禁止流通或不可转让的财产设定担保	实现债权时，法院按照有关规定处理该财产	

注：(1)主合同解除后，担保人对债务人应当承担的民事责任仍然承担保证责任，担保合同另有约定的除外；

(2)利用外国政府或国际组织贷款并经国务院批准，国家机关可以作为保证人；

(3)登记为营利法人的学校、幼儿园、医疗机构、养老机构等可以作为保证人。

21. 担保物权竞存

竞存的情形	效力判断	
留置权最优先	留置权＞在先设立的抵押权、质权	
抵押权与质权	抵押权没有登记	质权＞抵押权
	抵押权已登记	比较抵押登记与质物交付的前后顺序
抵押物价款债权享有超级优先权	抵押物交付后10日内办理登记的，可以优先于其他担保物权（留置权除外）	

22. 同一物上物保与人保并存

物的担保与人的担保并存时
- 基本规定
  - 约定优先（《民法典》第392条）
  - 没有约定或约定不明
    - 债务人物保与人保并存：保证人承担**补充责任**（《民法典》第392条）
    - 第三人物保与人保并存：债权人选择其一（《民法典》第392条）
- 债权人放弃债务人提供的物保，其他担保人在债权人丧失优先受偿权益的范围内免除担保责任（《民法典》第409条第2款、第435条）

23. 抵押物的范围

抵押物的范围
- 不可抵押的财产
  - 土地所有权
  - 集体土地使用权，但以招标、拍卖、公开协商等方式取得的荒地等土地承包经营权和以乡（镇）、村企业厂房抵押的，占用范围内的建设用地使用权一并抵押
  - 学校、幼儿园、医疗机构等以公益为目的成立的非营利法人的教育设施、医疗卫生设施和其他公益设施
  - 所有权、使用权不明或者有争议的财产
  - 依法被查封、扣押、监管的财产
- 可以抵押的财产
  - 建筑物和其他土地附着物（登记生效）
  - 建设用地使用权（登记生效）
  - 以招标、拍卖、公开协商等方式取得的荒地等土地承包经营权（登记生效）
  - 生产设备、原材料、半成品、产品（登记对抗）
  - 正在建造的建筑物（登记生效）、船舶、航空器
  - 交通运输工具（登记对抗）

口诀巧记 **抵押物登记**

不动抵押要登记，　登记之日生效力；　建筑土地附着物，　建设用地使用权；
招拍协商四荒地，　正在建造建筑物；　动产抵押自愿登，　合同生效生效力；
生产设备原材料，　产品或者半成品；　正在建造船航空，　交通工具等动产；
浮动抵押最特殊，　合同生效设抵押；　非经登记不对抗，　即使登记也受限。

要点解说

(1)必须办理抵押物登记的财产。根据《民法典》的规定，下述财产(均为不动产)的抵押，应当办理抵押物登记，抵押权自登记时发生效力：①建筑物和其他土地附着物；②建设用地使用权；③以招标、拍卖、公开协商等方式取得的荒山、荒沟、荒丘、荒滩等土地承包经营权；④正在建造的建筑物。

(2)自愿办理抵押物登记的财产。当事人以上述之外的其他财产抵押的，可以自愿办理抵押物登记。抵押权自抵押合同生效时发生效力；未经登记，不得对抗善意第三人。这一类的抵押物种类包括：①生产设备、原材料、半成品、产品；②交通工具；③正在建造的船舶、航空器；④企业、个体工商户、农业生产经营者将现有的以及将来的生产设备、原材料、半成品和产品等动产抵押，应当办理登记。各类动产抵押，抵押权亦自抵押合同生效时发生效力；未经登记，不得对抗善意第三人。但是，办理登记，仍不得对抗正常经营活动中已支付合理价款并取得抵押财产的买受人。

24. 权利质权标的

标的权利	生效要件	特殊规定
汇票、支票、本票、债券、存款单、仓单、提单	书面合同 权利凭证**交付**，无权利凭证的办理登记	(1)质权人再转让或质押无效； (2)载明兑现日期或提货日期后于债务履行期，质权人只能在载明的日期后实现质权； (3)票据没有背书“质押”的，**不得对抗善意第三人**； (4)公司债券没有背书“质押”的，不得对抗公司和善意第三人； (5)签发银行核押后又受理挂失造成存款流失的，银行应承担责任
依法可以转让的基金份额、股权	书面合同 登记	(1)质权自办理出质登记时设立； (2)质权的效力及于股份、股票的法定孳息； (3)基金份额、股权出质后，不得转让，但同意的除外
依法可以转让的商标专用权、专利权、著作权中的财产权	书面合同 登记	未经质权人同意而转让或者许可他人使用已出质权利的，应当认定为**无效**，由出质人承担损害赔偿责任
公路桥梁、公路隧道或公路渡口等不动产收益	批准	仅限于不动产收益
应收账款	书面合同 登记	出质后，不得转让，但同意的除外

25. 留置权

项　目	内　容
范围	非法律禁止留置，均可留置
条件	(1)债权人留置的动产，应当与债权属于同一法律关系，但企业之间留置的除外； (2)如承揽合同、货运合同、保管合同、仓储合同、行纪合同的债权人享有留置权； (3)法律规定不得留置的，依照规定，当事人约定不得留置的，按照约定
留置权人权利义务	(1)留置权人有权收取留置财产的孳息，孳息应当先充抵收取孳息的费用； (2)留置权人负有妥善保管留置财产的义务，因保管不善致使留置财产毁损、灭失的，应当承担赔偿责任
债务履行期间	(1)留置权人与债务人应当约定留置财产后的债务履行期间； (2)没有约定或者约定不明确的，留置权人应当给债务人60日以上履行债务的期间，但鲜活易腐等不易保管的动产除外； (3)债务人逾期未履行的，留置权人可以与债务人协议以留置财产折价，也可以就拍卖、变卖留置财产所得的价款先受偿
优先受偿权	同一动产上已设立抵押权或者质权，该动产又被留置的，留置权人优先受偿
消灭	留置权人对留置财产丧失占有或者留置权人接受债务人另行提供担保的

三、合　　同

26. 约定不明时合同条件的确定

不明确的内容	确定方法
质量要求	(1)按照国家标准、行业标准履行； (2)没有国家标准、行业标准的，按照通常标准或者符合合同目的的特定标准履行
价款或报酬	(1)按照**订立合同时履行地的市场价格**履行； (2)依法应当执行政府定价或者政府指导价的，按照规定履行
履行地点	(1)交付货币的，在接受货币一方所在地履行； (2)交付不动产的，在不动产所在地履行； (3)其他标的，在**履行义务一方**所在地履行
履行期限	债务人可以随时履行，债权人也可以随时要求履行，但应当给对方必要的准备时间

续表

不明确的内容	确定方法
履行方式	按照有利于实现合同目的的方式履行
履行费用的负担	由履行义务一方负担

27. 标的物风险承担

项　目	情　形	风险负担
动产风险负担的一般情况	送货上门	在途风险由出卖人承担
	自提	回途风险由买受人承担
	简易交付	自**合同生效**时风险归买受人承担
	代办托运、邮寄	完成手续后,由买受人承担
动产风险负担的特殊情况	试用买卖	(1)试用期间风险归出卖人; (2)试用买卖合同生效后,包括试用人明示同意买卖或者默示同意买卖,风险归买受人负担; (3)试用人明示不购买的,风险归买受人负担
	在途买卖	除当事人另有约定外,风险自合同成立时起由买受人承担
	一方违约在先	(1)因买受人原因致标的物不能按期交付,自买受人违约之日起风险归买受人承担; (2)因标的物存在严重质量瑕疵的,买受人拒绝受领和解除合同的,其后风险归出卖人承担
不动产风险负担规则	(1)自出卖人实际交付不动产于买受人**占有**时,**风险转移至买受人**; (2)不动产产权过户登记的时间**不是**风险转移时间	

28. 要约(要约邀请)与承诺

项　目	要　约	要约邀请
构成要件	(1)特定人发出的意思表示(原则); (2)向受要约人发出; (3)有订立合同的意图; (4)要约内容具体确定; (5)有受约束的意思表示	(1)希望**他人**向自己发出要约(如样品以我方最后确认为准); (2)向不特定的人发出; (3)并非意思表示

续表

项　目	要　约	要约邀请
常见类型	(1)拍卖(出价)的意思表示； (2)投标； (3)商业广告符合要约的构成要件	(1)寄送的价目表； (2)拍卖公告； (3)招标公告； (4)招股说明书； (5)普通商业广告； (6)债券募集办法； (7)基金招募说明书
意义	订立合同的必经阶段	并非订立合同的必经阶段

口诀巧记　要约与承诺

合同订立有程序，　要约承诺全具备；　要约确定有约束，　承诺一致成合同；
要约邀请非要约，　引诱对方发要约；　商业广告是邀请，　内容确定变要约；
要约生效看到达，　到达之前可撤回；　承诺之前可撤销，　特殊情况不可撤；
承诺要约应一致，　合理期限发通知；　到达生效立合同，　到达之前可撤回；
实质变更新要约，　具体内容共十项；　其他变更可生效，　反对明示是例外；
承诺迟发而迟到，　一般无效变要约；　收到及时表接受，　该项承诺仍有效；
承诺意外而迟到，　原则仍然定有效；　要约人如不接受，　及时通知改无效。

要点解说

(1)承诺的内容应当与要约的内容一致。受要约人对要约的内容作出实质性变更的，为新要约。有关合同标的、数量、质量、价款或者报酬、履行期限、履行地点和方式、违约责任和解决争议方法等的变更，是对要约内容的实质性变更。

(2)承诺对要约的内容作出非实质性变更的，除要约人及时表示反对或者要约表明承诺不得对要约的内容作出任何变更的以外，该承诺有效，合同的内容以承诺的内容为准。

(3)迟到的承诺：除要约人及时通知受要约人该承诺有效的以外，迟到的承诺不发生承诺的效力，但因其符合要约的条件，故可视为新要约；承诺因意外原因而迟延者，并非一概无效。

29. 抗辩权

名　称	成立条件	效　力
同时履行抗辩权 (双务合同)	(1)同一合同中互负对待给付义务； (2)双方债务均已届清偿期； (3)对方未履行； (4)对方有可能履行	(1)一方在对方履行之前有权拒绝其履行要求； (2)一方在对方履行债务不符合约定时有权拒绝履行要求

续表

名　称	成立条件	效　力
不安抗辩权	(1)双方互负债务； (2)后给付义务人履约能力明显降低，有不能为对待给付的现实危险，如经营状况严重恶化、转移财产、抽逃资金以逃避债务、丧失商业信誉等	(1)先给付义务人有权中止履行； ↓ (2)后给付义务人不能恢复履行能力或者不能提供适当担保，先给付义务人可以解除合同； ↓ (3)后给付义务人行为构成违约的，产生违约责任
顺序履行抗辩权	(1)双方互负债务； (2)有履行的先后顺序； (3)双方债务均已届清偿期； (4)顺序履行抗辩人是后履行义务人	他方未给付前，可拒绝自己给付

30. 违约责任与缔约过失责任

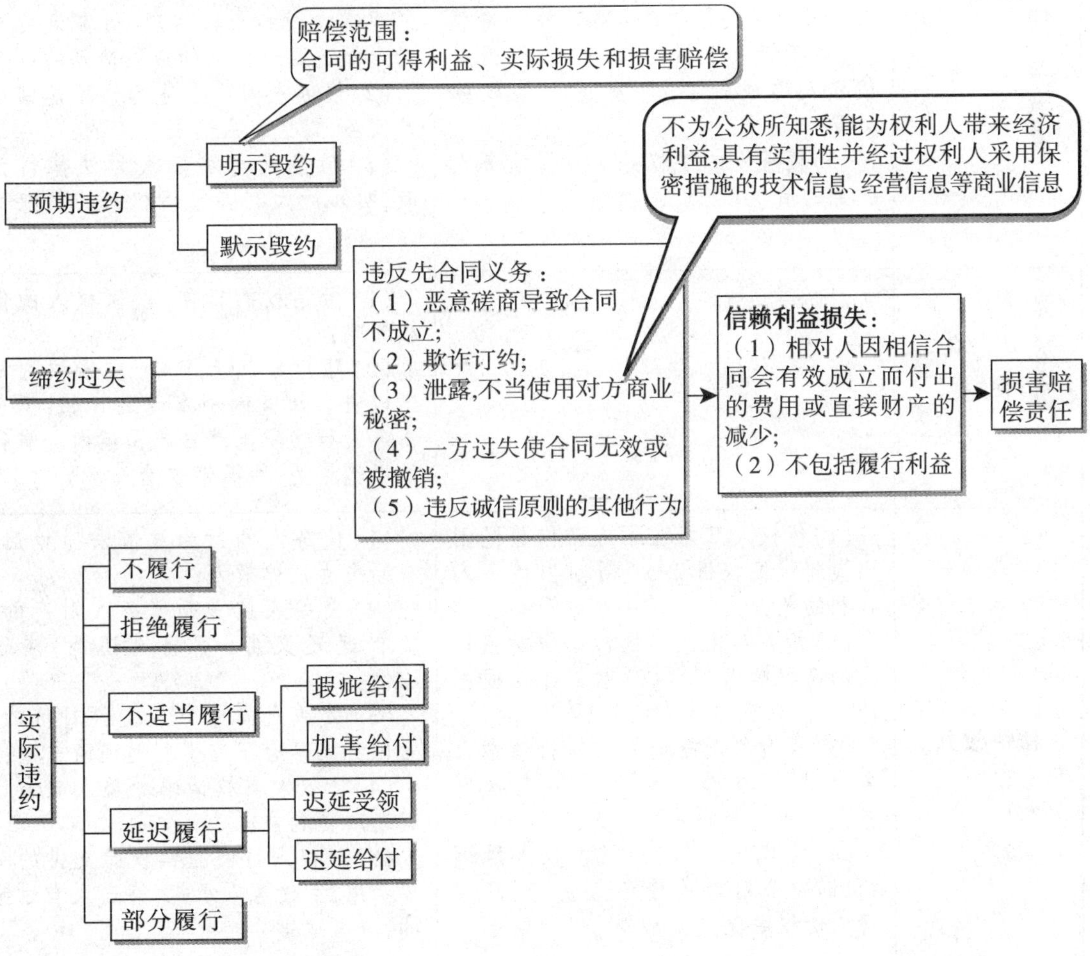

注：一般而言，免责条款不得排除当事人的基本权利和义务，也不得排除故意违约的责任。

31. 代位权与撤销权

项目		代位权	撤销权
当事人	原告	债权人	债权人
	被告	次债务人 (债权债务关系中的第三人)	债务人
	第三人	债务人	受益人/受让人
成立要件		(1)债务人对次债务人(债务人的债务人)享有到期债权; (2)债务人怠于行使其到期债权; (3)债权人对债务人的债权已经到期,或者债权人的债权到期前,债务人的债权存在诉讼时效即将届满或者未及时申报破产债权等情形; (4)债务人怠于行使其到期债权或者未及时保全债权(诉讼时效即将届满、破产债权申报的情形)的行为对债权人造成损害,即有保全债权的必要; (5)债务人的债权并非专属债务人自身的债权	(1)债务人存在下列行为: ①放弃债权或者放弃债权的担保; ②无偿转让财产; ③恶意延长其到期债权的履行期限; ④债务人以明显不合理的低价转让财产或者以明显不合理的高价收购他人财产,或者为他人的债务提供担保,影响债权人的债权实现,债务人的相对人知道或者应当知道该情形的; (2)债务人因为上述行为不能清偿其债务,对债权人造成损害的; (3)债务人与第三人为法律行为时,**明知**行为有害于债权人的债权而为之的心理状态
行使期限			(1)撤销权的行使,以债权人的债权为限; (2)除斥期间为1年,自债权人知道或应当知道撤销事由之日起;但自债务人行为发生之日起5年内没有行使撤销权的,该撤销权消灭
法律效力		(1)债权人只能在本人债权额范围内提起代位权诉讼,不得超出债务人权利的范围; (2)债务人在代位权诉讼中对债权人的债权提出异议,经审查异议成立的,裁定驳回债权人的起诉; (3)次债务人向债权人履行清偿义务,债权人与债务人、债务人与次债务人之间的债的关系消灭; (4)在代位权诉讼中,债权人**胜诉**的,诉讼费用由次债务人负担,从实现的债权中优先支付	(1)债务人的行为被依法撤销后,自始失去法律效力; (2)受益人已受领债务人财产的,负有**返还义务**,不能返还的,应予赔偿; (3)受益人向债务人支付对价的,对债务人享有不当得利返还请求权; (4)债权人有权请求受益人向自己返还所受利益; (5)债权人行使撤销权所支付的必要费用,由债务人承担,第三人有过错的,应当适当分担

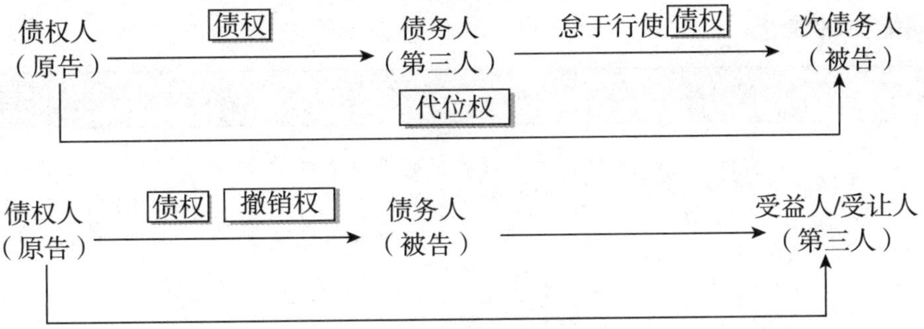

图4　代位权与撤销权

32. 定金、违约金与损害赔偿金

项目	定　金	违约金	损害赔偿金
基本特征	为了确保合同履行预先支付的金钱或其他替代物	当事人约定或者法律规定在当事人一方不履行合同时向另一方支付一定数额的金钱或财物	违约人补偿、赔偿受害人因为违约所遭受的损失的责任承担方式
效力	(1)债权的担保； (2)违约责任的承担	违约责任的承担原则上不要求违约方**有过错**	分为补偿性损害赔偿金和惩罚性损害赔偿金
适用	(1)当事人一方迟延履行或者其他违约行为使合同目的不能实现，可以适用定金罚则； (2)不完全履行合同的，应按未履行部分所占比例，适用罚金规则； (3)第三人过错致使合同不能履行的，适用定金规则，受处罚的当事人可以向第三人追偿	(1)履行迟延违约金的支付独立于履行行为，支付违约金后，履行义务不免除； (2)违约金的发生不以损害发生为必要	(1)包括**积极损失**和**可得利益损失**； (2)可得利益损失受到两个限制： ①可预见规则； ②减轻损失规则

定金与违约金同时存在：
只能**选择其**一主张，**不可并用**

违约金、赔偿金和定金同时存在：
(1)比较违约金和损害赔偿金的大小，以确定违约金的适用数额；
(2)违约金确定后，比较定金数额，从中选择出一个有利于非违约方的方案来主张；
(3)定金不足以弥补一方违约造成的损失，对方请求赔偿超过定金部分的损失的，人民法院可以并处，但定金和损失赔偿的数额总和不应高于因违约造成的损失

违约金与补偿性损害赔偿金同时存在：
(1)违约金 < 损失，可要求增加；
(2)违约金 > 损失(过分高于)，可要求适当减少；
(3)违约金 > 损失(**不过分**高于)，适用违约金

33. 合同效力的终止

项　目	解　除	抵　销	提　存
种类	(1)法定解除(不可抗力、预期违约、延期履行); (2)约定解除	(1)法定抵销(标的种类品质相同); (2)约定抵销(标的种类品质不同,协商一致)	(1)向公安机关提存; (2)向公证机关提存等
风险负担	(1)过错方承担; (2)都无错,合理分担	自然之债不可为主动债权,但可为被动债权,一旦抵销,债权消灭	(1)提存之日,风险转给债权人; (2)**提存费由债权人承担**; (3)孳息归债权人; (4)须通知债权人
法律规制	(1)解除后向后发生效力; (2)原则上有溯及力,继续性合同无溯及力; (3)法律规定有禁止解除的合同: ①海上运输保险合同自保险期间开始不得解除; ②带公益性的强制缔约合同	(1)第三人债权不可抵销; (2)劳动报酬、退休金、人寿保险、人身性质的债权不可抵销; (3)合同可以约定不得抵销; (4)破产抵销中债权可不届清偿期	(1)提存法定事由; (2)债权人对债务人负有到期债务的,其未履行债务,或提供担保前,禁止提存; (3)**除斥期5年**,到期不领取的,扣除提存费归国家

34. 民间借贷合同

项　目	内　容
界定	民间借贷是指金融机构借贷以外的借贷关系
生效	除自然人之间的借款合同外,当事人主张民间借贷合同自合同成立时生效的,人民法院应予支持,但另有约定或者规定的除外
效力	具有下列情形之一的,人民法院应当认定民间借贷合同无效: (1)套取金融机构贷款转贷的; (2)以向其他营利法人借贷、向本单位职工集资,或者以向公众非法吸收存款等方式取得的资金转贷的; (3)未依法取得放贷资格的出借人,以营利为目的向社会不特定对象提供借款的; (4)出借人事先知道或者应当知道借款人借款用于违法犯罪活动仍然提供借款的; (5)违反法律、行政法规强制性规定的; (6)违背公序良俗的

续表

项　目	内　容
利率与利息	(1)借贷双方没有约定利息,或者自然人之间借贷对利息约定不明的,出借人无权主张借款人支付借期内利息; (2)除自然人之间借贷的外,借贷双方对借贷利息约定不明,出借人主张利息的,人民法院应予以支持; (3)民间借贷利率不得超过合同成立时一年期贷款市场报价利率的4倍。"一年期贷款市场报价利率",是指中国人民银行授权全国银行间同业拆借中心自2019年8月20日起每月发布的一年期贷款市场报价利率; (4)预先在本金中扣除利息的,人民法院应当按照实际出借的金额认定为本金
企业责任与个人责任	(1)企业法定代表人或负责人以企业名义与出借人签订民间借贷合同,出借人、企业或者其股东能够证明所借款项用于企业法定代表人或负责人个人使用,出借人请求将企业法定代表人或负责人列为共同被告或者第三人的,人民法院应予准许; (2)企业法定代表人或负责人以个人名义与出借人签订民间借贷合同,所借款项用于企业生产经营,出借人请求企业与个人共同承担责任的,人民法院应予支持

35. 租赁合同

项　目	内　容		
当事人权利与义务	出租人	权利	收取租金
		义务	(1)交付出租物; (2)在租赁期间保持租赁物符合约定的用途; (3)维修义务; (4)瑕疵担保
	承租人	权利	(1)转租:**经出租人同意**或出租人知道或应当知道而6个月未提异议的。擅自转租的,出租人可以解除合同; (2)获得孳息:租赁期间的孳息归承租人所有; (3)减少或免除租金:因不可归责承租人事由导致租赁物毁损、灭失或因第三人主张权利致使出租物不能使用、收益; (4)解除合同:租赁物质量不合格、毁损、灭失,承租人解除合同; (5)继续承租: ①承租人死亡,共同居住人可以按原租继续履行; ②租赁期届满,承租人继续使用租赁物,出租人没有异议,合同有效; ③**买卖不破租赁**:租赁期发生所有权变动,不影响原租赁合同(但已抵押和查封除外); (6)优先购买权:出租人出卖房屋,承租人同等条件享有优先购买权

续表

项　目	内　容		
当事人权利与义务	承租人	义务	(1)支付租金:租赁期间不满1年的,应当在租赁期间届满时支付;租赁期间在1年以上的,应当在每届满1年时支付,剩余期间不满1年的,应当在租赁期间届满时支付; (2)按照约定方法使用租赁物; (3)妥善保管租赁物; (4)不得擅自改善或者增设他物; (5)瑕疵通知
合同性质	有名合同、有偿合同、诺成合同、双务合同、不要式合同		
合同期限	(1)租赁期限6个月以上的,应当采用**书面形式**,当事人未采用书面形式的,视为不定期租赁,不定期租赁当事人可随时解除合同; (2)租赁期限不得**超过20年**,超过20年的,超过部分无效。租赁期间届满,当事人可以续订租赁合同,但约定的租赁期限自续订之日起不得超过20年		

【小贴士】房屋承租人的优先购买权

项　目	内　容
概念	出租人出卖租赁房屋的,应当在出卖之前的合理期限内通知承租人,承租人享有以同等条件优先购买的权利
性质	强制性的,即出卖人出卖租赁房屋的,应当在出卖之前的合理期限内通知承租人
成立条件	(1)出租人出售房屋时,承租人仍在租赁该房屋,准备租房与租过该房的前承租人不享有优先购买权; (2)承租人在同等条件下才享有优先购买权,此处的"同等条件"是指付款时间、付款方式、付款价格等交易条件与其他竞买者相同; (3)承租人只有在出租人转让其房屋产权时,才能实际行使优先购买权
行使限制	(1)房屋按份共有人行使优先购买权的; (2)出租人将房屋出卖给近亲属的,包括配偶、父母、子女、兄弟姐妹、祖父母、外祖父母、孙子女、外孙子女; (3)出租人履行通知义务后,承租人在15日内未明确表示购买的; (4)出租人委托拍卖房屋并在拍卖5日前通知承租人,承租人未参加拍卖的; (5)第三人购买租赁房屋并已经办理登记手续的

口诀巧记　租赁合同

租赁转移使用权，　双务有偿加诺成；　没有约定不定期，　最高不超二十年；
六月以下可自由，　六月以上应书面；　未采书面作约定，　一律视为不定期；
出租人有三义务，　首先交付标的物；　维护修缮保用途，　瑕疵担保加赔偿；
支付租金承租人，　妥善保管租赁物；　不得擅自改增设，　通知义务返租物；
转租出租人同意，　租赁合同仍有效；　第三之人造损失，　承租之人要赔偿；
未经同意而转租，　出租也可终合同；　买卖不能破租赁，　租房优先购买权。

36. 融资租赁合同

<table>
<tr><th>项　目</th><th colspan="2">内　容</th></tr>
<tr><td rowspan="2">当事人
权利与义务</td><td>出租人</td><td>(1)权利:保有租赁物所有权;收取租金;在合同终止时收回租赁物;
(2)义务:支付货款;保证承租人对租赁物的占有和使用;协助承租人行使索赔权利;不得擅自变更买卖合同的内容;其他附随义务
注意:在承租人依赖出租人的技能确定租赁物或者出租人干预选择租赁物时,出租人承担瑕疵担保责任</td></tr>
<tr><td>承租人</td><td>(1)权利:选择出卖人并决定租赁物条件;占有、使用、租赁物,约定租赁期限届满租赁物归属的权利;
(2)义务:接受标的物;支付租金;妥善保管、使用于维修标的物;对租赁物致人损害承担赔偿责任;返还标的物</td></tr>
<tr><td rowspan="3">合同的解除</td><td>双方都可解除情形</td><td>(1)出租人与出卖人订立的买卖合同解除、被确认无效或者被撤销,且双方未能重新订立买卖合同的;
(2)租赁物因不可归责于双方的原因意外毁损、灭失,且不能修复或者确定替代物的;
(3)因出卖人的原因致使融资租赁合同的目的不能实现的</td></tr>
<tr><td>出租人请求解除情形</td><td>(1)承租人未经出租人同意,将租赁物转让、转租、抵押、质押、投资入股或者以其他方式处分租赁物的;
(2)承租人未按照合同约定的期限和数额支付租金,符合合同约定的解除条件,经出租人催告后在合理期限内仍不支付的;
(3)合同对于欠付租金解除合同的情形没有明确约定,但承租人欠付租金达到两期以上,或者数额达到全部租金15%以上经出租人催告后在合理期限内仍不支付的;
(4)承租人违反合同约定,致使合同目的不能实现的其他情形</td></tr>
<tr><td>承租人请求解除情形</td><td>因出租人的原因致使承租人无法占有、使用租赁物,承租人请求解除融资租赁合同</td></tr>
</table>

37. 赠与合同(无偿合同、诺成合同、单务合同)

项　目	内　容
赠与合同的撤销	(1)在赠与财产的权利转移之**前**可以撤销赠与(具有救灾、扶贫、助残等社会公益、道德义务性质的赠与合同或者经过公证的赠与合同,不适用); (2)受赠人有下列情形之一的,赠与人可以撤销赠与(除斥期间为1年,从赠与人知道开始): ①严重侵害赠与人或者赠与人的近亲属; ②对赠与人有扶养义务而不履行; ③不履行赠与合同约定的义务; (3)受赠人的违法行为致使赠与人死亡或丧失行为能力的,赠与人的继承人或法定代理人可以撤销,除斥期间6个月

续表

项目	内容
赠与合同的解除	赠与人的经济状况显著恶化,严重影响其生产经营或者家庭生活的,可不再履行赠与义务
赠与人的责任	(1)因赠与人故意或者重大过失致使赠与的财产毁损、灭失的,赠与人应当承担损害赔偿责任; (2)赠与的财产有瑕疵的,赠与人不承担责任; (3)附义务的赠与,赠与的财产有瑕疵的,赠与人在附义务的限度内承担与出卖人相同的责任; (4)赠与人故意不告知瑕疵或者保证无瑕疵,造成受赠人损失的,应当承担损害赔偿责任

口诀巧记 赠与合同

赠与财产须接受, 单务无偿和诺成; 移转之前可撤销, 公益公证是例外;
赠与合同已履行, 下列情形也可撤; 故意侵害赠与人, 或者赠与近亲属;
抚养义务不履行, 不履约定之义务; 撤销期间是一年, 撤销权利赠与人;
致使赠与人死亡, 或者丧失行为力; 继承法定代理人, 六个月内可撤销;
重大过失或故意, 应负损害赔偿责; 赠与附随有义务, 瑕疵担保限度内。

38. 运输合同

项目	客运合同	货运合同
归责原则	(1)对旅客伤亡承担**无过错责任**(除非是旅客自身原因); (2)承运人对旅客自带物品损失承担过错责任; (3)承运人对托运行李损失承担**无过错责任**	承运人对货物运输过程中货物的毁损、灭失承担**无过错责任**
免责事由	因为旅客自身健康原因或者旅客故意、重大过失造成旅客伤亡	(1)不可抗力; (2)货物自身的自然性质; (3)合理损耗; (4)托运人的过错; (5)收货人的过错
特殊规定	(1)对旅客有**救助义务**; (2)禁止携带违禁物品	(1)在承运人将货物交付收货人之前,托运人可以要求承运人中止运输、返还货物、变更到达地或者将货物交给其他收货人,但应当赔偿承运人因此受到的损失; (2)留置; (3)提存

39. 承揽合同与建设工程合同

项　目	承揽合同	建设工程合同
合同形式	不要式合同	要式合同,须采**书面形式**
对第三人完成部分工作的规定	主要工作——须经定作人**同意** 辅助工作——无须经定作人同意	必须经发包人同意
第三人完成部分工作的责任承担	依法可以由第三人完成的工作成果,承揽人就第三人完成的工作成果向定作人负责,**第三人不对定作人负违约责任**	第三人就其完成的工作成果与承包人向**发包人承担连带责任**
定作人/发包人不按约定支付价款时,对承揽人/承包人的保障	除当事人另有约定外,承揽人对完成的工作成果享有**留置权**	除按照建设工程的性质不宜折价、拍卖的以外,承包人可以与发包人协议将该工程折价,也可以申请人民法院将该工程依法拍卖。建设工程的价款就该工程折价或者拍卖的价款**优先受偿**

40. 保理合同

<table>
<tr><th>类型/项目</th><th>保理人的权利</th><th>保理人与债权人的关系</th><th>多个保理合同
并存时的先后顺序</th></tr>
<tr><td>有追索权的保理</td><td>保理人可以向应收账款债权人主张返还保理融资款本息或者回购应收账款债权,也可以向应收账款债务人主张应收账款债权</td><td>保理人向应收账款债务人主张应收账款债权,在扣除保理融资款本息和相关费用后有剩余的,剩余部分应当返还给应收账款债权人</td><td rowspan="2">(1)已经登记的先于未登记的取得应收账款;
(2)均已经登记的,按照登记时间的先后顺序取得应收账款;
(3)未登记的,由最先到达应收账款债务人的转让通知中载明的保理人取得应收账款;
(4)既未登记也未通知的,按照保理融资款或者服务报酬的比例取得应收账款</td></tr>
<tr><td>无追索权的保理</td><td>保理人应当向应收账款债务人主张应收账款债权</td><td>保理人取得超过保理融资款本息和相关费用的部分,无须向应收账款债权人返还</td></tr>
</table>

41. 物业服务合同

项　目	内　容
合同主体	业主与物业服务人;建设单位依法与物业服务人订立的前期物业服务合同,以及业主委员会与业主大会依法选聘的物业服务人订立的物业服务合同,对业主具有法律约束力

续表

项　目	内　容	
当事人权利与义务	物业服务人	物业服务人应当按照约定和物业的使用性质，妥善维修、养护、清洁、绿化和经营管理物业服务区域内的业主共有部分，维护物业服务区域内的基本秩序，采取合理措施保护业主的人身、财产安全
	业主	业主应当按照约定向物业服务人支付物业费。物业服务人已经按照约定和有关规定提供服务的，业主不得以未接受或者无须接受相关物业服务为由拒绝支付物业费
合同的解除/终止	前期物业服务合同	建设单位依法与物业服务人订立的前期物业服务合同约定的服务期限届满前，业主委员会或者业主与新物业服务人订立的物业服务合同生效的，前期物业服务合同终止
	物业服务合同	(1)业主依照法定程序共同决定解聘物业服务人的，可以解除物业服务合同，决定解聘的，应当提前60日书面通知物业服务人，但是合同对通知期限另有约定的除外； (2)物业服务期限届满前，业主依法共同决定续聘的，应当与原物业服务人在合同期限届满前续订物业服务合同。物业服务期限届满前，物业服务人不同意续聘的，应当在合同期限届满前90日书面通知业主或者业主委员会，但是合同对通知期限另有约定的除外

42. 委托合同、行纪合同与中介合同

合同类型/项目	是否形成代理关系	是否可以介入合同	报　酬	费　用
委托合同	(1)委托合同通常是代理关系的基础关系； (2)在隐名代理的情形，可以直接发生代理法效果； (3)在间接代理的情形，可以突破合同的相对性，介入合同	受托人不能与委托人进行交易，不享有介入权	可以有偿，可以无偿	委托人应当预付处理委托事务的费用
行纪合同	行纪合同属于典型的间接代理，不形成真正的代理关系	行纪人享有介入权，可以与委托人进行买卖交易，同时收取完成行纪事务的报酬	有偿	行纪人自己承担费用

续表

合同类型/项目	是否形成代理关系	是否可以介入合同	报　酬	费　用
中介合同	中介合同不形成代理关系，中介人提供信息服务或者媒介服务	中介人不能介入合同关系	(1)费用与报酬不能兼得：中介人促成合同成立，可以获取报酬但需要自己承担费用； (2)中介人如果未促成合同成立，不能获得报酬，但可以要求委托人支付费用	

43. 无因管理

构成要件	主要特征	不构成无因管理的情形
客观要件	管理**他人事物**：可以是法律行为，也可以是事实行为	误将自己事务作为他人事务管理的，不构成无因管理
主观要件	管理意思：是事实上的意思，不需要表示	仅为了自己利益管理他人事务不构成无因管理
效力	(1)要求受益人支出必要的**费用**； (2)请求受益人清偿负担的必要债务； (3)请求受益人适当补偿管理人受到的损失； (4)管理人基于故意和重大过失而导致本人损害的，应负赔偿责任； (5)但基于一般过失而免除、减轻该责任	

44. 不当得利的返还范围

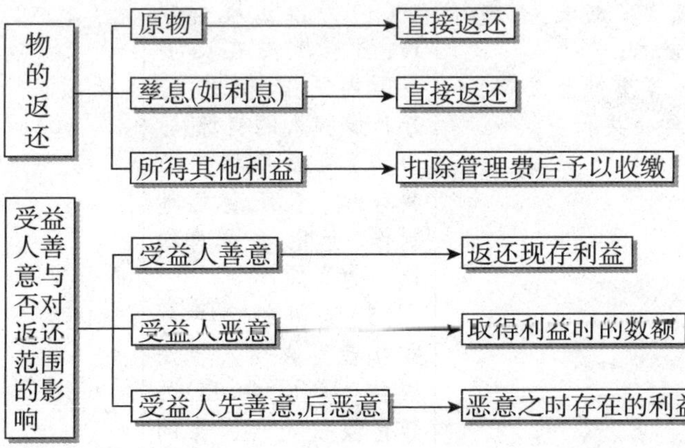

四、人 格 权

45. 姓名权/名称权、肖像权与名誉权

项　目	姓名权/名称权	肖像权	名誉权
权利主体	(1)姓名权:自然人; (2)名称权: ①法人; ②个体工商户	自然人	(1)自然人; (2)法人和非法人组织
权利内容	(1)决定权/命名权原则上应当随父姓或母姓; (2)使用权; (3)变更权; (4)转让权(名称权专有)	(1)依法制作肖像的权利; (2)依法使用肖像的权利; (3)依法公开肖像的权利; (4)许可他人使用肖像的权利	
权利限制	(1)不得与他人恶意重名; (2)在具有法律意义的正式场合,应使用正式姓名; (3)正式姓名的变更,须经户口变更登记; (4)应当尊重社会公德,不得损害社会公共利益	合理实施下列行为的,可以不经肖像权人同意: (1)为个人学习、艺术欣赏、课堂教学或者科学研究,在必要范围内使用肖像权人已经公开的肖像; (2)为实施新闻报道,不可避免地制作、使用、公开肖像权人的肖像; (3)为依法履行职责,国家机关在必要范围内制作、使用、公开肖像权人的肖像; (4)为展示特定公共环境,不可避免地制作、使用、公开肖像权人的肖像; (5)为维护公共利益或者肖像权人合法权益,制作、使用、公开肖像权人的肖像的其他行为	

续表

项　目	姓名权/名称权	肖像权	名誉权
侵权行为	(1)干涉; (2)盗用; (3)假冒	(1)丑化、污损或者利用信息技术手段伪造; (2)未经权利人同意,制作、使用、公开他人肖像; (3)未经权利人同意,肖像作品权利人以发表、复制、发行、出租、展览等方式使用或者公开个人肖像	(1)侮辱; (2)诽谤; (3)新闻报道严重失实; (4)批评文章基本内容失实; (5)批评文章基本问题属实,但有侮辱人格内容; (6)描写真人真事或事实上以**特定人**为描写对象的文学作品,对其进行侮辱、诽谤或披露隐私
侵权责任	(1)停止侵害; (2)恢复名誉; (3)消除影响; (4)赔礼道歉; (5)赔偿损失; (6)精神损害抚慰金(名称权不具有); (7)法院强制执行:将判决及主要内容公告、登报公开,费用由被执行人承担		(1)请求更正、删除不实内容; (2)查询信用评价、提出异议并请求更正、删除错误信用评价

注:自然人死亡后,其姓名、肖像、名誉、荣誉和隐私仍受法律保护。

46. 隐私权与个人信息权益

权利/项目	权利客体	权利内容	权利限制	侵权行为
隐私权	自然人的私人生活安宁和不愿为他人知晓的私密空间、私密活动、私密信息	保守个人隐私,禁止他人非法刺探、侵扰、泄露、公开等	法律特别规定或者权利人同意	(1)以电话、短信、即时通讯工具、电子邮件、传单等方式侵扰他人的私人生活安宁; (2)进入、拍摄、窥视他人的住宅、宾馆房间等私密空间; (3)拍摄、窥视、窃听、公开他人的私密活动; (4)拍摄、窥视他人身体的私密部位; (5)处理他人的私密信息; (6)以其他方式侵害他人的隐私权

续表

权利/项目	权利客体	权利内容	权利限制	侵权行为
个人信息权益	(1)以电子或者其他方式记录的能够单独或者与其他信息结合识别特定自然人的各种信息，包括自然人的姓名、出生日期、身份证件号码、生物识别信息、住址、电话号码、电子邮箱、健康信息、行踪信息、人脸信息等； (2)个人信息中的私密信息，适用有关隐私权的规定；没有规定的，适用有关个人信息保护的规定	(1)知情权； (2)决定权； (3)查阅权； (4)复制权； (5)可携带权； (6)提出异议权； (7)更正权； (8)补充权； (9)删除权； (10)解释说明权	有下列情形之一的，行为人不承担民事责任： (1)在该自然人或者其监护人同意的范围内合理实施的行为； (2)合理处理该自然人自行公开的或者其他已经合法公开的信息，但是该自然人明确拒绝或者处理该信息侵害其重大利益的除外； (3)为维护公共利益或者该自然人合法权益，合理实施的其他行为	(1)非法收集个人信息； (2)泄露或者篡改其收集、存储的个人信息； (3)向他人非法提供其个人信息等

五、婚 姻 家 庭

47. 婚姻的效力

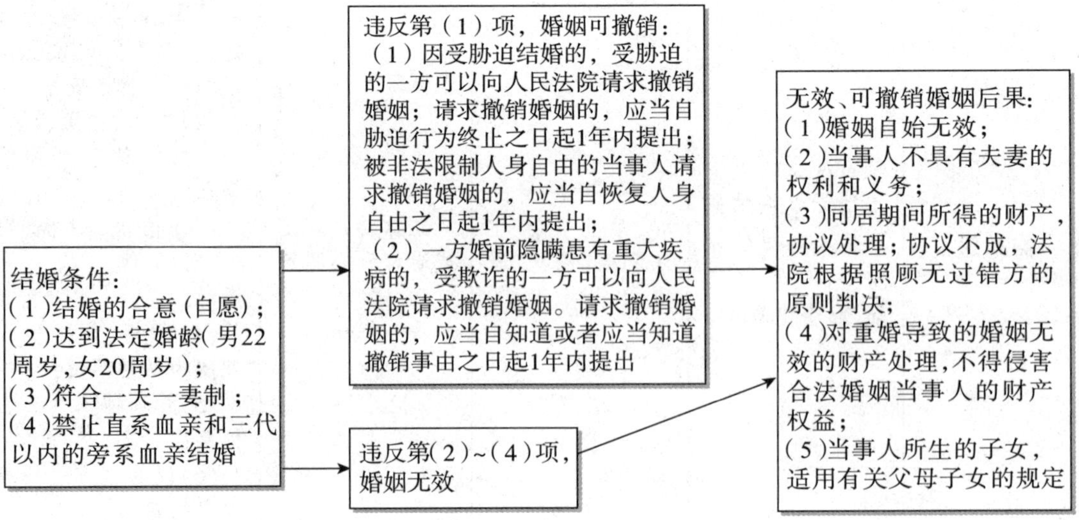

项　目		无效婚姻	可撤销婚姻
相同点	性质	不完全具备结婚条件的违法婚姻	
	形式	办理过结婚登记,形式合法	
	处理程序	诉讼程序	
	法律后果	自始无效	
不同点	发生原因	(1)一方或双方重婚; (2)双方有禁止结婚的亲属关系; (3)一方或双方未到法定婚龄	(1)因胁迫而结婚; (2)因婚前隐瞒重大疾病而结婚
	请求权主体	婚姻当事人及**利害关系人**	受胁迫或受欺诈的婚姻当事人
	请求权的行使期间	无效情形消除前	胁迫行为终止/恢复人身自由之日起1年内;自知道或者应当知道撤销事由之日起1年内

【小贴士】婚姻无效的事由及确认

婚姻无效的事由	内　涵	有权向人民法院申请确认婚姻无效的主体
重婚	一方或者双方重婚,即已有婚姻关系后又与他人缔结婚姻关系	婚姻当事人、当事人的近亲属及基层组织
有禁止结婚的亲属关系	双方当事人之间存在直系血亲或者三代以内的旁系血亲关系	婚姻当事人、未到法定婚龄者的近亲属
未到法定婚龄	一方或者双方未到法定婚龄,如男方未到22周岁、女方未到20周岁	婚姻当事人、当事人的近亲属

48. 离婚制度

- 离婚
  - 协议离婚
    - 双方自愿
    - 对子女问题已作适当处理
    - 对财产问题已作适当处理
    - 离婚冷静期：离婚登记申请后30日内，可以撤回申请
  - 裁判离婚
    - 认定离婚的标准——感情确已破裂：
      （1）重婚或有配偶者与他人同居的；
      （2）实施家庭暴力或虐待、遗弃家庭成员的；
      （3）有赌博、吸毒等恶习屡教不改的；
      （4）因感情不和分居满2年的；
      （5）夫妻双方因是否生育发生纠纷，致使感情确已破裂；
      （6）其他导致夫妻感情破裂的情形，一方被宣告失踪，另一方提出离婚诉讼的，应准予离婚；
      （7）经人民法院判决不准离婚后，双方又分居满1年，一方再次提起离婚诉讼的，应当准予离婚
    - 有下列情形之一，导致离婚的，无过错方有权请求**损害赔偿**：
      （1）重婚的；
      （2）有配偶者与他人同居的；
      （3）实施家庭暴力的；
      （4）虐待、遗弃家庭成员的；
      （5）有其他重大过错
    - 特殊保护：
      （1）现役军人的配偶要求离婚的，须经军人同意，但军人一方有重大过错的除外；
      （2）女方怀孕期间：分娩后1年内或中止妊娠6个月内，男方不得提出离婚

49. 夫妻财产关系

夫妻共同财产	一方所有财产
(1)工资、奖金； (2)生产、经营的收益； (3)知识产权的收益； (4)继承或赠与所得的财产； (5)其他： ①一方以个人财产投资取得的收益(孳息和自然增值除外)； ②男女双方实际取得或者应当取得的住房补贴、住房公积金； ③男女双方实际取得或者应当取得的养老保险金、破产安置补偿费； ④婚后父母为双方购置房屋出资的，依照约定处理；没有约定或者约定不明确的，视为对夫妻双方的赠与	(1)一方的婚前财产； (2)一方因身体受到伤害获得的医疗费、残疾人生活补助费等费用； (3)遗嘱或赠与合同中确定只归夫或妻一方的财产； **注意**：当事人结婚前，父母为双方购置房屋出资的，该出资应当认定为对自己子女个人的赠与，但父母明确表示赠与双方的除外； (4)一方**专用**的**生活用品**； (5)其他

口诀巧记 夫妻共同财产

夫妻财产有规则， 共同财产存续间； 工资奖金和收益， 继承赠与归双方；
财产投资之收益， 住房补贴公积金； 男女养老保险金， 破产安置补偿费；
下列财产归个人， 军人伤亡保险金； 还有伤残补助金， 以及医药补助费；
复员自主择业费， 存续年限乘平均； 七十减去入伍龄， 余额财产归双方；
婚前父母买房子， 视为一方之赠与； 婚后父母买房子， 视为双方之赠与；
婚前一方买房子， 个人首付个人名； 婚后共同财产还， 仍是个人之财产；
离婚分割先协议， 协议不成判单方； 共同还贷及增值， 需给对方以补偿；
共同财产涉股权， 可以转让给配偶； 过半股东要同意， 还须放弃优先权；
过半股东不同意， 愿以同价买股份； 转让所得来分割， 不愿不买视同意；
合伙出资共财产， 也可转让给配偶； 合伙之人都同意， 配偶成为合伙人；
其他合伙不同意， 可以行使优先权； 合伙不买不同意， 同意退伙退份额；
不买不退不同意， 视为同意可转让； 一方名义做投资， 设立个人独资企；
一方主张要经营， 资产评估给补偿； 双方主张都经营， 竞价之后价补偿；
双方都不愿经营， 按照独资法处理。

要点解说

（1）房产：

①当事人结婚前，父母为双方购置房屋出资的，该出资应当认定为对自己子女个人的赠与，但父母明确表示赠与双方的除外。

②婚后父母为双方购置房屋出资的，依照约定处理；没有约定或者约定不明确的，视为对夫妻双方的赠与。

③夫妻一方婚前签订不动产买卖合同，以个人财产支付首付款并在银行贷款，婚后用夫妻共同财产还贷，不动产登记于首付款支付方名下的，离婚时该不动产由双方协议处理。

④如不能达成协议的，人民法院可以判决该不动产归产权登记一方，尚未归还的贷款为产权登记一方的个人债务。双方婚后共同还贷支付的款项及其相对应财产增值部分，离婚时应根据《民法典》第1087条第1款规定的原则，由产权登记一方对另一方进行补偿。

（2）一方在公司的出资：

①夫妻双方协商一致将出资额的部分或者全部转让给该股东的配偶，过半数股东同意、其他股东明确表示放弃优先购买权的，该股东的配偶可以成为该公司股东。

②夫妻双方就出资额转让份额和转让价格等事项协商一致后，过半数股东不同意转让，但愿意以同等价格购买该出资额的，人民法院可以对转让出资所得财产进行分割；过半数股东不同意转让，也不愿意以同等价格购买该出资额的，视为其同意转让，该股东的配偶可以成为该公司股东。用于证明前款规定的过半数股东同意的证据，可以是股东会决议，也可以是当事人通过其他合法途径取得的股东的书面声明材料。

(3)一方在合伙企业的出资：

①其他合伙人一致同意的，该配偶依法取得合伙人地位；

②其他合伙人不同意转让，在同等条件下行使优先受让权的，可以对转让所得的财产进行分割；

③其他合伙人不同意转让，也不行使优先受让权，但同意该合伙人退伙或者退还部分财产份额的，可以对退还的财产进行分割；

④其他合伙人既不同意转让，也不行使优先受让权，又不同意该合伙人退伙或者退还部分财产份额的，视为全体合伙人同意转让，该配偶依法取得合伙人地位。

(4)一方名义投资设立独资企业：

①一方主张经营该企业的，对企业资产进行评估后，由取得企业一方给予另一方相应的补偿；

②双方均主张经营该企业的，在双方竞价基础上，由取得企业的一方给予另一方相应的补偿；

③双方均不愿意经营该企业的，按照《个人独资企业法》等有关规定办理。

六、继　　承

50. 代位继承与转继承

项　目		代位继承	转继承
相同点		存在**两个死亡事实**	
		被继承人的遗产由继承人的**继承人**取得	
不同点	性质	替补继承	连续继承
	发生条件和时间	继承开始**前**，被代位继承人死亡	继承开始**后**、遗产分割**前**被转继承人死亡
	主体	只有被继承人的**子女**可以成为被代位继承人，也只有被代位继承人的晚辈**直系血亲**可以成为代位继承人(如孙子女、外孙子女)	被继承人的所有继承人都可以成为被转继承人，享有转继承权的也可以是被转继承人的所有继承人
	适用范围	法定继承	法定继承、遗嘱继承、遗赠

51. 法定继承与遗嘱继承

项目		内容
法定继承	法定继承人的范围和顺序	(1)第一顺序:配偶、子女、父母; (2)第二顺序:兄弟姐妹、祖父母、外祖父母; (3)继承开始后,由第一顺序继承人继承,第二顺序继承人不继承;没有第一顺序继承人继承的,由第二顺序继承人继承; (4)丧偶**儿媳**对公、婆,**丧偶女婿**对岳父、岳母,尽了**主要赡养义务**的,作为**第一顺序继承人**
	特留份	可以分给下列人适当的遗产: (1)继承人以外的依靠被继承人扶养的缺乏劳动能力又没有生活来源的人; (2)继承人以外的对被继承人扶养较多的人
	胎儿继承权	(1)遗产分割时,应当保留**胎儿**的继承份额; (2)胎儿出生时是死体的,保留的份额按照法定继承办理
遗嘱继承	遗嘱的性质	(1)单方法律行为; (2)特定身份关系的行为,不得代理
	不同遗嘱的效力冲突	(1)后成立者优先于先成立者; (2)遗嘱人生前行为同遗嘱内容相抵触,推定遗嘱**变更、撤回**
	特留份	遗嘱应当对缺乏劳动能力又没有生活来源的继承人保留必要的**遗产份额**
	遗嘱见证人	下列人员不能作为遗嘱见证人: (1)无行为能力人、限制行为能力人; (2)继承人、受遗赠人; (3)与继承人、受遗赠人有利害关系的人

七、侵权责任

52. 侵权行为归责原则

项目		内容	适用情形	举证责任
过错责任	一般情形	加害人主观上对于侵害行为具有**过错**(故意或者过失)的,才成立侵权责任(必要条件)	一般侵权行为	由**原告**证明被告主观上具有过错("谁主张,谁举证")
	过错推定	如能证明自己无过错,**不**成立侵权责任;否则就推定有过错,承担侵权责任	(1)教育机构对于无行为能力人的侵害责任; (2)医疗机构在一些法定情形下承担的医疗损害责任; (3)**动物园**对于其饲养动物的侵权责任; (4)"物件损害责任"的全部规定	由被告举证自己没有过错,即实行举证责任**倒置**
无过错责任		行为造成损害事实,归责时不以行为人主观上具有过错作为承担侵权责任的必要条件	(1)监护人替代责任; (2)用人单位替代责任; (3)个人提供劳务致人损害责任; (4)产品责任; (5)环境污染和生态破坏责任; (6)高度危险损害责任; (7)饲养动物损害责任	(1)受害人在请求行为人承担侵权责任时,对加害人主观上是否具有过错不负举证责任,其只要证明存在加害行为、损害后果及因果关系等客观构成要件即可; (2)行为人也不得以自己不具有过错为由进行抗辩; (3)无过错责任并非结果责任,行为人也有权依据法律规定的免责事由或者减轻责任的事由进行抗辩

注:(1)特殊侵权行为适用**过错推定责任**原则或**无过错责任**原则,由法律做出明确的特别规定;

(2)无过错责任的规定往往有强制责任保险或最高赔偿限额等配套制度。

口诀巧记 侵权责任归责原则

侵权责任重归责, 过错责任是基础; 主观过错为要件, 谁主张来谁举证;

第三之人有过错, 共同过错连带责; 受害之人有过错, 混合过错可减轻;

过错推定很特殊, 证明无错才免责; 责任主体两大类, 管理者和所有人。

53. 数人侵权

(1)基本分类

- 数人侵权行为
  - 狭义共同侵权行为
    - 共同故意行为
    - 共同过失行为
    - 故意与过失混合行为
    - → 都承担连带责任
  - 教唆、帮助行为 → 责任承担见【小贴士】
  - 共同危险行为 —— 二人以上实施危及他人人身、财产安全的行为,但不能确定实际侵害人的情形 → 应承担连带责任,但证明不存在因果关系的除外
  - 原因竞合的无意思联络数人侵权行为
    - 原因竞合:每一个行为都足以造成全部损害结果的,成立共同侵权,形成连带责任
    - 原因结合:能够确定责任大小的,不成立共同侵权行为,形成按份责任

(2)狭义共同侵权行为与共同危险行为

项　目	共同加害行为	共同危险行为
行为人是否有意思联络	是	否
侵权人是否明确、确定	是	否
各行为人的行为是否都确定造成损害后果	是	否
客观方面	行为人一般都在现场实施了行为,结合是必然的	单个行为造成致害结果,不存在结合
主观方面	行为人能够预见自己的行为必然能与他人的具体行为相结合,从而造成损害结果	行为人预见到自己的行为可能造成损害结果
因果关系	多因一果	一因一果
各行为在损害后果中的原因力比例	无法区分	无法确定加害人

【小贴士】教唆、帮助行为的责任承担

情　形	责任承担
教唆人与被教唆人、帮助人与被帮助人均为完全民事行为能力人	教唆人、帮助人与行为人承担连带责任
教唆人、帮助人为完全民事行为能力人,行为人为限制民事行为能力人或者无民事行为能力人	(1)由教唆人、帮助人承担侵权责任; (2)该无民事行为能力人、限制民事行为能力人的监护人未尽到监护职责的,应当承担相应的责任
教唆人、帮助人为限制民事行为能力人或者无民事行为能力人,行为人为完全民事行为能力人	由行为人单独承担侵权责任,教唆人、帮助人不承担责任
教唆人、帮助人以及行为人皆为限制民事行为能力人或者无民事行为能力人	由监护人承担侵权责任

54. 精神损害赔偿的范围

<table>
<tr><th colspan="2">可以给予赔偿的精神损害赔偿请求</th><th>不予受理的精神损害赔偿请求</th></tr>
<tr><td rowspan="3">一般人格权
（包括具有人格象征意义的特定纪念物品）</td><td>人格尊严</td><td rowspan="3">受害人为法人、非法人组织的</td></tr>
<tr><td>人身自由</td></tr>
<tr><td>其他人格利益</td></tr>
<tr><td rowspan="8">具体人格权</td><td>生命权、健康权、身体权</td><td rowspan="8">在诉讼中未提出，侵权诉讼终结后基于同一事实另行请求精神损害赔偿的</td></tr>
<tr><td>肖像权</td></tr>
<tr><td>名誉权</td></tr>
<tr><td>姓名权</td></tr>
<tr><td>隐私权</td></tr>
<tr><td>荣誉权</td></tr>
<tr><td>个人信息权益</td></tr>
<tr><td>特定身份权</td><td>监护权</td><td></td></tr>
<tr><td colspan="2">死者的人格利益</td><td></td></tr>
</table>

55. 特殊主体的侵权责任

侵权行为	责任主体	免责/减责	责任分担
无民事行为能力人、限制民事行为能力人致人损害的	侵权人的**监护人**	监护人能够证明其尽到监护责任的，可以减责，但不能免责； **注意**：在委托监护中，仍然由监护人承担责任	
完全民事行为能力人对自己的行为暂时没有意识或者失去控制致他人损害的	侵权人	如果侵权人对其失控行为没有过错，只需进行适当**补偿**，而非赔偿	因醉酒、滥用麻醉药品或者精神药品的，应当承担责任
用人单位的工作人员因执行工作任务致他人损害的	用人单位；接受劳务派遣的用工单位	用人单位承担侵权责任后，可以向故意或重大过失的工作人员追偿	劳务派遣期间，劳务派遣单位有过错的，需要承担相应的责任
个人之间形成劳务关系的，提供劳务一方因劳务致他人损害以及自己受到损害的	接受劳务一方（须为自然人）		提供劳务方因劳务**自己**受到损害的，双方各自承担相应的责任

续表

侵权行为	责任主体	免责/减责	责任分担
网络用户、网络服务提供者致人损害的	网络用户和网络服务提供者，且二者承担**连带责任**		(1)部分连带责任：网络用户实施侵权行为，受害人已通知网络服务提供者且要求删除侵权信息而未果，网络服务提供者应就损害扩大部分与网络用户承担连带责任； (2)全部连带责任：网络服务提供者知道网络用户利用其服务侵害他人权益而未采取必要措施的，与该网络用户承担连带责任
公共场所的管理人、群众性活动的组织者致他人损害的	公共场所的管理人、群众性活动的组织者		因第三人行为致他人损害的，由**第三人**承担侵权责任。在第三人无法找到或者无法完全赔偿时，管理人或组织者也未尽到安全保障义务的，管理人或组织者要承担相应的**补充责任**
无民事行为能力人或者限制行为能力人在幼儿园、学校或者其他教育机构遭受人身损害的	教育机构或者是外部侵权人		被侵权人受到教育机构以**外**的人员人身损害的，由**侵权人承担责任**。在侵权人无法找到或者不能完全赔偿时，教育机构也未尽管理之责的，教育机构需承担相应的**补充责任**
帮工活动中致他人损害或者帮工人受到人身损害的	被帮工人	被帮工人明确拒绝帮工的，免责	帮工人存在**故意**或者**重大过失**，赔偿权利人请求帮工人和被帮工人承担连带责任的，法院应予支持
承揽关系中的侵权行为	承揽人		定作人对定作、指示或选任有过失的，应承担相应的赔偿责任
见义勇为者在见义勇为中受到损害的	侵权人		侵权人逃逸或者无力赔偿的，受益人应当给予适当补偿

口诀巧记 **雇员侵权责任**

雇员责任雇主担，雇主无错地担责；雇员故意大过失，雇主还可去追偿；
雇员受雇受损害，雇主应当担责任；损害来自第三人，第三雇主二选一；
职员侵权单位担，劳务派遣接受方；派遣单位有过错，相应责任要承担。

口诀巧记 **无偿帮工责任**

无偿帮工致损害，被帮之人担责任；明确拒绝不担责，过失故意要连带。

56. 产品责任

适用情形	责任形式	责任承担
买方针对产品质量不合格	违约责任	修理、更换、重作
买方针对产品缺陷致损	违约责任	损害赔偿
买方(限于消费者)针对经营者的欺诈行为	违约责任	惩罚性损害赔偿
被侵权人针对产品缺陷致损	侵权责任	损害赔偿
被侵权人针对生产者、消费者明知的情况	侵权责任	惩罚性损害赔偿
被侵权人针对缺陷产品造成的妨碍和危险	侵权责任	排除妨碍、消除危险
产品投入流通后发现缺陷的，生产者、销售者负有警示召回义务，未尽到义务则对被侵权人承担责任	侵权责任	缺陷产品召回

口诀巧记 **产品缺陷侵权责任**

产品责任生产者，过错责任销售者；生产供货指不明，销售也应担责任；
诉讼方便受害者，生产销售均可诉；终局责任归一方，赔付一方可追偿；
运输仓储有责任，生产销售可追偿；流通发现要补救，故意致害惩罚赔。

要点解说

根据《民法典》的规定，因产品存在缺陷造成他人损害的，生产者应当承担侵权责任。

因销售者的过错使产品存在缺陷，造成他人损害的，销售者应当承担侵权责任。

销售者不能指明缺陷产品的生产者也不能指明缺陷产品的供货者的，销售者应当承担侵权责任。

因产品存在缺陷造成损害的，被侵权人可以向产品的生产者请求赔偿，也可以向产品的销售者请求赔偿。产品缺陷由生产者造成的，销售者赔偿后，有权向生产者追偿。因销售者的过错使产品存在缺陷的，生产者赔偿后，有权向销售者追偿。

因运输者、仓储者等第三人的过错使产品存在缺陷，造成他人损害的，产品的生产者、销售者赔偿后，有权向第三人追偿。

因产品缺陷危及他人人身、财产安全的，被侵权人有权请求生产者、销售者承担排除妨碍、消除危险等侵权责任。

产品投入流通后发现存在缺陷的，生产者、销售者应当及时采取警示、召回等补救措施。未及时采取补救措施或者补救措施不力造成损害的，应当承担侵权责任。

明知产品存在缺陷仍然生产、销售，造成他人死亡或者健康严重损害的，被侵权人有权请求相应的惩罚性赔偿。

57. 医疗侵权责任

项　目	内　容	责任承担
一般过错责任	诊疗活动中，医疗机构及其医务人员**有过错**造成患者损害	医疗机构承担赔偿责任
过错界定	(1)医务人员未尽到向患者或近亲属说明并取得明确同意的义务； (2)医务人员在诊疗活动中未尽到与当时的医疗水平相应的诊疗义务	医疗机构承担赔偿责任
过错的例外	**紧急情况下**，不能取得患者或者其近亲属意见的，经负责人批准，可立即实施相应的医疗措施	医疗机构不会因未尽到说明义务而承担赔偿责任
过错推定责任	(1)违反法律、行政法规、规章以及其他有关诊疗规范的规定； (2)隐匿或者拒绝提供与纠纷有关的病历资料； (3)伪造、篡改或者销毁病历资料	医疗机构不能举证自己没有过错的，承担赔偿责任
第三人原因	因药品、消毒药剂、医疗器械的缺陷，或者输入不合格的血液，造成患者损害的	医疗机构并不免责，而是与第三人一起承担**不真正连带责任**，承担责任的医疗机构有权向第三人**追偿**
法定免责事由	(1)患者或者其近亲属不配合医疗机构进行符合诊疗规范的诊疗； (2)医务人员在抢救生命垂危的患者等紧急情况下已经尽到**合理诊疗义务**； (3)限于当时的医疗水平难以诊疗	医疗机构免责；但在第(1)种情形下，如果医疗机构及其医务人员也有过错，承担**相应的赔偿责任**
其他义务	(1)填写、保管并向患者提供病历资料的义务； (2)保护患者隐私的义务； (3)不得过度检查的义务	违反此义务，不会造成医疗事故，但医疗机构要承担侵害其他民事权益的责任

58. 高度危险侵权责任的免责与减责

(1)免责事由

不同的危险行为	免责事由
民用核设施	受害人故意、战争、武装冲突、暴乱等
民用航空器	受害人故意
易燃、易爆、剧毒、放射性物质	受害人故意、不可抗力
从事高空、高压、地下挖掘活动或者使用高速轨道运输工具	受害人故意、不可抗力

(2)减责事由

不同的危险行为	减轻事由
易燃、易爆、剧毒、放射性物质	受害人重大过失
从事高空、高压、地下挖掘活动或者使用高速轨道运输工具	受害人重大过失
除此之外的其他危险行为,如核设施、民用航空器	无减轻事由

59. 饲养动物侵权责任

饲养动物的类型	归责原则	免责事由
一般的饲养动物	无过错责任(普通严格责任)	受害人故意、重大过失、第三人过错
违反管理规定、没有采取防范措施的饲养动物	无过错责任(高度严格责任)	
禁止饲养的烈性犬等饲养动物	无过错责任(高度严格责任)	
遗弃、逃逸饲养动物	无过错责任(普通严格责任)	受害人故意、重大过失
动物园饲养动物	过错推定责任(过错责任)	管理人无过错

饲养动物的类型	所有权主体	侵权责任主体
逃逸	原饲养人(管理人)	原饲养人(管理人)
遗弃	无主物	原饲养人(管理人)
遗弃后被人收留	新的饲养人(管理人)	新的饲养人(管理人)
逃逸被别人收留	原饲养人(管理人)	新的饲养人(管理人)

60. 网络侵权责任

项　目	内　容
定义	利用信息网络侵害他人姓名权、名称权、名誉权、荣誉权、肖像权、隐私权等人身权益
避风港制度	(1)网络用户实施侵权,被侵权人告知网络提供服务者采取必要措施,及时采取不承担责任; (2)未及时采取,对损害扩大部分与用户承担连带责任
书面通知内容	(1)通知人的姓名(名称)和联系方式; (2)要求采取必要措施的网络地址或者足以准确定位侵权内容的相关信息; (3)通知人要求删除相关信息的理由

续表

项　目	内　容
反通知规则	(1)权利人有权通知网络服务提供者采取删除、屏蔽、断开链接等必要措施; (2)网络服务提供者接到通知后,应当及时将该通知转送相关网络用户,并根据构成侵权的初步证据和服务类型采取必要措施,未及时采取必要措施的,对损害的扩大部分与该网络用户承担连带责任; (3)网络用户接到转送的通知后,可以向网络服务提供者提交不存在侵权行为的声明,声明应当包括不存在侵权行为的初步证据及网络用户的真实身份信息; (4)网络服务提供者接到声明后,应当将该声明转送发出通知的权利人,并告知其可以向有关部门投诉或者向人民法院提起诉讼,网络服务提供者在转送声明到达权利人后的合理期限内,未收到权利人已经投诉或者提起诉讼通知的,应当及时终止所采取的措施

口诀巧记　网络侵权责任

网络责任两主体，　用户加上提供者；　提供一方不作为，　连带责任要承担。

New 61. 生态环境侵权责任

项　目	内　容
案件范围	因实施下列污染环境、破坏生态行为造成他人人身、财产损害的; 注意:不动产权利人在日常生活中环境污染造成相邻不动产权利人损害的,不属于生态环境侵权;因经营活动污染环境、破坏生态造成相邻不动产权利人损害,属于生态环境侵权
归责原则	(1)行为人——无过错原则:污染环境、破坏生态造成他人损害,行为人不论有无过错,都应当承担侵权责任; (2)其他人——过错原则:行为人以外的其他责任人对损害发生有过错的,应当承担侵权责任
共同侵权	(1)两个以上侵权人分别污染环境、破坏生态造成同一损害,每一个侵权人的行为都足以造成全部损害,侵权人承担连带责任; (2)两个以上侵权人分别污染环境、破坏生态,每一个侵权人的行为都不足以造成全部损害,能够确定责任大小的,各自承担相应的责任;难以确定责任大小的,平均承担责任 (3)两个以上侵权人分别污染环境、破坏生态,部分侵权人的行为足以造成全部损害,部分侵权人的行为只造成部分损害,足以造成全部损害的侵权人对全部损害承担责任,并与其他侵权人就共同造成的损害部分承担连带责任;受偿范围应以侵权行为造成的全部损害为限; (4)两个以上侵权人分别排放的物质相互作用产生污染物造成他人损害,侵权人承担连带责任
股东责任	公司股东滥用股东权利或公司独立法人地位,污染环境、破坏生态的,股东承担责任

续表

项　目	内　容
补充责任	侵权人污染环境、破坏生态造成他人损害，被侵权人请求未尽到安全保障义务的经营场所、公共场所的经营者、管理者或者群众性活动的组织者承担相应补充责任的，人民法院应予支持
第三人过错	(1)侵权人不得以损害是由第三人过错造成的为由，主张不承担责任或者减轻责任； (2)被侵权人同时起诉侵权人和第三人，侵权人对损害的发生没有过错的，人民法院应当判令侵权人、第三人就全部损害承担责任，侵权人承担责任后有权向第三人追偿； (3)侵权人对损害的发生有过错的，人民法院应当判令侵权人就全部损害承担责任，第三人承担与其过错相适应的责任，侵权人承担责任后有权就第三人应当承担的责任份额向其追偿； (4)被侵权人仅请求第三人承担责任，侵权人对损害的发生也有过错的，人民法院应当判令第三人承担与其过错相适应的责任

知识产权法

1. 著作权的权利内容

<table>
<tr><th rowspan="2">比较项目</th><th rowspan="2">著作权</th><th colspan="3">邻接权</th></tr>
<tr><th>表演者权</th><th>录制者权</th><th>播放者权</th></tr>
<tr><td rowspan="4">人身权</td><td>发表权</td><td rowspan="2">表明表演者身份权</td><td></td><td></td></tr>
<tr><td>署名权</td><td></td><td></td></tr>
<tr><td>修改权</td><td rowspan="2">保护表演形象不受歪曲权</td><td></td><td></td></tr>
<tr><td>保护作品完整权</td><td></td><td></td></tr>
<tr><td rowspan="13">财产权
(使用权)</td><td rowspan="2">复制权</td><td>录音录像(首次固定)权</td><td rowspan="2">复制权</td><td rowspan="2">录制及复制权</td></tr>
<tr><td>复制录有其表演的音像制品权</td></tr>
<tr><td>发行权</td><td>发行录有其表演的音像制品权</td><td>发行权</td><td>转播权</td></tr>
<tr><td>出租权</td><td>出租录有其表演的音像制品权</td><td colspan="2">出租权</td></tr>
<tr><td>表演权(现场表演权和机械表演权)</td><td rowspan="4">现场直播权</td><td rowspan="4"></td><td rowspan="4"></td></tr>
<tr><td>展览权</td></tr>
<tr><td>放映权</td></tr>
<tr><td>广播权</td></tr>
<tr><td>信息网络传播权</td><td>信息网络传播权</td><td>信息网络传播权</td><td>信息网络传播权</td></tr>
<tr><td>摄制权</td><td rowspan="4"></td><td rowspan="4"></td><td rowspan="4"></td></tr>
<tr><td>改编权</td></tr>
<tr><td>翻译权</td></tr>
<tr><td>汇编权</td></tr>
<tr><td>权利对象</td><td>作品</td><td>表演</td><td>录音录像制品</td><td>播放的广播电视</td></tr>
</table>

2. 特殊作品的著作权的归属

著作权主体的类型	主体的认定	权利的分配
演绎作品的著作权人	在已有作品的基础上,经过**改编**、**翻译**、**注释**、**整理**等创造性劳动而产生的作品	演绎创作所产生的新作品,其著作权由**演绎者**享有,但行使著作权时不得侵犯原作品的著作权
合作作品的著作权人	(1)作者为两人或两人以上; (2)作者之间有共同创作的主观合意; (3)有共同创作作品的行为,即各方都为作品的完成作出了**直接的**、**实质性**的贡献	(1)著作权由合作作者**共同享有**; (2)合作作品可以分割使用,作者对各自创作的部分可以单独享有著作权
汇编作品的著作权人	汇编若干作品、作品的片段或者不构成作品的数据或者其他材料,对其内容的选择或者编排体现**独创性**的作品	汇编作品的著作权由**汇编人**享有,但行使著作权时,不得侵犯原作品的著作权
视听作品的著作权人	(1)视听作品中的电影作品、电视剧作品的著作权由制作者享有,但编剧、导演、摄影、作词、作曲等作者享有署名权,并有权按照与制作者签订的合同获得报酬; (2)影视作品以外的视听作品的著作权归属由当事人约定;没有约定或者约定不明确的,由制作者享有,但作者享有署名权和获得报酬的权利; (3)视听作品中的剧本、音乐等可以单独使用的作品的作者有权单独行使其著作权	
继受人	包括继承人、受赠人、受遗赠人、受让人、作品原件的合法持有人和国家	继受著作权人只能成为著作财产权的继受主体,而著作人身权不可转让
委托作品的著作权人	作者接受他人委托而创作的作品,但由他人执笔,本人审定的,著作权归讲话人和本人	(1)著作权归属由委托人和受托人以**合同约定**; (2)未作约定或没有订立合同的,著作权由**受托人享有**,但委托人在约定的范围内享有使用权
作者身份不明		由**作品原件**的**所有人**行使除署名权以外的著作权
绘画、美术、雕塑		原件所有权转移,不转移著作权,展览权除外

口诀巧记　著作权归属

创作取得著作权，　辅助工作不算数；　事实行为无能力，　三岁小孩也可享；
没有相反之证明，　署名之人是作者；　继承两赠或受让，　仅仅限于财产权；
已有作品可演绎，　改编翻译注整理；　演绎具有创造性，　著作权归演绎者；
合作作品多人创，　共同合意和行为；　合作作者共享有，　协商一致来行使；
协商不成无理由，　不得阻止行权利；　转让权利要除外，　所得收益要分配；
合作著作可分割，　单独享有著作权；　分割行使有限制，　不得侵犯整体权；
汇编作品是片段，　选择编排独创性；　著作权归汇编人，　不得侵犯原作品；
视听作品归制片，　五类主体署名权；　剧本音乐可单用，　作者单独著作权；
委托作品著作权，　接受委托而创作；　著作权利合同定，　未定属于受托人；
委托之人范围内，　免费使用该作品；　两种作品较特殊，　委托作品不属于；
报告讲话本人享，　自传作品从约定；　约定不明归本人，　执笔之人有报酬；
原件所有权转移，　著作权并不转移；　所有权人展览权，　其他权利归作者。

3. 职务作品

类　型	含　义	权利归属
单位作品	由单位主持、代表单位意志创作并由**单位**承担责任的作品	单位被视为单位作品的作者，行使完整的**著作权**
一般职务作品	公民为完成单位工作任务而又**未**主要利用单位物质技术条件创作的作品	(1)著作权由**作者**享有，但单位有权在业务范围内优先使用； (2)作品完成**2 年内**，未经单位同意，作者不得许可第三人以与单位相同的方式使用该作品； (3)作品完成 2 年内，经单位同意，作者许可第三人以与单位相同方式使用作品的，所获得的报酬由作者与单位按约定分配
特殊职务作品	**主要**是**利用**法人或非法人组织的物质技术条件制作，并由法人或者非法人组织承担责任的工程设计图、产品设计图、地图、示意图、计算机软件等职务作品；报社、期刊社、通讯社、广播电台、电视台的工作人员创作的职务作品；或法律法规规定或合同约定著作权由法人或者非法人组织享有的职务作品	(1)作者享有**署名权**； (2)其他著作权由法人或者非法人组织享有，法人或者非法人组织可以给予作者奖励

口诀巧记 **职务作品的著作权**

职务作品分三类，具体归属各不同；单位主持担责任，单位完整著作权；
一般职务之作品，完成任务而创作；单位条件未利用，著作权利归作者；
法人组织优先用，非经同意不授权；单位同意他人用，报酬比例要分配；
主要利用单位物，并由单位担责任；作者享有署名权，著作权利归单位。

4. 合理使用与法定许可使用

<table>
<tr><th colspan="2">项　目</th><th>合理使用</th><th>法定许可使用</th></tr>
<tr><td rowspan="4">相同点</td><td>行使依据</td><td colspan="2">基于法律的明文规定</td></tr>
<tr><td>适用对象</td><td colspan="2">只能针对已经发表的作品</td></tr>
<tr><td>使用人的权利</td><td colspan="2">不必征得著作权人的同意</td></tr>
<tr><td>使用人的义务</td><td colspan="2">应当指明作者姓名、作品名称，并不得侵犯著作权人依法享有的其他权利</td></tr>
<tr><td rowspan="3">不同点</td><td>使用人的范围</td><td>不受限制</td><td>主要是作品传播者的使用行为</td></tr>
<tr><td>使用限制</td><td>一般不受限制</td><td>著作权人事先声明不许使用的，一般不适用</td></tr>
<tr><td>是否有偿</td><td>无偿使用</td><td>有偿使用</td></tr>
<tr><td colspan="2">构成要件</td><td>(1)已发表的作品；
(2)无须著作权人许可；
(3)无须支付报酬；
(4)不得影响作品的正常使用；
(5)不得损害著作权</td><td>(1)已发表的作品；
(2)无须著作权人许可；
(3)须支付报酬；
(4)不得损害著作权</td></tr>
<tr><td colspan="2">主要情形</td><td>(1)个人学习研究欣赏；
(2)介绍评论作品、说明问题；
(3)媒体引用报道时事新闻；
(4)媒体使用其他媒体时事文章；
(5)媒体使用公众集会的讲话；
(6)学校教学研究翻译、改编、汇编、播放、少量复制；
(7)国家机关为公务合理使用；
(8)图书馆等复制本馆收藏品；
(9)免费表演已发表作品；
(10)公共场所艺术品临摹绘画等；
(11)国家通用语言文字作品改成少数民族语言文字在国内出版；
(12)以阅读障碍者能够感知的无障碍方式向其提供已发表作品</td><td>(1)为义务教育和国家教育规划编写教科书、汇编作品片段、短小、单幅作品；
(2)报刊互相转载、刊登文摘资料，作者声明不允许的除外；
(3)网站转载、摘编报刊、网络作品作者声明不允许的除外；
(4)录音制作者使用他人合法录音制品，著作权人声明不允许的除外；
(5)广播电台、电视台播放已发表作品、已出版录音制品；
(6)广播电台、电视台播放他人已发表的作品</td></tr>
</table>

【小贴士】知识产权善意侵权

项　目	内　容
著作权	制作、出版要授权；发行、出租看来源
专利权	为生产经营目的使用、许诺销售或者销售不知道是未经专利权人许可而制造并售出的专利侵权产品，能证明该产品合法来源的，不承担赔偿责任 **注意**：制造进口，是侵权，要赔钱
商标权	销售不知道是侵犯注册商标专用权的商品，能证明该商品是自己合法取得并说明提供者的，不承担赔偿责任

5. 驰名商标保护

<table>
<tr><th colspan="3">项　目</th><th>内　容</th></tr>
<tr><td rowspan="4">驰名商标</td><td colspan="2">概念</td><td>在一定地域范围内具有较高知名度并为相关公众所熟知的商标</td></tr>
<tr><td rowspan="2">认定</td><td>认定机构</td><td>商标局、商标评审委员会和法院</td></tr>
<tr><td>认定因素</td><td>(1)相关公众对该商标的知晓程度；
(2)该商标使用的持续时间；
(3)该商标的任何宣传工作的持续时间、程度和地理范围；
(4)该商标作为驰名商标受保护的记录；
(5)该商标驰名的其他因素</td></tr>
<tr><td colspan="2">保护措施</td><td>(1)就相同或者类似商品申请注册的商标是复制、摹仿或翻译他人未在中国注册的驰名商标，容易导致混淆的，不予注册并禁止使用(无赔偿)；
(2)就不相同或者不相类似商品申请注册的商标是复制、摹仿或者翻译他人已经在中国注册的驰名商标，误导公众，致使该驰名商标注册人的利益可能受到损害的，不予注册并禁止使用</td></tr>
</table>

6. 商标申请原则

原　则	类　型	法律效果
申请在先原则	两个或两个以上的商标注册申请人，在同一种商品或者类似商品上，以相同或者近似的商标申请注册的	初步审定并公告申请在先的商标
	同一天申请的	初步审定并公告**使用在先**的商标
	同日使用或者均未使用的	申请人之间可以协商解决，协商不成的，由各申请人抽签决定
诚信申请原则	申请注册和使用商标，应当遵循诚实信用原则	(1)不以使用为目的的恶意商标注册申请，应当予以驳回； (2)已经核准注册的，由商标局宣告该商标无效；其他单位或者个人可以请求商标评审委员会宣告该注册商标无效

续表

原 则	类 型	法律效果
自愿注册	在生产服务中使用，但其使用人不享有专用权	无权禁止他人在同种或类似商品上使用与其商标相同或近似的商标，**但驰名商标除外**
特殊商品强制注册	必须使用注册商标的商品：**烟草制品**	使用未注册商标的，禁止销售

注：(1)声音可作为商标申请注册；

(2)生产、经营者不得将“驰名商标”字样用于商品、商品包装或容器上，或用于广告宣传、展览以及其他商业活动中。

7. 注册商标的无效宣告

<table>
<tr><th>项 目</th><th>程 序</th></tr>
<tr><td rowspan="2">宣告的程序</td><td>商标局宣告无效→商标评审委员会申请复审→法院起诉</td></tr>
<tr><td>他人(含利害关系人)向商标评审委员会申请无效宣告→法院起诉</td></tr>
<tr><td>宣告的后果</td><td>(1)任何人可以申请商标无效，利害关系人可以申请商标无效；
(2)注册商标被撤销、被宣告无效或者期满不再续展的，自撤销、宣告无效或者注销之日起1年内，商标局对与该商标相同或者近似的商标注册申请，不予核准；
(3)该注册商标专用权视为自始不存在；
(4)严格适用“不具溯及力”，但因商标注册人的恶意给他人造成的损失，应当给予赔偿</td></tr>
</table>

8. 注册商标的撤销

<table>
<tr><th>项 目</th><th colspan="2">内 容</th></tr>
<tr><td>撤销的理由</td><td colspan="2">(1)商标注册人在使用注册商标的过程中，自行改变注册商标、注册人名义、地址或者其他注册事项的，由地方工商行政管理部门责令限期改正；期满不改正的，由商标局撤销其注册商标；
(2)注册商标成为其核定使用的商品的通用名称或者没有正当理由连续3年不使用的，任何单位或者个人可以向商标局申请撤销该注册商标</td></tr>
<tr><td rowspan="2">撤销的程序</td><td>依职权撤销</td><td>依申请撤销</td></tr>
<tr><td>工商局责令改正→商标局撤销 $\xrightarrow{\text{(15日)}}$ 商标评审委员会复审(9个月+3个月) $\xrightarrow{\text{(30日)}}$ 法院起诉</td><td>向商标局提出申请 $\xrightarrow{\text{(15日)}}$ 商标评审委员会复审(9个月+3个月) $\xrightarrow{\text{(30日)}}$ 法院起诉</td></tr>
</table>

9. 专利权客体

<table>
<tr><th>类 别</th><th colspan="2">发 明</th><th>实用新型</th><th colspan="2">外 观 设 计</th></tr>
<tr><td rowspan="3">授权条件</td><td>新颖性</td><td colspan="2">不属于现有技术；也没有任何单位或者个人就同样的发明或实用新型在申请日以前向国务院专利行政部门提出过申请，并记载在申请日以后公布的专利申请文件或公告的专利文件中（如未出版公开，使用公开等）</td><td>新颖性</td><td>应当同申请日以前在国内外出版物上公开发表过或者国内公开使用过的外观设计不相同和不相近似（不属于现有设计）</td></tr>
<tr><td>创造性</td><td colspan="2">（1）与现有技术相比，该发明有突出的实质性特点和显著进步，该实用新型有实质性特点和进步；
（2）现有技术，是指申请日以前在国内外为公众所熟知的技术</td><td>富有美感</td><td></td></tr>
<tr><td>实用性</td><td colspan="2">（1）能够在产业中制造或者使用；
（2）并且能够产生积极效果</td><td>实用性</td><td>必须适于工业应用</td></tr>
<tr><td>审批程序</td><td colspan="2">有实质审查</td><td colspan="3">无实质审查</td></tr>
<tr><td>权利期限</td><td colspan="2">自申请日起 20 年</td><td>自申请日起 10 年</td><td colspan="2">自申请日起 15 年</td></tr>
<tr><td>优先权期限</td><td colspan="2">12 个月</td><td>12 个月</td><td colspan="2">6 个月</td></tr>
</table>

【小贴士】专利实施权的内容

<table>
<tr><th>比较项目</th><th>制造权</th><th>使用权</th><th>许诺销售权</th><th>销售权</th><th>进口权</th></tr>
<tr><td>产品发明专利</td><td>有</td><td>有</td><td>有</td><td>有</td><td>有</td></tr>
<tr><td>实用新型专利</td><td>有</td><td>有</td><td>有</td><td>有</td><td>有</td></tr>
<tr><td>外观设计专利</td><td>有</td><td>无</td><td>有</td><td>有</td><td>有</td></tr>
<tr><td>方法发明专利</td><td colspan="5">有权使用专利方法以及使用、许诺销售、销售、进口依照该专利方法直接获得的产品</td></tr>
<tr><td>备注</td><td colspan="5">（1）专利实施权所涉及的实施行为均以生产经营为目的；
（2）依据专利权穷竭原则，如果专利产品的制造行为是专利权人的实施行为或许可实施行为，后续使用、许诺销售、销售、进口该专利产品的行为不再受专利实施权控制，不视为侵犯专利权；
（3）专利产品的平行进口行为是否属于侵犯专利实施权中的进口权存在争议，主流观点认为不属于侵权行为</td></tr>
</table>

10. 优先权制度

<table>
<tr><th>项　目</th><th>国际优先权</th><th>国内优先权</th></tr>
<tr><td rowspan="2">含义</td><td>申请人自发明或实用新型在外国第一次提出专利申请之日起12个月内,又在中国就相同主题提出专利申请的,依照该外国同中国签订的协议或共同参加的国际条约,或依照相互承认优先权的原则,可以享有优先权</td><td rowspan="2">申请人自发明或实用新型在中国第一次提出专利申请之日起12个月内,或者自外观设计在中国第一次提出专利申请之日起6个月内,又向专利局就相同主题提出专利申请的,可以享有优先权</td></tr>
<tr><td>申请人自外观设计在外国第一次提出专利申请之日起6个月内,又在中国就相同主题提出专利申请的,依照该外国同中国签订的协议或共同参加的国际条约,或依照相互承认优先权的原则,可以享有优先权</td></tr>
<tr><td>主张程序</td><td colspan="2">优先权主张人应在申请时提出书面声明,且在3个月内提交首次提出的专利申请权副本,否则,视为未主张</td></tr>
<tr><td>期间</td><td colspan="2">12个月</td></tr>
<tr><td>内容</td><td colspan="2">发明和实用新型</td></tr>
</table>

11. 专利实施的强制许可

项　目	内　容
基本含义	专利权人负有自己或者许可他人在中国制造其专利产品、使用其专利方法的义务
专利类型	发明专利和实用新型专利,不包括外观设计专利
被许可人	具备实施条件的单位和个人
决定机关	国务院**专利行政部门**
程序条件	被许可人向国务院专利行政部门申请
实质条件	(1)专利权人自专利权被授予之日起满**3**年,且自提出专利申请之日起满**4**年,**无正当理由**未实施或者未充分实施其专利的; (2)专利权人行使专利权的行为被依法认定为**垄断行为**,为消除或者减少该行为对竞争产生的不利影响的
特殊限制	(1)药品类专利权,强制许可仅限于**公共健康**目的; (2)半导体类专利权的强制许可仅限于公益目的和消除垄断

12. 知识产权的丧失

比较项目	著作权	专利权	商标权
保护期届满	自然人的作品,其发表权和著作权财产权的保护期为作者终生及其死亡后50年,截止于作者死亡后第50年的12月31日。 单位作品、特殊职务作品和视听作品,其发表权的保护期为50年,截止于作品创作完成后第50年的12月31日;其著作财产权保护期为50年,截止于作品首次发表后第50年的12月31日,但作品自创作完成后50年内未发表的,著作权法不再保护	发明专利权的期限为20年,实用新型专利权的期限为10年,外观设计专利权的期限为15年,均自申请日起计算。但非因申请人原因导致的授权过程中的不合理迟延,可以给予一定的专利保护期限补偿	注册商标的有效期为10年,自核准注册之日起计算。但注册商标保护期届满前1年或届满后6个月内可以依法办理续展手续。每次续展注册的有效期为10年,自该商标上一届有效期满次日起计算
期限届满前终止	—	没有按照规定缴纳年费的或者专利权人以书面声明放弃其专利权的,专利权终止	因商标权人擅自改变注册商标的注册事项、注册商标成为其核定使用商品的通用名称或无正当理由连续3年不使用的,商标局可依法撤销该注册商标
不符合授权条件被无效宣告	—	(1)不符合专利权客体要件; (2)专利说明书未对发明创造作出清楚、完整的说明; (3)权利要求书的书写严重不符合法律要求; (4)专利申请的修改超出法定范围; (5)同样的发明创造被分别授权(重复授权)	(1)注册商标不以使用为目的; (2)不具备显著特征; (3)使用法定禁用标志; (4)侵犯他人的在先合法权利或利益

商　　法

一、公　司　法

1. 公司的设立

项　目	有限责任公司	股份有限公司
股东	50 个以下股东，但允许一人公司	(1)2～200 个发起人； (2)半数以上在中国境内有住所
组织机构	(1)股东会：一人、国有独资公司不设； (2)董事会：3～13 人； (3)监事会：≥3 人(职工代表≥1/3)； (4)股东人数较少和规模较小的，设 1～2 名监事	(1)股东会(可累计投票)； (2)董事会：5～19 人； (3)上市公司设独立董事； (4)监事会≥3 人(职工代表≥1/3)
设立方式	出资设立	(1)发起设立； (2)募集设立，发起人认购的股份不少于**35%**，另有规定的除外
出资方式	(1)货币、实物、知识产权(新增)、土地使用权股权等； (2)劳务、信用、自然人姓名、商誉、特许经营权和设定担保的财产**不可用于出资**	

注：法律、行政法规另行规定的注册资本最低限额，保险公司为 2 亿元，拍卖企业为 100 万元，商业银行全国性为 10 亿元，城市性为 1 亿元。

2. 发起人

项　目	内　容
概念	为设立公司而签署公司章程、向公司认购出资或者股份并履行公司设立职责的人
责任	合同相对人可要求{发起人承担责任(以自己名义签订合同)；公司承担责任(公司确认合同或享受合同权利或履行合同义务)}
	发起人如果是以公司的名义在设立公司过程中对外签订合同，则公司成立后由公司承担合同责任。但是，如果公司能够证明发起人利用设立中公司的名义为自己的利益与相对人订立合同，则公司可以抗辩，但此种抗辩不能对抗善意的第三人

续表

项目	内容
责任	公司设立失败时，发起人对设立公司产生的费用和债务承担连带清偿责任。对外承担清偿责任的发起人，对内取得求偿权，有权向其他发起人追偿。若出资比例也没有约定，则按照均等份额分担责任
	在公司设立过程中，发起人因自己的过失使公司利益受到损害的，应当对公司承担赔偿责任
	发起人因履行公司设立职责而给第三人造成损害的，公司成立后由公司承担对第三人的赔偿责任；若公司未成立，则由全体发起人对第三人承担连带赔偿责任。公司或者无过错的发起人在承担对外责任后可以向有过错的发起人追偿

3. 公司资本制度

项目	内容	
含义	(1)由公司章程确定并载明的、全体股东的出资总额，又称**注册资本**； (2)有注册资本、发行资本、认购资本和实缴资本之分； (3)在我国注册资本就是公司成立时全体股东认缴资本总额	
基本原则	资本确定原则	现行公司法采授权资本制，一定比例的认缴
	资本维持原则	在公司存续过程中要保持与其资本额相当的财产： (1)发起人或股东不得退股，**不得抽回股本**； (2)股票发行价格不得低于股票面值； (3)按规定提取公积金； (4)亏损或无利润不得分配股利； (5)公司原则上不能收购自己的股份，也不得接受本公司的股票作为抵押权标的
	资本不变原则	公司资本总额一旦确定，非经法定程序不得任意变动

(1)转投资制度

投资主体：有限责任公司、股份有限公司 ⇒ 投资对象：其他企业（包括非公司）⇒ 投资限制：不得成为对所投资企业承担连带债务的出资人

(2)公司公积金制度

公积金
- 法定公积金（税后利润的10%）
  - 盈余公积金
  - 资本公积金

  转为资本时，留存的公积金不少于注册资本的25%
- 任意公积金

⇓

用于弥补公司的亏损，扩大公司生产经营，转为增加公司资本

(3)资本变动

资本转让制度	有限责任公司	股份有限公司
条件	(1)全体股东过半数同意(全体过半数); (2)30日未答复,或不同意转让且不购买的视为同意	股份原则上可自由转让
方式	(1)转让股东应**书面通知**其他股东; (2)股东有**优先购买权**,两个以上股东主张权利的协商购买比例,协商不成依出资比例; (3)法院强制执行股权,应通知股东优先购买权,20日内不行使视为放弃	(1)证券交易所或国务院规定的其他方式; (2)记名的以背书等方式转让; (3)无记名的以交付方式
例外规定	下列情形,对股东会决议投反对票的股东可以请求公司以**合理价格**收购其股权: (1)公司连续5年不向股东分配利润,而公司该5年连续盈利,且符合分配条件; (2)公司合并、分立、转让主要财产; (3)公司章程规定的营业期限届满或其他解散事由出现,股东会决议修改章程使公司存续	(1)发起人自公司成立之日起1年内不得转让,已发行股份自上市1年内不得转让; (2)董事监事等高管人员任职期间每年转让不得超过所持总数的25%,上市交易1年内、离职半年内不得转让; (3)公司不得收购本股票,例外: ①减少资本; ②员工持股计划或股权激励; ③合并(6个月转让); ④股东持异议要求收购(6个月注销); ⑤转换为股票的公司债券; ⑥维护公司价值及股东权益所必需
决议主体	股东会决议,代表2/3以上表决权的股东通过	出席股东会议股东所持表决权的半数以上通过
增加注册资本	股东有权优先按照实缴的出资比例认缴出资,全体股东约定的除外	股东可认购新股,同设立时缴纳股款的规定
减少注册资本	(1)须编制资产负债表及财产清单; (2)自作出决议之日起10日内通知债权人,30日内公告;债权人自接到通知书之日起30日内,未接到通知书自公告之日起45日内,有权要求公司清偿债务或提供相应担保	

4. 法律对公司的限制性规定

限　制	内　容
经营范围的限制	经营范围章程定，依法登记，超越经营范围订立合同，合同不当然无效；但违反国家限制经营、特许经营以及法律、行政法规禁止经营的除外
投资能力的限制	公司可以向其他企业投资；但是，除法律另有规定外，不得成为所投资企业的债务承担连带责任的出资人
担保能力的限制	(1)对外担保：公司向其他企业投资或者为他人提供担保，依照公司章程规定，董事会或者股东会(股东大会)决议；公司章程对投资或者担保的总额及单项投资或者担保的数额有限额规定的，不得超过规定的限额； (2)对内担保：公司为公司股东或者实际控制人提供担保的，必须经股东会(股东大会)决议，该股东或者受该实际控制人支配的股东，不得参加该规定事项的表决，该项表决由出席会议的其他股东所持表决权的过半数通过

5. 公司法人治理结构

<table>
<tr><th colspan="2">项　目</th><th>股份有限公司</th><th>有限责任公司</th><th>国有独资公司</th></tr>
<tr><td rowspan="2">监事会</td><td>组成人员</td><td colspan="2">不少于3人；由股东代表和职工代表组成，职工代表比例不低于1/3；较小的有限责任公司可只设一名至二名监事
注意：公司董事、高级管理人员不得兼任监事</td><td>不少于5人，须有职工代表，且不低于1/3</td></tr>
<tr><td>任期</td><td colspan="3">3年，可连选连任</td></tr>
<tr><td>股东(大)会</td><td>会议召开</td><td>一年一次(6个月内)；临时会议(2个月内)：
(1)董事人数不足规定人数的2/3；
(2)未弥补亏损达股本总数1/3；
(3)持股份10%以上的股东请求；
(4)董事会认为必要；
(5)监事会提议</td><td>一般一年一次；临时会议：1/10以上表决权股东，1/3以上董事，监事会或不设监事会的公司的监事提议(一人有限责任公司不设股东会)</td><td>不设股东会，由国有资产监督管理机构行使股东会职权，其他授权董事会行使部分股东会股权</td></tr>
</table>

续表

项目		股份有限公司	有限责任公司	国有独资公司
股东(大)会	决议规则	实行“**股份多数决**”原则,要有代表股份多数的股东出席,并且出席会议的**过半数表决权股东**通过。但下列事项必须经出席会议的代表2/3以上表决权股东通过: (1)修改章程; (2)增加或减少注册资本; (3)公司分立、合并、解散或者变更公司形式	采取“**资本多数决**”原则,一般只需过半数表决权股东通过,章程另有规定的除外。但下列事项必须经代表2/3以上表决权股东通过: (1)修改章程; (2)增加或减少注册资本; (3)公司分立、合并、解散或者变更公司形式	
董事会	产生	公司设立时,由发起人选举产生(发起设立时)或由创立大会选举产生(募集设立时);公司成立后,由股东大会选举产生	由首次股东会选举产生(公司设立后)	由国有资产监督管理机构委派
	董事长	过半数董事选举产生	由公司章程规定	指定
	人数	5~19人,可以有职工代表	3~13人,可以有职工代表	3~9人,须有职工代表
	会议召开	每年至少两次;临时会议:1/10以上表决权股东,1/3以上董事,监事会提议	由章程规定	由章程规定
	议事规则	(1)过半数董事出席方可; (2)决议须经全体董事过半数通过	由章程规定	由章程规定
	其他	董事会成员可兼任经理,上市公司设独立董事和董事会秘书	股东人数较少和规模较小的,可只设一名执行董事,并可兼任经理	董事会成员可兼任经理

口诀巧记 公司高管任职资格

高管任职有限制， 下列情形需禁止： 行为能力有欠缺， 到期欠债数额大；
经济犯罪判刑罚， 执行期满未五年； 公司破产或关闭， 曾在其中任高管；
负有个人之责任， 至今尚未满三年； 个人债务数额大， 债务到期未偿还；
任职期间上情形， 应当解除其职务。

要点解说

根据《公司法》的规定，有下列情形之一的，不得担任公司的董事、监事、高级管理人员：

(1)无民事行为能力或者限制民事行为能力；

(2)因犯有贪污、贿赂、侵占财产、挪用财产罪或者破坏社会经济秩序罪，被判处刑罚，执行期满未逾5年，或者因犯罪被剥夺政治权利，执行期满未逾5年；

(3)担任破产清算的公司、企业的董事或者厂长、经理，并对该公司、企业的破产负有个人责任的，自该公司、企业破产清算完结之日起未逾3年；

(4)担任因违法被吊销营业执照、责令关闭的公司、企业的法定代表人，并负有个人责任的，自该公司、企业被吊销营业执照之日起未逾3年；

(5)个人所负数额较大的债务到期未清偿。

上述各项规定，适用于有限责任公司和股份有限公司的董事、监事和高级管理人员。

董事、监事、高级管理人员如果在任职期间出现上述情形的，公司应当解除其职务。

6. 股东诉讼

(1)股东派生诉讼

项 目		内 容
股东派生诉讼	特征	(1)公司是直接受害人，股东是间接受害人； (2)原告股东以代表人的身份提起诉讼，无权排除其他股东的参与； 如果股东有以下3种情形，丧失原告主体资格：①股东提起代表诉讼，是为了谋取与自己持股比例不成正比的私利，或是为了谋取其所在公司的竞争对手的利益；②提起诉讼的股东曾经参加、批准或默许所诉的不正当行为；③是以损害公司或者其他股东的利益为代价的； (3)起诉的股东是原告； (4)诉讼后果由公司承担
	条件	(1)有限责任公司的股东、股份有限公司连续180日以上单独或者合计持有**1%**以上公司股份的股东可以起诉； (2)**董事、高级管理人员**执行公司职务时违反规定，给公司造成损失的，前述股东可**书面请求**监事会或不设监事会的监事向法院起诉； (3)**监事**违反规定给公司造成损失的，由前述股东书面请求董事会或不设董事会的有限公司的执行董事起诉； (4)监事会、不设监事会的监事，或者董事会、不设董事会的执行董事收到股东书面申请拒绝起诉，或自收到请求之日起**30**日未起诉的，或情况紧急、不立即起诉将使公司利益受到难以弥补的损失的，股东可直接以**自己的名义**起诉； (5)他人侵犯公司合法权益，给公司造成损失的，股东可起诉； (6)股东有恶意诉讼的，公司可追究股东的赔偿责任

(2)股东提起解散公司诉讼

项　目	内　容
提起主体（原告）	单独或者合计持有公司全部股东表决权10%以上的股东
被告	(1)被告应为公司； (2)以其他股东为被告一并提起诉讼的，法院应当告知将其他股东变更为第三人；坚持不予变更的，驳回对其他股东的起诉； (3)原告应当告知或由人民法院通知其他股东参加诉讼； (4)其他股东或利害关系人申请以共同原告或者第三人身份参加诉讼的，应予准许
法院受理事由	(1)公司持续2年以上无法召开股东会或者股东大会，公司经营管理发生严重困难的； (2)股东表决时无法达到法定或者公司章程规定的比例，持续2年以上不能做出有效的股东会或者股东大会决议，公司经营管理发生严重困难的； (3)公司董事长期冲突，且无法通过股东会或者股东大会解决，公司经营管理发生严重困难的； (4)经营管理发生其他严重困难，公司继续存续会使股东利益受到重大损失的情形
不予受理事由	(1)知情权、利润分配请求权等权益受到损害； (2)公司亏损、财产不足以偿还全部债务； (3)公司被吊销企业法人营业执照未进行清算
与清算的关系	股东提起解散公司诉讼，同时又申请人民法院对公司进行清算的，人民法院对其提出的清算申请不予受理。但可在人民法院判决解散公司后，自行组织清算或者另行申请人民法院对公司进行清算
判决效力	(1)法院关于解散公司诉讼作出的判决，对全体股东具有法律约束力； (2)判决驳回解散公司诉讼请求后，提起该诉讼的股东或者其他股东又以同一事实和理由提起解散公司诉讼的，不予受理

(3)股东提起决议效力瑕疵之诉

项　目	内　容
类型	(1)确认决议无效之诉； (2)撤销决议之诉； (3)决议不成立之诉
原告	(1)确认决议无效或者不成立之诉的原告，包括股东、董事、监事等； (2)决议撤销之诉的原告应当在起诉时具有股东资格
法律效力	股东会或者股东大会、董事会决议被人民法院判决确认无效或者撤销的，公司依据该决议与善意相对人形成的民事法律关系不受影响

7. 公司清算

项目	内容
时间	(1)自行清算:解散事由出现之日起15日内成立清算组; (2)法院指定清算:清算组应当自成立之日起6个月内清算完毕,因特殊情况无法完成的,应当向人民法院申请延长
清算组成员范围	(1)公司股东、董事、监事、高级管理人员; (2)依法设立的律师事务所、会计师事务所、破产清算事务所等社会中介机构; (3)依法设立的律师事务所、会计师事务所、破产清算事务所等社会中介机构中具备相关专业知识并取得执业资格的人员
清算中的诉讼	(1)有关公司的民事诉讼,应当以公司的名义进行; (2)成立清算组的,由清算组负责人代表公司参加诉讼;尚未成立清算组的,由原法定代表人代表公司参加诉讼
案件管辖	(1)公司解散、清算案件由公司住所地人民法院管辖,公司住所地是指公司主要办事机构所在地,公司办事机构所在地不明确的,由其注册地人民法院管辖; (2)基层人民法院管辖县、县级市或者区的公司登记机关核准登记公司的解散诉讼案件和公司清算案件; (3)中级人民法院管辖地区、地级市以上的公司登记机关核准登记公司的解散诉讼案件和公司清算案件
清算方案	(1)公司自行清算的,清算方案应当报股东会或者股东大会决议确认; (2)人民法院组织清算的,清算方案应当报人民法院确认; (3)未经确认的清算方案,清算组不得执行

注:公司解散时,股东尚未缴纳的出资均应作为清算财产。股东尚未缴纳的出资,包括到期应缴未缴的出资,以及依法分期缴纳尚未届满缴纳期限的出资。

二、合伙企业法

8. 有限合伙人与普通合伙人

项目	有限合伙人	普通合伙人
人数	2个以上50个以下(至少应当有一个普通合伙人)法律另有规定的除外	2个以上
利润与亏损	有限合伙企业不得将全部利润分配给部分合伙人;但是,合伙协议另有约定的除外	合伙协议可以约定全部利润分配给部分合伙人;不得约定部分合伙人承担全部亏损

续表

项　目	有限合伙人	普通合伙人
自营	可以同本有限合伙企业进行交易；但是，合伙协议另有约定的除外	不得同本普通合伙企业进行交易；但是，合伙协议另有约定的除外或全体合伙人一致同意的除外
竞业	可以自营或同他人合作经营与本合伙企业相竞争的业务；但是，合伙协议另有约定的除外	不得自营或同他人合作经营与本合伙企业相竞争的业务
财产份额出质	可以将其在有限合伙企业中的财产份额出质；但是，合伙协议另有约定的除外	将其在普通合伙企业中的财产份额出质，必须经其他合伙人一致同意。否则，行为无效，由此给善意第三人造成损失的，由行为人承担
转让财产份额	可以按照合伙协议约定向合伙人以外的人转让其在有限合伙企业的财产份额；但应提前30日通知其他合伙人	向合伙人以外的人转让其在合伙企业的财产份额，要经其他合伙人一致同意； 但是，合伙协议另有约定的除外
对企业债务承担	(1)以其认缴的出资额为限对合伙企业承担有限责任(但这有一个前提：有限合伙人不执行合伙事务)； (2)第三人有理由相信有限合伙人为普通合伙人并与其交易的，该有限合伙人对该笔交易承担与普通合伙人同样的责任； (3)有限合伙人未经授权以有限合伙企业名义与他人进行交易，给有限合伙企业或者其他合伙人造成损失的，该有限合伙人应当承担赔偿责任	无限连带责任
新入伙	新入伙的有限合伙人对入伙前有限合伙企业的债务，以其认缴的出资额为限承担责任	新合伙人对入伙前合伙企业的债务承担无限连带责任
法定退伙	没有“个人丧失偿债能力”情形	合伙人有下列情形之一的，当然退伙： (1)作为合伙人的自然人死亡或者被依法宣告死亡； (2)个人丧失偿债能力； (3)作为合伙人的法人或者其他组织依法被吊销营业执照、责令关闭撤销，或者被宣告破产； (4)法律规定或者合伙协议约定合伙人必须具有相关资格而丧失该资格； (5)合伙人在合伙企业中的全部财产份额被人民法院强制执行

续表

项目	有限合伙人	普通合伙人
退伙后债务承担	对基于其退伙前的原因发生的有限合伙企业债务，以其退伙时从有限合伙企业中取回的财产承担责任	退伙人对基于其退伙前的原因发生的合伙企业债务，承担无限连带责任
丧失民事行为能力	其他合伙人不得因此要求其退伙	其他合伙人一致同意，可以转为有限合伙； 其他合伙人不一致同意的，退伙
死亡	当然退伙，但是继承人可以继承，直接取得资格	当然退伙： (1)合伙协议约定或者合伙人一致同意，继承人可以继承资格； (2)合伙人不一致同意、合伙协议约定不能成为合伙人或者继承人不愿意成为合伙人的，退还被继承合伙人的财产份额； (3)合伙人的继承人为无民事行为能力人或者限制民事行为能力人的，经全体合伙人一致同意，可以依法成为有限合伙人，普通合伙企业依法转为有限合伙企业。全体合伙人未能一致同意的，合伙企业应当将被继承合伙人的财产份额退还该继承人
相互转换	(1)有限→普通　作为有限合伙人期间有限合伙企业发生的债务承担无限连带责任； (2)普通→有限　作为普通合伙人期间有限合伙企业发生的债务承担无限连带责任	

口诀巧记　有限合伙与普通合伙

合伙企业非法人，　有限普通两类型；　有限合伙2～50，　普通合伙不封顶；
有限合伙分利润，　不能全给部分人；　普通合伙分亏损，　不能全给部分人；
有限原则可自营，　普通恰恰与相反；　合伙协议另约定，　属于本条但书款；
有限合伙可竞业，　普通合伙与相反；　有限合伙可出质，　普通合伙须同意；
普通合伙连带责，　有限合伙有限责；　善意保护是例外，　损害他人要赔偿；
无论有限和普通，　新入伙人负担重；　丧失偿债能力后，　普通退货有限否；
丧失行为能力后，　有限合伙无影响；　如果合伙人死亡，　当然退伙是自然；
有限合伙可继承，　普通合伙限制多；　有限普通互相转，　连带责任要承担。

9. 合伙财产的性质(共同出资、共同经营、共负盈亏、共担风险)

合伙财产	普通合伙企业	有限合伙企业的特殊规定
范围	(1)合伙人的**出资**; (2)以**合伙企业名义**取得的**收益**; (3)依法取得的其他财产	
处分禁止	(1)合伙人在合伙企业清算前,不得请求分割合伙企业的财产,但法律另有规定的除外; (2)合伙人在合伙企业清算前私自转移或者处分合伙企业财产的,合伙企业不得以此对抗善意第三人	
转让	(1)除合伙协议另有约定外,须经其他合伙人**一致同意**; (2)**应当通知**其他合伙人; (3)在同等条件下,其他合伙人有**优先购买权**;但合伙协议另有约定的除外	有限合伙人可以按照合伙协议的约定向合伙人以外的人转让其在有限合伙企业中的财产份额,但**应当提前30日通知**其他合伙人
出质	(1)须经其他合伙人一致同意; (2)未经其他合伙人一致同意,其**行为无效**,由此给善意第三人造成损失的,由**行为人**依法承担**赔偿责任**	有限合伙人可以将其在有限合伙企业中的财产份额出质;但是,合伙协议另有约定的除外
利润分配和亏损分担	(1)按照合伙协议的约定办理; (2)合伙协议未约定或者约定不明确的,由合伙人协商决定; (3)协商不成的,由合伙人按照实缴出资比例分配、分担;无法确定出资比例的,由合伙人平均分配、分担; (4)合伙协议不得约定将全部利润分配给部分合伙人或者由部分合伙人承担全部亏损	有限合伙企业不得将全部利润分配给部分合伙人,但合伙协议另有约定的除外

10. 合伙企业的债务

项　目	主要内容
合伙企业债务的清偿	(1)应先以合伙企业的全部财产进行清偿; (2)合伙企业不能清偿到期债务的,**合伙人**承担**无限连带责任**(补充性责任); (3)合伙人由于承担无限连带责任,清偿数额超过法定亏损分担比例的,有权向其他合伙人**追偿**

续表

项　目	主要内容
合伙人与合伙企业无关的债务清偿	即双重优先原则： (1)相关债权人不得以其债权抵销其对合伙企业的债务(债权人抵销权的禁止)； (2)也不得代位行使合伙人在合伙企业中的权利(代位权禁止)
合伙人的自有财产不足清偿其与合伙企业无关的债务的	(1)可以以其从合伙企业中分取的收益用于清偿,可以依法请求法院强制执行该合伙人在合伙企业中的财产份额； (2)强制执行合伙人的财产份额时,应当通知全体合伙人,其他合伙人有优先购买权； (3)其他合伙人未购买,又不同意将该财产份额转让给他人的,依法为该合伙人办理**退伙结算**,或者办理削减该合伙人相应财产份额的结算(此种情况仅适用于普通合伙企业)

【小贴士】图解合伙企业债务承担

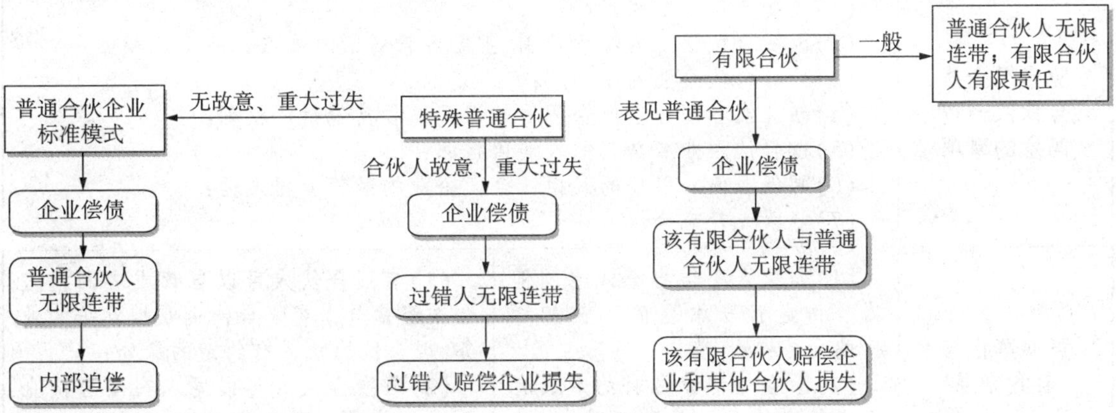

11. 合伙事务的执行

项　目	普通合伙企业	有限合伙企业的特殊规定
执行方式	委托一个或者数个合伙人对外代表合伙企业,执行合伙事务	(1)由普通合伙人执行合伙事务； (2)有限合伙人**不**执行合伙事务,**不**得对外代表有限合伙企业
执行后果承担	执行合伙事务所产生的收益归合伙企业,所产生的费用和亏损由**合伙企业**承担	有限合伙人的下列行为,**不**视为执行合伙事务： (1)参与决定普通合伙人入伙、退伙； (2)对企业的经营管理提出建议； (3)参与选择承办有限合伙企业审计业务的会计师事务所； (4)获取经审计的有限合伙企业财务会计报告；

续表

项　目	普通合伙企业	有限合伙企业的特殊规定
		(5)对涉及自身利益的情况,查阅有限合伙企业财务会计账簿等财务资料; (6)在有限合伙企业中的利益受到侵害时,向有责任的合伙人主张权利或者提起诉讼; (7)执行事务合伙人怠于行使权利时,督促其行使权利或者为了本企业的利益以自己的名义提起诉讼; (8)依法为本企业提供担保
合伙企业事项决议	(1)决议按照合伙协议**约定**的表决办法办理; (2)合伙协议未约定或者约定不明确的,实行合伙人**一人一票**并经**全体**合伙人**过半数**通过的表决办法; (3)法律对合伙企业的表决办法另有规定的,从其规定	
应当经全体合伙人一致同意的事项	(1)改变合伙企业的名称; (2)改变合伙企业的经营范围、主要经营场所的地点; (3)处分合伙企业的不动产; (4)转让或者处分合伙企业的知识产权和其他财产权利; (5)以合伙企业名义为他人提供担保; (6)聘任合伙人以外的人担任合伙企业的经营管理人员; (7)修改或补充合伙协议	
竞业禁止与自我交易	(1)合伙人不得自营或者同他人合作经营与本合伙企业相竞争的业务; (2)除合伙协议另有约定或者经全体合伙人一致同意外,合伙人不得同本合伙企业进行交易	(1)**有限合伙人可以自营**或者同他人**合作经营**与本有限合伙企业相竞争的业务,但合伙协议另有约定的除外; (2)有限合伙人**可以**同本有限合伙企业进行**交易**,但合伙协议另有约定的除外

12. 特殊的普通合伙企业

项　目	内　容
设立行业的特殊性	(1)以专业知识和专门技能为客户提供有偿服务的专业服务机构,可以设立为特殊的普通合伙企业,即"有限责任合伙"(如律师事务所等); (2)应当建立执业风险基金(应单独立户管理)、办理职业保险
法律适用的特殊性	优先适用《合伙企业法》第2章第6节的规定;未规定的,适用第2章第1节至第5节的规定
企业名称的特殊性	应当标明"**特殊普通合伙**"字样

续表

项目		内容
责任承担规则的特殊性	对外责任	(1)一个或数个合伙人在执业活动中因故意或者重大过失造成企业债务的,应当承担无限责任或无限连带责任,其他合伙人以其在合伙企业中的财产份额为限承担责任(债权人只能追索有过错的合伙人); (2)非因故意或者重大过失造成合伙企业债务以及合伙企业的其他债务,由全体合伙人承担无限连带责任
	对内责任	合伙人执业活动中因故意或者重大过失造成企业债务的,以合伙企业财产对外承担责任后,该合伙人应当按照合伙协议的**约定**对给合伙企业造成的损失**承担责任**

13. 入伙与退伙

项目	入伙	退伙
有限合伙企业的特殊规定	新入伙的有限合伙人对入伙前有限合伙企业的债务,以其**认缴的出资额为限**承担责任	(1)有限合伙人的当然退伙情形包括: ①作为合伙人的自然人死亡或者被依法宣告死亡; ②作为合伙人的法人或者其他组织依法被吊销营业执照、责令关闭、撤销,或者被宣告破产; ③法律规定或者合伙协议约定合伙人必须具有相关资格而丧失该资格; ④合伙人在合伙企业中的全部财产份额被人民法院强制执行; (2)作为有限合伙人的自然人在有限合伙企业存续期间丧失民事行为能力的,其他合伙人不得因此要求其退伙; (3)有限合伙人退伙后,对基于其退伙前的原因发生的有限合伙企业债务,以其退伙时从有限合伙企业中**取回**的财产承担责任
条件	(1)除合伙协议另有约定外,应当经全体合伙人**一致同意**; (2)依法订立**书面**入伙**协议**; (3)应当如实告知经营状况和财务状况	(1)约定经营期限的退伙情形(单方退伙): ①合伙协议约定的退伙事由出现; ②经全体合伙人**一致同意**; ③发生合伙人难以继续参加合伙的事由; ④其他合伙人严重违反合伙协议约定的义务; (2)未约定合伙期限的:在不给合伙企业事务执行造成不利影响的情况下,可以退伙,但应当提前30日通知其他合伙人(通知退伙); (3)当然退伙: ①作为合伙人的自然人死亡或者被依法宣告死亡; ②个人丧失偿债能力; ③作为合伙人的法人或者其他组织依法被吊销营业执照、责令关闭、撤销,或者被宣告破产; ④法律规定或者合伙协议约定合伙人必须具有相关资格而丧失该资格; ⑤合伙人在合伙企业中的全部财产份额被人民法院强制执行; (4)除名退伙: ①未履行出资义务; ②因故意或重大过失造成损失; ③不当行为

续表

项目	入伙	退伙
效力	(1)新合伙人与原合伙人享有**同等权利**,承担**同等责任**; (2)入伙协议另有约定的,从其约定; (3)新合伙人对入伙**前**合伙企业的债务承担**无限连带责任**	(1)进行合伙结算,退还退伙人的财产份额,退伙时有未了结的合伙企业事务的,待该事务了结后进行结算; (2)退还办法,由合伙协议约定或者由全体合伙人决定,可以退还货币,也可以退还实物; (3)退伙人对给合伙企业造成的损失负有赔偿责任的,相应扣减其应当赔偿的数额; (4)退伙人对基于其退伙**前**的原因发生的合伙企业债务,承担无限连带责任; (5)退伙时合伙企业财产少于合伙企业债务的,退伙人应当依法分担亏损

三、外商投资法

14. 外商投资促进制度

项目	内容
“准入前国民待遇+负面清单”制度	准入前国民待遇:在企业设立、取得、扩大等阶段给予外国投资者及其投资不低于本国投资者及其投资的待遇
	负面清单:国家规定在特定领域对外商投资实施的准入特别管理措施;国家对负面清单之外的外商投资,给予国民待遇;对负面清单之内的外商投资,则实行审核制,不适用国民待遇
具体措施	(1)内外资企业同等适用各项政策; (2)外资企业平等参与我国的标准化工作; (3)外资企业可公平参与政府采购; (4)外资企业可通过资本市场融资; (5)鼓励和引导外商投资; (6)提高外商投资政策的透明度

15. 外商投资管理制度

项目	内容
外商投资准入负面清单	(1)凡是负面清单之外的领域、行业、项目均无须进行行政审批,投资者向主管部门申请设立、主管部门予以登记备案即可; (2)对于负面清单以内的领域、行业或项目,则继续实行审批与行政许可制度,区分禁止外商投资的行业、限制外商投资的行业,分类进行审批与核准

续表

项　目	内　容
外商投资经营者集中审查	(1)外国投资者并购中国境内企业或者以其他方式参与经营者集中的,应当依照《反垄断法》的规定接受经营者集中审查; (2)经营者集中是指下列情形: ①经营者合并; ②经营者通过取得股权或者资产的方式取得对其他经营者的控制权; ③经营者通过合同等方式取得对其他经营者的控制权或者能够对其他经营者施加决定性影响; (3)经营者集中达到下列标准之一的,经营者应当事先向国务院反垄断执法机构申报,未申报的不得实施集中: ① 参与集中的所有经营者上一会计年度在全球范围内的营业额合计超过100亿元人民币,并且其中至少两个经营者上一会计年度在中国境内的营业额均超过4亿元人民币; ②参与集中的所有经营者上一会计年度在中国境内的营业额合计超过20亿元人民币,并且其中至少两个经营者上一会计年度在中国境内的营业额均超过4亿元人民币
外商投资信息报告制度	外国投资者或者外商投资企业应当通过企业登记系统以及企业信用信息公示系统向商务主管部门报送投资信息
外商投资安全审查制度	(1)对影响或者可能影响国家安全的外商投资进行安全审查。依法作出的安全审查决定为最终决定; (2)对于主管部门作出的安全审查方面的决定,其效力为最终决定,不存在申请复议或提起行政诉讼的情形

四、企业破产法

16.《企业破产法》各程序流程

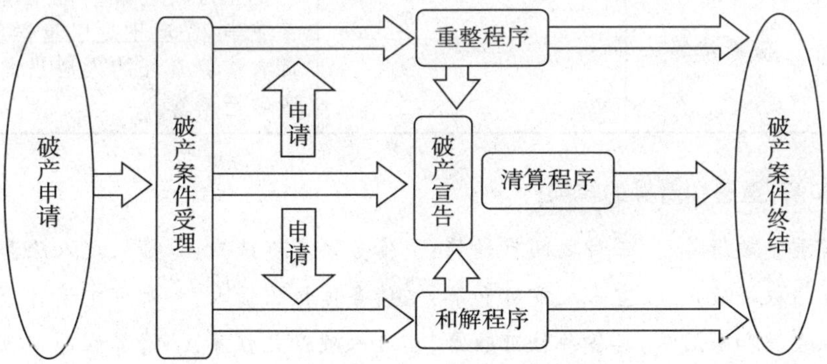

【小贴士】破产原因

项　目	内　容	
破产原因	(1)不能清偿到期债务+资不抵债； (2)不能清偿到期债务+明显缺乏清偿能力； (3)有明显丧失清偿能力可能	**注意**:上述第1、2项情形,可以申请破产和解、破产清算; 上述第1～3项情形,可以申请破产重整
债务人不能清偿到期债务的认定(三个均具备)	(1)债权债务关系依法成立； (2)债务履行期限已经届满； (3)债务人未完全清偿债务	
其明显缺乏清偿能力的认定(只要其中一种)	(1)因资金严重不足或者财产不能变现等原因,无法清偿债务； (2)法定代表人下落不明且无其他人员负责管理财产,无法清偿债务； (3)经人民法院强制执行,无法清偿债务； (4)长期亏损且经营扭亏困难,无法清偿债务； (5)导致债务人丧失清偿能力的其他情形	

17. 破产申请

申请人	可申请程序	申请人需要的条件	适用情形
债务人	重整、和解、破产清算	—	债务人不能清偿全部债务且资产不足以清偿全部债务或明显缺乏清偿能力
债权人	重整、破产清算	(1)须为具有给付为内容的请求权且无担保； (2)须为法律上可以强制执行的请求权； (3)须为已到期的请求权	(1)债务人不能清偿全部债务； (2)企业法人已经解散但未清算或未在合理期限内清算完毕,债权人申请债务人破产,除债务人能在法定异议期内举证证明,其没有出现破产原因外,人民法院应受理
清算人	破产清算	—	企业法人已解散但未清算或者未清算完毕,资产不足以清偿债务的,依法负有清算责任的人应当向人民法院申请破产清算

口诀巧记 **和解、重整和清算的转换**

和解重整破清算，　三种之间可转换；　债务之人可选三，　债权之人除和解；
债务债权提破产，　宣告之前可和解；　债务债权出资人，　都可申请作重整；
进入重整和解后，　具备条件可破产；　进入破产之程序，　清算程序不可逆。

要点解说

破产法设立的重整、和解和破产清算三种程序之间,存在一定的可转换性。在它们之间,当事人有一定程度的选择自由。具体来说,包括以下要点:(1)债务人在提出破产申请时可以选择适用重整程序、和解程序或者清算程序，债权人在提出破产申请时可以选择适用重整程序或者清算程序。(2)债权人申请债务人破产清算的案件，在破产宣告前，债务人可以申请和解，债务人或者其出资人可以申请重整。(3)债务人申请适用破产清算的案件，在破产宣告前，债权人或者债务人的出资人可以申请重整，债务人也可以申请和解。(4)债务人进入重整程序或者和解程序后，可以在具备破产法规定的特定事由时，经破产宣告转入破产清算程序。(5)债务人一旦经破产宣告进入破产清算程序，则不得转入重整或者和解程序。

18. 债务人财产

项　目	主要内容
定义	(1)破产**申请受理时**属于债务人的全部财产(包括已成为担保物的财产); (2)破产申请受理后至破产程序终结**前**债务人取得的财产(包括利息、租金等)
可撤销行为	(1)受理前1年内的下列行为，管理人有权请求人民法院予以撤销: ①无偿转让财产的; ②以明显不合理的价格进行交易的; ③对没有财产担保的债务提供财产担保的; ④对未到期的债务提前清偿的; ⑤放弃债权的; (2)受理前6个月内，债务人具备破产条件，仍对个别债权人进行清偿的，管理人有权请求人民法院予以撤销。但是，个别清偿使债务人财产受益的除外
无效行为	(1)为逃避债务而隐匿、转移财产的; (2)虚构债务或者承认不真实的债务的
管理人的追回权	(1)因上述可撤销行为和无效行为而取得的债务人的财产; (2)债务人的董事、监事和高管利用职权从企业获取的非正常收入和侵占的企业财产
取回权	(1)管理人可以通过清偿债务或者提供为债权人接受的担保，取回质物、留置物; (2)债务人占有的不属于债务人的财产，该财产的权利人可以通过管理人取回，法律另有规定的除外; (3)出卖人已将买卖标的物向作为买受人的债务人发运，债务人尚未收到且未付清全部价款的，出卖人可以取回在运途中的标的物。但是，管理人可以支付全部价款，请求出卖人交付标的物; (4)出卖人通过通知承运人或实际占有人的方式，对在途标的物主张了取回权但未能实现，或在货物未达管理人前已向管理人主张取回在途标的物，在买卖标的物到达管理人后，出卖人向管理人主张取回的，管理人应予准许。出卖人在标的物到达管理人后主张取回权的，管理人不应准许
排除	债务人基于仓储、保管、承揽、代销、借用、寄存、租赁等合同或其他法律关系占有、使用的他人财产，不属于债务人财产

续表

项　目	主要内容
债权人的抵销权	(1)债权人在破产申请受理前对债务人负有债务的,可以向管理人主张抵销,管理人不得主动抵销债务人与债权人的互负债务,但抵销使债务人财产受益的除外; (2)但是,有下列情形之一的,不得抵销: ①债务人的债务人在破产申请受理后取得他人对债务人的债权的; ②债权人已知债务人有不能清偿到期债务或者破产申请的事实,对债务人负担债务的;但是,债权人因为法律规定或者有破产申请1年前所发生的原因而负担债务的除外; ③债务人的债务人已知债务人有不能清偿到期债务或者破产申请的事实,对债务人取得债权的;但是,债务人的债务人因为法律规定或者有破产申请1年前所发生的原因而取得债权的除外

19. 破产债权及清偿

项　目	内　容
破产宣告	(1)直接的破产宣告; (2)重整失败的破产宣告; (3)和解失败的破产宣告
破产清偿顺序	(1)破产费用和共益债务; (2)破产人所欠职工的工资和医疗、伤残补助、抚恤费用,所欠的应当划入职工个人账户的基本养老保险、基本医疗保险费用,以及法律、行政法规规定应当支付给职工的补偿金; (3)破产人欠缴的除前项规定以外的社会保险费用和破产人所欠税款; (4)普通破产债权
	破产财产不足以清偿同一顺序的清偿要求的,按照比例分配
破产终结	无财产可供分配(破产废止)或财产已经分配完毕

口诀巧记 破产费用与共益债务

破产费用共三项, 诉讼费用管理费; 执行职务之消耗, 公益债务有六种;
未履合同需履行, 无因管理不当利; 继续营业开工资, 职务财产致损害;
二者随时受清偿, 费用更比债务先; 财产不足按比例, 费用不够终程序。

要点解说

(1)破产费用。破产费用,是指破产程序开始后,为破产程序的进行以及为全体债权人的共同利益而从债务人财产中优先支付的费用。《企业破产法》第41条规定,人民法院受理破产申请后发生的下列费用,为破产费用:①破产案件的诉讼费用;②管理、变价和分配债务人财产的费用;③管理人执行职务的费用、报酬和聘用工作人员的费用。

(2)共益债务。又称财团债务,是指破产程序中为全体债权人的共同利益而管理、变价和分配破产财产而负担的债务,与之相对应的权利为共益债权。《企业破产法》第42条规定,人民法院受理破产申请后发生的下列债务,为共益债务:①因管理人或者债务人请求对方当事人履行双方均未履行完毕的合同所产生的债务;②债务人财产受无因管理所产生的债务;③因债务人不当得利所产生的债务;④为债务人继续营业而应支付的劳动报酬和社会保险费用以及由此产生的其他债务;⑤管理人或者相关人员执行职务致人损害所产生的债务;⑥债务人财产致人损害所产生的债务。

五、票　据　法

20. 三大票据比较表

区别项	汇　票	本　票	支　票
种类	银行汇票、商业汇票	仅指银行本票且即期本票	现金支票、转账支票
记载事项	(1)付款人名称; (2)收款人名称; (3)确定金额; (4)付款地推定为营业场所 **注意**:必须有"汇票"字样且无条件支付的委托	(1)无须付款人名称(**自付**); (2)收款人名称; (3)确定金额; (4)出票地推定为营业场所 **注意**:必须有"本票"字样且无条件支付的委托	(1)付款人名称; (2)可授权补记收款人名称(无记名支票); (3)可授权补记金额; (4)付款地推定为营业场所; (5)出票地推定为营业场所、住所或经常居住地 **注意**:不能签发"空头支票"
付款日期	见票即付、定日付款、出票后定期、见票后定期	出票日起2个月	**见票即付**,日期的记载无效
提示承兑	(1)见票后定期的自出票日起1个月内; (2)付款人3日内回复,否则视为拒绝承兑,不得附条件(单独承兑原则)	无须承兑,出票日起2个月内提示付款	无须承兑,出票日起10日内提示付款
背书转让	(1)可记载"不得转让""委托收款""质押"; (2)不得附条件,附条件的,不具有票据效力; (3)不能部分或分别转让; (4)汇票被拒绝承兑、付款或超过付款提示期限,不得背书		
追索权	(1)到期被拒绝付款; (2)到期日前被拒绝承兑; (3)承兑人或付款人死亡、逃匿; (4)承兑人、付款人被依法宣告破产或因违法被责令终止业务活动		

21. 票据行为

票据行为	定 义	规 则
出票	出票人签发票据并将其交付给收款人的票据行为	签章： (1)无行为能力人、限制行为能力人的签章无效； (2)伪造变造的签章不影响真实签章的效力
		票据金额：中文大写和数码同时记载，不一致的，票据无效
		记载事项：必须合法
背书	持票人将票据权利转让给他人或授予他人行使的票据行为	(1)由背书人签章并记载背书日期，未记载的视为到期日前背书； (2)须记载被背书人名称； (3)汇票的**背书须连续**，即转受人的签章依次前后衔接； (4)后手应对直接前手背书的真实性负责
	汇票被拒绝承兑、被拒绝付款或超过付款提示期限的，不得背书转让，背书转让的，背书人应承担汇票责任	(1)背书不得附条件，附有条件的，条件不具有票据效力； (2)金额部分转让的背书或分别转让给 2 人以上的背书无效； (3)背书人记载"不得转让"，后手再背书的，原背书人对后手不负保证责任； (4)背书记载委托收款，被背书人有权代行使汇票权利但不得再背书； (5)设定质押应背书记载质押，被背书人依法实现时可行使票据权利
承兑	汇票付款人承诺在汇票到期日支付汇票金额的票据行为	(1)我国规定承兑不得附条件，否则视为拒绝承兑； (2)行使需提示承兑，未按期提示的丧失对前手的追索权； (3)见票即付的汇票无须承兑
保证	行为人对特定票据债务人的票据债务承担连带责任的票据行为	(1)记载事项："保证"字样、保证人签章、名称住所、被保证人名称、保证日期； (2)保证人承担连带责任； (3)票据债务自始不存在、无效的，保证无效； (4)附条件的保证，条件视为无记载，保证仍有效

22. 票据权利

权 利	项 目		内 容
付款请求权	概念		持票人请求主债务人(付款人或承兑人)支付票据所记载金额的权利
	性质		具有主票据权利的性质
	行使		持票人必须首先向主债务人行使第一次请求权,而不能越过其行使追索权
追索权	概念		持票人从债务人(前手)请求偿还票据金额及其他金额的权利
	原因	期前追索	汇票到期日前,有下列情形之一的,持票人可以行使追索权: (1)汇票被拒绝承兑; (2)承兑人或者付款人死亡、逃匿的; (3)承兑人或者付款人依法被宣告破产或者因违法被责令终止业务活动的
		期后追索	汇票到期被拒绝付款的,持票人可对前手们进行追索,所有前手(包括出票人、背书人、保证人对持票人承担连带责任)
	特征		(1)选择性:持票人可以不按照汇票债务人的先后顺序,对其中任何一人或者全体行使追索; (2)变更性:持票人对汇票债务人中的一人或者数人已经进行追索的,对其他汇票债务人仍可以进行追索; (3)代位性:被追索人清偿债务后,与持票人享有同一权利,可以向其前手再追索

口诀巧记 票据权利

票据权利有两种, 付款请求和追索; 付款请求先优先, 请求不成再追索;
票据权利要取得, 原始继受两方式; 原始取得有两种, 善意取得和发行;
继受取得有前手, 法律依据分两类; 背书保证票据法, 其他方式一般法;
票据权利要保全, 以免权利会丧失; 三种方式是法定, 票据提示第一种;
拒绝证书第二种, 中断时效第三种; 权利行使和保全, 营业场所营业地;
票据权利之消灭, 请求追索不存在; 足额付款当免责, 追索义务人偿债;
时效期间已届满, 记载事项有欠缺; 保全手续欠妥当, 民法债权已消灭。

要点解说

(1)票据权利的原始取得,是指持票人不经其他任何前手权利人,而最初取得票据。包括发行取得和善意取得。

(2)票据权利的继受取得,是指受让人从有处分权的前手权利人处取得票据,从而取得票据权利。

票据的背书转让,是最主要的票据权利继受取得方式。此外,保证人履行保证义务或追索义务人偿还追索金额后,取得票据,也是票据法上的继受取得。非票据法上的继受取得,包括依普通债权的转让方式取得票据权利,也包括依继承、公司合并、营业受让等方式取得票据权利。此种继受取得，通常只能得到一般法律的保护，而不能得到票据法对合法持票人权利的特别保护，不能主张抗辩切断和善意取得等。

(3)票据权利的保全，是指票据权利人为防止票据权利丧失所进行的行为。票据权利的保全方式包括进行票据提示、作成拒绝证书、中断时效。

(4)票据权利的消灭，是指因一定的事由而使票据上的付款请求权和追索权失去法律意义。

引起票据权利消灭的事由包括：①付款；②追索义务人清偿票据债务及追索费用；③票据时效期间届满；④票据记载事项欠缺；⑤保全手续欠缺。

六、证　券　法

23. 证券发行

证券发行制度	首次公开发行新股条件(增资发行)	公开发行公司债券
条件	(1)具备健全且运行良好的组织机构； (2)具有持续经营能力； (3)近3年财务会计报告被出具无保留意见审计报告； (4)发行人及其控股股东、实际控制人最近3年不存在贪污、贿赂、侵占财产、挪用财产或破坏社会主义市场经济秩序的刑事犯罪； (5)经国务院批准的国务院证监机构规定的其他条件	(1)具备健全且运行良好的组织机构； (2)近3年平均可分配利润足以支付公司债券1年的利息； (3)国务院规定的其他条件 **注意**：不能用于弥补亏损和非生产性支出
公开发行	(1)必须符合法律行政法规规定的条件； (2)并依法报国务院证券监督管理机构或国务院授权的部门注册	(1)针对不特定对象发行； (2)向特定对象发行累计>200人，但依法实施员工持股计划的员工人数不计算在内； (3)法律、行政法规规定的其他发行行为
发行方式	(1)战略配售：首次公开发行在4亿股以上的，发行人可以在发行中授予主承销商超额配售选择权； (2)网下配售： ①首次公开发行股票采用直接定价方式的，全部向网上投资者发行，不进行网下询价和配售； ②首次公开发行股票采用询价方式的，公开发行股票后总股本4亿股(含)以下的，网下初始发行比例不低于本次公开发行股票数量的60%，发行后总股本超过4亿股的，网下初始发行比例不低于本次公开发行股票数量的70%； (3)网上发行：网上发行是首次公开发行股票采用直接定价方式的，全部向网上投资者发行，不进行网下询价和配售；网上发行是与网下配售同步进行的，网上发行时发行价格尚未确定的，公众投资者按照初步询价确定的价格区间上限进行缴款申购，通过累计投标询价确定的发行价格低于价格区间上限的，差价部分款项再退还给网上申购的公众投资者	

续表

证券发行制度	公开发行新股条件(增资发行)	公开发行公司债券
证券承销	(1)包括代销和包销; (2)销售期限最长不得超过90日; (3)采用代销的,期满,出售数量未达拟发行的70%,为发行失败,发行人须依发行价加同期利息返还股票认购人	

24. 证券交易

证券交易制度	主要内容
条件	(1)必须是依法**发行并交付**的证券; (2)法律对转让期限有限制性规定的,限期内不得转让; (3)应当在依法设立的证券交易所上市交易或在国务院批准的其他全国性交易场所交易
对专业机构的限制	(1)为证券发行出具审计报告、资产评估报告或者法律意见书等文件的证券服务机构和人员,承销期内和期满后6个月内,不得买卖; (2)为发行人及其控股股东、实际控制人,或者收购人、重大资产交易方出具上述文件的证券服务机构和人员,自接受委托之日起至文件公开后5日内,不得买卖; (3)证券机构为客户开立的账户保密; (4)工作人员在任期或法定限期内,不得持有、买卖、收受他人赠送的股票,任何人成为上述人员时,持有的股票须转让
对公司人员的限制	(1)上市公司董事、监事、高管、持股份5%以上的股东,将其持有的该公司的股票或其他具有股权性质的证券在买入后6个月内卖出,或卖出后6个月内又买入,由此所得收益归公司所有,董事会收回其所得收益; (2)但证券公司因购入**包销**售后剩余股票而持有5%以上股份的,卖出该股票不受6个月时间限制以及其他国务院规定的除外

25. 限制和禁止的证券交易行为

限制和禁止的证券交易行为	具体规定
禁止内幕交易行为	(1)内幕交易是指知悉证券交易内幕信息的知情人和非法获取内幕信息的人,利用内幕信息进行证券交易的活动; (2)证券交易活动中,涉及发行人的经营、财务或者对该发行人证券的市场价格有重大影响的尚未公开的信息,为内幕信息
禁止操纵证券市场行为	(1)连续交易操纵; (2)串通相互买卖操纵; (3)自买自卖操纵; (4)其他操纵市场的行为

续表

限制和禁止的证券交易行为	具体规定
禁止虚假陈述和信息误导行为	禁止任何单位和个人编造、传播虚假信息或者误导性信息，扰乱证券市场
禁止损害客户利益的行为	(1)违背客户的委托为其买卖证券； (2)不在规定时间内向客户提供交易的确认文件； (3)未经客户的委托，擅自为客户买卖证券，或者假借客户的名义买卖证券； (4)为牟取佣金收入，诱使客户进行不必要的证券买卖； (5)其他违背客户真实意思表示，损害客户利益的行为

26. 投资者保护

项　目	内　容
普通投资者和专业投资者	(1)根据财产状况、金融资产状况、投资知识和经验、专业能力等因素，投资者可以分为普通投资者和专业投资者，专业投资者的标准由国务院证券监督管理机构规定； (2)普通投资者与证券公司发生纠纷的，证券公司应当证明其行为符合法律、行政法规以及国务院证券监督管理机构的规定，不存在误导、欺诈等情形，证券公司不能证明的，应当承担相应的赔偿责任
征集人	上市公司董事会、独立董事、持有1%以上有表决权股份的股东或者依照法律、行政法规或者国务院证券监督管理机构的规定设立的投资者保护机构，可以作为征集人，自行或者委托证券公司、证券服务机构，公开请求上市公司股东委托其代为出席股东大会，并代为行使提案权、表决权等股东权利
分红制度	上市公司当年税后利润，在弥补亏损及提取法定公积金后有盈余的，应当按照公司章程的规定分配现金股利
先行赔付	发行人因欺诈发行、虚假陈述或者其他重大违法行为给投资者造成损失的，发行人的控股股东、实际控制人、相关的证券公司可以委托投资者保护机构，就赔偿事宜与受到损失的投资者达成协议，予以先行赔付。先行赔付后，可以依法向发行人以及其他连带责任人追偿
代表人诉讼	(1)投资者提起虚假陈述等证券民事赔偿诉讼时，诉讼标的是同一种类，且当事人一方人数众多的，可以依法推选代表人进行诉讼； (2)对按照上述规定提起的诉讼，可能存在有相同诉讼请求的其他众多投资者的，人民法院可以发出公告，说明该诉讼请求的案件情况，通知投资者在一定期间向人民法院登记； (3)人民法院作出的判决、裁定，对参加登记的投资者发生效力； (4)投资者保护机构受50名以上投资者委托，可以作为代表人参加诉讼，并为经证券登记结算机构确认的权利人依照上述规定向人民法院登记，但投资者明确表示不愿意参加该诉讼的除外

27. 证券投资基金（集合投资、分散风险、专业理财）

项目	内容	
运作方式	封闭式基金与开放式基金	
募集方式	公募基金与私募基金	
募集范围	(1)必须经证监会注册,不特定对象或特定对象超过200人; (2)投资人缴纳认购款时,基金合同成立; (3)管理人向证监会备案后,基金合同生效; (4)设立失败时,管理人承担债务及费用; (5)募集期满30天内向投资人返还款项并加算利息	向合格投资者募集,累计不超过200人,不得通过公众传播媒体或讲座、报告会等方式向不特定对象宣传推介
基金财产	(1)独立于管理人、托管人的固有财产,基金财产不属于管理人或托管人的清算财产; (2)基金财产的债权不得与管理人或托管人的债务相抵销;不同基金的债权债务,不得相互抵销	
管理人	(1)基金管理公司或证监会核准的其他; (2)至少1亿元实缴货币资本	向行业协会登记,可以是合伙企业
禁止	(1)将固有财产或他人财产混同于基金财产; (2)不公平地对待管理的不同基金; (3)利用基金财产或职务之便为外人牟利; (4)向投资者承诺收益或承担损失; (5)侵占、挪用基金财产; (6)泄露未公开信息,利用该信息从事相关交易	
托管人	(1)托管人与管理人不得为同一机构,不得相互出资或者持有股份; (2)托管人发现管理人的投资指令违反法律法规或约定的,应当拒绝执行,立即通知管理人,并向证监会报告	
投资范围	(1)上市交易的股票、债券; (2)证监会规定的其他证券及其衍生品	(1)公开发行的股票、债券、基金份额; (2)证监会规定的其他证券及衍生品
禁止	(1)承销证券; (2)向他人贷款或担保; (3)从事承担无限责任的投资; (4)买卖其他基金; (5)证监会另有规定除外	

七、保 险 法

28. 保险利益原则

项 目	内 容
保险利益的概念	投保人或者被保险人对保险标的具有的**法律上承认的利益**
人身保险合同的保险利益	(1)投保人在保险**合同订立时**,对被保险人应当具有保险利益; (2)投保人对下列人员具有保险利益:①本人;②配偶、子女、父母;③前项以外与投保人有抚养、赡养或者扶养关系的家庭其他成员、近亲属;④与投保人有劳动关系的劳动者; (3)被保险人**同意**投保人为其订立合同的,视为投保人对被保险人具有保险利益; (4)订立合同时,投保人对被保险人不具有保险利益的,合同无效
财产保险合同的保险利益	(1)被保险人在保险**事故发生时**,对保险标的应当具有保险利益; (2)保险事故发生时,被保险人对保险标的不具有保险利益的,不得向保险人请求赔偿保险金

29. 人身保险合同受益人

项 目	内 容
受益人的概念	仅存在于**人身保险合同**中,财产保险中没有
受益人的指定	(1)投保人指定受益人时**须经被保险人同意**,同意可以采取书面形式、口头形式或者其他形式;可以在合同订立时作出,也可以在合同订立后追认,包括: ①被保险人明知他人代其签名同意而未表示异议的; ②被保险人同意投保人指定的受益人的; (2)投保人为与其有劳动关系的劳动者投保人身保险,不得指定被保险人及其近亲属以外的人为受益人; (3)被保险人为无/限制民事行为能力人的,可以由其监护人指定受益人; (4)被保险人或者投保人可以变更受益人并书面通知保险人,且投保人变更受益人时须经被保险人同意;投保人指定或者变更受益人未经被保险人同意的,人民法院应认定指定或者变更行为无效
受益人争议及其确定	(1)受益人约定为"法定"或者"法定继承人"的,以继承法规定的法定继承人为受益人; (2)受益人仅约定为身份关系,投保人与被保险人为同一主体的,根据保险事故发生时与被保险人的身份关系确定受益人;投保人与被保险人为不同主体的,根据保险合同成立时与被保险人的身份关系确定受益人; (3)受益人的约定包括姓名和身份关系,保险事故发生时身份关系发生变化的,认定为未指定受益人

续表

项　目	内　容
受益人的权利	(1)保险金请求权； (2)多个受益人时，按被指定的顺序和份额请求保险金，未指定的，按相等份额请求； (3)受益人故意造成被保险人死亡、伤残、疾病的，或者故意杀害被保险人未遂的，丧失受益权
被保险人死亡后，保险人向被保险人的继承人给付保险金的情形	(1)没有指定受益人，或者受益人指定不明无法确定的； (2)受益人先于被保险人死亡，没有其他受益人的； (3)受益人依法丧失或放弃受益权，没有其他受益人的； (4)受益人与被保险人在同一事件中死亡且不能确定死亡先后的，**推定受益人死亡在先**

30. 投保人违反如实告知义务保险人解除合同

项　目	内　容
实质条件	(1)经保险人询问，投保人未如实告知； (2)投保人未如实告知是出于故意或重大过失； (3)保险人在合同订立时并不知道投保人未如实告知有关情况；如保险人知道，则保险人不得解除合同
程序要件	(1)自知道解除事由之日起30日内行使；超过则解除权消灭； (2)保险合同订立满2年后，不得解除合同
合同解除后的处理	(1)投保人故意不告知的，保险人不承担保险责任，并不退还保险费； (2)投保人因重大过失未告知的，保险人不承担保险责任，但应当退还保险费

31. 人身保险合同与财产保险合同比较

区别项	财产保险合同	人身保险合同
保险金额范围	(1)由当事人约定，不得超过保险标的价值，超过的部分无效； (2)低于保险价值的，按保险金额与保险价值的比例赔偿，另有约定的除外	定额支付，订立合同时当事人协商确定一个固定保险金额(定额支付)
保险金时效	给付请求权期限自知道或应当知道保险事故发生之日起2年	(1)人寿保险为5年，其他为2年； (2)自知道或应当知道保险事故发生之日起计算

续表

区别项	财产保险合同	人身保险合同
保险金的继承	保险金可以继承	保险金作为遗产情形： (1)没有指定受益人,或受益人指定不明无法确定的； (2)受益人先于被保险人死亡,没有其他受益人； (3)受益人依法丧失或放弃受益权,没有其他受益人的； (4)受益人与被保险人在同一事件中死亡且不能确定死亡先后的,推定受益人死亡在先
第三人致害的情形	(1)保险人**代位求偿权**:财产保险中,保险人赔偿被保险人损失后,可取得在其赔付保险金的限度内,要求被保险人转让其对造成损失的第三人享有追偿的权利； (2)第三人不包括被保险人的家庭成员或组成人员,除非由他们的故意行为引起保险事故	被保险人因第三人行为发生死伤、疾病等保险事故,保险人禁止追偿,但被保险人、受益人获得保险金后仍有权请求第三人赔偿
特别规定	(1)保险事故发生时,被保险人须采取必要措施防止或减少损失； (2)事故发生后,被保险人为减免损失所支付的必要合理**费用由保险人承担**,数额另外计算,最高不超过保险金额的数额	保险人不负给付保险金责任： (1)投保人故意造成被保险人死伤、疾病的； (2)受益人故意造成被保险人死伤、疾病,或故意杀害其未遂的,丧失受益权； (3)被保险人自杀(合同成立2年内,满2年的给付),但被保险人自杀时为无民事行为能力人的除外； **注意**:保险人以被保险人自杀为由拒绝给付保险金的,由保险人承担举证责任；受益人或者被保险人的继承人以被保险人自杀时无民事行为能力为由抗辩的,由其承担举证责任； (4)被保险人故意犯罪或抗拒依法采取的刑事强制措施致自身伤亡； **注意**:保险人主张根据不承担给付保险金责任的,应当证明被保险人的死亡、伤残结果与其实施的故意犯罪或者抗拒依法采取的刑事强制措施的行为之间**存在因果关系**； 上述第1、3、4项情形缴足2年以上保险费的退还其现金价值

八、海 商 法

32. 海商法重要制度

区别项	船舶碰撞	海难救助	共同海损
构成	一方必须为非军事或非政府公务船舶在海上、与海相通的可航水域碰撞	在海上、与海相通的可航水域，对船舶及其他财产救助，人命救助是道义责任	(1)同一海上航程； (2)船舶、货物及其他财产遭遇**共同危险**； (3)**有意**合理措施；**直接损失**
后果（责任承担）	(1)过错方负赔偿责任； (2)不可抗力、无过失互不赔偿； (3)互有过失按比例承担责任； (4)对第三者人身伤亡负**连带责任**	(1)救助方取得效果可获得报酬（不超过获救价值）； (2)无效果除另有规定无报酬（特别补偿除外）； (3)救助报酬由获救财产所有人依获救价值**比例**分担	(1)受益方按各自的分摊价值比例分摊； (2)过失方参与分摊
诉讼时效	事故发生之日起2年，对第三者连带为1年	救助终止日起2年	理算结束日起1年
法律适用	(1)适用侵权行为地法律； (2)公海上发生的适用受理案件的法院所在地法律； (3)同一国籍的适用船旗国法律（优先适用）	当事人可以约定	适用**理算地法律**

九、信 托 法

33. 信托概述

项　目	内　容
概念	委托人基于对受托人的信任,将其财产权委托给受托人,由受托人按委托人的意愿以自己的名义,为受益人的利益或者特定目的,进行管理或者处分的行为
特征	(1)信托财产须移转给受托人; (2)信托财产具有独立性; (3)委托人与受托人之间具有信义关系
种类	(1)《信托法》的分类:民事信托、营业信托与公益信托; (2)按照信托设立是否基于委托人的意思表示以及如何确定其意思表示:明示信托、默示信托与法定信托; (3)按照受益人与委托人的关系:自益信托与他益信托; (4)信托管理方法的不同:个别信托和集团信托; (5)委托人是否有权终止或撤销信托关系:可撤销信托与不可撤销信托
信托设立“三确定”原则	(1)信托财产确定性原则:设立信托,必须有确定的信托财产,并且该信托财产必须是委托人合法所有的财产; (2)受益人确定性原则:信托设立时没有受益人或者受益人范围不能确定,在我国《信托法》上同样产生信托无效的后果; (3)信托目的确定性原则:信托目的须载明于信托合同等信托文件中,且在内容表述上须具体、明确

34. 信托无效、撤销与终止

项　目	内　容
信托无效的情形	(1)信托目的违反法律、行政法规或者损害社会公共利益; (2)信托财产不能确定; (3)委托人以非法财产或者本法规定不得设立信托的财产设立信托; (4)专以诉讼或者讨债为目的设立信托; (5)受益人或者受益人范围不能确定; (6)法律、行政法规规定的其他情形
委托人的债权人对信托的撤销	《信托法》第12条针对“诈害信托”,赋予委托人债权人以撤销权: (1)该项撤销权与普通的债权人撤销权一样,均为撤销诉权; (2)该项撤销诉权的除斥期间为1年,自债权人知道或者应当知道撤销原因之日起算; (3)法院依照该条规定撤销信托的,不影响善意受益人已经取得的信托利益

续表

项 目	内 容
信托终止的情形	(1)信托文件规定的终止事由发生; (2)信托的存续违反信托目的; (3)信托目的已经实现或者不能实现; (4)信托当事人协商同意; (5)信托被撤销; (6)信托被解除

35. 信托财产的独立性

项 目	内 容
信托财产之于委托人的独立性	(1)信托财产独立于委托人未设立信托的其他财产; (2)信托财产独立于委托人的遗产或清算财产; (3)独立于委托人之债权人——强制执行禁止
信托财产之于受托人的独立性	(1)信托财产区别于受托人的固有财产; (2)信托财产独立于受托人的遗产或清算财产; (3)独立于受托人之债权人——强制执行禁止; (4)受托人抵销禁止规则
信托财产之于受益人的独立性	(1)受益人并不占有、管理、控制信托财产,其对信托财产权仅享有受益权,并按规定向受托人请求给付; (2)独立于受益人之债权人——强制执行禁止

经　济　法

一、竞　争　法

1. 竞争法考点概览

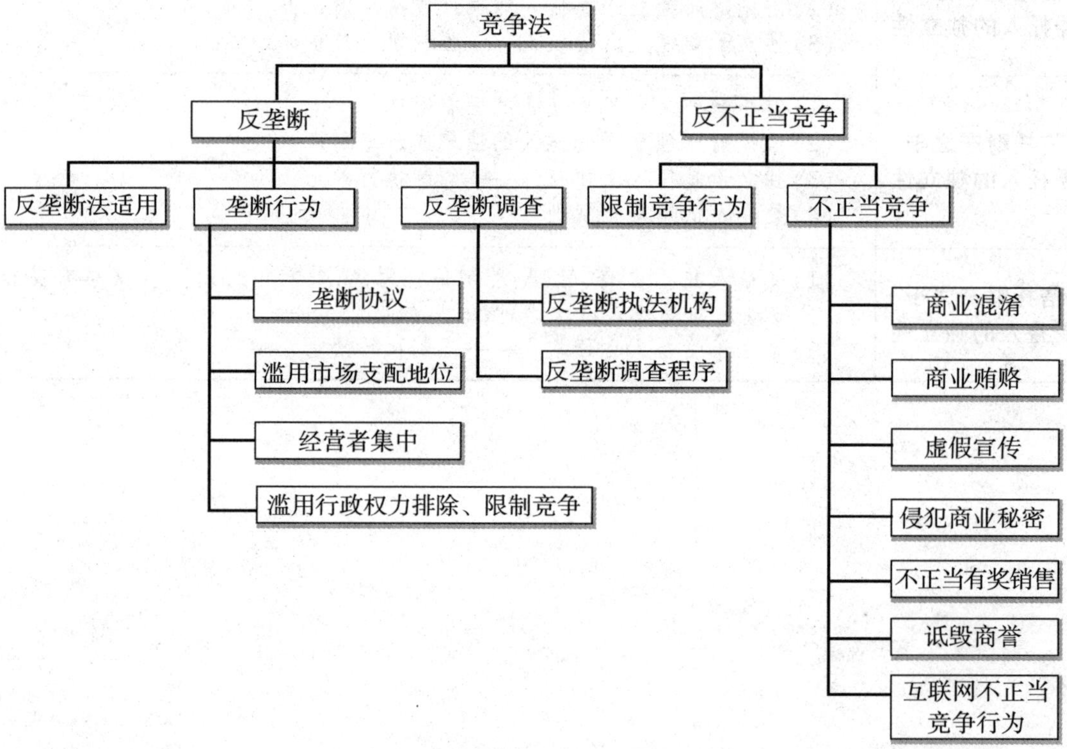

2. 滥用市场支配地位

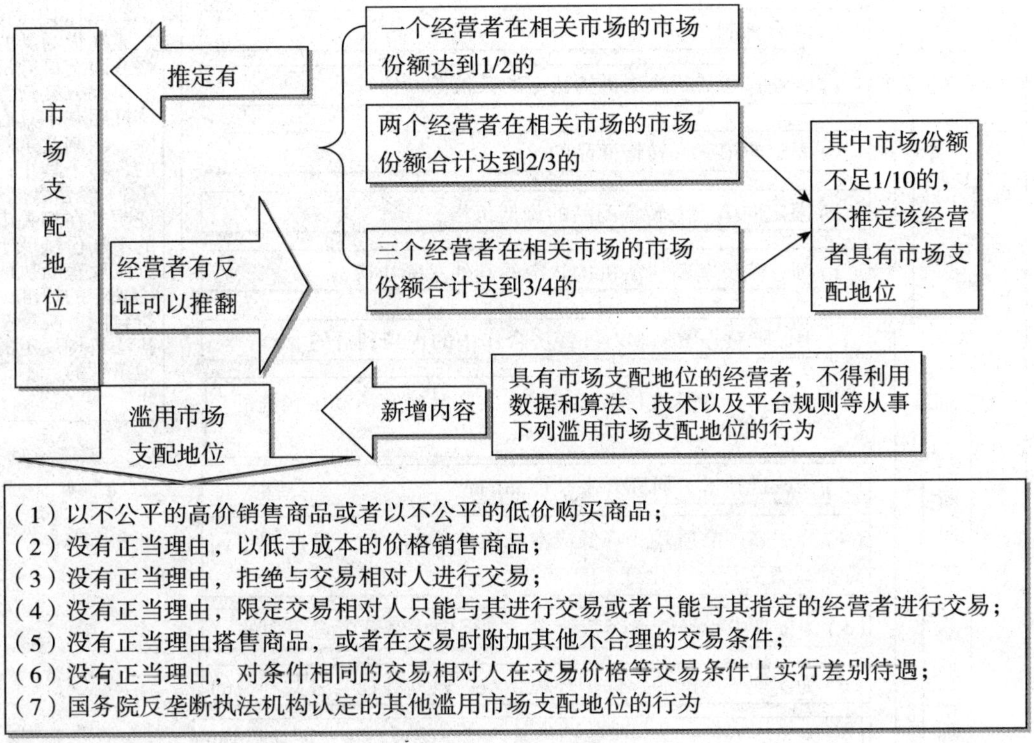
市场支配地位
推定有
经营者有反证可以推翻
一个经营者在相关市场的市场份额达到1/2的
两个经营者在相关市场的市场份额合计达到2/3的
三个经营者在相关市场的市场份额合计达到3/4的
其中市场份额不足1/10的，不推定该经营者具有市场支配地位
滥用市场支配地位
新增内容
具有市场支配地位的经营者，不得利用数据和算法、技术以及平台规则等从事下列滥用市场支配地位的行为
（1）以不公平的高价销售商品或者以不公平的低价购买商品；
（2）没有正当理由，以低于成本的价格销售商品；
（3）没有正当理由，拒绝与交易相对人进行交易；
（4）没有正当理由，限定交易相对人只能与其进行交易或者只能与其指定的经营者进行交易；
（5）没有正当理由搭售商品，或者在交易时附加其他不合理的交易条件；
（6）没有正当理由，对条件相同的交易相对人在交易价格等交易条件上实行差别待遇；
（7）国务院反垄断执法机构认定的其他滥用市场支配地位的行为

3. 垄断协议

垄断协议

- 经营者之间（横向垄断）
  - (1) 固定或者变更商品价格（价格卡特尔）
  - (2) 限制商品的生产数量或者销售数量
  - (3) 分割销售市场或者原材料采购市场
  - (4) 限制购买新技术、新设备或者限制开发新技术、新产品
  - (5) 联合抵制交易
  - (6) 国务院反垄断执法机构认定的其他垄断协议
- 经营者与交易相对人之间（纵向垄断）
  - (1) 固定向第三人转售商品的价格
  - (2) 限定向第三人转售商品的最低价格
  - (3) 国务院反垄断执法机构认定的其他垄断协议
- 不属于垄断协议的情形（例外）
  - (1) 为保障对外贸易和对外经济合作中的正当利益的
  - (2) 农业生产者及农村经济组织在农产品经营活动中实施的联合或者协同行为
  - (3) 为改进技术、研究开发新产品的
  - (4) 为提高产品质量、降低成本、增进效率，统一产品规格、标准或者实行专业化分工的
  - (5) 为提高中小经营者经营效率，增强中小经营者竞争力的
  - (6) 为实现节约能源、保护环境、救灾救助等社会公共利益的
  - (7) 因经济不景气，为缓解销售量严重下降或者生产明显过剩的
  - (8) 法律和国务院规定的其他情形

（1）经营者不得组织其他经营者达成垄断协议或者为其他经营者达成垄断协议提供实质性帮助；
（2）对固定向第三人转售商品的价格或限定最低价格的协议，经营者能够证明其不具有排除、限制竞争效果的，不予禁止；
（3）经营者能够证明其在相关市场的市场份额低于国务院反垄断执法机构规定的标准，并符合国务院反垄断执法机构规定的其他条件的，不予禁止

4. 不正当竞争行为

行为	要件/类型	特殊规定
商业混淆	(1) 擅自使用与他人有一定影响的商品名称、包装、装潢等相同或者近似的标识； (2) 擅自使用他人有一定影响的企业名称、社会组织名称、姓名； (3) 擅自使用他人有一定影响的域名主体部分、网站名称、网页等； (4) 其他足以引人误认为是他人商品或者与他人存在特定联系的	(1)“有一定影响的”：具有一定的市场知名度并具有区别商品来源的显著特征的标识； (2) 将他人注册商标、未注册的驰名商标作为企业名称中的字号使用，误导公众，属于混响行为； (3) 经营者销售带有左侧标识的商品，引人误认为是他人商品或者与他人存在特定联系，应认定为混淆行为，但销售不知道是此类侵权商品，能证明该商品是自己合法取得并说明提供者，经营者主张不承担赔偿责任的，人民法院应予支持

续表

行为	要件/类型	特殊规定
商业贿赂	(1)只针对回扣、折扣、佣金； (2)账外、暗中给付，“账外暗中”是关键	目的是争取市场交易机会，给付者以行贿论，接受者以受贿论
虚假宣传	(1)主体是经营者等； (2)客观上对其商品或服务做虚假广告或以其他方式进行虚假宣传； (3)虚假宣传行为达到了引人误解的程度； (4)经营者以下欺骗、误导相关公众的行为，可以认定为“引人误解的商业宣传”： ①对商品作片面的宣传或者对比； ②将科学上未定论的观点、现象等当作定论的事实用于商品宣传； ③使用歧义性语言进行商业宣传； ④其他足以引人误解的商业宣传行为； (5)法院应当根据日常生活经验、相关公众一般注意力、发生误解的事实和被宣传对象的实际情况等因素进行认定	(1)广告经营者、广告发布者明知或应知广告虚假仍设计、制作、发布的，应承担连带责任； (2)广告经营者、广告发布者不能提供广告主的真实名称、地址的，应承担全部民事责任； (3)社会团体和其他组织，在虚假广告中向消费者推荐商品或服务，使消费者的合法权益受到损害的，应当承担连带责任
侵犯商业秘密	(1)以盗窃、利诱、胁迫电子侵入或其他不正当手段获取权利人的商业秘密； (2)披露、使用或者允许他人使用以前项手段获取的权利人的商业秘密； (3)违反保密义务或者违反权利人有关保守商业秘密的要求，披露、使用或者允许他人使用其所掌握的商业秘密； (4)教唆、引诱、帮助他人违反保密义务或者违反权利人有关保守商业秘密的要求，获取、披露、使用或者允许他人使用权利人的商业秘密； (5)第三人明知或应知前款所列违法行为，获取、使用或披露他人的商业秘密	商业秘密的要件： (1)不为公众所知悉(秘密性)； (2)具有商业价值(价值性)； (3)具有实用性(实用性)； (4)权利人采取了保密措施(保密性)
不正当有奖销售	(1)谎称有奖销售或对奖项作虚假表示； (2)采取不正当手段故意让内定人员中奖； (3)故意将设有中奖标志的商品、奖券不投放市场或不与商品、奖券同时投放，或者故意将带有不同奖金金额或奖品标志的商品、奖券按不同时间投放市场； (4)抽奖式的有奖销售，最高奖金额超过5000元； (5)利用有奖销售手段推销**质次价高**的商品； (6)其他	

续表

行为	要件/类型	特殊规定
诋毁商誉	(1)主体是经营者,非经营者是共同侵权; (2)有捏造、散布虚假事实的行为; (3)诋毁行为是针对一个或多个特定竞争对手的,对比广告可构成诋毁行为; (4)目的是败坏对方的商誉,主观上出于故意	(1)当事人主张经营者实施了反商业诋毁行为的,应当举证证明其为该商业诋毁行为的特定损害对象; (2)经营者传播他人编造的虚假信息或者误导性信息,损害竞争对手的商业信誉、商品声誉的,应当认定为商业诋毁行为
互联网不正当竞争行为	(1)未经其他经营者同意,在其合法提供的网络产品或者服务中,插入链接、强制进行目标跳转; (2)误导、欺骗、强迫用户修改、关闭、卸载其他经营者合法提供的网络产品或者服务; (3)恶意对其他经营者合法提供的网络产品或者服务实施不兼容; (4)其他	(1)因不正当竞争行为提起的民事诉讼,由侵权行为地或者被告住所地法院管辖; (2)当事人主张仅以网络购买者可以任意选择的收货地作为侵权行为地的,法院不予支持

二、消费者法

5.《消费者权益保护法》知识体系图

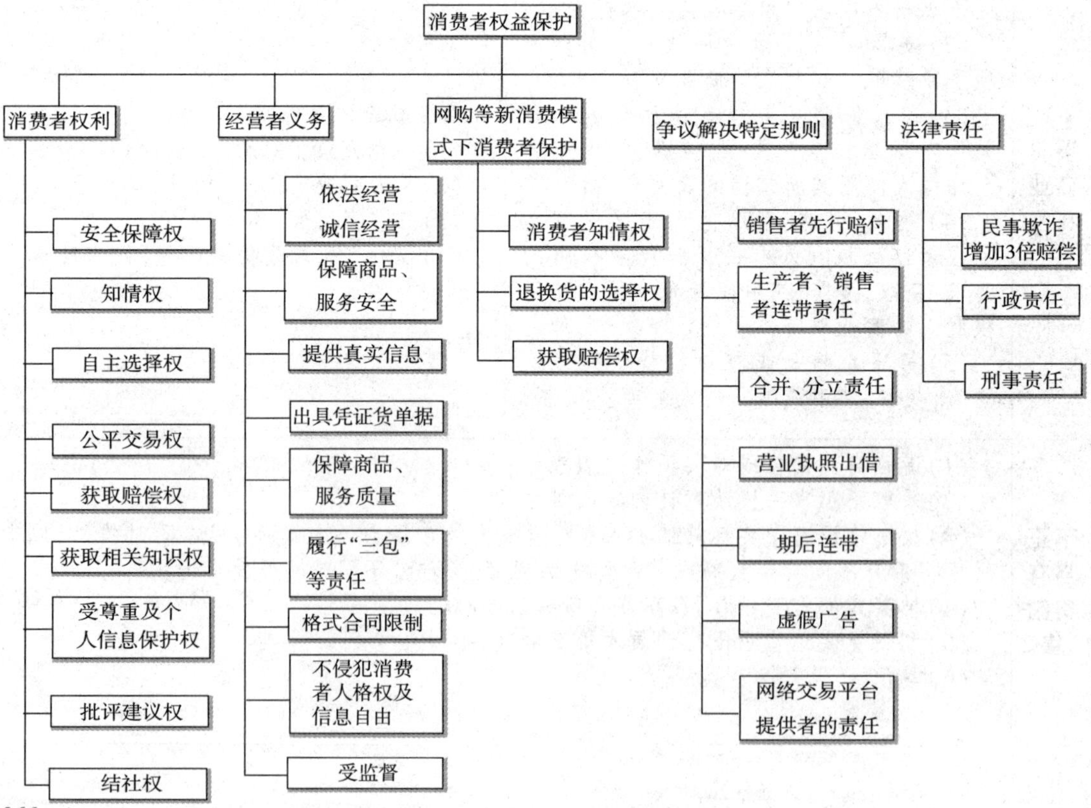

【小贴士】消费者法的规范结果

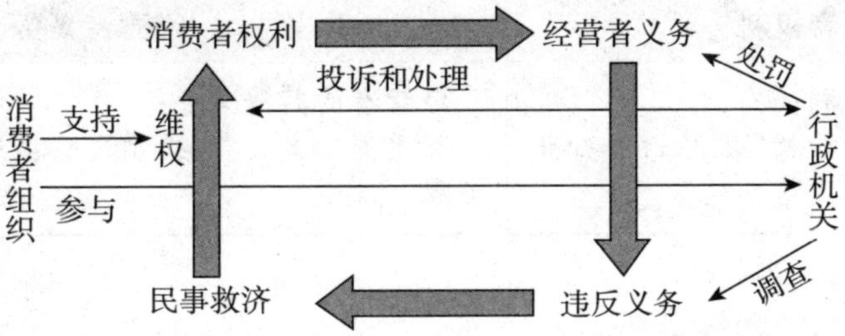

6. 消费者权利与经营者义务

消费者权利	经营者义务
安全保障权： (1)在购买、适用商品和接受服务时享有人身、财产安全不受损害的权利； (2)有权要求经营者提供的商品和服务,符合保障人身、财产安全的要求	**保障安全义务：** (1)说明警示义务； (2)缺陷报告义务
受尊重权： 在购买、使用商品或者接受服务时,享有其人格尊严、民族风俗习惯得到尊重的权利	**经营者的召回义务：** (1)召回主体是“经营者”,销售者无此义务； (2)行政部门可以责令召回； (3)该规定和《食品安全法》一致
获得赔偿权： 因购买、使用商品或者接受服务受到人身、财产损害的,享有依法获得赔偿的权利	**质量保证义务：** (1)“三包”义务； (2)经营者提供商品或者服务有欺诈行业的,应当按照消费者要求增加赔偿其受到的损失,增加赔偿的金额为商品价款或者接受服务的费用的3倍,增加赔偿的金额不足500元的,为500元； (3)耐用商品或者装饰装修等服务,消费者在接受商品或者服务之日起6个月内发现瑕疵,发生争议的,由经营者承担瑕疵举证责任
公平交易权： 在购买商品或者接受服务时,有权获得质量保证、价格合理、计量精确等公平交易条件,有权拒绝经营者的强制交易行为	**无理由退货义务：** 在网购等方式中,消费者可以自收到商品之日起7日内无理由退货,但下列商品除外： (1)消费者定作的； (2)鲜活易腐的； (3)在线下载或者消费者拆封的音像制品、计算机软件等数字化商品； (4)交付的报纸、期刊； (5)其他根据商品性质并经消费者在购买时确认不宜退货的商品
知情权： 享有知悉其购买、使用的商品或者接受的服务的真实情况的权利	**禁止泄露消费者信息的义务：** 要求收集使用消费者个人信息“正当;有必要;明示;经本人同意;严格保密;禁发垃圾短信;必须承担法律后果”

续表

消费者权利	经营者义务
消费者的其他权利： 自主选择权、结社权、获得相关知识权、监督批评权、个人信息权等	**经营者的其他义务：** 尊重消费者义务、提供真实信息义务、公平交易义务等

7. 侵害消费者权益的赔偿责任

侵权情形	求偿对象
消费时侵权一般情形	可直接向销售者求偿，销售者有先行赔偿的义务，赔偿后有权向生产者追偿
产品缺陷造成损害	可选择向销售者或生产者求偿： (1)生产者承担严格责任，免责情形： ①未将产品投入流通的； ②产品投入流通时，引起损害的缺陷尚不存在的； ③将产品投入流通时的科学技术水平尚不能发现缺陷的存在的； (2)销售者承担过错责任，销售者不能指明缺陷产品的生产者也不能指明缺陷产品的供货者的，销售者应当承担赔偿责任
接受服务造成损害	直接向服务提供者求偿
侵权后经营者变更	向变更后承受原经营者权利义务的经营者求偿
因经营者使用他人营业执照受损	可选择向该经营者或营业执照持有者求偿
在展销会、租赁柜台受损	(1)展销会未结束、租赁期未满，向经营者求偿； (2)展销会结束、租赁期已满，向展销会的举办者、柜台出租者求偿
因虚假广告受损	(1)可向商品经营者求偿； (2)广告的经营者、发布者不能提供经营者的真实名称、地址的，应当承担赔偿责任； (3)针对关系消费者生命健康的商品或服务的虚假广告，广告经营者、发布者与提供商品经营者之间为连带责任，虚假广告中的推荐人与提供商品经营者之间为连带责任
网站消费纠纷	(1)向销售者或服务者要求赔偿； (2)当找不到真实销售者或服务者时，也可向网络交易平台提供者要求赔偿； (3)网络交易平台提供者作出更有利于消费者的承诺的，应当履行承诺； (4)当“明知或应知”并“未采取必要措施”时，网络交易平台提供者与该销售者或服务者承担连带责任

8.《食品安全法》

(1)知识体系

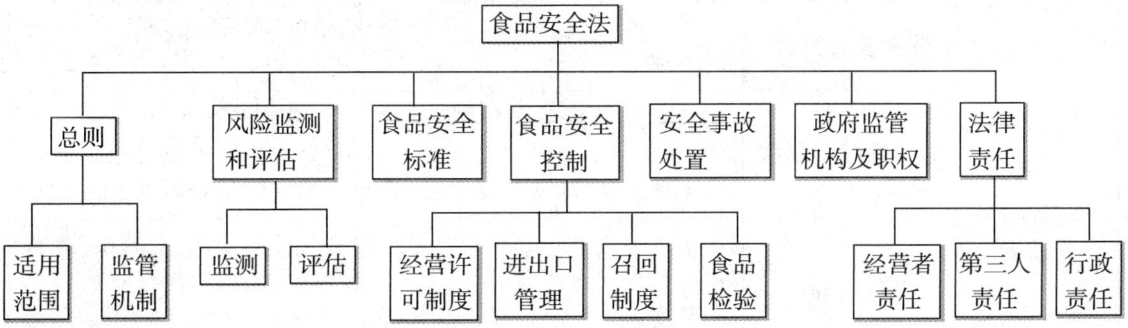

(2)名词解释与记忆要点

项　目	内　容	注　意
适用范围	食品;食品经营;食品添加剂;食品相关产品;食品的贮存和运输等	食用农产品遵守《**农产品质量安全法**》的规定,但是,**食用农产品的市场销售等**的,应当遵守本法的规定
生产经营者	**生产经营食品的安全负责**	**诚信自律**,承担社会责任
食品安全委员会	国务院设立食品安全委员会,其职责由国务院规定	其他部门协助,如**国务院食品安全监督管理部门等**
县级以上地方人民政府	**建立健全食品安全全程监督管理工作机制和信息共享机制**	**县级人民政府食品安全监督管理部门可以在乡镇或者特定区域设立派出机构**
食品行业协会	行业自律	**社会监督:宣传报道应当真实、公正**
网络食品交易	对入网食品经营者进行实名登记,明确其食品安全管理责任	依法应当取得许可证的,还应当审查其许可证,与食品经营者承担连带责任
记忆要点	①生产经营转基因食品应当按照规定显著标示; ②保健食品标签、说明书应声明"本品不能代替药物"; ③食品安全风险评估不得向生产经营者收取费用,采集样品应当按照市场价格支付费用; ④不得以分装方式生产婴幼儿配方乳粉,同一企业不得用同一配方生产不同品牌的婴幼儿配方乳粉; ⑤国家建立食品安全全程追溯制度	

(3)食品安全法律责任

责任主体	责任类型	主要内容
食品生产经营者	主要责任形式	责令改正、警告、责令停产停业、没收、罚款、吊销许可证、行政拘留
	惩罚性赔偿制度	明知是不符合食品安全标准的食品而进行生产或者销售的,消费者除要求赔偿损失外,还可以向生产者或者销售者要求支付价款10倍的赔偿金,婴幼儿配方乳粉最高可30倍
	责任顺序	①责任人若应当承担民事赔偿责任和缴纳罚款、罚金,其财产不足以同时支付时,应先承担民事赔偿责任,即民事赔偿优先制度; ②首负责任制:生产者应当先行赔付,不得推诿
	有期限的禁止从业	针对主体:食品生产经营单位的主管人员、食品检验机构人员
第三人责任	食品交易场所的提供者	①包括集中交易市场的开办者、柜台出租者、展销会的举办者、网络食品交易第三方平台提供者; ②没收违法所得、罚款、责令停业、吊销许可证; ③如果使消费者的合法权益受到损害的,要承担连带责任
	检验机构	①包括食品检验机构的工作人员; ②出具虚假检验报告的,撤销机构检验资格,没收所收取的检验费用,罚款,对人员撤职或开除; ③在特定条件下还应当承担有期限的禁止从业限制
第三人责任	荐证人	①包括食品安全监督管理部门、承担食品检验职责的机构、食品行业协会、消费者协会、其他社会团体或者组织、个人; ②食品安全监督管理部门或者承担食品检验职责的机构、食品行业协会、消费者协会不得以广告或者其他形式向消费者推荐食品; ③社会团体或者其他组织、个人在虚假广告中向消费者推荐食品,使消费者的合法权益受到损害的,与食品生产经营者承担连带责任
政府责任	政府责任	①本行政区域内涉及多环节的区域性食品安全问题未及时整治或食品安全事故未及时有效处置,造成不良影响或损失,隐瞒、谎报、缓报食品安全事故,发生特别重大食品安全事故或连续发生重大食品安全事故的,对直接负责的主管人员和其他直接责任人员给予记大过、降级、撤职或者开除的处分; ②未确定有关部门的食品安全监督职责,未建立健全食品安全全程监督管理工作机制和信息共享机制,未落实食品安全监管责任制,未制订应急预案或发生食品安全事故后未按规定立即启动应急预案的,对直接负责的主管人员和其他直接责任人警告、记过、记大过、降级或撤职处分
	政治责任	开创了各级政府各相关行政部门主要负责人的引咎辞职制度

三、银 行 业 法

9. 商业银行的监管

监管项目	主要内容
同业拆借管理	(1)最长期限不得超过4个月; (2)拆出资金限于交足存款准备金、留足备付金和归还人民银行到期贷款之后的闲置资金; (3)拆入资金用于弥补票据结算、联行汇差头寸的不足和解决**临时性**周转资金的需要; (4)**禁止**利用拆入资金发放固定资产贷款或用于投资
资产负债比例管理	(1)资本充足率不得低于8%; (2)资产余额与流动性负债余额之比不得低于25%; (3)对同一借款人贷款余额与商业银行资本余额之比不得超过10%
投资风险项目的禁止	(1)在我国境内不得从事信托投资和证券经营业务; (2)不得投资于**非自用**不动产; (3)不得向**非**银行金融机构和企业投资,但国家另有规定的除外
限制投资的情况	(1)购买商业银行股份总额5%以上; (2)地方财政部的财政结余资金向金融机构投资都须事先经国务院银行业监督管理机构批准
设分支机构	拨付各分支营运资金的总和不得超过总行资本金总额的60%

注:商业银行及其分支机构自取得营业执照之日起无正当理由超过6个月未开业的,或者开业后自行停业连续6个月以上的,由国务院银行业监督管理机构吊销其经营许可证,并予以公告。

10. 商业银行的接管、清算与终止

项　目	内　容
接管原因	商业银行可能或者已经发生信用危机,严重影响存款人的利益
程序	接管由国务院银行监管机构决定并且公告
效果	自**接管之日起**,接管组织行使银行的经营管理权利,但是不影响银行的债权债务关系
接管期限	最长不超过2年,在此限度内,国务院银行业监督管理机构可以决定延期
接管终止的三个原因	(1)期限届满; (2)银行恢复经营能力; (3)银行被合并或者宣告破产

11. 商业银行破产

区别项	商业银行	企业法人
破产原因	既定表面事实:不能支付到期债务	(1)既定表面+实质事实:不能支付到期债务+资产不足以清偿全部债务或者明显缺乏清偿能力; (2)或然事实:出现破产原因或者明显丧失清偿能力可能可以重整
是否需要审批	需要银保监会的同意	不需要上级主管部门的批准同意
清偿顺序	个人储蓄存款本金和利息具有特殊地位,仅次于职工工资和劳动保险费用	按破产清偿顺序清偿

四、财　税　法

12. 个人所得税的免征与减征

项　目	内　容
免征项目	(1)省级政府、国务院部委和中国人民解放军军以上单位,以及外国组织、国际组织颁发的科学、教育、技术、文化、卫生、体育、环境保护等方面的奖金; (2)国债和国家发行的金融债券利息; (3)按照国家统一规定发给的补贴、津贴; (4)福利费、抚恤金、救济金; (5)保险赔款; (6)军人的转业费、复员费、退役金; (7)按照国家统一规定发给干部、职工的安家费、退职费、退休工资、离休工资、离休生活补助费; (8)依照我国有关法律规定应予免税的各国驻华使馆、领事馆的外交代表、领事官员和其他人员的所得; (9)中国政府参加的国际公约、签订的协议中规定免税的所得; (10)国务院规定的其他免税所得(由国务院报全国人大常委会备案)
减征项目	下列情形,可以减征个人所得税(由省级政府规定,并报同级人大常委会备案): (1)残疾、孤老人员和烈属的所得; (2)因严重自然灾害造成重大损失的; 国务院可规定其他减税情形,报全国人大常委会备案

13. 个人应税所得和税率

分　类	具体所得项目	税　率
综合所得	(1)工资、薪金所得; (2)劳务报酬所得; (3)稿酬所得; (4)特许权使用费所得	(1)居民个人按纳税年度合并计算个人所得税; (2)非居民个人按月或者按次分项计算个人所得税; (3)适用3% ~45%的超额累进税率
其他所得	(1)经营所得; (2)利息、股息、红利所得; (3)财产租赁所得; (4)财产转让所得; (5)偶然所得	(1)分别计算个人所得税; (2)经营所得,适用5% ~35%的超额累进税率; (3)利息、股息、红利所得,财产租赁所得,财产转让所得和偶然所得,适用比例税率,税率为20%

14. 税收保全与强制措施

项　目	适用对象	适用时间	适用步骤	措　施	关　系
税收保全措施	从事生产、经营的纳税人	纳税期前	限期缴纳→提供纳税担保→保全措施	银行暂停支付、查封、扣押	保全措施后,限期内仍未缴纳税款,经过县级以上税务局(分局)局长再次批准,采取强制执行措施
税收强制执行	从事生产、经营的纳税人、扣缴义务人、纳税担保人	纳税期后	限期缴纳→强制执行	银行扣缴(查封、扣押)拍卖、变卖	

【小贴士】流程图

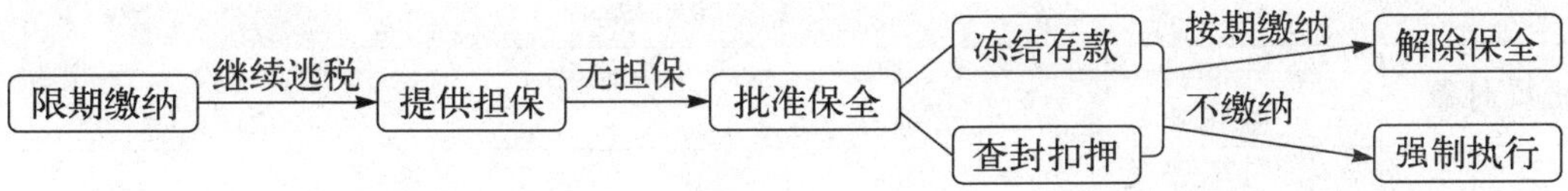

15. 企业所得税重要制度

项　目	内　容
征税对象	(1)销售货物收入； (2)提供劳务收入； (3)转让财产收入； (4)股息、红利等权益性投资收益； (5)利息收入； (6)租金收入； (7)特许权使用费收入； (8)接受捐赠收入； (9)其他收入
不征税对象	(1)财政拨款； (2)依法收取并纳入财政管理的行政事业性收费、政府性基金； (3)国务院规定的其他不征税收入
税率	一般为25%，非居民企业在中国境内未设立机构、场所的，或虽设立但取得的所得与机构场所没有实际联系的，适用税率为20%，小型微利企业按20%，高新技术企业按15%
免税收入	(1)国债利息收入； (2)符合条件的居民企业之间的股息、红利等权益性投资收益； (3)在中国境内设立机构、场所的非居民企业从居民企业取得与该机构、场所有实际联系的股息、红利等权益性投资收益； (4)符合条件的非营利组织的收入
可以免征、减征的收入	(1)从事农、林、牧、渔业项目的所得； (2)从事国家重点扶持的公共基础设施项目投资经营的所得； (3)从事符合条件的环境保护、节能节水项目的所得； (4)符合条件的技术转让所得 **注意**：加计扣除有两种，新技术、新产品、新工艺的研发费用与安置残疾人员的工资

16. 车船税法

项　目	内　容
征收对象	乘用车、商用车（客车、货车）、挂车、其他车辆（专用作业车、轮式专用机械车）、摩托车和船舶（机动船舶、游艇）
减免	下列车船免征车船税： (1)捕捞、养殖渔船； (2)军队、武警专用的车船； (3)警用车船； (4)悬挂应急救援专用号牌的国家综合性消防救援车辆和国家综合性消防救援专用船舶； (5)依照法律规定应当予以免税的外国驻华使领馆、国际组织驻华机构及其有关人员的车船
	对节约能源、使用新能源的车船可以减征或者免征车船税；对受严重自然灾害影响纳税困难以及有其他特殊原因确需减税、免税的，可以减征或者免征车船税
	省、自治区、直辖市人民政府根据当地实际情况，可以对公共交通车船，农村居民拥有并主要在农村地区使用的摩托车、三轮汽车和低速载货汽车定期减征或者免征车船税

五、土地法与房地产法

17. 土地所有权

项　目	国家土地所有权	集体土地所有权
范围	(1)城市市区的土地; (2)农村和城市郊区中已经依法没收、征收、收购为国有的土地; (3)国家依法征收的土地; (4)依法不属于集体所有的林地、草原、荒地、滩涂及其他土地; (5)农村集体经济组织全部成员转为城镇居民的原属于其成员集体所有的土地; (6)因国家组织移民、自然灾害等原因,农民成建制地集体迁移后不再使用的原属于迁移农民集体所有的土地	(1)农村和城市郊区的土地,除由法律规定属于国家所有的以外,属于农民集体所有; (2)宅基地和自留地、自留山,属于农民集体所有
使用方式	出让、租赁、作价出资、入股	(1)土地利用总体规划、城乡规划确定为工业、商业等经营性用途,并经依法登记的集体经营性建设用地,土地所有权人可以通过出让、出租等方式交由单位或者个人使用,并应当签订书面合同,载明土地界址、面积、动工期限、使用期限、土地用途、规划条件和双方其他权利义务; (2)前款规定的集体经营性建设用地出让、出租等,应当经本集体经济组织成员的村民会议2/3以上成员或者2/3以上村民代表的同意; (3)通过出让等方式取得的集体经营性建设用地使用权可以转让、互换、出资、赠与或者抵押,但法律、行政法规另有规定或者土地所有权人、土地使用权人签订的书面合同另有约定的除外; (4)集体建设用地的使用者应当严格按照土地利用总体规划、城乡规划确定的用途使用土地

18. 土地使用权

项 目	出让土地使用权	划拨土地使用权
含义	土地使用者以向国有土地所有者代表支付出让金为对价而原始取得的有期限限制的国有土地使用权	土地使用者经县级以上人民政府依法批准,在缴纳补偿、安置等费用后所取得的或者无偿取得的没有使用期限限制的国有土地使用权
范围或年限	(1)居住用地70年; (2)工业用地50年; (3)教育、科技、文化、卫生、体育用地50年; (4)商业、旅游、娱乐用地40年; (5)综合或其他用地50年	(1)国家机关用地和军事用地; (2)城市基础设施用地和公益事业用地; (3)国家重点扶持的能源、交通、水利等基础设施用地; (4)法律、行政法规规定的其他用地
取得和使用	(1)取得方式:拍卖、招标、协议; (2)使用者需要改变土地用途的,必须取得出让方和市、县人民政府城市规划部门的同意	(1)划拨用地需经**县级以上地方政府**批准; (2)划拨土地使用权的取得:申请用地者应当向集体土地所有者或原国有土地使用者支付土地补偿安置费,若为国有荒地、空地的,可无偿取得

19.《城乡规划法》基本体系

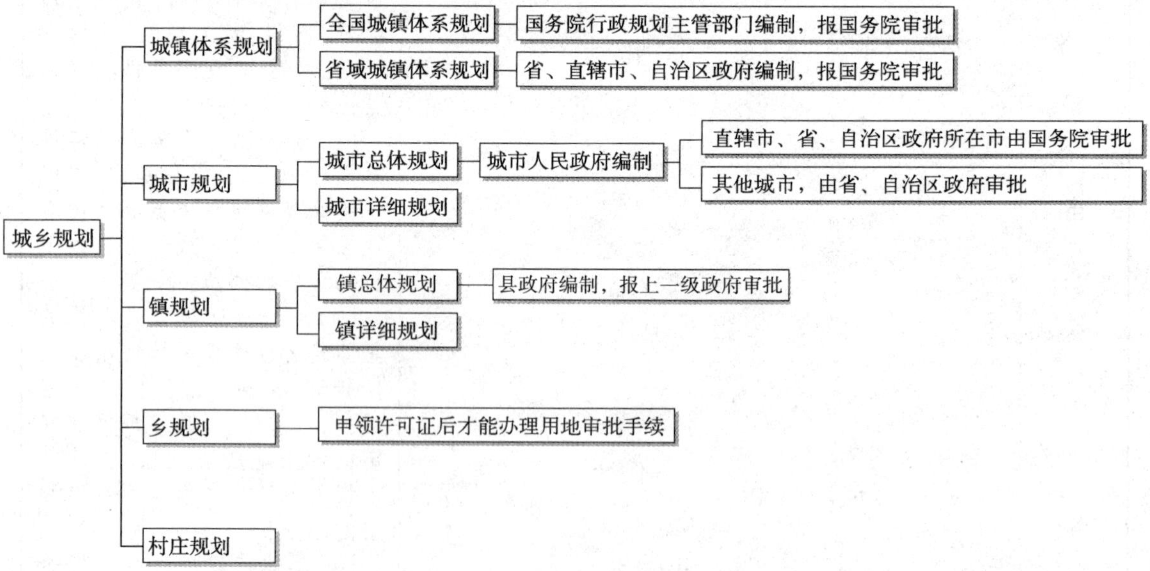

注:上图中的"详细规划"又可分为控制性详细规划和修建性详细规划。

环境资源法

1.《环境保护法》基本内容

制　度	主要内容
环境规划	(1)由**县**以上人民政府环境保护行政主管部门会同有关部门,根据国家环保规划要求,负责辖区内的环境保护规划,报同级人民政府批准实施; (2)国务院环保部门会同有关部门,根据国民经济和社会发展规划编制国家环保规划,报国务院批准并公布实施
清洁生产	不断采取改进设计、使用清洁的能源和原料、采用先进的工艺技术与设备、改善管理、综合利用等措施,从源头削减污染,提高资源利用效率,减少或者避免生产、服务和产品使用过程中污染物的产生和排放
环境影响评价	(1)国家对建设项目的环境保护实行分类管理,按对环境的影响程度由大到小,分别编制或填写环境影响报告书(重大)、环境影响报告表(轻度)、环境影响登记表(很小); (2)未依法进行环境影响评价的开发利用规划,不得组织实施; (3)未依法进行环境影响评价的项目,不得开工建设
"三同时"	建设项目需要配置的环境保护设施必须与主体工程**同时设计**、**同时施工**、**同时投产使用**
限期治理	(1)严重污染环境的污染源; (2)位于需要特别保护的区域内的超标准排污的污染源,需要特别保护的区域指风景名胜区、自然保护区和其他需要特别保护的区域
环境标准制度	(1)国务院环保部门制定国家环境质量标准,省级人民政府对国家环境质量标准中未作规定的项目,可以制定地方环境质量标准; (2)对国家环境质量标准中已作决定的项目,可以制定严于国家环境质量标准的地方环境质量标准
排污收费	征收对象是超过国家或地方污染物排放标准排放污染物的企事业单位,但有例外: (1)对排放水污染物的双收费制度:向水体排放污染物,不超过国家或地方规定的排放标准的,缴纳排污费;超过国家或地方排放标准的,缴纳超标准排污费; (2)向大气和海洋排放污染物的,其污染物排放浓度不得超过国家和地方规定的排放标准,达标排放的征收排污费,超标排污应当限期治理并科以罚款

续表

制　度	主要内容
环境日	每年6月5日
减排奖励	对保护和改善环境有显著成绩的单位和个人,人民政府应当依法采取财政、税收、价格、政府采购等方面的政策和措施予以鼓励和支持
信息公开和公众参与	国务院环保主管部门统一发布国家环境质量、重点污染源监测信息及重大环境信息,省级以上人民政府环保部门定期发布环境状况公报。重点排污单位应当如实向社会公开其主要排污情况,接受社会监督

2. 环境民事责任与环境民事诉讼

(1)环境民事责任

项　目	内　容
构成要件	(1)实施了致害行为; (2)发生了损害结果; (3)致害行为与损害结果之间存在因果关系 **注意**:环境民事责任属于无过错责任
免责事由	(1)不可抗力造成并且行为人及时采取了合理措施; (2)受害人自我致害; (3)第三人过错,可以选择求偿对象
责任形式	(1)《环境保护法》:排除危害、赔偿损失; (2)《民法典》:停止侵害、排除妨碍、清除危险、恢复原状等同样适用

(2)环境民事诉讼

项　目	内　容
诉讼时效	3年,从当事人知道或应知受到损害污染时起算
举证责任	(1)因果关系的举证责任倒置:被告不能证明自己与环境污染损害无关的,推定因果关系存在; (2)法定抗辩事由(免责、减责)方面的举证责任也应由被告承担

3. 森林法

项　目	内　容
权利归属	(1)森林资源属于国家所有,由法律规定属于集体所有的除外;国家所有的森林资源的所有权由国务院代表国家行使; (2)林地和林地上的森林、林木的所有权、使用权,由不动产登记机构统一登记造册; (3)农村居民在房前屋后、自留地、自留山种植的林木,归个人所有; (4)城镇居民在自有房屋的庭院内种植的林木,归个人所有

续表

项　目	内　容
权属争议的解决	(1)单位之间发生的林木、林地所有权和使用权争议,由县级以上人民政府依法处理; (2)个人之间、个人与单位之间发生的林木所有权和林地使用权争议,由乡镇人民政府或者县级以上人民政府依法处理; (3)当事人对有关人民政府的处理决定不服的,可以自接到处理决定通知之日起30日内,向人民法院起诉; (4)在林木、林地权属争议解决前,除因森林防火、林业有害生物防治、国家重大基础设施建设等需要外,当事人任何一方不得砍伐有争议的林木或者改变林地现状
采伐许可证	(1)采伐林地上的林木应当申请采伐许可证,并按照采伐许可证的规定进行采伐; (2)采伐自然保护区以外的竹林,不需要申请采伐许可证,但应当符合林木采伐技术规程; (3)农村居民采伐自留地和房前屋后个人所有的零星林木,不需要申请采伐许可证,采伐许可证由县级以上人民政府林业主管部门核发; (4)审核发放采伐许可证的部门,不得超过批准的年采伐限额发放采伐许可证; (5)有下列情形之一的,不得核发采伐许可证: ①采伐封山育林期、封山育林区内的林木; ②上年度采伐后未按照规定完成更新造林任务; ③上年度发生重大滥伐案件、森林火灾或者林业有害生物灾害,未采取预防和改进措施; ④法律法规和国务院林业主管部门规定的禁止采伐的其他情形

4. 矿产资源法

<table>
<tr><th>项　目</th><th colspan="2">内　容</th></tr>
<tr><td>国家所有权</td><td colspan="2">在中华人民共和国领域及管辖海域的矿产资源属于国家所有,由国务院行使国家对矿产资源的所有权。地表或者地下的矿产资源的国家所有权,不因其所依附的土地的所有权或者使用权的不同而改变</td></tr>
<tr><td>矿业权</td><td colspan="2">(1)矿业权的取得:矿业权包括探矿权、采矿权,国家实行探矿权、采矿权有偿取得的制度;开采矿产资源,必须按照国家有关规定缴纳资源税和资源补偿费;
(2)矿业权的转让:禁止将探矿权、采矿权倒卖牟利</td></tr>
<tr><td rowspan="3">矿产资源勘查开发管理制度</td><td>原则</td><td>国家对矿产资源的勘查、开发实行统一规划、合理布局、综合勘查、合理开采和综合利用的方针</td></tr>
<tr><td>审批</td><td>国家根据矿产资源的储量规模和资源种类,实行中央政府和省级政府两级审批制度</td></tr>
<tr><td>注意</td><td>矿产储量规模适宜由矿山企业开采的矿产资源、国家规定实行保护性开采的特定矿种和国家规定禁止个人开采的其他矿产资源,个人不得开采</td></tr>
</table>

劳动与社会保障法

1. 劳动合同概述

项　目	主要内容	特殊规定
形式	应当采用**书面形式**，包括主件和附件	公务员、现役军人、家庭保姆不适用《劳动合同法》
原则	(1)合法原则； (2)平等自愿、协商一致的原则	用人单位与劳动者订立劳动合同时，不得以任何形式向劳动者收取定金、保证金(物)或抵押金(物)
种类	(1)有固定期限的劳动合同； (2)无固定期限的劳动合同； (3)以完成一定工作为期限的劳动合同	(1)劳动者在同一用人单位连续工作满10年以上，双方续延合同的，如劳动者提出订立无固定期限的劳动合同，用人单位应当同意； (2)用人单位应当与劳动者签订无固定期限劳动合同而未签订的，法院可以视为双方之间存在无固定期限劳动合同关系，并以原劳动合同确定双方的权利义务关系；自应当订立无固定期限劳动合同之日起向劳动者每月支付2倍的工资； (3)无固定期限的劳动合同不得将法定解除条件约定为终止条件
重点条款	(1)试用期条款； (2)保守商业秘密和专有技术秘密条款； (3)禁止同业竞争条款	(1)时间：①劳动合同期限3个月以上不满1年的，试用期不得超过1个月； ②劳动合同期限1年以上不满3年的，试用期不得超过2个月； ③3年以上固定期限和无固定期限的劳动合同，试用期不得超过6个月； (2)试用期包括在劳动合同期限内，只能设立一次试用期； (3)约定同业禁止的，用人单位应给予劳动者一定经济补偿，否则该约定无效
无效	(1)主体不合法； (2)订立劳动合同的程序或形式不合法； (3)违反法律、行政法规的劳动合同； (4)采用欺诈、威胁等手段订立的劳动合同	(1)合同从订立之日起无效，双方权利义务消灭，劳动者提供劳动的，可参照岗位标准支付相应报酬； (2)劳动合同无效，应由劳动争议仲裁委员会或法院确认； (3)部分无效的，若不影响其他部分的效力，其他部分仍有效； (4)因用人单位过错造成劳动合同无效，给劳动者造成损失的，单位应负赔偿责任

2. 劳动合同的解除

<table>
<tr><th colspan="2">项　目</th><th>内　容</th></tr>
<tr><td colspan="2">协商解除</td><td>经劳动合同当事人协商一致,劳动合同可以解除</td></tr>
<tr><td rowspan="3">用人单位单方解除</td><td>随时解除</td><td>(1)在试用期间被证明不符合录用条件的;
(2)严重违反劳动纪律或者用人单位规章制度的;
(3)严重失职,营私舞弊,对用人单位利益造成重大损害的;
(4)劳动者同时与其他用人单位建立劳动关系,对完成本单位的工作任务造成严重影响,或者经用人单位提出,拒不改正的;
(5)劳动者以欺诈、胁迫的手段或者乘人之危,使对方在违背真实意思的情况下订立或者变更劳动合同的情形致使劳动合同无效的;
(6)被依法追究刑事责任的</td></tr>
<tr><td>预告解除</td><td>用人单位应当提前30日以书面形式通知劳动者本人或额外支付1个月工资后才可解除:
(1)劳动者患病或者非因工负伤,医疗期满后,不能从事原工作,也不能从事由用人单位另行安排的工作的;
(2)劳动者不能胜任工作,经过培训或者调整工作岗位,仍不能胜任工作的;
(3)劳动合同订立时所依据的客观情况发生重大变化,致使原劳动合同无法履行,经当事人协商不能就变更劳动合同达成协议的</td></tr>
<tr><td>裁员</td><td>(1)人数:裁减人员20人以上或者裁减不足20人但占企业职工总数10%以上;
(2)程序:用人单位提前30日向工会或者全体职工说明情况,听取意见后,裁减人员方案经向劳动行政部门报告;
(3)法定情形:①依照企业破产法规定进行重整的;②生产经营发生严重困难的;③企业转产、重大技术革新或者经营方式调整,经变更劳动合同后,仍需裁减人员的;④其他因劳动合同订立时所依据的客观经济情况发生重大变化,致使劳动合同无法履行的</td></tr>
<tr><td rowspan="2">劳动者单方解除</td><td>预告解除</td><td>应当提前30日(或在试用期内提前3日)以书面形式通知用人单位(辞职权)</td></tr>
<tr><td>随时解除</td><td>(1)未按照劳动合同约定提供劳动保护或者劳动条件的;
(2)未及时足额支付劳动报酬的;
(3)未依法为劳动者缴纳社会保险费的;
(4)用人单位的规章制度违反法律、法规的规定,损害劳动者权益的;
(5)因用人单位以欺诈、胁迫的手段或者乘人之危,使劳动者在违背真实意思的情况下订立或者变更劳动合同而致使劳动合同无效的;
(6)用人单位以暴力、威胁或者非法限制人身自由的手段强迫劳动者劳动的;
(7)用人单位违章指挥、强令冒险作业危及劳动者人身安全的
注意:对于第6、7项,劳动者可以立即解除,无须事先告知</td></tr>
</table>

3. 集体合同

项　目	内　容
特征	(1)主体一方是企事业工会或职工代表,另一方是单位; (2)以全体劳动者的最低劳动条件、标准和全体职工的权利义务为内容; (3)是要式合同; (4)效力高于劳动合同,及于企事业单位及其工会和全体职工(劳动合同的劳动条件和报酬不得低于集体合同)
特殊程序	(1)签订后应当7日内由企业或事业单位一方报送劳动行政部门登记; (2)劳动行政部门15日未提异议的,才生效; (3)解除或变更的,需书面协议,并报批

4. 劳务派遣

项　目	内　容	备　注
概念	劳务派遣用工是补充形式,只能在临时性、辅助性或者替代性的工作岗位上实施	(1)临时性:存续时间不超过6个月; (2)辅助性:为主营业务岗位提供服务的非主营业务岗位; (3)替代性:用工单位的劳动者因脱产学习、休假等原因无法工作期间内,可替代
劳务派遣单位	(1)注册资本不低于200万元; (2)应当向劳动行政部门申请行政许可; (3)应当履行用人单位对劳动者的义务	(1)劳务派遣单位与被派遣劳动者订立的劳动合同,应当是2年以上的固定期限劳动合同; (2)劳务派遣单位不得以非全日制用工(小时工)形式招用被派遣劳动者
劳务派遣协议	(1)用人单位不得设立劳务派遣单位向本单位或者所属单位派遣劳动者; (2)用工单位应当根据工作岗位的实际需要与劳务派遣单位确定派遣期限,不得将连续用工期限分割订立数个短期劳务派遣协议; (3)用工单位不得将被派遣劳动者再派遣到其他用人单位	
劳务派遣的待遇	(1)劳务派遣单位不得克扣劳动报酬,被派遣劳动者在无工作期间,劳务派遣单位应当按照所在地人民政府规定的最低工资标准,向其按月支付报酬; (2)劳务派遣单位和用工单位不得向被派遣劳动者收取费用; (3)被派遣劳动者享有与用工单位的劳动者同工同酬的权利; (4)跨地区派遣劳动者的,按用工单位所在地的标准执行	
法律责任	(1)劳务派遣单位或者用工单位违反劳务派遣制度的,承担行政责任;给被派遣劳动者造成损害的,劳务派遣单位和用工单位承担连带赔偿责任; (2)劳务派遣期间,被派遣的工作人员因执行工作任务造成他人损害的,由接受劳务派遣的用工单位承担侵权责任;劳务派遣单位有过错的,承担相应的补充责任	

口诀巧记 **劳务派遣**

劳务派遣有资质，行政许可经登记；同工同酬经约定，临时辅助限比例。

5. 基本养老金的支付

项目	内容
基本养老金构成	基本养老金由统筹养老金和个人账户养老金组成
基本养老金的领取	(1)参加基本养老保险的个人,达到法定退休年龄时累计缴费满15年的,按月领取基本养老金; (2)参加基本养老保险的个人,达到法定退休年龄时累计缴费不足15年的: ①可以缴费至满15年,按月领取基本养老金; ②也可以转入新型农村社会养老保险或者城镇居民社会养老保险,按照国务院规定享受相应的养老保险待遇
基本养老金的转化	(1)参加基本养老保险的个人,因病或者非因工死亡的,其遗属可以领取丧葬补助金和抚恤金; (2)在未达到法定退休年龄时因病或者非因工致残完全丧失劳动能力的,可以领取病残津贴,所需资金从基本养老保险基金中支付
基本养老金的转移	个人跨统筹地区就业的,其基本养老保险关系随本人转移,缴费年限累计计算
新型农村社会养老保险	(1)缴纳:新型农村社会养老保险实行个人缴费、集体补助和政府补贴相结合; (2)构成:新型农村社会养老保险待遇由基础养老金和个人账户养老金组成

6. 基本医疗保险

项目	内容
缴费方式和主体	(1)强制缴纳:用人单位应当按照本单位职工工资总额的比例缴纳基本养老保险费,记入基本养老保险统筹基金; (2)可以缴纳:无雇工的个体工商户、未在用人单位参加基本养老保险的非全日制从业人员以及其他灵活就业人员
城镇居民基本医疗保险	(1)城镇居民基本医疗保险实行个人缴费和政府补贴相结合; (2)享受最低生活保障的人、丧失劳动能力的残疾人、低收入家庭60周岁以上的老年人和未成年人等所需个人缴费部分,由政府给予补贴

续表

项　目	内　容	
基本医疗保险的支付	缴纳基本医疗费的期限	(1)达到法定退休年龄时累计缴费达到国家规定年限的,退休后不再缴纳基本医疗保险费,按照国家规定享受基本医疗保险待遇; (2)未达到国家规定年限的,可以缴费至国家规定年限
	基本医疗保险基金的支付	(1)支付对象:符合基本医疗保险药品目录、诊疗项目、医疗服务设施标准以及急诊、抢救的医疗费用; (2)支付方式:应当由基本医疗保险基金支付的部分,由社会保险经办机构与医疗机构、药品经营单位直接结算; (3)不属于基本医疗保险基金的支付对象: ①应当从工伤保险基金中支付的; ②应当由第三人负担的; ③应当由公共卫生负担的; ④在境外就医的 **注意**:医疗费用依法应当由第三人负担,第三人不支付或者无法确定第三人的,由基本医疗保险基金先行支付。基本医疗保险基金先行支付后,有权向第三人追偿
	基本医疗保险的转移	个人跨统筹地区就业的,其基本医疗保险关系随本人转移,缴费年限累计计算

国际私法

一、国际私法的主体

New 1. 自然人的国籍冲突与经常居所判断

类　型	一般原则	我国法律规定
国籍的积极冲突	(1)当事人多个国籍中有一个是内国国籍时，以内国国籍为准； (2)当事人多个国籍均为外国国籍时： ①以当事人最后取得的国籍为准； ②以当事人住所或惯常居所所在国国籍为准； ③以与当事人有最密切联系的国籍为准； (3)对当事人的多个国籍不作区分，只以与当事人有最密切联系的国籍为准； (4)在当事人无国籍或国籍不明确的情况下，一般主张以当事人住所所在国的法律为其本国法，如当事人无住所或其住所不能确定时，以其居所所在国的法律为其本国法	(1)我国《国籍法》不承认中国公民拥有外国国籍，一个中国公民取得外国国籍即自动丧失中国国籍； (2)两个以上国籍的，适用有经常居所的国籍国法律，均无经常居所的，适用与其有最密切联系的国籍国法律
经常居所的判断	在我国，自然人经常居所地的判断主要有两个标准： (1)时间标准，即连续居住1年以上； (2)生活中心标准，即除时间要求之外，自然人经常居所地应该是自然人生活的中心。 例外情形，即自然人有就医、公务、劳务派遣等居住情形，即使符合上述两个标准，也不构成该自然人的经常居所	我国《涉外民事关系法律适用法》已把“经常居所”作为主要的属人法连结点

2. 法人的国籍冲突与住所冲突

类　型	一般解决原则	我国法律的规定
国籍的确定	(1)成员国籍主义(资本控制主义); (2)设立地主义(登记地主义); (3)住所地主义; (4)准据法主义:根据法人设立时所依据的法律确定其国籍	根据法人的**设立登记地**来确定法人的国籍
住所的确定	(1)主事务所所在地说; (2)营业中心所在地说; (3)章程指定住所地说; (4)主要办事机构所在地说	法人以它的**主要办事机构所在地**为住所
营业所的确定	我国法律规定: (1)当事人有2个以上营业所的,应以与产生纠纷的民事关系有**最密切联系**的营业所为准; (2)当事人没有营业所的,以其住所或者经常居住地为准; (3)法人的经常居所地,为其主营业地	

3. 自然人与法人行为能力的确定

项　目	自然人行为能力的法律适用	法人行为能力的法律适用
一般准则	(1)原则上适用当事人的属人法; (2)有两个例外: ①处理不动产的行为能力适用不动产所在地法; ②处理商务活动的当事人的行为能力可以适用行为地法	(1)适用法人的属人法,即法人的国籍所属国法或住所地法; (2)法人在内国权利能力和行为能力的范围实际上必须**重叠适用**其本国法和内国法
我国规定	(1)自然人的民事行为能力,适用经常居所地法律; (2)自然人从事民事活动,依照经常居所地法律为无民事行为能力,依照行为地法律为有民事行为能力的,适用行为地法律,但涉及婚姻家庭、继承的除外; (3)宣告失踪或者宣告死亡,适用自然人经常居所地法律	(1)法人及其分支机构的民事权利能力、民事行为能力、组织机构、股东权利义务等事项,适用登记地法律(设立登记地); (2)主营业地与登记地不一致的,可以适用**主营业地**法律。法人的经常居所地,为其主营业地

二、适用冲突规范的制度

4. 转致与反致

项　目	内　容
直接反致	对某一案件,甲国法院按照自己的冲突规范本应适用乙国法,而该乙国法的冲突规范却指定此种法律关系应适用法院地甲国法,结果该法院适用了法院地法
转致	对某一案件,甲国或甲地区法院根据本国或本地区的冲突规范指定应适用乙国或乙地区的法律,而乙国或乙地区的冲突规范指定应适用丙国或丙地区的法律,结果是甲国或甲地区的法院适用了丙国或丙地区的法律
间接反致	对某一案件,甲国或甲地区的法院根据本国或本地区的冲突规范指定应适用乙国或乙地区的法律,但依乙国或乙地区的冲突规范的指定应适用丙国或丙地区的法律,而依丙国或丙地区的冲突规范的指定却应适用甲国或甲地区的法律,结果甲国或甲地区的法院适用了自己的实体法
包含直接反致的转致	对某一案件,甲国或甲地区的法院根据本国或本地区的冲突规范指定应适用乙国或乙地区的法律,而乙国或乙地区的冲突规范指定应适用丙国或丙地区的法律,但丙国或丙地区的冲突规范反向指定应适用乙国或乙地区的法律,最后甲国或甲地区的法院适用乙国或乙地区的实体法处理案件

注:中国的实践是**不接受反致**的。

反致(广义)
- 直接反致:甲国⇄乙国　　最终适用甲国法
- 转　致:甲国⟶乙国⟶丙国　　最终适用丙国法
- 间接反致:甲国⟶乙国⟶丙国(丙国⟶甲国)　　最终适用甲国法
- 包含直接反致的转致:甲国⟶乙国⇄丙国　　最终适用乙国法

5. 外国法的查明

项　目	内　容
概念	一国法院根据本国冲突规范确定应当适用的外国法时,如何查明该外国法的存在和内容

续表

项 目	内 容
我国查明主体和方法	(1)涉外民事关系适用的外国法律,由人民法院、仲裁机构或者行政机关查明,当事人选择适用外国法律的,应当提供该国法律,不能查明外国法律或者该国法律没有规定的,适用中华人民共和国法律; (2)对于应当适用的外国法律,可通过下列途径查明: ①由当事人提供; ②由与我国订立司法协助协定的缔约对方的中央机关提供; ③由我国驻该国使领馆提供; ④由该国驻我国使馆提供; ⑤由中外法律专家提供,通过以上途径仍不能查明的,适用中华人民共和国法律; (3)人民法院通过由当事人提供、已对中华人民共和国生效的国际条约规定的途径、中外法律专家提供等合理途径仍不能获得外国法律的,可以认定为不能查明外国法律;当事人应当提供外国法律,其在人民法院指定的合理期限内无正当理由未提供该外国法律的,可以认定为不能查明外国法律

三、国际民商事关系的法律适用

6. 涉外物权关系、合同关系与侵权关系的法律适用

项 目	内 容
物权	(1)不动产物权:均适用**不动产所在地法**; (2)动产物权:当事人可以协议选择,没有选择的,适用法律事实发生时动产所在地法律; (3)在途货物的物权:当事人可以协议选择,没有选择的,适用运输目的地法律
合同	(1)当事人可以协议选择合同适用的法律,当事人没有选择的,适用履行义务最能体现该合同特征的一方当事人经常居所地法律或者其他与该合同有最密切联系的法律; (2)**消费者合同**,适用消费者经常居所地法律;消费者选择适用商品、服务提供地法律或者经营者在消费者经常居所地没有从事相关经营活动的,适用商品、服务提供地法律; (3)**劳动合同**,适用劳动者工作地法律;难以确定劳动者工作地的,适用用人单位主营业地法律;劳务派遣,可以适用劳务派出地法律
侵权	(1)侵权责任,适用**侵权行为地法律**,当事人有**共同经常居所地**的,适用共同经常居所地法律;侵权行为发生后,当事人**协议选择**适用法律的,按照其协议; (2)产品责任,适用被侵权人经常居所地法律;被侵权人选择适用侵权人主营业地法律、损害发生地法律的,或者侵权人在被侵权人经常居所地没有从事相关经营活动的,适用侵权人主营业地法律或者损害发生地法律; (3)通过网络或者采用其他方式侵害姓名权、肖像权、名誉权、隐私权等人格权的,适用被侵权人经常居所地法律

续表

<table>
<tr><th colspan="2">项　目</th><th>内　容</th></tr>
<tr><td colspan="3">注：我国《涉外民事关系法律适用法》第47条规定："不当得利、无因管理，适用当事人协议选择适用的法律。当事人没有选择的，适用当事人共同经常居所地法律；没有共同经常居所地的，适用不当得利、无因管理发生地法律。"</td></tr>
<tr><td rowspan="2">海商法</td><td>物权</td><td>(1)船舶所有权的取得、转让和消灭，适用船旗国法；
(2)船舶抵押权适用船旗国法律：船舶在光船租赁以前或者光船租赁期间，设立船舶抵押权的，适用原船舶登记国的法律；
(3)船舶优先权适用法院地法</td></tr>
<tr><td>侵权</td><td>(1)船舶碰撞的损害赔偿，适用侵权行为地法律；
(2)船舶在公海上发生碰撞的损害赔偿，适用受理案件的法院所在地法律；
(3)同一国籍的船舶，无论碰撞发生于何地，碰撞船舶之间的损害赔偿适用船旗国法律；共同海损理算，适用理算地法律；
(4)海事赔偿责任限制，适用受理案件的法院所在地法律</td></tr>
<tr><td rowspan="2">民用航空法</td><td>物权</td><td>(1)民用航空器所有权的取得、转让和消灭，适用民用航空器国籍登记国法律；
(2)民用航空器抵押权适用民用航空器国籍登记国法律；
(3)民用航空器优先权适用受理案件的法院所在地法律</td></tr>
<tr><td>侵权</td><td>(1)民用航空器对地面第三人的损害赔偿，适用侵权行为地法律；
(2)民用航空器在公海上空对水面第三人的损害赔偿，适用受理案件的法院所在地法律</td></tr>
</table>

7. 票据、代理、信托的法律适用

类　型	法律适用
票据	(1)票据当事人的行为能力一般适用当事人的属人法：票据债务人的民事行为能力，依照其本国法律为无民事行为能力或者为限制民事行为能力而依照行为地法律为完全民事行为能力的，适用行为地法律； (2)票据行为方式一般适用行为地法： ①汇票、本票出票时的记载事项，适用出票地法律； ②支票出票时的记载事项，适用出票地法律，经当事人协议，也可以适用付款地法律； ③票据的背书、承兑、付款和保证行为，适用行为地法律； (3)票据追索权行使期限一般适用出票地法； (4)持票人责任一般适用付款地法：票据的提示期限、有关拒绝证明的方式、出具拒绝证明的期限，适用付款地法律； (5)票据丧失时权利保全程序一般适用付款地法

续表

类　型	法律适用
代理	(1)对于委托代理首先适用当事人选择的法律; (2)对于代理内部关系,适用代理关系发生地法律; (3)对于其他代理问题,或者当事人没有选择法律的委托代理,适用代理行为地法律
信托	当事人可以协议选择信托适用的法律;当事人没有选择的,适用信托财产所在地法律或者信托关系发生地法律

8. 知识产权的法律适用

类　型	法律适用
知识产权的归属和内容	适用被请求保护地法
知识产权转让或许可	适用合同之债法律适用的一般规定
知识产权侵权	协议选择法院地法——适用被请求保护地法

9. 涉外家庭关系的法律适用

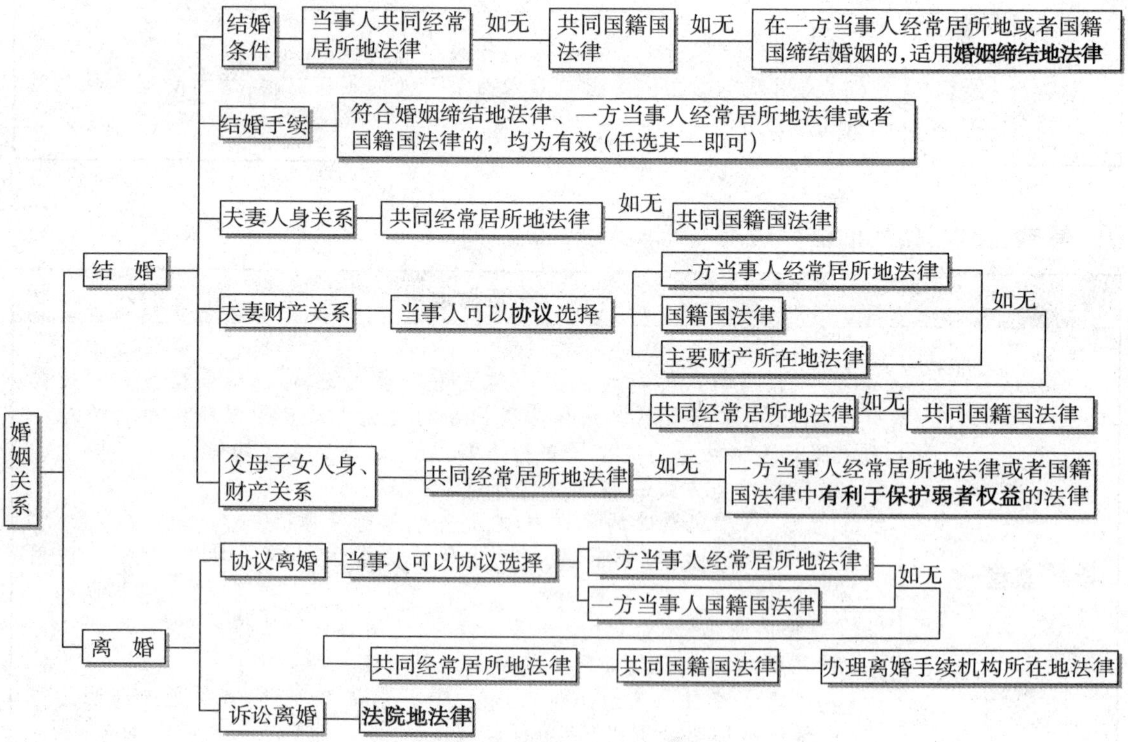

- 亲属关系
  - 收 养
    - 条件和手续：收养人和被收养人经常居所地法律
    - 效 力：收养时**收养人**经常居所地法律
    - 关系解除：收养时被收养人经常居所地法律或法院地法律
  - 监 护：适用一方当事人经常居所地法律或者国籍国法律中有利于保护被监护人权益的法律
  - 扶 养：适用一方当事人经常居所地法律、国籍国法律或者主要财产所在地法律中有利于保护**被扶养人权益**的法律

10. 涉外继承关系的法律适用

- 继承
  - 法定继承：动产适用被继承人**死亡时**经常居所地法律，不动产适用不动产所在地法律（区别制）
  - 遗嘱继承
    - 遗嘱方式：符合遗嘱人立遗嘱时或者死亡时经常居所地法律、国籍国法律或者遗嘱行为地法律的，遗嘱均为成立
    - 遗嘱效力：遗嘱人立遗嘱时或者死亡时经常居所地法律或者国籍国法律
  - 绝产继承：被继承人**死亡时遗产所在地**法律

四、国际民商事争议的解决

11. 国际商事仲裁协议

项 目	内 容
仲裁协议的内容	(1)提交仲裁的争议事项； (2)仲裁地点； (3)仲裁庭的组成或仲裁机构； (4)仲裁程序规则 **注意**:我国《仲裁法》第16条第2款规定:“仲裁协议应当具有下列内容:(一)请求仲裁的意思表示;(二)仲裁事项;(三)选定的仲裁委员会。”
仲裁协议无效的情形	仲裁协议有下列情形之一的无效: (1)约定的仲裁事项超出法律规定的仲裁范围; (2)无民事行为能力人或限制民事行为能力人订立的仲裁协议; (3)一方采取胁迫手段,迫使对方订立的仲裁协议 **注意**:我国《仲裁法》规定,如果仲裁协议对仲裁事项和仲裁委员会的约定不明确,当事人可以补充协议,如果不能达成补充协议的,该仲裁协议也是无效的

续表

项　目	内　容
我国对仲裁协议约定不明确的判定	(1)仲裁协议约定的仲裁机构名称不准确,但能够确定具体的仲裁机构的,应当认定选定了仲裁机构; (2)仲裁协议仅约定纠纷适用的仲裁规则的,视为未约定仲裁机构,但当事人达成补充协议或者按照约定的仲裁规则能够确定仲裁机构的除外; (3)仲裁协议约定两个以上仲裁机构的,当事人可以协议选择其中的一个仲裁机构申请仲裁;当事人不能就仲裁机构选择达成一致的,仲裁协议无效; (4)仲裁协议约定由某地的仲裁机构仲裁且该地仅有一个仲裁机构的,该仲裁机构视为约定的仲裁机构;该地有两个以上仲裁机构的,当事人可以协议选择其中的一个仲裁机构申请仲裁;当事人不能就仲裁机构选择达成一致的,仲裁协议无效; (5)当事人约定争议可以向仲裁机构申请仲裁也可以向人民法院起诉的,仲裁协议无效;但一方向仲裁机构申请仲裁,另一方未在《仲裁法》第20条第2款规定期间内提出异议的除外
仲裁协议的法律适用	(1)当事人可以协议选择仲裁协议适用的法律;当事人没有选择的,适用仲裁机构所在地法律或者仲裁地法律; (2)当事人没有选择涉外仲裁协议适用的法律,也没有约定仲裁机构或者仲裁地,或者约定不明的,我国法院可以适用我国法律认定该仲裁协议的效力

New 12. 中国关于国际民事案件管辖权规则

管辖类型	内　容
普通地域管辖	采用原告就被告的原则
特别地域管辖	(1)对于在我国领域内没有住所的被告提起的有关合同或财产权益纠纷,我国境内的合同签订地、合同履行地、标的物所在地、可供扣押的财产所在地、侵权行为地或代表机构所在地法院均可以行使管辖权; (2)《民事诉讼法》有关国内特别地域管辖的规定可类推适用于涉外民事案件
专属管辖	(1)因不动产纠纷提起的诉讼,由不动产所在地人民法院管辖; (2)因港口作业中发生纠纷提起的诉讼,由港口所在地人民法院管辖; (3)因继承遗产纠纷提起的诉讼,由被继承人死亡时的住所地或者主要遗产所在地人民法院管辖; (4)因在中国领域内设立的法人或者其他组织的设立、解散、清算,以及该法人或者其他组织作出的决议的效力等纠纷提起的诉讼,我国法院有专属管辖权; (5)因与在中华人民共和国领域内审查授予的知识产权的有效性有关的纠纷提起的诉讼,我国法院有专属管辖权; (6)因在我国履行的中外合资经营企业合同、中外合作经营企业合同、中外合作勘探开发自然资源合同发生的纠纷提起的诉讼,我国法院有专属管辖权; (7)属于我国法院专属管辖的案件,当事人不得用书面协议选择其他国家法院管辖,但协议选择仲裁裁决的除外

续表

管辖类型	内　容
协议管辖	(1)涉外合同或其他财产权益纠纷的当事人可以协议选择解决争议的法院; (2)选择必须是书面的; (3)必须选择与争议有实际联系地点的法院管辖,如被告住所地、合同履行地、合同签订地、原告住所地、标的物所在地、侵权行为地等; (4)不得违反专属管辖和级别管辖,不涉及中国主权、安全或社会公共利益
平行诉讼	我国允许平行诉讼,同时采取一事不再理原则、判决在先原则
国际条约优先	国际条约规定优先适用
以管辖权下沉为原则,集中管辖为例外	(1)以《民事诉讼法》关于级别管辖的规定为一般原则:基层人民法院管辖第一审涉外民商事案件,中级人民法院管辖辖区内争议标的额大、案情复杂或者一方当事人人数众多的以及其他在本辖区有重大影响的涉外民商事案件,高级人民法院管辖辖区内有重大影响第一审涉外民商事案件; (2)以确有必要高级人民法院根据实际情况报批最高人民法院后指定的一个或数个基层或中级人民法院实行区域集中管辖和法律、司法解释另有规定的为例外
国际商事法庭管辖权	受理五类案件

五、区际法律问题

13. 区际司法协助

项　目	内　容
内地与香港特别行政区之间的送达	(1)内地法院和香港法院委托送达司法文书,均须通过各高级人民法院和香港特别行政区**高等法院**进行,最高人民法院司法文书可以**直接**委托香港特别行政区高等法院送达; (2)送达司法文书,应当依照受委托方所在地法律规定的程序进行,无论司法文书中确定的出庭日期或期限是否已过; (3)受委托方接到委托书后,应当及时完成送达,最迟不得超过自收到委托书之日起2个月; (4)委托送达司法文书费用互免

续表

项　目	内　容
内地与澳门特别行政区之间的送达	送达程序： (1)内地法院和澳门特别行政区法院委托送达司法文书，均须通过各高级人民法院和澳门特别行政区**终审法院**进行，最高人民法院司法文书可以**直接**委托澳门特别行政区终审法院送达； (2)受委托方送达文书最迟不得超过自收到委托书之日起2个月； (3)受委托方法院不得以其本辖区法律规定对委托方法院审理的该民商事案件享有专属管辖权或不承认对该请求事项提起诉讼的权利为由，不予执行受托事项； (4)委托方法院无须支付受委托方法院在送达司法文书时发生的费用或税项
	送达方式： (1)法院可直接向受送达人的自然人或企业、组织的法定代表人、主要负责人送达(上述人员如在内地)； (2)向诉讼代理人送达(受送达人明文反对除外)； (3)向受送达人内地的代表机构送达； (4)向受送达人内地有接收权的分支机构、业务代办人送达； (5)可采用邮寄、传真、电子邮件送达；如不能送达，可采用公告送达，公告期3个月； (6)推定送达，受送达人向法院提示所送文书内容，视为送达
内地与香港特别行政区相互认可与执行民商事判决	管辖： (1)在内地向被申请人住所地、经常居住地或者财产所在地的中级人民法院提出，在香港特别行政区向香港特别行政区高等法院提出； (2)被申请人住所地、经常居住地或者财产所在地在内地不同的中级人民法院辖区的，申请人只能选择其一，不得分别申请； (3)被申请人的住所地、经常居住地或者财产所在地，既在内地又在香港特别行政区的，申请人可以同时分别向两地法院提出申请，两地法院分别执行判决的总额，不得超过判决确定的数额
	不予认可和执行的情形： (1)根据协议地法律，管辖协议属于无效，但选择法院已经判定该管辖协议为有效的除外； (2)判决已获完全履行； (3)根据执行地的法律，执行地法院对该案享有专属管辖权； (4)根据原审法院地的法律，未曾出庭的败诉一方当事人未经合法传唤或者虽经合法传唤但未获依法律规定的答辩时间，但原审法院根据其法律或者有关规定公告送达的，不属于上述情形； (5)判决是以欺诈方法取得的； (6)执行地法院/外国、境外地区法院/有关仲裁机构就相同诉讼请求作出判决/仲裁裁决，已经为执行地法院所认可或者执行的； (7)违反公共利益或公共政策

续表

项　目	内　容
内地与港澳台地区之间的调查取证	(1)双方相互委托提取证据,须通过各自指定的联络机关进行。其中,内地指定各高级人民法院为联络机关;香港指定香港特别行政区政府政务司司长办公室辖下行政署为联络机关,澳门指定澳门特别行政区终审法院为联络机关,最高人民法院可以直接通过香港特别行政区和澳门特别行政区指定的联络机关委托提取证据; (2)委托方法院请求调取的证据只能是用于与诉讼有关的证据; (3)调取证据最迟不得超过自收到委托书之日起6个月(与港)、3个月(与澳); (4)受委托方法院应当根据本辖区法律规定执行受托事项,委托方法院请求按照特殊方式执行委托事项的,如果受委托方法院认为不违反本辖区的法律规定,可以按照其特殊方式执行; (5)委托方法院无须支付受委托方法院在调取证据时发生的费用或税项

【小贴士】认可和执行台湾地区法院民事判决和仲裁裁决的规定对照表

<table>
<tr><th>项　目</th><th>认可和执行台湾地区法院民事判决</th><th>认可和执行台湾地区仲裁裁决</th></tr>
<tr><td>申请人</td><td colspan="2">台湾地区法院民事判决/仲裁裁决的当事人</td></tr>
<tr><td>程序</td><td colspan="2">(1)先按照认可程序进行审查,裁定认可后,由人民法院执行机构执行;
(2)坚持不申请认可的,裁定驳回其申请</td></tr>
<tr><td>受理法院</td><td colspan="2">申请人住所地、经常居住地或者被申请人住所地、经常居住地、财产所在地中级人民法院或者专门人民法院,组成合议庭进行审查</td></tr>
<tr><td>材料</td><td>(1)申请书;
(2)台湾地区有关法院民事判决文书和民事判决确定证明书的正本或者经证明无误的副本</td><td>(1)申请书;
(2)仲裁协议;
(3)仲裁判断书、仲裁和解书或者仲裁调解书</td></tr>
<tr><td>立案</td><td colspan="2">(1)应当在收到申请后7日内立案,不符合规定条件的,应当在7日内裁定不予受理,同时说明不予受理的理由;
(2)申请人对裁定不服的,可以提起上诉</td></tr>
<tr><td>效力</td><td>人民法院受理认可台湾地区法院民事判决的申请后,当事人就同一争议起诉的,不予受理</td><td>(1)人民法院受理认可台湾地区仲裁裁决的申请后,当事人就同一争议起诉的,不予受理;
(2)当事人未申请认可,而是就同一争议向人民法院起诉的,亦不予受理,但仲裁协议无效的除外</td></tr>
<tr><td>期限</td><td>(1)应当在立案之日起6个月内审结;
(2)有特殊情况需要延长的,报请上一级人民法院批准</td><td>(1)应当在立案之日起2个月内作出裁定;
(2)决定不予认可或者驳回申请的,应当在作出决定前按有关规定自立案之日起2个月内上报最高人民法院</td></tr>
<tr><td>送达</td><td colspan="2">一经送达即发生法律效力</td></tr>
</table>

国际经济法

一、国际货物买卖

1. 国际贸易术语(2020)

分　类	名　称	交货地点	风险转移	办理运输	办理保险	出口手续	进口手续	各组特点
适用于所有运输方式的术语	EXW 工厂交货	卖方工厂	交货时	买方	买方	买方	买方	内陆交货 装运合同
	FCA 货交承运人	交承运人	交货时	买方	买方	卖方	买方	主要运费未付 装运合同
	CPT 运费付至	交承运人	交货时	卖方	买方	卖方	买方	主要运费已付 装运合同
	CIP 运费 保险费付至	交承运人	交货时	卖方	卖方	卖方	买方	主要运费已付 装运合同
	DPU (目的地卸货后交货)	指定目的地	交货时 (须卸货)	卖方	卖方	卖方	买方	到货合同
	DAP 目的地交货	指定目的地	交货时 (无须卸货)	卖方	卖方	卖方	买方	
	DDP 完税交货	指定目的地	交货时	卖方	卖方	卖方	卖方	
适用于海运和内河水运的术语	FAS 船边交货	装港船边	交货时	买方	买方	卖方	买方	主要运输未付 装运合同
	FOB 船上交货	装港船上	装港货物置于船上	买方	买方	卖方	买方	
	CFR 成本加运费	装港船上	装港货物置于船上	卖方	买方	卖方	买方	主要运费已付 装运合同
	CIF 成本 运费保险费	装港船上	装港货物置于船上	卖方	卖方	卖方	买方	

【小贴士】《国际贸易术语解释通则® 2020》(以下简称《2020 年通则》)的主要修改

项 目	内 容
装船批注提单和 FCA 术语条款的修改	《2020 年通则》的 FCA 术语提供了一个额外的选择,即虽然买方负责运输,但买方和卖方可以同意买方指定的承运人在装货开始后向卖方签发已装船提单,然后再由卖方向买方做出交单 **注意**:即使采用了这种可选机制,卖方对买方也不承担运输合同条款的义务
CIF 和 CIP 术语下对投保险别的规定	(1)在《2010 年通则》中,CIF 和 CIP 术语下如果双方没有特别约定,卖方只有义务投保最低级别的海上货物运输保险即平安险; (2)在《2020 年通则》中,CIF 术语下的保险级别仍为类似平安险的最低险;但 CIP 对卖方有义务取得保险的要求有所提高,相当于我国的"一切险" **注意**:双方当事人当然仍可以自由商定较低的保险险别
FCA、DAP、DPU、DDP 术语的运输工具	当采用 FCA、DAP、DPU 和 DDP 术语进行贸易时,买卖双方可以根据运输义务使用自有运输工具,而不再像《2010 年通则》那样,推定使用第三方承运人进行运输
将 DAT 改为 DPU	DPU 术语的货物交付地点仍旧是目的地,但不再限于"运输的终端",但是如果该地点不在"运输终端",卖方应确保其准备交付货物的地点是能够卸货的地点
在运输义务和费用中加入与安全有关的要求	与安全相关的义务的明确分配现已添加到每个规则的 A4 项和 A7 项下

二、国际货物运输与保险

2.《海牙规则》《维斯比规则》《汉堡规则》和我国《海商法》的比较

项 目	《海牙规则》	《维斯比规则》	《汉堡规则》	我国《海商法》
承运人的基本义务	(1)适航义务(开航前、开航时); (2)管货义务(适当和谨慎); (3)不得不合理绕航		承运人对灭失、损坏以及迟延交付所造成的损失负赔偿责任,定金的过失责任	(1)适航义务(开航前、开航时); (2)管货义务; (3)不得不合理绕航
◇承运人的责任期间	钩至钩		收到交	(1)集装箱:收到交; (2)非集装箱:钩至钩

续表

项　目	《海牙规则》	《维斯比规则》	《汉堡规则》	我国《海商法》
承运人的免责	“航行过失”在内的17项免责		取消了“航行过失”免责，推定过失责任，但火灾除外	航行过失免责+无过失免责
延迟交付责任	—	—	迟交货物应付运费的2.5倍，但不超过应付运费总额	未在约定时间交付，赔偿损失
货物	无舱面货、活牲畜		有舱面货、活牲畜	有舱面货、活牲畜
诉讼时效	(1)1年； (2)自货物交付第2日起算	(1)1年，双方协商可以延长； (2)对第三者的追偿诉讼还有3个月的宽限期	(1)2年，双方协商可以延长； (2)对第三者的追偿诉讼还有90日的宽限期	(1)1年； (2)对第三者的追偿诉讼还有90日的宽限期

注：《海牙规则》17项免责中，最为常考的是第8项、第12～15项，分别是检疫限制；救助或企图救助海上人命或财产；由于货物的固有瑕疵、性质或缺陷所造成的损失或损害；包装不当；标志不清或不当。

3. 海运损失

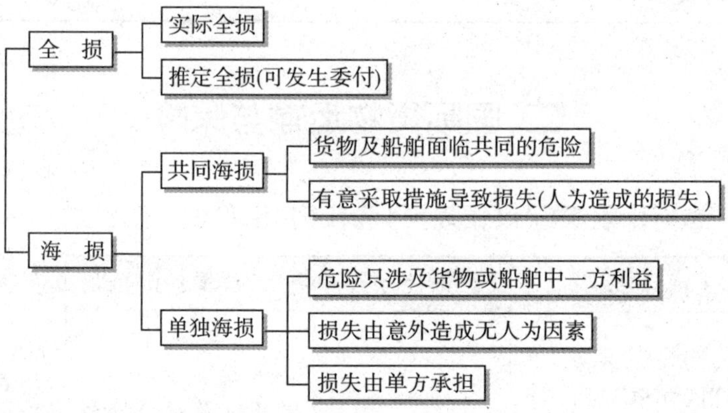

4. 海洋货物运输保险主要险种

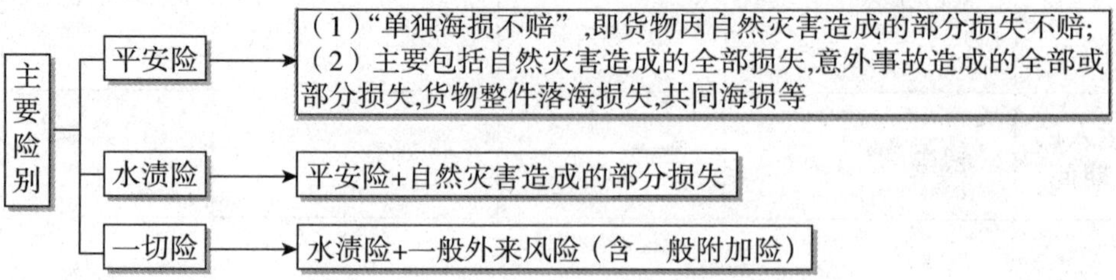

- 附加险（不能单独承保）
  - 一般附加险 —— 一般外来风险，如淡水雨淋险
  - 特别附加险 —— 特别外来原因，如交货不到险、进口关税险、舱面险
  - 特殊附加险 —— 如战争险和罢工险

- 风险
  - 海上风险
    - 自然灾害：不以人力意志为转移的自然力量所引起的灾害
    - 意外事故：在海上发生，如果恪尽注意义务可以避免
  - 外来风险
    - 一般外来风险
    - 特别外来风险（政治、行政等因素）
    - 特殊外来风险（战争、罢工）

【小贴士】三种主要险别承保范围对比

项　目	海上风险	外来风险			
内容	自然灾害	意外事故	一般外来风险	特别外来风险	特殊外来风险
平安险	全损√ 共损√ 单损×	√	×	×	×
水渍险	√	√	×	×	×
一切险	√	√	√	×	×

5. 委付与代位求偿

委　付	代位求偿
委付必须以保险标的推定全损为条件	保险标的损失是全部损失或部分损失
被保险人把保险标的委付给保险人，当保险人接受委付后，被保险人就能得到全部保险金额的赔偿	被保险人遭受保险标的损失后未向加害人索赔，由保险人向被保险人支付赔偿
委付须以保险标的的整体性为条件，必须将保险标的之一切权利转移给保险人	保险标的的损失是由第三者行为造成时，投保人向保险人取得赔偿后，把向第三者追偿的权利转让给保险人，保险人有权向过失责任方提出补偿
保险人可以接受，也可以不接受，一旦接受，不可撤回	保险人依保险合同当然取得代位权

三、国际贸易支付

6. 信用证关系

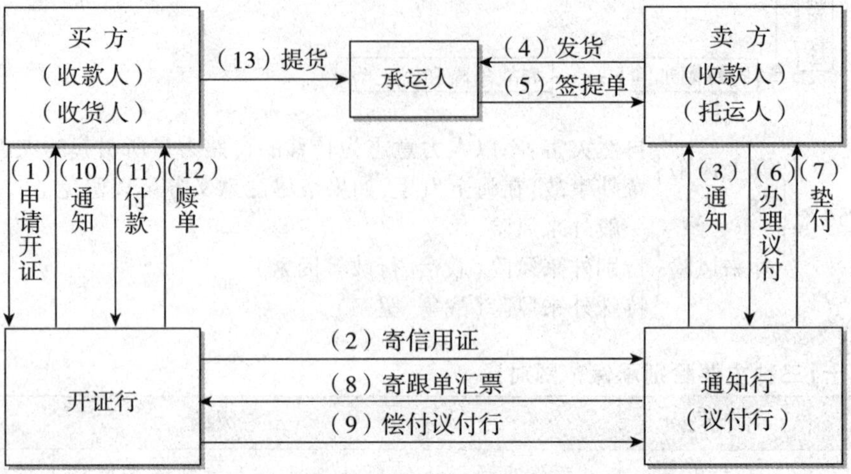

项　目	主要内容
UCP600 号的主要修改内容	(1)议付是对票据及单据的一种买入行为，对受益人的融资，即预付或承诺预付； (2)单据处理的天数：最多为收单翌日起第 5 个工作日； (3)拒付后对单据的处理：拒付后，如果开证行收到申请人放弃不符点的通知，则可以释放单据； (4)转让信用证：UCP600 号明确了第二受益人的交单必须经过转让行，其目的是避免第二受益人绕过第一受益人直接交单给开证行，损害第一受益人的利益
当事人	(1)开证申请人(买方)；(2)开证行(买方所在地)；(3)通知行(卖方所在地)；(4)受益人(卖方)；(5)付款行(通常是开证行)；(6)议付行(通常是通知行)；(7)保兑行
主要流程	(1)买卖双方在买卖合同中明确规定采用信用证方式付款； (2)买方向其所在地银行申请开证； (3)通知受益人，开证行依申请书开立信用证并寄交卖方所在地银行； (4)卖方交单议付，卖方对信用证审核无误后，即发运货物，依装运单据向其所在地银行议付货款； (5)议付行将汇票和货运单据寄开证行要求索偿； (6)开证行通知买方付款赎单

续表

项　目	主要内容
当事人之间的关系	(1)开证申请人与受益人:买卖合同关系; (2)开证行与开证申请人:委托合同关系; (3)开证行与受益人之间的关系有争论,一般认为,两者之间的关系依开立的信用证的不同而有所不同,当开立的是可撤销的信用证时,开证行与受益人之间不存在对双方有约束力的合同关系;而在开立不可撤销的信用证的情况下,则当信用证送达受益人时,在两者之间形成了对双方有约束力的合同关系; (4)通知行与开证行:委托代理关系; (5)通知行与受益人之间:不存在合同关系
银行免责条款	(1)对任何单据的形式、完整性、准确性、真实性、伪造或法律效力以及单据上所载的或附加的一般或特殊条件,概不负责; (2)对由于任何消息、信函或单据在传递过程中发生延误或遗失而引起的后果,或任何电讯在传递过程中发生延误、残缺或其他错误,概不负责; (3)对由于天灾、暴动、骚乱、叛乱、战争或银行本身无法控制的其他原因或任何罢工或停工而中断营业所引起的后果,概不负责; (4)不受买卖合同的约束或影响,不负责买卖合同的履行情况及买卖当事人的资信等

7. 独立保函

项　目	内　容
定义	独立保函是开立人出具的附单据条件的付款承诺,在受益人提交符合独立保函要求的单据时,开立人即需独立承担付款义务,受益人无须证明债务人在基础交易中的违约事实,开立人不享有传统保证所具有的主债务人抗辩权以及先诉抗辩权
效力规则	当事人约定在国内交易中适用独立保函的,人民法院不能以独立保函不具有涉外因素为由,否定保函独立性约定的效力
特征	独立保函的独立性和单据性特征;保证付款的快捷性和确定性
欺诈例外	立保函独立于基础交易关系和开立申请关系,只要受益人提交的单据与独立保函条款、单据与单据之间在表面上相符,开立人就必须独立承担付款义务,开立人不得利用基础交易或开立申请关系对受益人行使抗辩。只有出现受益人欺诈情形时,才可以作为法定的唯一例外情形对待,欺诈情形包括: (1)无真实交易; (2)单据欺诈; (3)明显滥用付款请求权

四、对外贸易管理制度

8. 出口管制制度

项　目	内　容
管制物资	国家对两用物项、军品、核以及其他与维护国家安全和利益、履行防扩散等国际义务相关的货物、技术、服务等物项进行出口管制，其中包括物项相关的技术资料等数据
管制对象	从中华人民共和国境内向境外转移管制物项，以及中华人民共和国公民、法人和非法人组织向外国组织和个人提供管制物项
管制体制	(1)实施统一的出口管制制度，通过制定管制清单、名录或者目录(统称管制清单)、实施出口许可等方式进行管理； (2)国务院、中央军事委员会承担出口管制职能的部门(统称国家出口管制管理部门)按照职责分工负责出口管制工作
管制措施	(1)出口管制清单； (2)出口临时管制； (3)禁止出口 **注意**：国家实行军品出口专营制度

9. 反倾销措施

项　目	内　容
损害的认定	(1)倾销：出口价格低于正常价值，首选出口国国内市场价格，没有国内市场价格的，以出口到第三国的价格或者结构价格为准； (2)损害：对国内产业的同类产品造成实质性损害，或实质性损害威胁，或对建立国内产业构成实质性阻碍； (3)因果关系：倾销进口必须是造成国内产业损害的原因
调查	(1)机构：商务部； (2)方式：①国内产业申请；②商务部主动立案调查； (3)终止调查：①申请人撤销；②没有足够证据；③幅度低于2%；④数量或损害可以忽略不计；⑤商务部认为不宜继续进行
措施	(1)临时反倾销税：调查公告之日起60天后，不得超过4个月，特殊情形可以延长到9个月； (2)价格承诺：出口经营者可以作出，主管机关可以接受，主管机关初裁之前不能寻求或授受； (3)反倾销税：商务部建议，国务院关税委员会决定，海关执行；纳税人为进口经营者，多退少不补

续表

项　目	内　容
期限	反倾销税和价格承诺的期限不得超过5年
复审	(1)商务部决定; (2)利害关系方申请

10."两反一保"措施

项　目	反倾销措施	反补贴措施	保障措施
表现	倾销	专项性补贴	进口产品数量增加
产品	同类产品	同类产品	(1)同类产品; (2)直接竞争产品
损害	(1)实质性损害; (2)实质性损害威胁; (3)对建立国内产业构成实质性阻碍	(1)实质性损害; (2)实质性损害威胁; (3)对建立国内产业构成实质性阻碍	(1)严重损害; (2)严重损害威胁

五、世界贸易组织

11. WTO争端解决程序

顺　序	程　序	要　点
1	磋商程序	必经程序,60日,保密
2	专家组程序	专家组的职能是对事项作出客观评估,并提出专家组报告(非常设性机构)
3	上诉审程序	(1)争端方对专家组报告发布后60日内不服,可上诉; (2)上诉机构为7人常设机构,每个案件由其中3人审理; (3)上诉审是终审,也是法律审,不涉及事实问题。可以推翻、修改或撤销专家组的调查结果和结论,但无权发回重审
4	裁决的执行与监督	(1)败诉方应遵守专家组或上诉机构报告中的建议,若不遵守或不在合理时间内遵守,要同起诉方达成补偿协议; (2)补偿协议未达成的,起诉方可要求WTO授权其对败诉方进行有限的贸易制裁
特点: (1)调整范围不限于货物贸易争端,扩大到WTO涉及的服务贸易、与贸易有关的知识产权、与贸易有关的投资措施及原来游离于GATT之外的农产品、纺织品方面发生的争端; (2)规定了严格的程序上的时间限制,提高了效率; (3)实行反向一致或否定性协商一致原则,只有全体不赞成才予以否决		

六、国际经济法中其他制度

12. 国际知识产权保护三大公约比较

名　称	主要内容
《保护工业产权巴黎公约》	(1)国民待遇原则:主体是缔约国国民和在缔约国域内有住所或真实营业所的非缔约国国民; (2)优先权原则:只适用于发明专利、实用新型、外观设计和商品商标;前两者12个月,后两者6个月; (3)临时性保护原则:缔约国应对在任何一个成员国内举办的或经官方承认的国际展览会上展出的商品中可以取得专利的发明、实用新型、外观设计和可以注册的商标给予临时保护,在临时保护期内申请专利或商标注册,其申请的优先权日从展品**公开展出之日**起算; (4)专利商标保护的独立性原则:外国人的专利申请或商标注册,由各成员国本国法律作出决定,不受他国就该申请作出的决定的影响; (5)对专利权保护的最低标准: ①成员国不得以专利产品或依专利方法制造的产品的销售受到本国法律禁止或限制为由拒绝授予专利或使专利无效; ②专利权人将在任何成员国内制造的物品输入对该物品授予专利权的国家,不应导致该专利的撤销
《保护文学和艺术作品伯尔尼公约》	(1)国民待遇原则:"双国籍国民待遇",包括作者国籍和作品国籍; (2)自动保护原则:享有及行使依国民待遇所提供的有关权利时,不需要履行任何手续; (3)版权独立原则:享有国民待遇的人在公约任何成员国所得到的著作权保护,不依赖于其作品在来源国受到的保护; (4)公约保护的客体范围: ①必须保护的作品:文学艺术作品、**演绎作品**以及实用艺术作品和工业品外观设计; ②可以选择保护的作品:官方文件、讲演、演说、民间文学艺术作品; ③日常新闻或报刊社会新闻不予保护
《与贸易有关的知识产权协议》(TRIPs)	(1)最惠国待遇的例外包括:①由一般性司法协助及法律实施的国际协议引申出的且并非专为保护知识产权的特权或优惠;②《伯尔尼公约》和《罗马公约》允许的按互惠原则提供的优惠;③TRIPs未加规定的表演者权、录音制作者权和广播组织权;④建立WTO协定生效之前业已生效的保护知识产权国际协定中产生的权利或优惠等; (2)版权和相关权利:与《伯尔尼公约》相比,TRIPs增加版权保护对象(计算机程序和独创性的数据汇编),增加计算机程序和电影作品出租权;在版权相关权利方面,TRIPs在《罗马公约》的基础上延长了权利保护期限,表演者和录制者为50年,广播组织为20年,并将《伯尔尼公约》有关追溯力的规定比照适用于表演者权及录音制品制作者权; (3)商标:与《巴黎公约》相比,TRIPs扩大了对驰名商标的特殊保护;扩大至不相类似的商品或服务;扩大适用于服务标记;商标保护期不少于7年,且可无限续展;商标转让更灵活,商标与所属经营可一道转让; (4)专利:与《巴黎公约》相比,增加了专利进口权、许诺销售权,并要求成员将对方法专利的保护延及依该方法而直接获得的产品

13. 多边投资担保机构公约(MIGA公约)

项　目	内　容
承保险别	(1)货币汇兑险; (2)战争内乱险; (3)政府违约险; (4)征收和类似措施险
合格投资者	(1)该自然人为东道国以外的会员国国民; (2)该法人在一会员国注册并在该会员国设有主要业务点但不具有东道国的法人资格; (3)或其多数资本为一会员国或几个会员国或其国民所有; (4)东道国同意,且投资资本来自东道国境外,投资者与东道国申请,经多边投资担保机构董事会特别多数票通过,还可以将合格投资者扩大到东道国的自然人、在东道国注册的法人以及其多数资本为东道国国民所有的法人
合格投资	必须是在投保申请注册后才开始执行的**新**的投资,排除出口信贷
合格东道国	发展中国家成员领土内的投资
代位求偿权	担保机构一经投保,即代位取得投保人对东道国或其他债务人所拥有的各种权利或请求

New 民事诉讼法与仲裁制度

一、导　论

1. 纠纷流程图

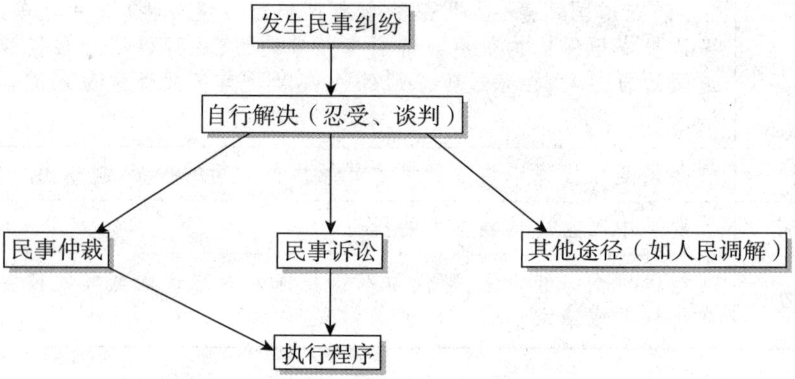

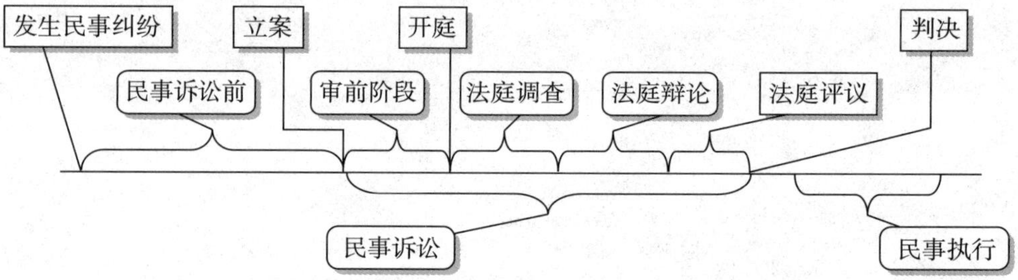

2. 诉的概述

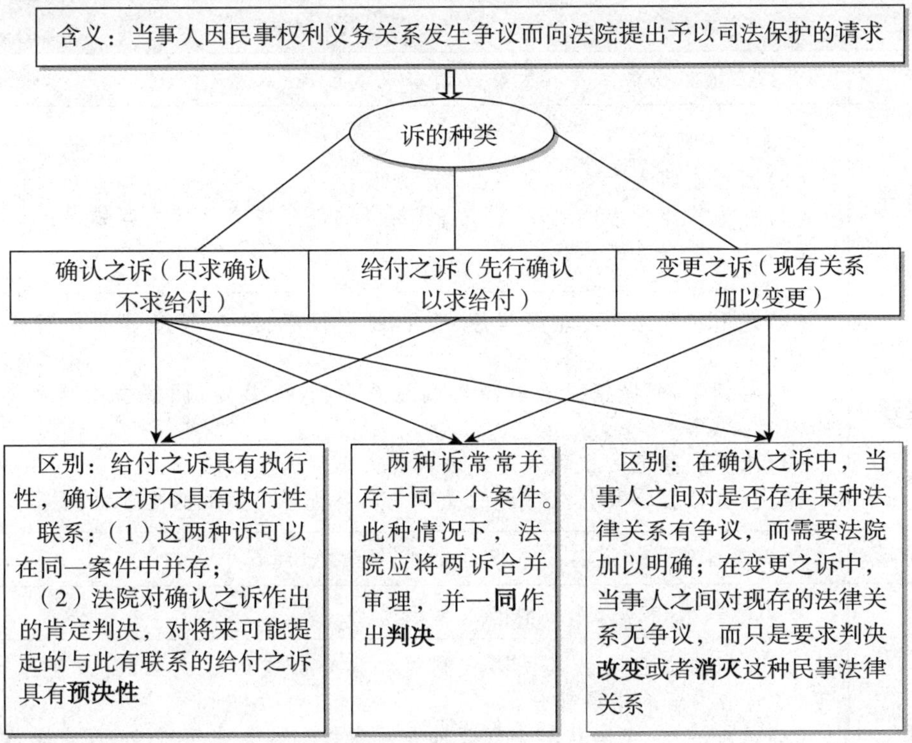

3. 诉讼标的、诉讼标的物与诉讼请求

项　目	诉讼标的	诉讼标的物	诉讼请求
含义	存在于当事人之间，发生争议并要求法院以裁判的形式予以解决的民事法律关系	作为诉讼标的民事法律关系中的权利义务所指向的对象。它总是表现为一定的金钱、物或行为	一方当事人通过人民法院向对方当事人所主张的具体要求
区别	（1）在民事诉讼中，任何一种诉均具有诉讼标的； （2）诉讼标的**不能变更**，若诉讼标的变更，则原来之诉被新诉所替代	确认之诉、形成之诉不具有标的物	诉讼请求可以变更、放弃，也可以增加或减少诉讼请求的数额

4. 第三人撤销之诉

项　目	内　容
原告	有独立请求权第三人和无独立请求权第三人
受理条件	有证据证明: (1)因不能归责于本人的事由未参加诉讼; (2)发生法律效力的判决、裁定、调解书的部分或者全部内容错误; (3)并且损害其民事权益
不予受理	(1)适用特别程序、督促程序、公示催告程序、破产程序等非讼程序处理的案件; (2)婚姻无效、撤销或者解除婚姻关系等判决、裁定、调解书中涉及身份关系的内容; (3)未参加登记的权利人对代表人诉讼案件的生效裁判; (4)损害社会公共利益行为的受害人对公益诉讼案件的生效裁判
时间	知道或者应当知道其民事权益受到损害之日起6个月内
管辖	作出该判决、裁定、调解书的人民法院
处理	(1)请求成立且确认其民事权利的主张全部或部分成立的,改变原判决、裁定、调解书内容的错误部分; (2)请求成立,但确认其全部或部分民事权利的主张不成立,或者未提出确认其民事权利请求的,撤销原判决、裁定、调解书内容的错误部分; (3)请求不成立的,驳回诉讼请求

5. 反诉

项　目	内　容	
概念	在诉讼程序进行中,本诉被告针对本诉原告向法院提出的独立的诉	
要件 《民诉解释》 第233条	主体	本诉的被告向原告提出
	时间	在案件受理后,法庭辩论结束前
	牵连关系	与本案有牵连关系
	管辖	向受理本诉的法院提出,且受诉法院有管辖权
	程序	与本诉适用同一程序
考点提示	(1)二审中提出反诉的处理:调解,调解不成告知另行起诉; (2)关于牵连管辖:基于本反诉之间的牵连关系,受理本诉的法院可以取得对反诉案件的管辖权,但是反诉属于另一法院专属管辖的除外; (3)人民法院准许本诉原告撤诉的,应当对反诉继续审理;被告申请撤回反诉的,人民法院应予准许; (4)再审裁定撤销原判决、裁定发回重审的案件,提出反诉的,合并审理	

二、诉讼制度

6. 针对公民的诉讼管辖

<table>
<tr><th colspan="2">项 目</th><th>内 容</th><th>备 注</th></tr>
<tr><td colspan="2">原则</td><td>被告所在地(原告就被告)</td><td rowspan="3">(1)住所地:公民户籍所在地;
(2)经常居住地:离开住所至起诉时已连续居住满1年的地方,但住院就医的地方除外;
(3)被告户口已迁出原籍但尚未落户:有经常居住地,由该人民法院管辖;没有经常居住地,由其原户籍所在地人民法院管辖;
(4)法人或其他组织,由被告住所地法院管辖,住所地是其主要办事机构所在地、注册地或登记地</td></tr>
<tr><td rowspan="2">例外规定</td><td>被告所在地管辖</td><td>(1)双方当事人均被监禁或被采取强制性教育措施的,由被告原住所地法院管辖,双方都被监禁1年以上的,由被告的被监禁地法院管辖;
(2)双方当事人均被注销城市户口的,由被告居住地法院管辖;
(3)离婚诉讼双方当事人都是军人的,由被告住所地或被告所在团级以上单位驻地的法院管辖;
(4)夫妻双方离开住所超过1年,一方起诉离婚的,由被告经常居住地法院管辖</td></tr>
<tr><td>原告所在地管辖</td><td>(1)不在我国居住的人提起的有关身份关系的诉讼;
(2)对下落不明或者宣告失踪的人提起的有关身份关系的诉讼;
(3)对被监禁或被采取强制性教育措施的人提起的诉讼;
(4)被告被注销城镇户口的;
(5)追索赡养费、扶养费、抚养费案件的几个被告不在同一辖区的;
(6)非军人对非文职军人提起的离婚诉讼;
(7)夫妻双方离开住所地1年以上,被告无经常居住地的,由原告起诉时居住地法院管辖</td></tr>
</table>

口诀巧记 **一般地域管辖的原则规定**

一般原告就被告, 就在住所地法院; 住所居所不一致, 经常居住为住所;
一年以下原来地, 一年以上监教地; 二是户口双注销, 只能被告居住地;
三是双军加一地, 团级以上单位地; 四是离婚双离家, 超过一年常住地;
被告法人或组织, 主要办事机构地; 办事机构难确定, 注册登记为住所。

口诀巧记 **一般地域管辖的例外规定**

例外被告就原告, 七种情况要牢记: 一二两种身份诉, 下落不明失踪人,
不在国内居住人, 三四被告被监教, 五是被告户口销, 六是赡养不一地,
七是居家诉离家。

7. 合同纠纷案件的管辖

(1)基本原则

原　则	被告住所地或合同履行地
协议管辖	①不得违反级别管辖和专属管辖; ②可以选择被告住所地、原告住所地、合同签订地、合同履行地、标的物所在地等与争议有**实际联系**的地点管辖
合同未履行且双方住所地均不在约定履行地	被告住所地管辖

(2)合同履行地的确定

合同类型			合同履行地
购销合同	有约定	约定和实际一致	从约定
		与实际不一致	实际履行地
	未约定	送货	货物到达地
		自提	提货地
		代办托运	货物发运地
加工承揽合同			①有约定从约定; ②加工行为地
财产租赁、融资租赁合同			①有约定从约定; ②租赁物使用地
补偿贸易合同			接受投资一方所在地
借款合同			①有约定从约定; ②贷款方所在地
以信息网络方式订立的买卖合同			①通过信息网络交付标的的,以买受人住所地为合同履行地; ②通过其他方式交付标的的,收货地为合同履行地
保险合同			①如果保险标的物是运输工具或者运输中的货物,可以由运输工具登记注册地、运输目的地、保险事故发生地人民法院管辖; ②因人身保险合同纠纷提起的诉讼,可以由被保险人住所地人民法院管辖

8. 管辖的特别规定

类　型	被告住所地	相关行为发生地	最先到达/降落地	目的地/终止地	其　他
保险合同(2个)	√				保险标的物所在地
票据纠纷(2个)	√	√(支付地)			
侵权行为(3个)	√	√(行为结果地)			行为实施地
产品责任(5个)	√	√(行为地和结果地;制造地和销售地)			
运输合同 联运合同(3个)	√			√	始发地
运输事故(3个)	√	√(事故发生地)	√		
海事损害(4个)	√	√	√		被扣留地
海难救助(2个)		√(救助地)	√		
共同海损(3个)		√(理算地)	√	√	
公司诉讼(1个)		√(公司住所地)			

New 9. 专属管辖

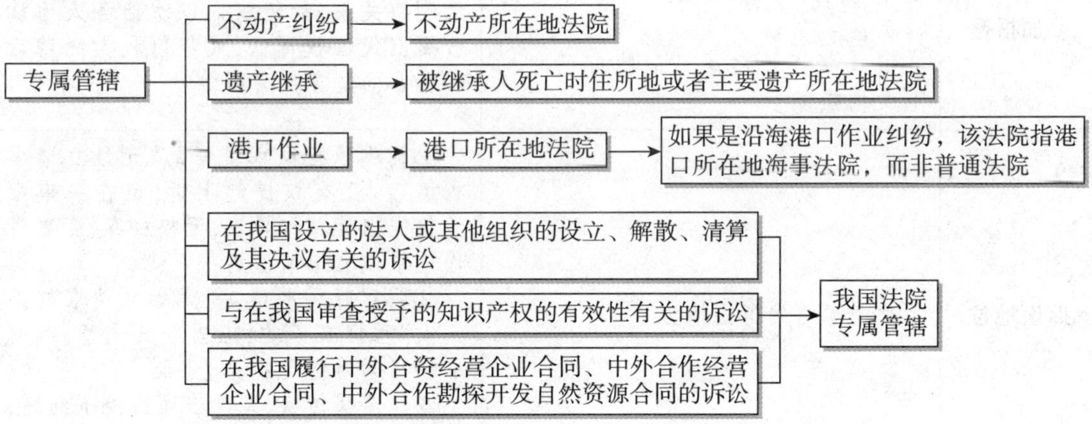

10. 移送管辖、指定管辖、管辖权转移与管辖恒定原则

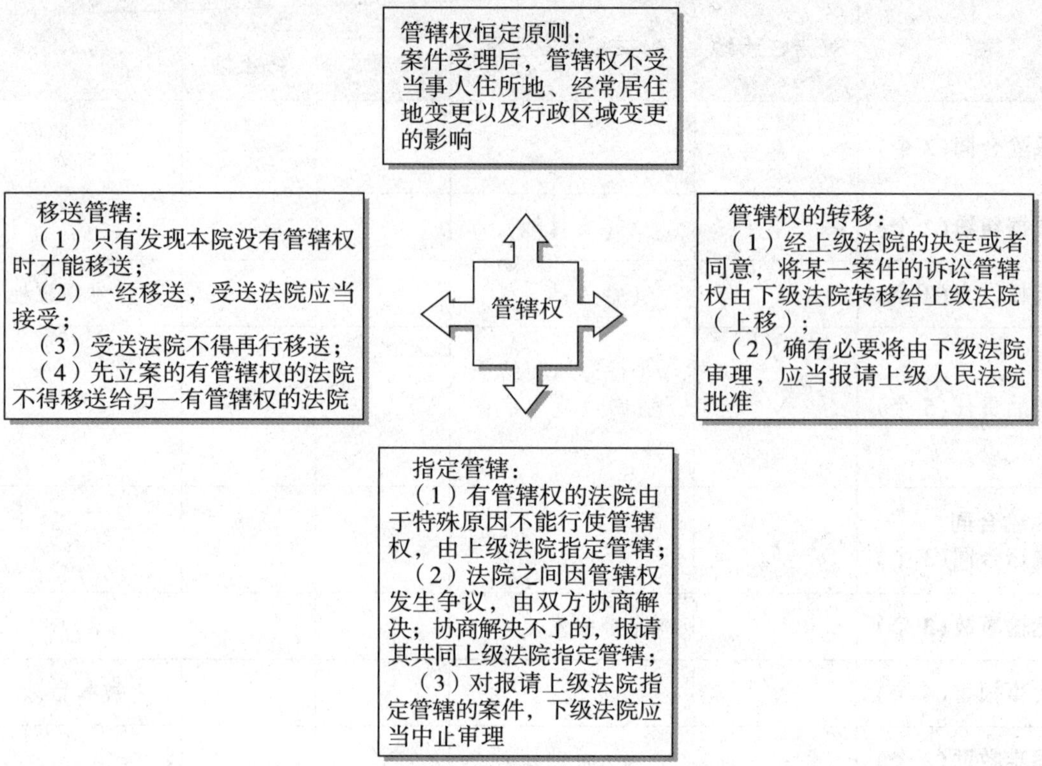

11. 第三人诉讼

(1) 第三人诉讼概述

项　目	有独立请求权第三人诉讼	无独立请求权第三人诉讼
参加根据	①对他人之间未决案件的诉讼标的有独立的请求权——最主要的原因； ②主张诉讼结果可能使自己的权利受到损害	本诉讼案件的审理结果与其有法律上的**利害关系**，如债权人以次债务人为被告提出代位权诉讼，或经债权人同意后转移合同义务再有纠纷
诉讼地位	处于原告的诉讼地位	①判决承担民事责任的“无独立请求权第三人”有权提起上诉，但在一审中无权提出管辖权异议，无权放弃、变更诉讼请求或者申请撤诉； ②调解时需要确定“无独立请求权第三人”承担义务的，应当经其同意，调解书应当同时送达； ③经传票传唤，无正当理由拒不到庭，或者未经法庭许可中途退庭的，不影响案件的审理

续表

项　目	有独立请求权第三人诉讼	无独立请求权第三人诉讼
参加方式	通过**提起诉讼**参加诉讼	①申请参加诉讼； ②经人民法院通知参加诉讼

（2）有独立请求权的第三人与必要的共同诉讼人

项　目	有独立请求权的第三人	必要的共同诉讼人
与诉讼标的的关系	其主张具有独立性，与本诉讼的原告及被告的利益均相排斥	争议的诉讼标的是共同的，属于同一方当事人，在同一法律关系中共同享有权利或者共同承担义务
争议的对方当事人不同	与之争议的对方当事人既包括本诉的原告，也包括本诉的被告	只能与另一方当事人发生争议
参加诉讼的方式不同	以起诉的方式参加诉讼	既可以自己申请参加，也可以经法院通知参加
诉讼地位不同	只能处于**原告**的诉讼地位	既可能处于原告的诉讼地位，也可能处于被告的诉讼地位

口诀巧记　共同诉讼当事人的确定

个体工商和合伙，　私营企业挂靠型；　集体名义来经营，　四人都是共同人；
营业执照之业主，　实际经营不一致；　业主实际经营者，　都是共同诉讼人；
遗产合法继承人，　都是共同诉讼人；　不愿参加未明示，　仍列共同原告人；
个人合伙之诉讼，　全体都是共同人；　企业分立前纠纷，　分立以后共诉讼；
合同公章介绍信，　还有账户不外借；　出借单位借用人，　列为共同诉讼人；
被代理人代理人，　承担连带共同人；　共有财产受侵害，　都是共同诉讼人；
连带保证起纠纷，　一般都是共同人；　单独起诉债务人，　可以不加保证人；
企业分支提保证，　可列法人共被告；　银行保险之分支，　提供保证要除外；
一般保证保证人，　担保物权担保人；　加上欠债债务人，　都是共同诉讼人；
因为跳槽起争端，　原来单位诉侵权；　劳动者与新单位，　都是共同被告人。

12. 委托代理人与法定代理人

项　目	法定代理人	委托代理人
代理权取得依据	基于法定	基于当事人、法定代理人等人的委托而取得代理权
代理对象	无行为能力或限制行为能力的人	当事人、法定代理人、第三人、法定代表人、诉讼代表人

续表

项目	法定代理人	委托代理人
代理权限	有权代理当事人为一切诉讼行为,代为行使一切诉讼权利,代为承担一切诉讼义务。代为处分被代理人的实体权利	(1)只能在委托授权范围内代理本人进行诉讼活动; (2)进行下列诉讼行为,诉讼代理人须有委托人特别明确的授权:进行**和解**,提出**上诉**,**承认**对方的诉讼请求,**放弃**、变更诉讼请求,提出**反诉**; (3)在离婚诉讼中,应由当事人亲自向人民法院作出离婚或不离婚的意思表示,而不能由代理人代理; (4)在继承诉讼中,若当事人要放弃继承权,须由当事人亲自以书面形式作出表示
诉讼地位	与当事人的法律地位相似,但不是诉讼主体	不是诉讼主体
主体范围	只能由本人的监护人担任	律师、基层法律服务工作者;当事人的近亲属或工作人员;当事人所在社区、单位以及有关社会团体推荐的公民
身份证明要件	向法院提交身份证明	由委托人向法院提交授权委托书
代理权的消灭	(1)被代理人取得或恢复诉讼行为能力; (2)法定代理人丧失诉讼行为能力; (3)法定代理人或被代理人死亡; (4)因婚姻或收养关系而形成的法定代理权因该婚姻或收养关系的消灭而解除; (5)诉讼终结或结束	(1)委托代理人死亡或丧失诉讼行为能力; (2)委托人解除委托或代理人辞去代理; (3)诉讼终结或结束

13. 证据的理论分类

标准	分类	内容
是否直接来源于案件事实	原始证据	直接来源于案件事实的证据
	传来证据	又称为派生证据,指不直接来源于案件事实,而是通过传抄、转述、复制后所获得的证据

续表

标　准	分　类	内　容
能否单独、直接证明待证事实	直接证据	能够单独、直接证明待证事实的证据
	间接证据	不能直接或单独证明待证事实,需要与其他证据相结合
	考点提示	直接证据和间接证据只考虑证据内容与待证事实的关系,与证据来源、证明力大小等无关
与证明责任承担的关系	本证	提出该证据的当事人对该待证事实承担举证责任
	反证	提出该证据的当事人对该待证事实不承担举证责任

14. 证明责任

(1)证明责任的一般分配规则

项　目	内　容
通常规则:"谁主张,谁举证"	①主张法律关系存在的当事人,应当对产生该法律关系的基本事实承担举证证明责任; ②主张法律关系变更、消灭或者权利受到妨害的当事人,应当对该法律关系变更、消灭或者权利受到妨害的基本事实承担举证证明责任
一般侵权举证规则	①原告:a. 侵权行为;b. 损害结果;c. 因果关系;d. 过错; ②被告——免责事由
劳动争议	因用人单位作出开除、除名、辞退、解除劳动合同、减少劳动报酬、计算劳动者工作年限等决定而发生劳动争议的,由用人单位负举证责任

(2)"举证责任倒置"的情形

项　目	内　容				
	类　型	归责原则	受害方(原告)	侵权方(被告)	
过错推定型	特殊情形下的医疗侵权	过错推定	违法行为、损害后果、因果关系	无过错	免责事由
	建筑物、构筑物或者其他设施及其搁置物、悬挂物脱落、坠落致人损害	过错推定	违法行为、损害后果、因果关系	无过错	免责事由
	堆放物倒塌滚落或者滑落伤人	过错推定	违法行为、损害后果、因果关系	无过错	免责事由

续表

项目	内容				
	类型	归责原则	受害方(原告)	侵权方(被告)	
因果关系推定型	共同危险	过错责任	违法行为、损害结果、主观过错	因果关系	免责事由
	环境污染	无过错责任	违法行为、损害结果	因果关系	免责事由
违法行为推定型	专利方法侵权	过错责任	损害结果、因果关系、主观过错	不存在违法行为	免责事由

(3)适用"无过错责任"的情形

项目	内容			
	类型	受害方(原告)	侵权方(被告)	倒置事实
适用无过错责任的几种特殊侵权	高度危险作业	①侵权行为;②损害结果;③因果关系	受害人故意	无
	动物侵权	①侵权行为;②损害结果;③因果关系	能够证明损害是因被侵权人故意或者重大过失造成的	无
	缺陷产品	①侵权行为;②损害结果;③因果关系	被告就免责事由承担举证责任	无

15. 举证时限

项目	内容
举证时限的确定	(1)确定方式:法院直接确定;当事人协商,但须经法院准许; (2)确定时间:审前准备阶段
具体举证时限	(1)一审普通程序不少于15日;简易程序不得超过15日,小额诉讼一般不得超过7日; (2)(提供新证据的)二审案件不少于10日; (3)举证期限届满后,再次确定举证期限的,该期限不受前述规定的限制
举证期限的延长	(1)申请延长的时限:举证期限届满前; (2)申请理由成立的,人民法院应当准许,适当延长举证期限,并通知其他当事人;延长的举证期限适用于其他当事人;申请理由不成立的,人民法院不予准许,并通知申请人

续表

项目	内容
特殊情形下的举证期限计算	(1)当事人依法提出管辖权异议的,举证期限中止,自驳回管辖权异议的裁定生效之日起恢复计算; (2)追加当事人、有独立请求权的第三人参加诉讼或者无独立请求权的第三人经人民法院通知参加诉讼的,人民法院应当依法为新参加诉讼的当事人确定举证期限,该举证期限适用于其他当事人; (3)发回重审的案件,第一审人民法院可以结合案件具体情况和发回重审的原因,酌情确定举证期限; (4)当事人增加、变更诉讼请求或者提出反诉的,人民法院应当根据案件具体情况重新确定举证期限; (5)公告送达的,举证期限自公告期届满之次日起计算
逾期举证的后果	(1)对方当事人对逾期提供证据未提出异议的,视为未逾期; (2)当事人逾期提供证据的,人民法院应当责令其说明理由——当事人因客观原因逾期提供证据,视为未逾期; (3)拒不说明理由或者理由不成立的,人民法院根据不同情形可以不予采纳该证据,或采纳该证据但予以训诫、罚款。具体规定: ①当事人因故意或者重大过失逾期提供的证据,人民法院不予采纳,但该证据与案件基本事实有关的,人民法院应当采纳,并对当事人予以训诫、罚款; ②当事人非因故意或者重大过失逾期提供的证据,人民法院应当采纳,并对当事人予以训诫; (4)必要费用补偿:当事人一方要求另一方赔偿因逾期提供证据致使其增加的交通、住宿、就餐、误工、证人出庭作证等必要费用的,人民法院可予支持

16. 证据保全

对比事项	诉前、仲裁前证据保全	诉中证据保全
适用情形	证据可能灭失或以后难以取得	
申请主体	利害关系人	当事人
启动方式	依申请	依申请或法院依职权
申请法院	证据所在地、被申请人住所地或对案件有管辖权的人民法院	受案法院
申请时间	起诉或仲裁前(情况紧急)	举证期限届满前
是否担保	应当提供担保	如有可能给他人造成损失的,应当提供担保

17. 法院调解与当事人和解

项　目	法院调解	当事人和解
性质	法院的审判权与当事人的处分权共存	当事人处分权
参加主体	法院与当事人双方	当事人双方
效力	调解书具有执行力	和解协议没有执行力(如果根据和解协议制作了调解书,则该调解书具有执行力)
二审期间	可以调解,调解不成,发回重审	达成和解协议的,可制作调解书送达当事人
		因和解而申请撤诉,经审查符合撤诉条件的,人民法院应予准许
是否计入审限	调解期间应计入审限,但超过法定调解期间而经双方当事人同意,延长的调解期间不计入审限	双方当事人申请庭外和解的期间,不计入审限

注:在调解中,当事人对对方当事人主张的事实予以认可,但最终双方当事人未能达成调解协议的,该事实的认可在之后的诉讼中无效。

18. 调解书

一般情况		是否制作调解书	是否可以制作判决书
调解和好的离婚案件	无民事行为能力人	应当制作	不可以
	有民事行为能力人	可以不制作	可以
调解维持收养关系的案件		可以不制作	不可以
能够即时履行的案件			
涉外民事诉讼	一般案件	应当制作	可以
	调解和好的离婚案件	可以不制作	

19. 证据保全、财产保全、行为保全与先予执行

项　目	措施目的	措施对象	具体措施
证据保全	防止证据毁损、灭失或以后难以取得,通过一定方法确定证据的证明力	证据本身	查封、扣押、拍照、录音、录像、复制、鉴定、勘验、制作笔录等
财产保全	防止财产被转移、隐匿、毁灭、拍卖等,从而可能造成对利害关系人权益的损害或可能使法院将来的判决难以执行或不能执行,通过一定方法保证财产的安全	被告财产	查封、扣押、冻结或者法律规定的其他方法

续表

项　目	措施目的	措施对象	具体措施
行为保全	人民法院根据申请或者依照职权,对相关主体的侵害或者有侵害可能的行为采取强制措施,以避免当事人的利益受到不应有的损害	对相关主体的侵害或者有侵害可能的行为	行为保全广泛适用于各类民事诉讼案件
先予执行	为解决权利人生活或生产经营的急需,根据当事人的申请,在作出终局判决之前,依法裁定义务人预先履行义务	请求内容,包括财产、行为等	根据请求内容,确定具体措施

【小贴士】保全与先予执行的适用

比较项目	诉前保全	诉中保全	执行前保全	仲裁前保全	仲裁中保全	先予执行
启动方式	依申请	依申请或依职权	依申请	依申请	依申请	依申请＋诉中
担保	应当	可以	可以不	—	—	可以
文书	裁定＋可复议＋复议期间不停止裁定的执行＋造成损失的可诉讼					

20. 妨害民事诉讼的强制措施

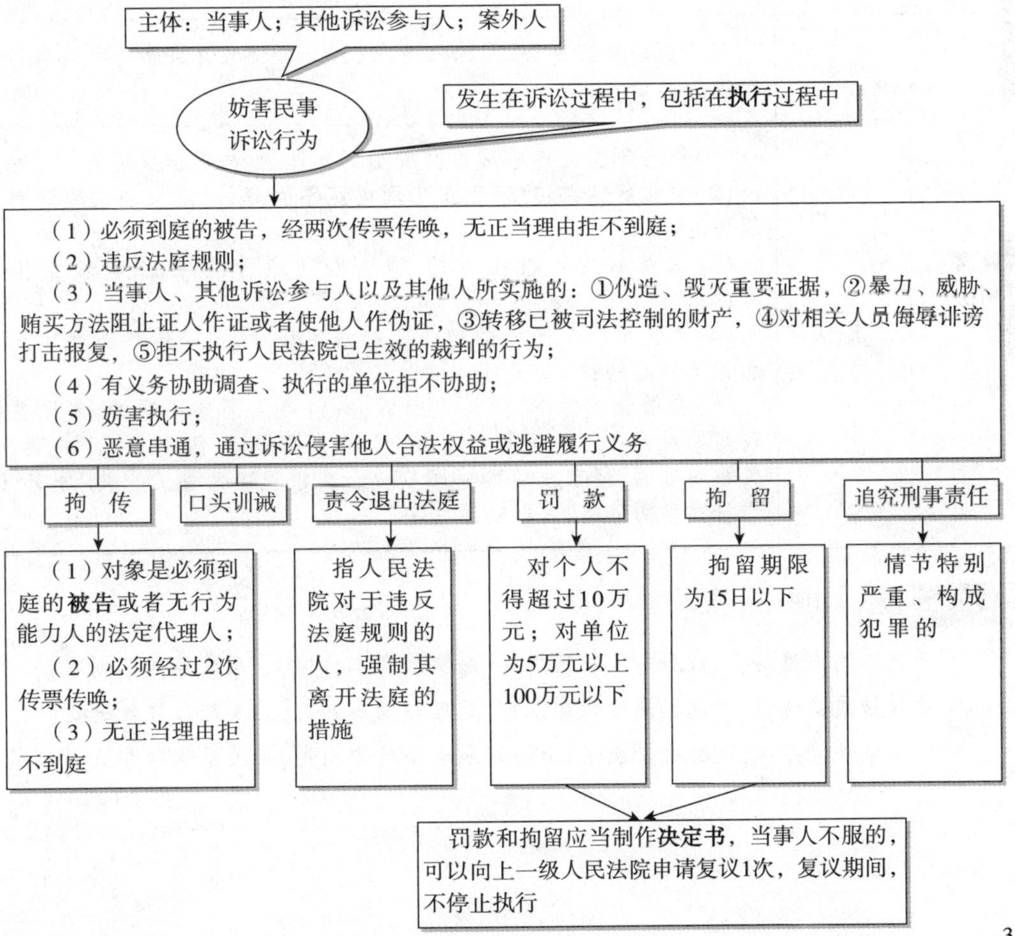

三、诉讼程序

21. 撤诉与缺席判决

项目		内容
撤诉与按撤诉处理	主体	原告(注意是“诉”中的原告)包括:有独立请求权第三人和反诉原告
撤诉与按撤诉处理	决定权	法院
撤诉与按撤诉处理	按撤诉处理	(1)拒不到庭或者未经许可中途退庭以及不预交受理费; (2)补充:原告是无民事行为能力人,其法定代理人经传票传唤无正当理由拒不到庭,或者未经许可中途退庭,可以按撤诉处理
撤诉与按撤诉处理	后果	(1)诉讼程序终结; (2)诉讼时效重新开始计算; (3)原告仍可起诉(离婚除外); (4)二审或者再审中撤回起诉,不得重复起诉
缺席判决	对象	非必须到庭的被告,无独立请求权第三人,反诉被告,申请撤诉未获批准的原告
缺席判决	情形	(1)原告不出庭或中途退庭按撤诉处理,被告提出反诉的; (2)被告经传票传唤,无正当理由拒不到庭的,或未经法庭许可中途退庭的; (3)法院裁定不准撤诉的,原告经传票传唤,无正当理由拒不到庭的; (4)无民事行为能力的被告人的法定代理人,经传票传唤无正当理由拒不到庭的; (5)在借贷案件中,债权人起诉时,债务人下落不明的,人民法院受理案件后公告传唤债务人应诉。公告期限届满,债务人仍不应诉,借贷关系明确的,经审理后可缺席判决。在审理中债务人出走,下落不明,借贷关系明确的,可以缺席判决

口诀巧记 **缺席判决**

原告不到中退庭, 被告却又提反诉; 法院裁定不许撤, 原告经传不到庭;
被告传票受传唤, 包括法定代理人; 无理取闹不到庭, 未经容许就退庭;
借贷案件债务人, 公告传唤不应诉; 或者审理中出走, 关系明确即缺判。

22. 诉讼中止、诉讼终结与延期审理

项　目	诉讼中止	诉讼终结	延期审理
适用情形	(1)一方当事人死亡，需等待继承人表明是否参加诉讼的； (2)一方当事人丧失诉讼行为能力，尚未确定法定代理人； (3)作为当事人的法人或其他组织终止，尚未确定权利义务承受人的； (4)当事人因不可抗拒事由，不能参加诉讼的； (5)本案必须以另一未审结的案件的审理结果为依据，而另一案尚未审结的； (6)其他应当中止诉讼的情形	(1)原告死亡，没有继承人或继承人放弃诉讼权利； (2)被告死亡，无遗产，也无应当承担义务的人； (3)离婚案件一方当事人死亡； (4)追索赡养费、扶养费、抚养费以及解除收养关系案件的一方当事人死亡； (5)撤诉以及按撤诉处理的情形也会产生终结诉讼的效力	(1)**必须到庭**的当事人和其他诉讼参与人有正当理由没有到庭； (2)当事人**临时**提出**回避**申请的； (3)需要通知新的证人到庭，调取新的证据，重新鉴定或需要补充调查的； (4)其他应当延期的情形
方式	裁定(不准上诉)，并通知当事人	应作口头或书面裁定(不准上诉)	由法院决定(决定书)
效力	(1)当障碍消除后，法院恢复诉讼，不必撤销原裁定； (2)有时条件变化法院会终止诉讼程序	不再恢复诉讼程序	(1)一定期间后法院必然恢复诉讼程序； (2)**不**计入审限

口诀巧记　诉讼中止

诉讼中止有规定，　一方死亡等继承；　一方当事丧能力，　未定法定代理人；
法人组织已终止，　未定权利义务人；　不可抗拒之事由，　一方当事未诉讼；
本案另案作依据，　另案结果未审结。

口诀巧记　诉讼终结

诉讼终结用裁定，　书面口头两形式；　终结作出即生效，　不得上诉和复议；
原告死亡无继承，　或者放弃诉讼权；　被告死亡无遗产，　没有承担义务人；
离婚一方已死亡，　再判离婚无意义；　追索三费解收养，　一方当事人死亡。

口诀巧记　延期审理

必须到庭当事人，　其他诉讼参与人；　正当理由未到庭，　延期审理第一种；
回避申请临时提，　需要到庭新证人；　重新鉴验调新证，　或者补充作调查。

23. 简易程序与普通程序

区　别	简易程序	普通程序
案件类型	简单民事案件和双方约定适用简易程序的案件	简单民事案件之外的所有案件
审判组织	审判员**独任审理**；但不能自审自记，必须要有书记员	由审判员或审判员和陪审员组成**合议庭**； **注意**：基层法院审理的基本事实清楚、权利义务关系明确的一审案件，可由审判员一人适用普通程序独任审理
受理程序	口头起诉或书面起诉被告同意**口头答辩**，可以当即开庭审理，传唤和通知方式灵活	只能书面起诉，有从受理，到庭前准备，再到传唤、通知当事人及其他诉讼参与人的严格程序
审理程序阶段性的有无	可以无明显阶段性，开庭准备可以没有，法庭调查与法庭辩论可以穿插进行	有明显阶段，不可跨越，前一阶段未进行完毕，不能进入下一阶段
审限	3个月内审结，有特殊情况经院长批准可延长1个月	6个月内审结，可以延长
开庭次数	原则上一次开庭审结，法院认为有必要再次开庭的除外	没有开庭次数的硬性限制
法律文书内容	一定条件下，裁决可以简化认定事实与裁决结果	对于简化事实及裁决结果，法律无明文规定
能否相互转化	法院发现不宜适用简易程序的，可以裁定转为普通程序，审理期限自法院立案之日计算	(1)开庭前，由当事人约定； (2)开庭后，不能转化为简易程序

24. 小额案件审理程序

项　目	内　容
概念	(1)小额案件：标的数额为各省、自治区、直辖市上年度就业人员年平均工资50%以下； (2)并不存在独立的小额诉讼程序，其是在简易程序基础上针对小额案件的特殊性作出的特别规定，仍属于简易程序的范畴
适用小额案件审理程序的条件	(1)属于事实清楚、权利义务关系明确、争议不大的简单金钱给付民事案件，即案件：①可以适用简易程序审理，②仅限于金钱给付的简单民事案件； (2)争议的标的数额小
当事人选择适用	对于标的额超过各省、自治区、直辖市上年度就业人员年平均工资50%但2倍以下的案件，当事人双方也可以约定适用小额案件审理程序

续表

项目	内容
不适用	(1)人身关系、财产确权案件； (2)涉外案件； (3)需要评估、鉴定或者对诉前评估、鉴定结果有异议的案件； (4)一方当事人下落不明的案件； (5)当事人提出反诉的案件； (6)其他不宜适用小额诉讼的程序审理的案件
法院的告知义务	法院应当向当事人告知该类案件审理的审判组织、一审终审、审理期限、诉讼费用交纳标准等相关事项
期间的特别规定	(1)当事人的举证期限由法院确定，也可以由双方协商一致并经法院准许，但一般不超过7日； (2)被告要求书面答辩的，法院可以在征得被告同意的基础上合理确定答辩期间，但最长不得超过15日； (3)法院适用小额诉讼的程序审理案件，应当在立案之日起2个月内审结；有特殊情况需要延长的，经本院院长批准，可以延长1个月
裁判效力	实行一审终审，当事人不得提起上诉
程序转换	因当事人申请增加诉讼请求或者变更诉讼请求、提出反诉、追加当事人等，致使案件不符合适用小额诉讼程序条件的；或因当事人对法院按照小额诉讼案件审理提出有理由的异议的，法院应当适用简易程序的其他规定审理案件，或者按裁定转为普通程序审理

25. 一审程序、二审程序与审判监督程序

区别	一审程序	二审程序	审判监督程序
提起的主体	民事纠纷当事人或与案件有利害关系的人	(1)不服一审判决或裁定的当事人； (2)一审案件中有独立请求权的第三人； (3)在一审裁判中判决承担民事责任的无独立请求权的第三人	(1)具有审判监督权的机关或公职人员； (2)具有检察监督权的机关； (3)有权提出再审的当事人
审理的客体	当事人之间发生争议的民事法律关系	地方各级法院第一审程序作出的、未发生法律效力并准予上诉的判决或裁定(如不予受理、管辖权异议以及驳回起诉的裁定)	已经发生法律效力并准予再审的判决、裁定或调解书，裁定仅限于不予受理、驳回起诉和按自动撤回上诉处理的裁定

续表

区　别	一审程序	二审程序	审判监督程序
启动原因	当事人认为自己的权益受到侵犯或与他人发生争议，依法定起诉条件提起	当事人不服一审人民法院的判决或裁定，在法定期限内提起	认为已生效的判决、裁定、调解书确有错误而提起
审判法院	有一审管辖权的法院	原审法院的上级法院	原审法院的上级法院，也可指令下级法院再审
诉讼费用	须交纳诉讼费用	须交纳诉讼费用	无须交纳诉讼费用
审理范围	应在起诉请求范围内进行审理	应在上诉请求范围内进行审理	不受申请再审的诉讼请求的限制，法院应对本案进行全面审理
审判组织	合议庭、独任庭，可以有陪审员参加	合议庭、审判员独任庭，没有陪审员参加	另行组成合议庭
审理对象	双方的民事争议	一审裁判	已经生效，确有错误的裁判
审理方式	开庭审理	开庭审理、径行判决	开庭审理，但按二审程序已充分表达且当事人书面同意的除外
裁判效力	未生效	终审	依原审法院的程序而定，如果原审是一审的，再审按一审程序审理，当事人可以上诉；原审是二审的，再审裁判发生法律效力
程序启动的时间	没有时间限制	对判决15日或对裁定10日内上诉	应当在判决、裁定发生法律效力后6个月内提出，如有新的证据，足以推翻原判决、裁定的；原判决、裁定认定事实的主要证据是伪造的；据以作出原判决、裁定的法律文书被撤销或者变更的；审判人员审理该案件时有贪污受贿，徇私舞弊，枉法裁判行为的；自知道或者应当知道之日起6个月内提出
是否适用简易程序	可适用简易程序	不适用简易程序	不适用简易程序
是否可以撤诉	可以撤诉，并不丧失起诉权	可以撤回上诉，但撤回上诉后，上诉人丧失上诉权	可以撤诉，是否准许由法院裁定

26. 二审程序中的调解与和解

处理方式	内　容
调解不成的，应当及时判决	法院在审理二审案件时，可以进行调解，调解达成协议的，调解书送达后，原审人民法院的判决即视为撤销；调解不成的，应当及时判决
调解不成的，发回重审	(1)对当事人在第一审程序中已经提出的诉讼请求，原审人民法院未作审理、判决的，第二审人民法院可以根据当事人自愿的原则进行调解；调解不成的，发回重审； (2)必须参加诉讼的当事人或者有独立请求权的第三人，在第一审程序中未参加诉讼，第二审人民法院可以根据当事人自愿的原则予以调解；调解不成的，发回重审； (3)一审判决不准离婚的案件，上诉后，第二审人民法院认为应当判决离婚的，可以根据当事人自愿的原则，与子女抚养、财产问题一并调解；调解不成的，发回重审
调解不成的，告知当事人另行起诉	在第二审程序中，原审原告增加独立的诉讼请求或者原审被告提出反诉的，第二审人民法院可以根据当事人自愿的原则就新增加的诉讼请求或者反诉进行调解；调解不成的，告知当事人另行起诉
当事人在第二审程序中达成和解协议的	人民法院可以根据当事人的请求，对双方达成的和解协议进行审查并制作调解书送达当事人；因和解而申请撤诉，经审查符合撤诉条件的，人民法院应予准许

27. 消费民事公益诉讼

项　目	内　容
原告资格	中国消费者协会以及在省、自治区、直辖市设立的消费者协会；如该组织不提起诉讼，检察院可起诉；如其提起诉讼，检察院可以支持起诉 **注意**：不能反诉
适用范围	经营者侵害众多不特定消费者合法权益或者具有危及消费者人身、财产安全危险等损害社会公共利益的行为 **注意**：不以存在实际损害为前提，只要有重大风险即可；经营者负有对其提供商品或者服务的跟踪服务义务
类型化	(1)存在缺陷； (2)未作出真实的说明和明确的警示，未标明正确使用商品或者接受服务的方法以及防止危害发生方法的或者虚假宣传和虚假广告； (3)公共经营场所存在危及消费者人身、财产安全危险的； (4)“霸王条款”，格式条款或者通知、声明、店堂告示等； (5)其他
管辖法院	行为发生地、损害结果地或者被告所在地的中级人民法院管辖

续表

项　目	内　容
原告处分权限制	(1)人民法院认为原告提出的诉讼请求不足以保护社会公共利益的,可以向其释明变更或者增加停止侵害等诉讼请求; (2)原告在诉讼中承认对己方不利的事实,人民法院认为损害社会公共利益的,不予确认;同时,人民法院受理消费民事公益诉讼案件后,应当公告案件受理情况,并在立案之日起10日内书面告知相关行政主管部门
责任承担	停止侵害、排除妨碍、消除危险、赔礼道歉等民事责任
公益和私益的交叉诉讼中的裁判既判力	(1)消费普通诉讼中原告自愿前提下,人民法院可以裁定中止案件审理; (2)私益诉讼可搭公益诉讼的“便车”,消费民事公益诉讼生效裁判认定的事实,对于关联私益诉讼的原告和被告均具有免予举证的预决效力 **注意**:消费民事公益诉讼生效裁判作出对消费者有利的认定,私益诉讼原告可以直接主张适用;而被告则不能主张直接适用,仍需就其主张承担举证证明责任

28. 民事裁判

比较项目	民事判决	民事裁定	民事决定
适用对象	实体问题	程序问题为主	特殊事项
具体情形	一个诉讼标的对应一个生效判决	撤销仲裁裁决;补正判决书中的笔误;不予执行公证机关赋予强制执行效力的债权文书;中止或终结诉讼;中止或终结执行;不予受理;驳回起诉;管辖权异议;保全与先予执行	回避;延期审理;罚款、拘留;诉讼费用减免缓;法院自行启动再审;法院对顺延期限申请的回应
救济机制	(1)上诉; (2)再审	(1)原级复议:保全、先予执行; (2)上一级复议:执行管辖异议、执行行为异议; (3)上诉:不予受理、驳回起诉、管辖权异议; (4)上诉、再审:不予受理、驳回起诉	(1)原级复议:回避; (2)上一级复议:罚款、拘留

New 29. 涉外民事诉讼主要制度

重要制度	主要内容	
管辖	地域管辖	(1)对在中国领域内没有住所的被告提起除身份关系以外的诉讼,如果合同签订地、合同履行地、诉讼标的物所在地、可供扣押财产所在地、侵权行为地、代表机构住所地位于中国领域内的,可以由合同签订地、合同履行地、诉讼标的物所在地、可供扣押财产所在地、侵权行为地、代表机构住所地人民法院管辖; (2)除上述规定外,涉外民事纠纷与中国存在其他适当联系的,可以由人民法院管辖
	协议管辖	当事人可以书面协议选择人民法院管辖
	专属管辖	(1)因在中华人民共和国领域内设立的法人或者其他组织的设立、解散、清算,以及该法人或者其他组织作出的决议的效力等纠纷提起的诉讼; (2)因与在中华人民共和国领域内审查授予的知识产权的有效性有关的纠纷提起的诉讼; (3)因在中华人民共和国领域内履行中外合资经营企业合同、中外合作经营企业合同、中外合作勘探开发自然资源合同发生纠纷提起的诉讼
域外送达	(1)依照受送达人所在国与中国缔结或者共同参加的国际条约中规定的方式送达; (2)通过外交途径送达; (3)对具有中国国籍的受送达人,可以委托中国驻受送达人所在国的使领馆代为送达; (4)向受送达人在本案中委托的诉讼代理人送达; (5)向受送达人在中华人民共和国领域内设立的独资企业、代表机构、分支机构或者有权接受送达的业务代办人送达; (6)受送达人为外国人、无国籍人,其在中国领域内设立的法人或者其他组织担任法定代表人或者主要负责人,且与该法人或者其他组织为共同被告的,向该法人或者其他组织送达; (7)受送达人为外国法人或者其他组织,其法定代表人或者主要负责人在中国领域内的,向其法定代表人或者主要负责人送达; (8)受送达人所在国的法律允许邮寄送达的,可以邮寄送达,自邮寄之日起满3个月,送达回证没有退回,但根据各种情况足以认定已经送达的,期间届满之日视为送达; (9)采用能够确认受送达人收悉的电子方式送达,但是受送达人所在国法律禁止的除外; (10)以受送达人同意的其他方式送达,但是受送达人所在国法律禁止的除外; 不能用上述方式送达的,公告送达,自发出公告之日起,经过60日,即视为送达	

续表

重要制度	主要内容
域外调查取证	(1)人民法院可以依照证据所在国与中国缔结或者共同参加的国际条约中规定的方式,或者通过外交途径调查收集。 (2)在所在国法律不禁止的情况下,人民法院可以采用下列方式调查收集: ①对具有中国国籍的当事人、证人,可以委托中华人民共和国驻当事人、证人所在国的使领馆代为取证; ②经双方当事人同意,通过即时通讯工具取证; ③以双方当事人同意的其他方式取证
裁定不予承认和执行外国法院的判决、裁定	人民法院经审查,有下列情形之一的,裁定不予承认和执行: (1)依我国法律的规定,外国法院对案件无管辖权; (2)被申请人未得到合法传唤或者虽经合法传唤但未获得合理的陈述、辩论机会,或者无诉讼行为能力的当事人未得到适当代理; (3)判决、裁定是通过欺诈方式取得; (4)人民法院已对同一纠纷作出判决、裁定,或者已经承认第三国法院对同一纠纷作出的判决、裁定; (5)违反中华人民共和国法律的基本原则或者损害国家主权、安全、社会公共利益

四、非诉程序与执行程序

New 30. 指定遗产管理人案件

项　目	内　容
管辖	被继承人死亡时住所地或者主要遗产所在地基层法院
指定原则	有利于遗产管理的原则
变更指定	被指定的遗产管理人死亡、终止、丧失民事行为能力或者存在其他无法继续履行遗产管理职责情形的,人民法院可以根据利害关系人或者本人的申请另行指定遗产管理人
撤销	遗产管理人违反遗产管理职责,严重侵害继承人、受遗赠人或者债权人合法权益的,人民法院可以根据利害关系人的申请,撤销其遗产管理人资格,并依法指定新的遗产管理人

31. 确认调解协议案件和实现担保物权案件

项　目	确认调解协议案件	实现担保物权案件
申请人	双方当事人申请(有无争议均可)	担保物权人以及其他有权请求实现担保物权的人(遗产管理人、破产管理人)
管辖	(1)法院邀请调解组织开展先行调解的,向作出邀请的法院提出; (2)调解组织自行开展调解的,向当事人住所地、标的物所在地、调解组织所在地的基层法院提出;调解协议所涉纠纷应当由中级人民法院管辖的,向相应的中级人民法院提出	担保财产所在地或者担保物权登记地基层人民法院
符合法律规定的	(1)裁定调解协议有效; (2)一方当事人拒绝履行或者未全部履行的,对方当事人可以向人民法院申请执行	(1)裁定拍卖、变卖担保财产; (2)可以向人民法院申请执行该裁定
不符合法律规定的	(1)裁定驳回申请; (2)当事人可以通过调解方式变更原调解协议或者达成新的调解协议,也可以向人民法院提起诉讼	(1)裁定驳回申请; (2)当事人可以向人民法院提起诉讼

32. 公示催告程序简图

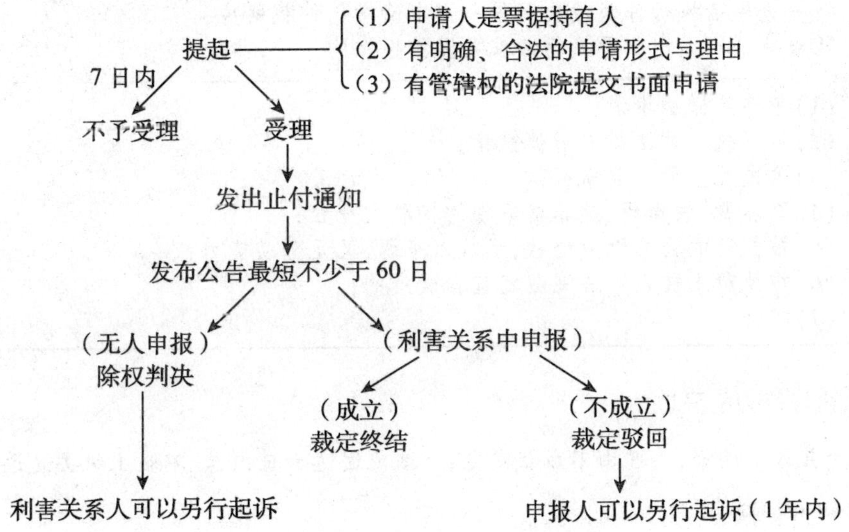

33. 执行程序

流程	内容	
执行启动	移送执行	(1)给付赡养费、扶养费、抚养费的法律文书; (2)民事制裁决定书; (3)刑事附带民事判决、裁定、调解书; (4)发生效力的环境民事公益诉讼案件的裁判
	当事人申请	
申请期限	2年	
执行管辖	第一审法院或者与第一审人民法院同级的被执行的**财产所在地**人民法院	
	被执行人住所地或者被执行的财产所在地——其他法律文书,包括仲裁裁决书、公证债权文书	
案外人异议	(1)理由不成立——予以驳回; (2)异议成立——院长批准中止执行; (3)发现判决有错——提请再审	
执行中止	(1)申请人表示可以延期的; (2)案外人提出有理由的异议的; (3)一方死亡等待继承人的; (4)组织中止等待承受人的; (5)其他: ①被执行人确无财产可供执行; ②执行标的物处于审判或仲裁中,权属未定; ③一方申请执行仲裁裁决而另一方申请撤销仲裁裁决; ④被申请人提出不予执行请求并提供担保的	
执行终止	(1)申请人撤销申请; (2)据以执行的法律文书被撤销; (3)公民死亡无人继承; (4)赡养费、扶养费、抚养费案件的权利人死亡; (5)被执行的公民无力还款,无收入来源,又无劳动能力; (6)被执行人被人民法院裁定宣告破产的; (7)其他	

口诀巧记 执行行为的异议

行为异议书面提, 理由不成裁定驳; 裁定送达十日内, 不服上级去复议。

口诀巧记 执行管辖

人民法院第一审, 或者同级财产地; 发出生效支付令, 制作法院来执行;
其他文书要执行, 被执行人住所地; 或者被执财产地, 最先接受者执行;
申请六月未执行, 可向上级提申请; 执行法院除原审, 增加上级和其他。

口诀巧记 **案外人异议**

案外之人提异议， 十五日内作审查； 审查期间可保全， 不得处分其财产；
异议理由若成立， 执行机构报院长； 法院文书裁中止， 其他文书不执行；
认为判裁有错误， 审判监督去处理； 判裁无关之请求， 十五日内可起诉。

34. 执行程序高频考点

项目	内容
参与分配异议	(1)多个债权人对同一被执行人申请执行或对执行财产申请参与分配的,执行法院应当制作财产分配方案,对之有异议的,应当自收到之日起15日内提出书面异议; (2)执行法院应当通知未提出异议的债权人或被执行人:如其15日内未提出反对意见的,依异议人的意见对分配方案审查修正后进行分配,如其提出反对意见的,应当通知异议人,异议人可在15日内,以提出反对意见的债权人、被执行人为被告,向执行法院提起诉讼,异议人逾期未提起诉讼的,执行法院依原分配方案进行分配; (3)诉讼期间进行分配的,执行法院应当将与争议债权数额相应的款项予以提存
报告财产	(1)法院发出报告财产令; (2)被执行人书面报告的财产范围:①收入、银行存款、现金、有价证券,②土地使用权、房屋等不动产,③交通运输工具、机器设备、产品、原材料等动产,④债权、股权、投资权益、基金、知识产权等财产性权利,⑤其他应当报告的财产; (3)被执行人自收到执行通知之日前1年至当前财产发生变动的,应当对该变动情况进行报告; (4)被执行人在报告财产期间履行全部债务的,应当裁定终结报告程序; (5)补充报告:自财产变动之日起10日内; (6)报告查询:申请执行人请求查询的,人民法院应当准许,但其应当保密; (7)执行法院可以依申请执行人的申请或者依职权调查核实报告
限制出境	(1)由申请执行人向执行法院提出书面申请,必要时,执行法院可以依职权决定; (2)被执行人为单位的,可以对其法定代表人、主要负责人或直接责任人员限制出境; (3)被执行人为无民事行为能力人或者限制民事行为能力人的,可以对其法定代理人限制出境; (4)解除条件:被执行人履行法律文书确定的全部债务,或者提供充分、有效的担保,或者申请执行人同意的

续表

项　目	内　容
媒体公布不履行义务信息	(1)法院可以依职权或者依申请执行人的申请; (2)有关费用由被执行人负担;申请执行人申请的,应当垫付有关费用
终结执行行为提出执行异议期限	(1)当事人、利害关系人对终结执行行为提出异议的,应当自收到终结执行法律文书之日起60日内提出; (2)未收到法律文书的,应当自知道或者应当知道人民法院终结执行之日起60日内提出; (3)超过该期限所提出的执行异议,人民法院不予受理,已经受理的,应当裁定驳回异议申请 **注意**:它为不变期间而非诉讼时效

口诀巧记　执行措施

执行措施十三种，　对象不同区分上；　被执行人有财产，　查询、扣押和冻结，

再加划拨和变价；　被执行人有收入，　可以扣留和提取；　被执行人之财产，

查封扣押拍变卖；　赖账而且藏财产，　法院要发搜查令；　搜查住所隐匿地，

实施程序很严格；　财物票证文书中，　强制老赖交出来；　房屋土地须退出，

院长公告强制签；　裁判文书作指定，　指定行为可强制；　转移财产权证照，

可以发出协助书；　迟延履行金钱债，　加倍利息要支付；　其他义务不履行，

同样支付迟延金；　财产报告有制度，　当前前一年财产；　拒绝或者虚报告，

可以罚款和拘留；　老赖试图逃义务，　限制出境来制裁；　不履义务之信息，

征信系统可记录；　媒体之上可公布，　姓名年龄职单位。

要点解说

我国现行《民事诉讼法》根据不同的执行对象规定了不同的执行措施。

(1)查询、扣押、冻结、划拨、变价财产(**存款、债券、股票、基金份额等**)。

(2)扣留、提取被执行人的收入(**被执行人有收入,可以扣留和提取**)。

(3)查封、扣押、拍卖、变卖被执行人的财产(**被执行人之财产,查封扣押拍变卖**)。

(4)搜查被执行人的财产(**赖账而且藏财产,法院要发搜查令;搜查住所隐匿地,实施程序很严格**)。

(5)强制被执行人交付法律文书指定的财物或票证(**财物票证文书中,强制"老赖"交出来**)。

(6)强制被执行人迁出房屋或退出土地(**房屋土地须退出,院长公告强制签**)。

(7)强制被执行人履行法律文书指定的行为(**裁判文书作指定,指定行为可强制**)。

(8)办理财产权证照转移手续(**转移财产权证照,可以发出协助书**)。

(9)强制被执行人支付迟延履行期间债务利息及迟延履行金(**迟延履行金钱债,加倍利息要

支付；其他义务不履行，同样支付迟延金）。

(10)报告财产（财产报告有制度，当前前一年财产；拒绝或者虚报告，可以罚款和拘留）。

(11)限制出境（“老赖”试图逃义务，限制出境来制裁）。

(12)征信系统记录不履行义务信息（不履义务之信息，征信系统可记录）。

(13)媒体公布不履行义务信息（媒体之上可公布，姓名年龄职单位）。

五、仲 裁 制 度

35. 民事诉讼与仲裁

<table>
<tr><th>关 系</th><th>内 容</th><th>备 注</th></tr>
<tr><td>民事诉讼与仲裁</td><td>(1)不经过劳动仲裁委员会的仲裁，人民法院不予受理；
(2)仲裁协议不得向人民法院起诉的：当事人在书面合同中订有仲裁条款或者在发生纠纷后，达成书面仲裁协议，一方当事人向人民法院起诉的，人民法院应当告知原告向仲裁机构申请仲裁，其坚持起诉的，裁定不予受理；
(3)仲裁条款或仲裁协议不成立、无效、失效、内容不明确无法执行的，法院有权依法受理；
(4)在人民法院首次开庭前，被告以有书面仲裁协议为由对受理民事案件提出异议的，人民法院应当进行审查，经审查符合下列情形之一的，人民法院应当裁定驳回起诉：
①仲裁机构或者人民法院已经确认仲裁协议有效的；
②当事人没有在仲裁庭首次开庭前对仲裁协议的效力提出异议的；
③仲裁协议是有效的</td><td rowspan="3">(1)法律对仲裁时效有规定的，适用该规定，法律对仲裁时效没有规定的，适用诉讼时效的规定；
(2)当事人超过诉讼时效期间起诉的，人民法院应予受理。受理后查明无中止、中断、延长事由的，判决驳回其诉讼请求</td></tr>
<tr><td>法院对仲裁的协助</td><td>(1)财产保全；
(2)证据保全；
(3)仲裁裁决的执行；
(4)妨碍执行裁决行为的处理</td></tr>
<tr><td>法院对仲裁的监督</td><td>(1)裁定撤销仲裁裁决；
(2)裁定中止或不予执行仲裁裁决</td></tr>
</table>

36. 仲裁中的和解与调解

- 和解及后果
  - 当事人申请仲裁后，可以自行和解，达成和解协议的，可以请求仲裁庭根据和解协议作出裁决书，也可以撤回仲裁申请
  - 当事人达成和解协议，撤回仲裁申请后反悔的，可以根据仲裁协议申请仲裁
- 调解及后果
  - 调解达成协议的，仲裁庭应当制作调解书或者根据协议的结果制作裁决书，调解书与裁决书具有同等法律效力
  - 调解书经双方当事人签收后，即发生法律效力
  - 调解书送达后不得反悔
  - 在调解书签收前当事人反悔的，仲裁庭应当及时作出裁决

37. 申请仲裁裁决的执行、申请不予执行仲裁裁决与申请撤销仲裁裁决

项目	申请当事人	申请期限	管辖法院	法定理由	法律程序不同
申请执行仲裁裁决	申请执行方	2年	被执行人住所地或者被执行的财产所在地中级人民法院	生效的仲裁裁决书	
申请不予执行仲裁裁决	被申请执行方	对方当事人申请执行仲裁裁决之后，法院作出是否执行的裁定之前	受理执行申请的法院	(1)裁决所根据的证据是**伪造**的；(2)对方当事人隐瞒了足以影响公正裁决的证据的；(3)没有仲裁协议	不可以要求仲裁庭重新仲裁，为终局裁决，不得申请再审
申请撤销仲裁裁决	双方	收到仲裁裁决书之日起6个月内向法院提出	仲裁委所在地中级人民法院	(1)认定事实的主要证据不足的；(2)适用法律确有错误的；(3)没有仲裁协议或无权仲裁；(4)违反法律程序	法院认为可以由仲裁庭重新仲裁的，应通知仲裁庭在一定期限内重新仲裁

38.《仲裁法》中的一句话要点

<table>
<tr><th colspan="2">项　目</th><th>主要内容</th></tr>
<tr><td colspan="2">仲裁协议的独立性</td><td>仲裁协议独立存在，合同的变更、解除、终止或者无效，不影响仲裁协议的效力</td></tr>
<tr><td colspan="2">先行裁决</td><td>仲裁庭仲裁纠纷时，其中一部分事实已经清楚，可以就该部分先行裁决</td></tr>
<tr><td colspan="2">视为撤回申请</td><td>申请人经书面通知，无正当理由不到庭或者未经仲裁庭许可中途退庭的，可以视为撤回仲裁申请</td></tr>
<tr><td colspan="2">缺席裁决</td><td>被申请人经书面通知，无正当理由不到庭或者未经仲裁庭许可中途退庭的，可以缺席裁决</td></tr>
<tr><td rowspan="3">裁决书</td><td>内容</td><td>当事人协议不愿在裁决书中写明争议事实和裁决理由的，可以不写</td></tr>
<tr><td>签字盖章</td><td>裁决书由仲裁员签名，加盖仲裁委员会印章。对裁决持不同意见的仲裁员，可以签名，也可以不签名</td></tr>
<tr><td>补正</td><td>(1)对裁决书中的文字、计算错误或者仲裁庭已经裁决但在裁决书中遗漏的事项，仲裁庭应当补正；
(2)当事人自收到裁决书之日起30日内，可以请求仲裁庭补正</td></tr>
<tr><td colspan="2">中止执行</td><td>一方当事人申请执行仲裁裁决，另一方当事人申请撤销仲裁裁决的，人民法院应裁定中止执行</td></tr>
</table>